U0472849

柏林

一座城市的肖像

BERLIN

IMAGINE A CITY

[英] 罗里·麦克林 著
傅敬民 译

Rory MacLean

上海文艺出版社
Shanghai Literature and Art Publishing House

往事并不如烟,甚至从未远去。
The past is never dead, in fact it's not even past.
——克里斯塔·沃尔夫(Christa Wolf)

目录

- 001 序幕
- 003 康拉德·冯·科林和真爱
- 023 科林·奥尔巴尼和演员们
- 037 腓特烈大帝和普鲁士的缔造
- 055 卡尔·弗里德里希·申克尔和帝国的梦想
- 075 莉莉·诺伊斯和猫头鹰
- 089 瓦尔特·拉特瑙和《遗失的美好》
- 105 埃尔西·赫希和她的幻想
- 119 玛格丽特·泊梅和《迷失少女日记》
- 137 弗里茨·哈伯和《恶魔的地理位置》
- 157 凯绥·珂勒惠支和《母与子》
- 177 生活在想象之城的克里斯托弗·伊舍伍德
- 197 贝尔托·布莱希特与《运气和史诗》
- 207 玫瑰人生
- 229 莱尼·里芬斯塔尔及其致命弱点
- 253 阿尔贝特·施佩尔和他的日耳曼尼亚

267　约瑟夫·戈培尔，成就希特勒的男人

295　迪特尔·沃纳，修建柏林墙的人

315　比尔·哈维与柏林隧道

339　约翰·F·肯尼迪，政治如戏

353　大卫·鲍伊和他的专辑《英雄》

375　刘疯哈和他的枪

389　人民，让我们跳舞吧！

407　伊尔丝·菲利普斯，在另一个柏林

414　尾声

418　后记与参考文献

427　致谢

429　译后记

433　索引

序幕

想　象

　　曙光划破天际，薄雾之中隐约可见的幻影形同宫殿一般。那是一座已经消失的宫殿。空中飘荡着宫廷长笛独奏曲。曾经，在列宁点燃革命的火焰之前，他还乘坐火车在此地短暂停留。[①] 但现在，这条铁路已无人记得，铁轨两旁杂草丛生。蒂尔加藤公园中森林繁茂，却难以遮蔽胜利的光芒。萨克豪森集中营焚尸炉内的骨灰，尘卷般地飘浮在柏林大屠杀纪念馆的上空。柏林墙旧址处，如今是一座公园，分为若干区域，狭长而毫无修饰，经常可以听见孩子们的笑声回荡于此。在一个极为普通的停车场中，游客们驻足而立，屏气凝神，他们的脚下曾是希特勒的地堡。

　　我们为何对某些城市心驰神往？或许因为儿时读过的一个故事，或许因为青年时的一次邂逅，又或许，我们为之心念一动，只是那个城市中的某群人、某个建筑或者某段历史蕴含了我们体会人生真谛的

---

① 1917年俄国爆发了二月革命，沙皇尼古拉二世退位，罗曼诺夫王朝的统治被推翻，成立了以社会革命党和宪政民主党为主的各党派联盟俄国临时政府。同时圣彼得堡也成立苏维埃政权。此时尚在中立国瑞士的列宁深知自己需要马上返回俄国，但由于邻国陷入了一战无法直接通行。尽管如此，瑞士共产党人弗里茨·普拉廷积极与德国当局协商，德国也希望能利用列宁缓解同俄国在东线的战事，于是同意协助列宁乘坐由德国安排的"密封列车"回国。列宁穿越德境后乘船到达瑞典，在瑞典共产党人奥托·格日姆伦、图雷·尼曼等人的帮助下，他顺利经过斯堪的纳维亚，于1917年4月16日乘坐火车到达圣彼得堡的芬兰站。

某种奥秘。巴黎乃浪漫之城；卢尔德等同于奉献；纽约意味着活力；伦敦则永远体现了时尚。

柏林，却总是变化无常。这座城市的身份，建基于变化之上，而非基于稳定。没有一座城市像它这般，循环往复于强大兴盛与萧瑟衰败之间。没有一个首都如它这般，遭人憎恨，令人惶恐，同时又让人一往情深。没有哪处地方像它一样，五个世纪以来饱受冲突之苦，深陷混乱之中，从宗教战争到冷战一直都位于欧洲意识形态斗争的中心。

[2] 柏林这座城市，永远处于变化之中，从未真正定型，因而它更让人想入非非。即使还未曾相见，陌生人就能充分感受到这座城市的现在与过往，前者不容置疑，后者令人痛苦。他能深切地感受到生命的鲜活，梦想的实现，邪恶势力的毁灭，感受至深，犹如身临其境。城市中的种种，无论是被丢失了的还是需要重塑的，总有新的思想迫不及待地赶来填补空白，让销声匿迹的呼之欲出，将现实与虚幻相联。正因为没有定论，一场栩栩如生的对话，就能再现当下与过往，将亲眼目睹的城市与书本、电影、绘画以及充满想象的建筑乌托邦中所描述的某个地方联系起来。历史回荡于大街小巷之间，柏林的梦想家和独裁者们的憧憬和野心，似乎已经融入砖墙之中，成为这座城市实实在在的一部分。这座昏昏欲睡而又变幻莫测的城市，在人们的脑海中活灵活现。

早在十几岁时，我就成了背包客，"游历"了欧洲。在那个快乐而自在的夏天，我登上了埃菲尔铁塔；在西班牙广场，沿着台阶拾级而下；在爱琴海畔的璀璨星空下，也曾体验过海浪呼啸。然而，就在那个假期的最后一周，我看到了柏林墙。这道壁垒可以用十恶不赦来形容，见到它的瞬间，我震惊至极。在这片欧洲大陆的中心，只有岗楼、带刺的铁丝网，以及严阵以待的士兵，他们随时准备消灭那些企图越过这道壁垒、投奔另一个政府的同胞。

我知道历史。我明白这里曾发生过什么。但我却不明白那一切究竟是如何发生的。战时的策划者、苏维埃的部长、东德国家安全局的特工，正是他们这些人的行为分裂了德国和欧洲。他们并不是什么怪物，他们只是寻常的男人和女人。我很想了解他们的动机，也很想知道他们所做的一切。但与此同时，我也对他们的罪行感到厌恶，想要感受一番那些受害者所经历的苦难。

在那一周之中，柏林墙一次又一次地吸引着我。在一个集市的尽头，我长时间地站在一个木制的瞭望台上，眺望在战争中被夷为平地的波茨坦广场。我默然无语地将目光越过这片充满死亡气息的区域，诧异于在一座城市中心地带的水泥之中竟然能禁锢思想的冲突。

于是，在那个假期的最后一天，我越过边界线来到东德。在查理检查站，我跨过白色油漆线，从柏林墙的一处空隙间穿过。大门升起后又在我身后关闭。汽车和行人都被赶入了围栏，那是用混凝土浇筑的双弯型路障。一架苏制米格飞机低空飞越荒凉的勃兰登堡门[①]上空，震动着周围建筑上的窗户，也动摇了我对于人性本善的信念。

我将护照递给了一位军官。他全副武装，一言不发。我付了签证费，站在蒙蒙细雨中，一名东德人民军中尉紧盯着我。他身着灰绿色军装，手握一支装了子弹的步枪。除了他们自行搭建的监视哨所之外，附近所有建筑的大门都用砖块堵住了。地铁站的出入口也被封了起来。弗里德里希大街，曾经被誉为柏林的舰队街，即新闻中心，往日的热闹繁华如今已不复存在，只剩下露天通道游走于千篇一律的混凝土建筑群中，吞噬着路人和他们的记忆。

最后一天，也是第一天，我离开了严密控制的边界地区，前往狂风肆虐过的亚历山大广场。我随身带着阿尔弗雷德·德布林（Alfred

---

[①] 勃兰登堡门位于德国首都柏林的市中心，最初是柏林城墙的一道城门，因通往勃兰登堡而得名。现在保存的勃兰登堡门是一座古典复兴建筑，由普鲁士国王腓特烈·威廉二世下令于1788年至1791年间建造，以纪念普鲁士在七年战争取得的胜利。

Döblin)① 写的《二十年代的短篇小说选》。在战争爆发之前，柏林墙尚未修建之时，柏林最伟大的传记作家曾流连于中央广场的鹅卵石小道和各式商店，记录下游手好闲的年轻人厚颜无耻的形象，也记录下钟表匠和底层妓女的日常琐事。他深入当地生活，能听到周遭人粗声粗气地用意第绪语② 叫喊。鱼贩们在带有尖角的高房子里出售肥美的冰冻鲱鱼，地窖门口挂着用粉笔写的价目表。铸币路（Münzstraße）电影院外的集市上，人声鼎沸。工人书店的上方有一幅画：一只手放在一本打开的书上，在一把镰刀下方画着玉米穗，旁边写着一句话，"要想产量高，必须学文化。"

但是在二十世纪七十年代，巨兽般的灰色混凝土建筑连绵不绝，我无法找寻到五十年前德布林笔下那个令人感到"心灵震动"的柏林。阿尔贝特·施佩尔（Albert Speer）③式的梦幻、英国兰开斯特式轰炸机、共产主义市政设计者们，所有这些因素让这座古老的城市几乎面目全非。我听不到鸟语虫鸣。砖瓦铺就的"人民友谊喷泉"已然干涸。中央商场幽暗、空旷，了无生趣，除了苏联的麦乐迪雅牌（Melodiya）唱片之外，基本没有其他商品出售。空中漂浮着木材和煤炭燃烧后形成的悬浮物，脏得发黑的车站一股灰尘的味道。一辆紫褐色和米色相间的短途火车开过拱门。我紧紧地攥住手中的书，紧到指关节发白。亚历山大广场可谓人迹罕至，只有一对年轻的夫妇推着婴儿车。世界钟的外表已经褪色，装饰在里面的行星像原子核周围即将消失的原子般震颤着。那对夫妇走到世界钟下便停下脚步，给婴儿重新盖好毯子。我朝婴儿车看了一眼，里面躺着个塑料娃娃。

---

① 阿尔弗雷德·德布林（1878—1957），德国小说家，开创了德国表现主义流派。第二次世界大战前曾撰写大量反对军国主义和反对法西斯主义的文章。1933年起流亡海外。
② 意第绪语，又译为依地语，是犹太人使用的国际语。
③ 阿尔贝特·施佩尔（1905—1981），他本是一个默默无闻的建筑师，因其建筑设计特点再现了希特勒青年时期的梦幻，从而受到希特勒的赏识，成为他的密友之一。

一座孤零零的建筑吸引了我的目光。在亚历山大广场的西侧，有轨电车站的后方，是圣玛利亚教堂。这是柏林第二大堂区教堂，于十三世纪的某一年建于一处沙土坡上。只有它倾斜的角度与古街的风格相一致。然而，我迫不及待地来到它跟前才看到，古老的砖墙上布满了弹孔。窗户上积着灰尘，勉强能透过一缕微光。但仅凭如此微弱的光，只能将灵魂留在无法辨认的影子里，根本无法将其带入天堂。教堂的门道里，修鞋匠握着锉刀为一位妇人修理鞋跟，而那位脚上只穿着长筒袜的妇人则孤零零地在一旁冻得瑟瑟发抖。

　　死神就站在他们身后的门廊里。无论是红衣主教、教皇、国王、骑士、法官，还是傻瓜，死神都紧紧地握着他们的手，领着他们走完生命的最后一段旅程。我跟着他们一起进入了教堂的中殿，沿途约有二十米的墙上装饰着哥特式壁画，略有褪色。有一幅名为《死亡之舞》(Totentanz) 的壁画，绘于 1469 年左右，画风简洁幼稚。这幅壁画隐匿于白石灰之后长达几乎半个世纪，历经战火纷飞，并安然度过了崇尚不可知论的岁月。尼采曾从壁画前走过，那些已经隐遁的笨拙舞姿，却让他首次感受到柏林"对于死亡的隐形诉求"。歌德、伏尔泰、格林兄弟也曾先于尼采的脚步到过圣玛利亚教堂，与其说参观《死亡之舞》，不如说是感受它。契诃夫、卡夫卡、德布林、纳博科夫、君特·格拉斯，这些柏林的游客或是居民亦是如此。在这同一个门廊里，奥托·迪克斯画作中那位嘴唇乌黑的性感舞蹈家安妮塔·波波曾深受启发，创作了《裸死之舞》；尼克·凯夫也曾驻足于此，脑海中回荡着抒情民谣《死亡不是终点》的词句。让-保罗·萨特旅居柏林期间，甚至把这座城市想象成一个特殊的世界，在这个世界里，逝者与生者同在，只是生者无法看见逝者，逝者也无法触及生者。

　　身着寿衣，令人毛骨悚然的领舞者，回头扫视着跳跃翻腾的众舞者，用德国方言以诗歌体喊道："来吧，都来跳死亡之舞吧。"我意识到，正如他看着每一个路过这里的人，他也同样正看着我，他使我们每一个人都醉心于这种舞蹈。

[5]

瞬间,我似乎看到自己抓住了死亡舞者之手。我跟随他们走出教堂,此时,阳光也透过云层照射下来。亚历山大广场不再空旷荒凉。一眨眼的工夫,到处都是饱受瘟疫之苦的人们,还有来自哈布斯堡的军妓。中世纪的人们,无论是那些讲故事的,还是大嗓门的泼妇,都复活了。饱受战争摧残的妇女佝偻着背,忍受着图谋报复的苏联红军对她们的调戏。人群中,我看到了嚼着口香糖的美国大兵,也看到了早已被火焰吞噬的英国投弹手,手中紧紧攥着还在燃烧的降落伞。我看到拿破仑驾驭着白色战马,也看到纳粹党卫军趾高气扬地残杀犹太儿童。我看到约翰·肯尼迪的车队停在面包店前,买了一打李子酱夹心饼,上面撒着白色糖粉。

不止如此,在逝者之中,还出现了一些已经成为这座城市标志的艺术作品:大卫·鲍威(David Bowie)[1]歌曲中的"英雄"在柏林墙边亲吻;维姆·文德斯(Wim Wenders)[2]镜头中的天使振翼飞过高举火把的纳粹游行队伍;萨利·鲍尔斯(Sally Bowles)[3]与玛琳·黛德丽(Marlene Dietrich)[4]一起逛街购物;勒卡雷(John le Carré)[5]笔下的乔治·史迈利望着驶往奥斯维辛的满员列车。眼前所能见到的所有关于柏林的传说,无论是真实的还是想象的,均与死神携手,同时也与我手牵着手。

天色微暗,我的遐想也戛然而止。暑假就这样结束了。我离开

---

[1] 大卫·鲍威(1947—2016),英国著名摇滚音乐家,出生于英国伦敦的布里克顿,六十年代后期出道,是七十年代华丽摇滚宗师。

[2] 维姆·文德斯(1945—),出生于德国杜塞尔多夫,导演、编剧、制作人。凭借《得克萨斯的巴黎》《柏林苍穹下》《咫尺天涯》等片多次获得戛纳电影节、柏林电影节、奥斯卡各类奖项。

[3] 萨利·鲍尔斯,著名小说家克里斯托弗·伊舍伍德作品中的人物。

[4] 玛琳·黛德丽(1901—1992),德裔著名美国演员兼歌手。她是一位具有特殊魅力的明星,一生共拍了五十多部电影。是好莱坞二三十年代唯一可以与葛丽泰·嘉宝分庭抗礼的女明星。

[5] 约翰·勒卡雷(1931—),英国著名间谍作家。其代表作有《柏林谍影》《德国小镇》《神秘朝圣者》《永恒的园丁》和《挚友》等。

了教堂，搭乘飞机返回加拿大，回到了寻常世界。但是，我身体里的某个部分却相信，尽管我们已然离开，我们却继续存在于某个地方。很快，我感觉自己身不由己地要重返柏林。在随后的十几年中，我一次次地返回柏林，拍摄电影，开始撰写我的第一部著作，试图洞穿那些隐匿于惨白砖墙之中的鲜活岁月。对于这座神出鬼没、变化无常，但又令人心醉神迷的城市，我只能是爱恨交加，欲罢不能。

一转眼到了 1989 年，终于又拨云见日。东德和西德又手拉着手，挥舞着烟花棒，一起在柏林墙头欢腾起舞。这一次，他们不再是与死神共舞最后的华尔兹，而是为了庆祝一个全新的开端。在这片边境上的无人地带，在这片平整的沙地上，我留下了一串连接两个世界的脚印。在我周围，成千上万的柏林人用钢镐和锤子砸倒了壁垒。嗡嗡作响的特拉贝特牌汽车①（专门销往社会主义国家的汽车品牌，纸板制的车身，排放蓝色尾气，总是熄火，需要人推行），将一群正在拆除水泥挡板的士兵团团围住。在查理检查站，前苏联大提琴家罗斯托罗波维奇（Mstislav Rostropovich）②即兴演奏了巴赫的大提琴组曲，其本人受到前苏联政府的威胁、恐吓，甚至被剥夺了国籍。在他身旁，一位老者双膝跪地，泪流满面。筑路工人重新将截为两段的街道铺设贯通。那些幽灵车站③也全部恢复使用。一年之内，长达 155 公里的柏林墙完全消失了，只留下路面上石块与墙体连接处的断层，形成一条

[6]

---

① 特拉贝特，前德意志民主共和国（东德）汽车品牌。也有翻译为"卫星"牌汽车的，Trabant 在德语中有卫星之意，该车诞生于 1957 年，正是社会主义的"老大哥"苏联发射了首颗人造卫星的时间，为纪念这历史伟大的时刻，就取名为"Trabant"。
② 罗斯托罗波维奇（1927—2007），俄罗斯大提琴家，8 岁起随父亲学琴，后拜科佐鲁波夫为师。1956 年成为莫斯科音乐学院大提琴教授。1970 年起由于为持不同政见的索尔仁尼琴辩护，被苏联当局禁止出境演出。1974 年他获准偕妻子出国 3 年，从此一去而不复返。1978 年夫妇二人被开除苏联国籍，随入美国籍。
③ 幽灵车站指的是 1961 年至 1989 年间，因柏林墙分割城市而关闭的柏林地铁和柏林快铁的车站。西柏林列车大多直接驶过这些位于东德领土的车站。

不起眼的轮廓线，围成了一个特殊而又扭曲的圈。我的所作所为在这座城市中已经成为记忆，当然也已成为柏林历史的一部分。其原因，并非完全因为我做了什么重要的事情，而是因为他们的所作所为，他们的事迹已经与我的生命紧密地交织在一起。

如今，历经四十年不断造访这座城市之后，我已定居于此，试图勾勒这座城市，这座曾经将过去与现在分割开的城市，这座曾经将和谐与反抗区分开的城市，这座曾经将历历在目与隐遁无形分隔开的城市。我站在亚历山大广场，游人如织，柏林老人沐浴在阳光之下。大家手里拿着苹果手机，牵着小狗，腕上戴着的手环虹光闪烁，或者在一些咖啡馆外，他们盖着毯子窝在椅子上。我一次又一次地从广场出发，离开人群，千回百转于这座城市。我明白，单凭长时间行走于市区，记录下一些有趣的事情，还不能够真正描绘出这座城市。如果想要记下一切看得见和看不见的，如果想在柏林找到那些充满活力的传说，你就需要了解一些创作者：艺术家、思想家和激进主义者。他们的视野充满了激情和信念，如同严冬之夜一般给人一种真实的存在感。柏林成就了他们，正如他们造就了柏林，使之从一个极为普通且毫无艺术气息的孤零地区变身为欧洲的重要都市。

本书通过描绘那些男人、女人以及无数默默无闻的人来刻画这座城市，推测他们的生活轨迹，无论他们是德国人还是外国人，是土生土长的还是移居而来的，是政客还是画家，是心碎的国王还是重生的歌星，是恶魔般的天才还是天使。他们中的任何一个都与众不同，每个人都是独立的个体。但是有一个特点将他们联系在一起，也使他们融入现代。这片土地既孕育了创造力，也滋长了罪恶，这里是幻想的家园、死神的故土，柏林激发他们尽情想象。

细节源自1469年柏林圣玛利亚教堂里的《死亡之舞》壁画。

第一章

康拉德·冯·科林和真爱

1469年，圣玛利亚教堂

他从不会胡乱涂鸦文字，决然无意折断词语的翅膀，让词语似那可怜的燕雀标本，眼睛里嵌上玻璃眼球，肖然陈放于勃兰登堡选帝侯（Kurfürst）[①]的珍宝室内。言从口中溢出，即成为鲜活的思想，无拘无束，追随变幻无常的清风和思绪，在朦胧的想象或欢歌笑语中自由飘荡。某个英雄的豪情壮举，抑或某个牧羊女的绕指柔情，经由词语的点缀雕饰，往往栩栩如生地各具特色，像是为了柯林（Cölln）、柏林、施潘道（Spandau）[②]和特雷普托（Treptow）[③]这些地方量身定制一般。遍布各地的城镇，各有千秋的别致；各地的民谣，也因地制宜，入乡随俗，据时而变，迎合芸芸众生的喜怒哀乐。此乃词语之艺术魅力，自在自由，宛若燕雀随心所欲地展翅飞翔。缺失艺术性的词语，毫无乐感，难以引人抚掌共鸣，恰如那鸟儿困于枝头，呆滞无语。然而眼下，在这个沉闷乏味的九月夜晚，康拉德（Konrad）意欲在圣玛

[①] 选帝侯是德国历史上的一种特殊现象。这个词被用于指代那些能够选举"神圣罗马帝国皇帝"的诸侯。此制度严重削弱了皇权，加深了德意志的政治分裂。
[②] 施潘道（区）是德国柏林的第五区，也是最西面的一个区，位于哈威尔河和施普雷河汇流处，并沿哈威尔河的西岸。
[③] 特雷普托（Treptow），原柏林城东南部一自治市镇，最著名的是特雷普托公园。

利亚教堂里挥毫，用词语将那些古老歌谣凝于笔端。墙上绘着壁画，上面有他父亲的肖像，在灯光下熠熠生辉，看上去像他脸颊上的泪珠般晶莹剔透。他举起酒瓶抿了一口，然后跌跌撞撞地退出门廊，来到墓地。

康拉德的父亲哥特菲尔德·冯·科林（Gottfried von Cölln）曾经身兼数职——爱情歌手、流浪诗人和王子的封臣。1448 年，也就是被人们称为"铁牙"的勃兰登堡藩侯，弗里德里克（Frederick），下令新建城堡后不久，哥特菲尔德曾带领柏林人公然违抗弗里德里克的命令，打开施普雷河（Spree）[①]的闸门，淹没了建好的地基。弗里德里克向来有仇必报，当即毫不留情地解散了地方镇公所。与此同时，五百个骑士（其中大部分都是流氓阿飞而非贵族）走上街头，疯狂地砍杀叛乱者，并把象征着这个城市公民权利、无比珍贵的罗兰塑像扔进施普雷河。这是哥特菲尔德一生之中唯一一次反抗。事发后他只能逃往他乡，连与爱妻道别都未曾来得及。九个月后，他的儿子康拉德出生了。

在他儿子生命的头十年里，哥特菲尔德的足迹遍布于德国境内，甚至漂洋过海，流浪到布拉格[②]和巴黎。沿途他随遇而安，不管是晴空万里还是雨雾风霜，食不果腹或者饕餮盛宴，他都欣然接受，安之若素。在遥远的劳兹奇（Lusatia）[③]他尝过派克肉汤和鹿肝馅饼的

---

① 施普雷河，德国哈弗尔河左支流。源出东南部劳西茨山北麓，向北流经宽阔的沼泽地，形成许多湖泊，在柏林地区汇入哈弗尔河。全长 403 公里，流域面积 1 万平方公里。

② 布拉格是捷克共和国的首都和最大的城市，位于该国的中波希米亚州、伏尔塔瓦河流域。该市地处欧洲大陆的中心，在交通上一向拥有重要地位，与周边国家的联系也相当密切。

③ 劳兹奇（Lusatia）位于欧洲大陆的中部，其地域横跨德国、波兰及捷克三国的疆界。卢萨蒂亚是索布人的集中地，时至今日，仍然有寻求索布人独立的组织在这地区活跃着。

滋味儿，在易北河①畔他喝过热辣的丁香和紫罗兰甘露酒。在萨伏伊（Savoy）②的阿尔卑斯山脉，他遭遇过抢劫、殴打，甚至还差点送了命。他也观赏过地中海③的磅礴日出。每到一处，他都放声纵歌，一方面抒发胸臆，另外一方面也借此得点银两，填饱肚皮。

在侯爵和王子的宫廷里，哥特菲尔德讲述过许多流传久远的民间故事：力大无比的武士，头戴鲜艳玫瑰花环的少女，睿智的圣人和邪恶的魔鬼。他会用拉丁语、法语和奥克西坦语④歌唱；甚至还与两人（一个弹竖琴的人，另外一个小提琴手）组成了一个巡回演唱乐队。在乐队中，他毫无疑问是顶梁柱，充分展示出自己的魅力。

也就是在这段时期，他搜集到许多传统歌曲。在小桥（Petit Pont）⑤之上、在普罗旺斯省（Provence）⑥，他就像燕子捕捉昆虫一般，收集到散落于民间的《情郎恋曲》（sons d'amour）等流浪歌谣（wanderers' melodies）。他将这些流浪歌谣烂熟于心，时常对骑士时代的贵族爱情心向往之。

可是，就在本来偏安一隅的人被旅人搅动心扉、蠢蠢欲动向往

---

① 易北河是中欧主要航运水道之一，发源于捷克、波兰两国边境附近的克尔科诺谢山南麓，其穿过捷克西北部的波希米亚，在德勒斯登东南40公里处进入德国东部，在德国下萨克森州库克斯港注入北海。全长1165公里，约1/3流经捷克，2/3流经德国。流域总面积144060平方公里。
② 萨伏伊，法国罗纳－阿尔卑斯区一文化区。
③ 地中海因介于亚、欧、非三大洲之间而得名。地中海东西共长约4000千米，南北宽约1800千米，面积约为2512000平方千米，是世界最大的陆间海。它是沟通大西洋和印度洋的重要交通要道，被称为海上交通枢纽。
④ 奥克西坦语，又称奥克语或奥克西唐语，是印欧语系罗曼语族的一种语言，主要通行于法国南部（特别是普罗旺斯及卢瓦尔河以南），意大利的阿尔卑斯山山谷，以及西班牙的加泰罗尼亚。
⑤ 小桥，又名佩蒂特桥，仅长40米，是塞纳河上最短的桥。九世纪时曾经有一座相应的"大桥"存在过。现在的小桥是1853年重修的，左边就是巴黎圣母院。
⑥ 普罗旺斯，全称普罗旺斯－阿尔卑斯－蓝色海岸，原为罗马帝国的一个行省，现为法国东南部的一个地区，毗邻地中海，和意大利接壤，是从地中海沿岸延伸到内陆的丘陵地带，是法国东南部的薰衣草之乡。

自由之时，旅人自己却开始热切地思念自己的巢穴。离别家乡十年后，一位游子站在自家门前，一只长满老茧的手伸向躲在母亲裙后的男孩。接下来，哥特菲尔德手拉着年幼的康拉德，穿过尘土飞扬的小道，跨过兰格桥①，径直来到施普雷河旁的城堡，站到了勃兰登堡藩侯面前。然后，他双膝跪地，痛哭流涕乞求宽恕，诉说自己一直随心所欲，沿途收集诗谣，不惧曲折与坎坷，直到心灵呼唤他回家，回到柏林。他吟诵道：

　　回来吧，即刻回来，
　　让我们看见你。

"铁牙"弗里德里克，身穿一袭红色紧身短袍，周身光芒四射。他本应该抽出宝剑，或者唤来一个穷凶极恶的骑士替他解恨。然而，他并没有选择立竿见影地羞辱这个叛逆的诗人，而是领着哥特菲尔德父子来到他的藏宝室。

藏宝室内的珍宝，琳琅满目——各种鸟儿标本，君士坦丁堡②被围困时骑士丢下的马刺，世上罕见的珍贵书籍，国王的一束头发，以及耶稣受难十字架上的一块木屑。面对珍宝，年幼的康拉德瞠目结舌，惊讶无语，但哥特菲尔德却淡定自如，而且还触景生情，侃侃而谈心灵对美如饥似渴的追求。他提及游吟诗人春风沉醉、沐浴爱河的欢乐，畅谈他们如何追求崇高理想和甜蜜的爱情，也谈到那些窈窕淑女如何思郎归来。最后他说道："人世间，再没有什么力量或者魔力比音乐更能呵护人们柔弱的生命之花了。"

起初，哥特菲尔德娓娓道来的古老传说似乎打动了这位"铁牙"，

---

① 兰格桥，又名长桥（Long Bridge）。
② 君士坦丁堡是土耳其最大城市伊斯坦布尔的旧名，即欧洲帝都。它曾是罗马帝国、拜占庭帝国、拉丁帝国和奥斯曼帝国的首都。

因为他的回答丝毫没有恼火的迹象:"既然你是爱情歌手,那么就为我高歌一曲吧。"哥特菲尔德当即满怀激情地唱起了《荷恩的浪漫》(Roman de Horn),唱得全神贯注,如泣如诉,好像他的身家性命全部寄托在这首歌上。他的旁边,放着奥维德(Ovid)①的《爱情三论》(Amores),还有一面据说能够反射出圣光的镜子。

> 他给竖琴调音,
> 琴弦拨动,
> 歌声响起;
> 主啊,这一切无比和谐!

[14]

唱完《英雄壮歌》(chanson de geste),哥特菲尔德紧接着又唱了几首抒情歌。他即兴为乐曲填词,那种娴熟自然,宛若信手拈来。他一边唱一边摇头晃脑,情绪越来越高涨,大有飘飘欲飞之感。尔后他又讲述了那些被人遗忘的爱情故事和基督英雄事迹,直到房间里变得黑暗。房间下面的大道上,戴着头罩的牧师们已经听到铃声,他们要开始做晚祷了。

整个过程,这位勃兰登堡藩侯一声不吭。等到哥特菲尔德唱完后,他只是不动声色地说道:"你才华出众,可惜你再也无用武之时了。"

二十年后,在那个枯燥乏味的9月夜晚,哥特菲尔德的儿子跌跌撞撞离开圣玛利亚教堂。他没理由憎恨这些墓地。有些人一闻到墓地里那令人头晕的怪味道便躁动不安。康拉德与这些人不同,并不觉得墓地的气味令人不快。相反,墓地让他感到莫名的安慰。因为,无

---

① 奥维德(公元前43年—17年或18年未能确认),古罗马诗人,与贺拉斯、卡图卢斯和维吉尔齐名。代表作有《变形记》《爱的艺术》和《爱情三论》。他是古罗马最具影响力的诗人之一。

论王子还是乞丐，墓地都是众生旅途的终点。尽管醉眼蒙眬、衣衫不整，他还是不想回家，不想坐在冰冷的壁炉旁听他母亲的哭泣。

紧挨着教堂墙根有一处乱糟糟的坟岗，坟岗插满木头十字架。康拉德围着它踯躅而行。这处坟岗里埋着多年前因瘟疫而死去的尸骨。在坟岗的低洼处，有块新安放的石碑。康拉德发觉，这块石碑做工精良，上面雕刻的字母笔画清晰，深嵌石碑，让人闭着眼睛也能摸得出来。嗜杀成性的"铁牙"弗里德里克自己出资修建此碑，似乎想藉此将自己的滔天罪行瞒天过海，免得遗臭万年。但又有几人相信？呜呼！一位好人永远安息于此；一位公正的王子主宰于此；上帝之道珍视于此；弥天谎言也肆虐于此。

康拉德颓然地靠坐在石碑旁，感觉到脚下的泥水吱咕吱咕地漫过脚丫子。他不记得自己脚上的靴子落在何处。他要让自己相信，父亲仍在附近。他要让自己相信，在磨坊街（Mühledamm）的人群中，抑或在用红砖修建的莱宁修道院（Lehnin）里，他父亲就在僧侣中，他能看见父亲的身影。但是与此同时，他也感谢上帝，父亲在经历了二十几年的苦难后，最后终于回归尘土。

[15] 头顶的天色渐暗。黄昏中，榆树枝儿竞相生长，似乎要紧紧地相依相偎，共同熬过即将到来的漫漫长夜。

"挪过去点，"她大声叫道，将他猛然惊醒。康拉德想，刚才自己一定是睡着了，因为他感到全身筋骨僵硬。他不清楚，此时此刻已经几点钟了。

他在墓碑上挪动了一下身子。"手脚不要这样放，"那个女人提醒道，"把你的手肘收进去，否则你会撞到鬼魂的。"

康拉德颇为恼火。他本想一个人清清静静地舔舐悲伤，独自凭吊。此刻却被惊扰，他颇感扫兴。"这里可没有什么鬼魂，只有肉体正腐烂入泥。"他冷冷地回答道。附近新市场（Neuer Markt）的火光映照过来，墓地上的十字架倒影摇曳舞动。

"你这是在亵渎神灵。"她咒骂着,一根手指头直直地指着他,"我们行走于鬼魂之中,但只有灵魂使者才能看到他们。"

若明若暗之中,这个女人的脸并不十分难看。她没戴帽子,头发蓬乱,可她的胳膊却肥嘟嘟的,让他谈兴阑珊。

"你是灵魂使者吗?"他嘲弄道。

"我是劳拉。"

他本可以一脚将她踢开,或者自己抽身离去。但是,她走近他,一只温润的手熟练地游走于他的大腿,拨乱了他的心弦。他非常清楚,有些妇女——通常被称为美人鱼间谍,就像那些伪装成游客的间谍一样,经常出没于各类教堂。从这些妇女的呻吟淫笑中,他明白,这些妇女并非从坟墓中复活的死人。他暗自拿定主意,在这寒冷深夜,他要寻找安慰,以便将死亡暂时抛诸脑后。

"看来你活过来了。"劳拉笑道。

黎明时分,劳拉飘然离去。康拉德站起身,拖着疲惫的身子往家走。此时的市场熙熙攘攘,体型彪悍的马贩子,沾了一身面粉的面包师,正打着哈欠卖辣椒和茴香籽的小贩。胸脯肥大的农妇趿拉着脏兮兮的凉鞋,对着一筐筐洋葱打喷嚏;臭气熏天的乞丐裸露出他们的假腿,乞求施舍。有个一头卷发的犹太人,身穿一袭一尘不染的黑长袍礼服,正站在一家布摊前,不停地展开许多从佛兰德斯(Flanders)①运来的靛蓝色和深紫色布匹。还有一个身着熊皮的摔跤手,头发凌乱,正向过路行人挑战,要来一场拔河比赛。

中世纪的柏林,简直就是一块破旧肮脏的麻布,由东倒西歪、散落四周的茅舍和平庸简陋的庄园拼凑而成。这些茅舍和庄园,密密麻麻如针脚般散落于施普雷河下游水流平缓的转弯处。沿着施普雷河

―――――――

① 佛兰德斯是西欧的一个历史地名,包括今比利时的东佛兰德省和西佛兰德省、法国的加来海峡省和北方省、荷兰的泽兰省。佛兰德斯泛指古代尼德兰南部地区,位于西欧低地西南部、北海沿岸。它曾是中古欧洲的一个重要的封建诸侯国家,通常是法兰西王国的封邑。

两岸沙滩，渔民家的男孩们正大声地叫卖着他们起早抓获的鱼儿。他们的声音嘹亮，像滚滚河流中的流水声，极富乐感。袒露上身、满身肌肉的小伙子们，从肩头卸下盛满莱茵白葡萄酒（Rhenish wine）的酒桶，或者卸下装满从阿尔博里奥（Arborio）运来的米袋。从一家贵族庄园里，走出来一位胖妇人，正伸长着脖子仔细地挑选着最好的鳟鱼、最新鲜的面包和最厚的奶酪，将挑好的东西放进用柳条编成的篮子里。磨坊街的磨坊旁，顽皮的儿童像狗闻着肉香味似的追逐嬉闹。身穿蓝色紧身制服的士兵，在混乱的人群中闲庭信步，看中什么东西就顺手牵羊地抢走。

康拉德穿过施普雷河，来到柯林城（Cölln）。柯林和柏林是姐妹城，但柯林整体上比柏林强些。康拉德的前面，本来走着一位孤独的学者，一袭黑色外套，脑后披搭着挺括的亚麻色披肩，此刻已然溜进多明我会[①]修道院——也就是所谓的道明会，而康拉德则左转走进狭窄的布鲁德大街（Brüderstraße）。这里的住房拥挤不堪，屋顶都有尖角。他身旁的铁匠铺子前挂着黄色的、从外地买来的金丝雀，空气中飘浮着蜂蜡和炒栗子的气味。

在这些光线不足的庭院里，他偷偷地继承了父亲的衣钵，早在二十多年前就将哥特菲尔德本人被禁咏唱的歌曲烂熟于心，逐一学会了吹长笛，弹奏埃尔琴和维奥尔琴。[②]哥特菲尔德为师严厉，人生失意更使他苛求于人，总觉得康拉德辜负了他。其实，康拉德自己本来也很卖力，力求完美。但他父亲的苛责却让他生出逆反心理，最终导致康拉德开始排斥他父亲那些古板、过时的恋歌（Minnesang music），以及在宫廷演唱的歌曲，不管是拉丁语的还是法语的。

[①] 多明我会（又译为道明会），亦称"布道兄弟会"。会士均披黑色斗篷，因此称为"黑衣修士"，以区别于方济各会的"灰衣修士"，加尔默罗会的"白衣修士"。它是天主教托钵修会的主要派别之一。

[②] 特殊乐器，一般有6至7根弦，其独特的地方是在它的指板下方还有6至7根弦，这些弦是用来产生共鸣的，因而这种琴的声音格外柔美，所以称之为柔音提琴。

第一章 | 康拉德·冯·科林和真爱

　　康拉德立志做个自由人,无拘无束地歌唱。他喜欢在酒铺里或者集市上为平民百姓歌唱。他喜欢率性地用德语浅吟低唱,也乐意为工匠和农民即兴创作歌谣,哪怕他们没有钱给他。他不停地弹唱,直到观众为音乐所感动,情不自禁地随乐起舞。他将父亲的骑士组歌重放异彩,为其重新填词,迎合他这个时期的不同听众。表演时,他也从不重复老套,为此他颇引以为豪。

　　时常地,他也能得些酬劳。他将这些酬劳在柏林的酒馆肆意挥霍。因此,不论舞台上还是舞台下,他都是个精力充沛、游刃有余的情种。逐渐地,他放纵情欲,时常变换情人。但是这种纵欲游戏十分危险,因为勃兰登堡藩侯刑法严厉,轻微的犯罪都会受到严惩。不检点的淫乱者可能被吊死,私通的妇女也可能会被一剑封喉。同样,在教堂里行窃会被活埋,说谎的人会被扔进盛满沸水的铁锅。每隔一周的星期三,在圣玛利亚教堂东侧的奥登伯格门外(Oderberg Gate)都会举行一次公开行刑。死者的尸体被挂在兰格桥上,以惩戒世人。

　　9月的这一天,康拉德在家独自伤怀,直至夜幕降临,他再次穿过长桥,返回柏林。此时天色昏暗,空气潮湿,从北边波罗的海席卷而来的大雨,寒冷且带着大海的气味。波罗的海,地处欧洲北端,气候多变,恰如那脾性变幻莫测的悍妇,或是热情似火,或是冷若冰霜,抑或泪水涟涟。

　　康拉德告诉过他母亲,希望再去教堂看看他父亲的画像。事实上,他去教堂,与其说为了死者,莫如说是为了生者。遇见劳拉时,看到她因为在潮湿的草地上干那淫乱勾当弄脏了裙子,他又是莫名地生气。同大部分柏林人一样,劳拉无知、粗野,喜欢醉生梦死胜过沉思默想。劳拉拉他时,他跳开了,却无法昂首挺立或者俯身躺下。他本想鼓起微弱的勇气,做一番抗争免遭失身,却又迫不及待地想要屈服。作为回应,劳拉只是淡然地警告他要注意鬼魂缠身。随着夜幕降临,劳拉的不懈终于融化这个男人,尽管只是融化了他的心。

　　"劳拉,劳拉。"他像个小孩子似的大声地叫喊着,"劳拉,劳拉。"

随着柴烟般的浓雾笼罩大地,康拉德开始谈起他的父亲,并用手示意他们身下的小土丘。

[18] "我会记载下他所有的老歌,"他告诉劳拉,眼睛泪光闪烁,"我自己也无法容忍它们的失传。"

十五世纪,歌谣鲜有书面记录,大多是口头相传,师傅传给徒弟,父亲传给儿子,注重准确和外在的形式:音节数量,传统韵律,全靠死记硬背。古登堡出版社(Gutenberg press)虽然十几年前就开始出版书面歌谣,却依然没有完全取代这种口头相传的传统方式。柏林的藏宝阁里,为数不多的手稿都是出自方济会[①]和多明我会的成员之手。学识渊博的抄经文者是不会劳烦记叙古老诗歌的。此刻,在这个破落不堪的墓地,康拉德放胆想象自己正记叙古诗,劳拉则陪伴左右,红袖添香。

他俩的苟合不同寻常。康拉德从未送给她甜言蜜语的情书,劳拉也从不拒绝他的求欢。事实上,他俩继续像干草里的老鼠一样不停地做爱。结婚后,劳拉搬进康拉德的房子。白天,在他父亲生前用过的桌前,他埋首于成捆的羊皮纸上,极力回忆并记叙下歌谣。晚上,在他父母曾经睡过的旧床上,他像个勤劳的农夫,快乐地在劳拉这块肥沃的土壤上耕耘。

> 菩提树下,荒地之上,
> 我们以此为床,
> 我们让草地与鲜花,
> 在美丽中黯然神伤。

[①] 方济会是天主教托钵修会派别之一。其会士着灰色会服,故亦称"灰衣修士"。方济会提倡过清贫生活,互称"小兄弟"。方济会效忠教宗,重视学术研究和文化教育事业,反对异端,为传扬福音而到处游方。

显然，康拉德不会拼写这些歌词，或者说，这些词至少不是按照标准的字母排列记载的。不过，这并未妨碍他的兴致。令人奇怪的是，劳拉不愿放弃她原来的皮肉营生。这也加剧了他的占有欲。他揍她——这是他的权利，将她锁在谷仓里，直到她同意不再与其他男人苟合。劳拉说她欲火难耐。他们的第一个孩子夭折后，她的情欲更加强烈。春天，草原上的小草还没发芽，她将婴儿抱在怀里。孩子死后，她在婴儿床头放了一本《圣经》。

在那个悲伤的早晨，康拉德记下了一段古老的德语叠句：

> 他离我而去，带给我痛苦无比，
> 我把心交给他，引领他继续前行。

柏林和柯林都是小市镇，两地都受同一人管理。欧洲的主要商路在此绕道而过，与繁忙的马格德堡（Magdeburg）① 和奥德河畔的法兰克福（Frankfurtander Oder）② 相比，显然不那么重要。坚实的城墙之内，通过靠近火炉取暖的妇女，经由市政厅办公人员，流言像梅毒一样飞快地传递，城堡内的大臣也能知晓。勃兰登堡藩侯听说了康拉德舞文弄墨的事迹，便把他召进了宫里。

这位勃兰登堡"铁牙"藩侯，正如他对其他许多事情都固执己见一样，对于古老的传说以及祖辈们流传下来的东西也持极其偏执的观点。他承认，他的勃兰登堡整个儿就是刚愎自用，固步自封，学识浅

---

① 马格德堡，德国城市，位于易北河畔，805年建城，十三世纪为繁荣的商业中心，为汉萨同盟主要成员，并建立城市自治体制，即"马格德堡法"。三十年战争期间，全城3万居民死去2万。第二次世界大战中炸弹毁城大半，罗马式和哥特式教堂幸存下来。现是萨克森·安哈尔特州的首府。

② 奥德河畔的法兰克福，德国东部边境小城。在柏林以东，德波界河奥德河左岸。中世纪法兰克商人始建。

薄,大部分人都被剥夺了权利。他们从神圣罗马帝国[①]或者其他地方漂泊至此。他既需要培养一部分臣民为他所用,也需要砍掉一部分臣民的脑袋,防止他们反叛。

这位勃兰登堡藩侯很懂得史记的威力。于是,在他的宫殿中,他命令康拉德记载下那些予以留存的歌谣。康拉德必须赞美、歌颂日耳曼民族的诸多首领,从击败罗马三大军团的赫尔曼(Hermann)到被人称为"熊"的艾伯特(Alert von Bear),当然包括被人称为"铁牙"的藩侯本人。康拉德必须将战争描述为上天注定。他绝不能将他们的领地称为斯洛文尼亚(Slavonia)[②]或者斯拉夫(Slavic)[③],而要永远地称它为德国。

"照此而行,你将成为我的座上宾,为我歌唱;如果逆我而行,你,以及你那淫荡的妻子,都将重蹈你父亲的下场。"

"铁牙"出生时,身上带有一个蝎子的印记,所以他从不宽恕,也不健忘。在多年中,他禁止康拉德的父亲演出,夺取他的歌喉,使他像鸣禽标本一样缄默无言。距水淹城堡地基之事二十年之后,勃兰登堡藩侯政权已然稳固,终于开始复仇。哥特菲尔德被人从家里拖出来,捆到一个木台上。木台用十几根木棍搭成。哥特菲尔德在木台上被木棍打得血肉横飞,等到他的手脚和脊椎都被打断,他被塞进一个轮式刑车,然后吊在奥登贝格大门(Oderberg Gate)前的一根木桩上。他死后,蛆虫吞食着他身上尚未完全腐烂的肉体,乌鸦也啄去了他的眼睛。此时"铁牙"下令在圣玛利亚教堂的《死亡之舞》上为哥特菲尔

---

① 神圣罗马帝国,全称为德意志民族神圣罗马帝国或日耳曼民族神圣罗马帝国,是962年至1806年统治西欧和中欧的一个大帝国。

② 斯洛文尼亚是欧洲的一个发达国家,全称为斯洛文尼亚共和国。该国位于阿尔卑斯山脉南麓,西邻意大利,西南濒临亚得里亚海,东部和南部被克罗地亚包围,东北邻匈牙利,北邻奥地利。

③ 斯拉夫是古代日耳曼人东部民族与斯基泰人联合开始大规模迁徙后自己使用的名称,按照斯拉夫语系中的含义,有荣誉、光荣的意思,是欧洲最大的民族。其分布范围主要在欧洲东部和东南部,少数居地则跨越亚洲北部,远达太平洋地区。

德画了一幅肖像：身穿双色紧身短袍，与死神手牵着手，脚踏锣鼓翩然起舞，胸前挂着几个喇叭，活脱脱一个疯歌手模样。

　　康拉德并非英雄。他不想被塞进轮式刑车让肢体分裂。他只想享受那些让他感动的故事。他开始恐惧，害怕自己失去生命，害怕他所爱的人失去生命。恐惧让他胆怯，于是他调整了自己的所作所为。他不仅停止自己的演出，还开始重新改写他父亲的抒情歌曲去取悦他的保护人。他记叙了一个纯洁的北方民族的英勇壮举，使他们的战争具有浪漫主义色彩，与此同时丑化了西法兰克王国（West Francia）①和斯拉夫俄国（Slavic Moscovy）那些卑鄙粗鲁的骑士。他只是为后人留下了断章取义的史诗。

　　结果，他得到一件绿色的天鹅绒外衣、一顶毛皮帽，以及一个用来装他所写诗篇的优质皮包。那些曾经对他随意谱就的曲子冷嘲热讽的权贵们，如今在他准备加入"歌唱家协会"时都低眉顺眼，充满敬意。每当他为自己的曲意奉承心神不宁时，"铁牙"便会奖励他，容许他在宫廷里朗诵诗歌。朗诵后，他可以随意挑选一位在场的贵妇，只要这位被挑选上的贵妇愿意，他就可以与她同床共枕，而贵妇的女仆必须在卧房门外望风守护。

　　他甚至还有足够的银子每周光顾一次佛兰芒人（Flemish）②的浴室。事实上，这里是他人生的转折点。因为就是在这里，在他最中意的一名布鲁塞尔（Brussels）"仙女"的怀抱里——这名仙女，双腿修长，乳房坚挺，尤其让他如痴如醉——他感觉自己听到了他父亲的呼唤。

　　做爱的声音，不同的情人并无多大差异，然而，隔壁充满激情的呻吟声，穿过偌大的浴室墙壁，却让他想起父亲多年以前祈求"铁牙"宽恕的哀鸣声。康拉德一把推开怀里的佳人，一丝不挂地冲进隔

---

① 西法兰克王国为西欧的一个君主制国家，存在时间为843年至987年。
② 比利时佛兰芒人主要住在该国西部和北部，人口约600万。佛兰芒人母语为荷兰语，也是比利时官方语言之一。

壁房间。那个气喘吁吁的陌生人，完全沉浸于云雨之中，丝毫未被他人的打扰而分心。康拉德不认识这个男人，却认出了他身下的女人竟然是自己的妻子。

"你卖淫为生！"他指责道。
"我们都'卖淫'为生！"她回答说。

康拉德生命中的最后一个星期天，他又来到圣玛利亚教堂附近的墓地。意念中父亲的呼唤，真实世界中妻子的坦率，同时回响在他耳旁。他失魂落魄，脸色铁青，青筋爆突，天鹅绒外衣上沾满泥土，浑身散发着白兰地酒气。他张开双臂，似乎要拥抱整个坟墓。

他没有回家，没有在自己的床上睡觉，也没有洗漱，没有让自己精神焕发地面对这一天。他告诫自己，这样不修边幅、天然的本性尤其不适合这个上午。因为，就在这一天，他将要当众吟诵一首被允许吟诵的诗歌，然后获准加入"歌唱家协会"。

按照"歌唱家协会"的观点，诗歌是一门比较机械的艺术，可以通过勤奋的学习掌握。诗歌创造与灵感无关。为求获准加入这个协会，康拉德已经同意遵守该协会的章程。这些章程不仅强行规定了诗歌主题和朗诵方式，而且还对诗歌的结构、押韵、旋律与不和谐音都做了种种规定。他强迫自己接受规定，绝不改动歌词，除非得到更高权威的指示。

康拉德穿过犹太教堂，穿过一潭死水似的护城河，急匆匆地赶回家换装。他尽量走后巷，以免让人看见他的邋遢相。等他回到市镇，市政厅的屋顶上已然飘扬着红、白两色旗帜。熙熙攘攘的人群中，有多明我会一身黑袍的神父，有穿着盔甲的金发士兵，有织工和皮匠，也有拿着一篮篮紫罗兰和石楠花的吉普赛人。这些吉普赛人，大声地向路人叫卖，承诺大家只要花点小钱，买束花，便能得到永恒的健康与快乐。人群的中央，行走着急于自我表现的市府职员，官服前襟挂着金链子的市政官员,手戴宝石钻戒、志得意满的协会评委。康拉德走在他们当中,外表从容自如,让人感到既熟悉又超然。其实在他脑海里,各种声音交织激荡。

等到"铁牙"在宝座上落座、他的骑士各就各位,典礼仪式随即开始。首先,一位年迈的诗人一字不差地吟诵了《以赛亚书》[①]中的一段经文;然后,一位特邀大师诵念了圣约翰的《白日之歌》(Day verses);接下来,该协会会长表演了一首措词精美的颂歌《开满鲜花的天堂》。最后,轮到康拉德上场了。

康拉德走上台去,背对着人群,面朝评委。为了确保康拉德要诵念的诗歌与福音书[②]没有任何冲突,第一位评委的面前摊着一本《圣经》。第二位评委负责评价康拉德所吟诵诗歌的韵律,包括节奏、重音和音调。第三位和第四位评委负责裁定诗歌的节奏和曲调是否正确,有必要的话可以参考该协会编纂的《法典》。在评委的身后高竖着一块木板,康拉德吟诵时出现的任何错误,都将记在上面。不过,谁都不希望循规蹈矩的康拉德会出现任何差错。

按照《法典》的规定,他首先向评委们深深地鞠了一躬。他胸前的口袋里,放着已经准备好的诗歌,紧贴他的心脏。他打算诵念海涅里奇·冯·摩根(Heinrich von Morungen)[③]的经典诗歌《你美若艳阳》。这首诗歌赞美贵妇人的纯洁品德像太阳般照亮乌云。可是,他开口吟

[①] 《以赛亚书》是《圣经》的第 23 卷书,是上帝默示由以赛亚执笔,大约在公元前 723 年之后完成。记载关于犹大国的背景资料,以及当时犹大国的人民在耶和华面前所犯的罪,并透露耶和华上帝将要采取判决与拯救的行动。
[②] 福音书是以记述耶稣生平与复活事迹为主的文件、书信与书籍。在基督教传统中,它通常意指新约圣经中的内容。更狭义的说法,则是专指四部福音书:《马太福音》《马可福音》《路加福音》和《约翰福音》。
[③] 德国的一名游吟诗人,1220 或 1222 年离世,出生年月不详。

诵时，一首截然不同的诗歌回荡在整个施潘道大街上空。

那诗歌不是英国古老传说《贝奥武甫》①中的片段，也不是法国的叠句诗（rondet）或者摩拉维亚（Moravian）②的史诗。康拉德吟诵的诗歌与这些都没关系。他所吟诵的，是传统与创新的结晶。当诗句不由自主从他嘴里喷吐而出，他从评委面前转过身，面向普罗大众。在普罗大众面前，为普罗大众吟诵，他一下子摆脱了恐惧和怨怼。他的内心充满了爱，爱他含羞带愤死去的父亲，爱他并不完美的妻子，爱那千疮百孔的柏林。他的声音变得比以往任何时候都要响亮，完全沉醉于自己的音色和音域。这诗歌解放了他的思想，为他的思想插上了翅膀，戳穿了这位勃兰登堡藩侯的谎言和暴行，将所有的清规戒律都抛诸脑后。

[23]

评委们顿时目瞪口呆，甚至无法从威严的座位上起身记录下他的错误。并非因为这首诗歌特别美妙（它并不美妙），而是因为这首诗发自他的内心，而且通过来自天国的魔力，直达听众的心田。康拉德吟诵完毕，整个柏林城一片寂静，只听见常青树上几只麻雀窸窸窣窣的交配声。

"铁牙"无需开口说话。他竖起一根手指，两个骑士奔过去抓住康拉德。鸦雀无声的人群默然离开，任由康拉德被拖走。那天上午稍晚些时候，康拉德的舌头被割掉，房子被查封，里面的财物被掠夺一空。他的妻子也被绑在木柱上活活烧死，理由是说她会妖术，能和死人交谈。"铁牙"让人取来那个装满诗歌抄本的皮包，销毁了许多断章取义的斯拉夫诗歌，把其余的诗歌全部锁进他的藏宝室里。星期一上午，这个可怜的诗人的头颅被砍下，尸体留在兰格桥上任其腐烂，算

---

① 《贝奥武甫》，讲述了斯堪的纳维亚的英雄贝奥武甫的英勇事迹。是迄今为止发现的英国盎格鲁-撒克逊时期最古老、最长的一部较完整的文学作品，也是欧洲最早的方言史诗，完成于公元八世纪左右，它与法国的《罗兰之歌》、德国的《尼伯龙根之歌》并称为欧洲文学的三大英雄史诗。

② 摩拉维亚，为捷克东部一地区，得名于起源该区的摩拉瓦河。

是对其他人的无声警告。

　　一段时间后，哥特菲尔德和康拉德的名字被人遗忘。有人也企图粉刷掉圣玛利亚教堂墙壁上的死神之舞，将他们从历史中彻底抹去，但是，有关哥特菲尔德和康拉德的点点滴滴，却持久地活跃在柏林人的想象之中。几个世纪过去了，有关康拉德的叛逆以及他父亲水淹城堡地基的记忆越来越淡薄，人们逐渐将二者融为一体，并从中杜撰出一个关于柏林人叛逆精神的传说——《不屈不挠的柏林人》。事实上，大多数的柏林市民那时并非人格独立、思想自由。相反，他们依旧被那个变幻莫测的悍妇奴役着，受她的情绪和眼泪所左右，从未成功地发动过一场革命。但是，这个传说却强化了他们百折不挠的精神，使他们得以承受未来人生中艰难困苦。毕竟，曾经有过一个人，放声高歌，歌颂爱情！歌颂这座城市！

图为1618年大彗星,选自高塔·阿杜西乌斯的作品《东方彗星》。插图下的拉丁文意为:大祸将至。

第二章

科林·奥尔巴尼和演员们

1618年,柏林城堡

你看他,看呀!一个稚嫩的青年,站在宫殿的台阶上,出神地凝望夜空。你看他,体态轻盈,聪明伶俐,脸盘周正,双颊已经长出细细的鬓毛,还有青春痘。他凝望夜空的眼睛似那大海般深蓝,头发编织成蜷曲垂绺,披落肩头,耀眼夺目如那落日余晖洒落沙滩。他衣着整洁体面:白色紧身长裤,束带褐色外套,头戴一顶插着羽毛的呢帽。他的微笑,毫不做作,突如其来,令人顿生好感(他师傅约翰·斯宾塞如是评价道),说明他对当下的幸福生活和美好时光充满乐观,对即将来临的凶险茫然无知。

1618年的那个秋天,他才十三岁,目睹了大彗星划过柏林的夜空,[①]正如它划过从利沃夫(Lemberg)[②]到伦敦的每一座城市。彗星呈淡红色,头部明亮耀眼如那流星,后面拖着蜥蜴般长长的尾巴。它照亮了苍穹,也照亮了他的思想。

"血红血红的,"他的朋友丹迪·赫勒尔狂喊道。丹迪·赫勒尔身

[27]

[①] 据史料记载,1618年曾出现两颗彗星同时照耀夜空的景象。
[②] 利沃夫,又译为伦贝格,乌克兰西部的主要城市,有狮城之称,利沃夫州首府。该市是乌克兰西部主要的工业与文化教育中心,拥有许多大型工厂、乌克兰最古老的大学和著名的利沃夫歌剧与芭蕾舞剧院。

为威尼斯的公爵,忠诚可靠,此刻正和他一起站在城堡的台阶上。

年轻的奥尔巴尼一声大笑,对他说道:"丹迪,睡觉前充分发挥你的想象力吧。"

"末世必有危险的日子来到。"每当丹迪无言以答的时候,他总是引用使徒书信(Epistles)①里的这句话来遮掩。"彗星发怒,大祸将至。"

科林·奥尔巴尼粉墨登场的时候,柏林已历经沧桑。不过,像众多演员一样,他也踌躇满志地认为,他之前存在的沧桑变化价值不大。尽管柏林市场上的人员复杂,种族各异,与柏林作为德国古老家园的概念格格不入,但是,这个神采奕奕的年轻人,毫不怀疑这座城市中曾经产生过的英雄,也不怀疑让这座城市名闻遐迩的反抗精神,毫不怀疑柏林承载着德国的古老传统。

对于他的同胞在勃兰登堡(Brandenburg)这个边陲小镇创造的辉煌历史,他也深信不疑。几个世纪以来,苏格兰骑士前赴后继,蜂拥来到这里,用他们手中的长剑逼迫勃兰登堡藩侯接受基督教。诸如拉德·戈登和荣格这样的船主和布商们,也纷纷将利斯②和爱丁堡③的商业贸易带到此地。尤其是在十四世纪,英格兰的恐怖分子,"黑魔"道格拉斯,为了保卫但泽(Danzig)④,曾率领一队全副武装的士兵为条顿骑士团(Teutonic Order)⑤作战(战后,所有的苏格兰人都成为柏

---

① 新约中的一种书信体,最早流行于古埃及。比如保罗书信(Pauline Epistles),大公书信(Catholic Epistles)。该句引文出自《提摩太后书》3:1。
② 利斯港,爱丁堡和苏格兰一海港。
③ 爱丁堡,英国著名的文化古城、苏格兰首府,位于苏格兰中部低地的福斯湾的南岸。面积260平方公里。1329年建市,1437—1707年为苏格兰王国首都。
④ 但泽,波兰城市,又译为格但斯克,是波兰波美拉尼亚省的省会,也是该国北部沿海地区的最大城市和最重要的海港。但泽位于波罗的海沿岸,是波兰北部最大的城市,与索波特、格丁尼亚两市形成庞大的港口城市联合体——三联城。
⑤ 条顿骑士团,中世纪德国一军事团体,如今已演变成一纯粹的天主教宗教团体。起初的成立是为了给前往圣地朝圣的基督徒提供帮助并建立医院,后来慢慢演变成一个军事团体。

林的自由人,而道格拉斯的士兵被安置屯扎在高地之上)。当然,道格拉斯并不知道,成千上万的苏格兰人,据说多达55000人,不久便从苏格兰高地应征来到柏林,并在接下来的残酷战争中被尽数杀戮。

起初,科林·奥尔巴尼是个运气不错的士兵。他的人生是从古老的斯特林市(Stirling)①开始的,并且深受圣鲁德教堂②的影响。他的父亲在教堂供职,母亲是一个女仆兼接生婆。在两人的共同努力下,一步一步将奥尔巴尼送入英国上流社会,几乎进入到詹姆斯国王的王家宫殿。他只是个孩子,独处的时候,他总是想象周围有许多人陪伴。他就在这群想象出来的伙伴中成长,无忧无虑,像是生活在夏日的雾霾之中,从未注意过冬日雨水,也不曾留意过贫民区的饥饿。刚学会走路,他便喜欢将自己打扮成骑士,在他想象中的兄弟姐妹的陪伴下漫无目的地攀爬城墙;刚学会说话就说个不休,向整个世界的人(至少是那些愿意听他说话的人)宣告,他的生活将充满冒险与浪漫。

作为一个傻乎乎的呆子,他喜欢一群人围着听他。年仅十二岁,他就发现单调、烦闷的斯特林市已无法为他提供足够的喝彩,于是他就像詹姆斯国王本人一样,南下来到伦敦,再也没打算回来。他父亲不仅教他读神圣的福音书,而且也教他如何对陌生人心存戒备,并且在他动身前告诫他,要善于自我反思,尽量避免与坏人为伍,做事要坚守原则。然而,所有的这一切他很快就弃之脑后。相反,他置身于一个浮华世界,置身于涂脂抹粉、花枝招展的人群之中。

那时,他身材修长,四肢精瘦,颇有小鸟依人之状,于是他像羽翼未丰的雏鹰一样,在舞台上扮演起女性角色。在古老的肖尔迪奇

---

① 斯特林,又译斯特灵,英国城市,一度是古苏格兰王国的政治和工商业中心。在十五世纪被入侵的英格兰军队攻陷而迁都爱丁堡之前一直是苏格兰王国的首都和王室所在地。
② 圣鲁德教堂位于一座城堡的山脚下,已经作为当地的教区教堂五百多年了。1567年,詹姆士六世在这里加冕。教堂最大的特色是其中世纪敞开式木顶。

(Shoreditch)[1]舞台上，他扮演过护士、女仆和情妇。在《爱的徒劳》[2]中，他饰演少女杰奎妮妲（Jaquenetta），名噪一时，证明了自己的价值。十二个月之内，他在《泰特斯·安德洛尼克斯》[3]中饰演了泰特斯的女儿拉维妮娅，在《李尔王》中饰演了心地善良的考狄利娅。他还在本·琼森的剧本《个性互异》[4]中同时兼任两个角色——提柏（Tib）和布丽姬特（Bridget）。他轻盈的体态、苍白的面容，正是他那个时代所崇尚的。

某个星期六下午，他戴着翅膀、提着裙子正准备上台扮演《皆大欢喜》[5]中的罗莎琳德[6]（Rosalind），被斯宾塞大师看中。斯宾塞正四处物色演员加入他的英国戏剧团。该剧团将前往勃兰登堡，沿途将在那些低地国家巡演。勃兰登堡的藩侯——西格斯蒙德（Sigismund）对英国的戏剧非常痴迷，希望他的宫廷里拥有一个剧院。《皆大欢喜》演出结束后，尽管他在表演过程中记错了几句台词，斯宾塞还是邀请他加入他的巡回演出剧团。他告诉奥尔巴尼说，加入剧团报酬虽然不高，但却可以到国外去历险，还会给他做一套质地考究的绸缎衣服。这让他颇为心动，于是便欣然同意和其他十几个异想天开的人一同前往柏林。

[30] 就这样，他来到一个陌生的城市，成为漂泊于此的异乡客。这个地方——他只能说——平凡无奇。这儿两个居住区毗邻。在他看来，

---

① 肖尔迪奇区是位于东伦敦的新兴文艺区。
② 《爱的徒劳》，或译《空爱一场》是莎士比亚讽刺性最强的一部喜剧，也是一部宫廷喜剧。莎士比亚在这部戏剧中讽刺了宫廷贵族的爱情言辞和爱情观。
③ 《泰特斯·安德洛尼克斯》是莎士比亚创作的第一部悲剧。这个故事充满了激情和仇杀，是英国戏剧的典范，也是莎士比亚最成功的作品之一。
④ 英国剧作家本·琼森 1598 年创作的一个剧本。
⑤ 《皆大欢喜》是莎士比亚创作的"四大喜剧"之一，故事场景主要发生在远离尘世的亚登森林中。大约创作于 1598—1600 年间。
⑥ 罗莎琳德，莎翁喜剧《皆大欢喜》中的被放逐的公爵之女。罗莎琳德聪明可爱，在林中女扮男装，颇有英气。

这两个居住区交织在一起，彼此都保留了自己最糟糕的东西。河水两岸臭气熏天，街心广场了无生趣。宫殿笨重呆滞，一点也不吸引人。他心想，为什么柏林人不多放几次水把这个城市淹掉。这里的居民傲慢无礼，动不动就吵架，哪怕再小的争端，也总是拔刀相见。千真万确，街巷中最多的就是泥土、酒馆和畜栏。一身酒气的居民，醉生梦死，不是酩酊大醉就是嗜赌成性，或者直接一命呜呼。幸免醉死在泥淖里的醉汉们，要么消失于妓院青楼，要么毁于自己的妻子之手。他们的妻子，会因为他们弄脏了她们刚擦洗过的神圣门槛暴揍他们。他从未见过像柏林这样的城市，市民的家干净整洁，街巷却龌龊肮脏。然而，尽管环境粗俗不堪，此地却有一种奇幻的魔力，让他疯狂痴迷。

你看看他。现在，在那个夜光如昼、征兆不祥的夜晚，你看看他！演员们正在即兴表演一个被篡改了的苏格兰剧本。他饰演麦克白夫人，头戴污秽的假发，双手沾满血迹。丹迪·赫勒尔饰演麦克白。丹迪挣扎着用手去拿舞台上方悬挂的那把匕首，可怎么也够不着（荷兰人和德国人更喜欢看见想象中的剑刃）。剧情突然出人意料地发生改变，一名宫廷大臣从舞台左边上场，走到约翰·西格斯蒙德藩侯身边耳语了几句。臣僚围在藩侯左右。轻声的耳语，比约翰·斯宾塞扯着嗓门导演舞台更具吸引力。演员们骤然停止表演。斯宾塞松开绳子，让悬着的那把匕首落在了镶木地板上。

"打仗了！绅士们，战争来临了！"西格斯蒙德说道，他不久前刚把勃兰登堡与普鲁士的小公国联结起来，"愿上帝保佑你们！晚安！"说完这句话，他便消失了，再没露面。

约翰·西格斯蒙德出走了。

演员们并不会想到，这场杀戮会持续三十年之久，也不会想到欧洲这场莫名其妙的宗教战争会摧毁德国。他们当然不可能活着看到，未来的四百年，这场战争让人们充满恐惧。他们只知道，今晚没人支付演出费了。

[31]　　"彗星通常会带来八样东西,"丹迪用他一贯漫不经心的口气嘟囔道,"狂风、饥荒、瘟疫和死亡,是给国王的;其他的还有战争、地震、洪水和痛苦。"

不到一年,西格斯蒙德死了。斯宾塞撒下那些演员,独自回家去了。三千名英国新教雇佣兵途经柏林前往布拉格,意欲阻止信奉天主教的哈布斯堡① 进犯。等到他们和其他的雇佣兵辱没使命往回撤退时,奥地利人占领了德国大片土地,并要求勃兰登堡和普鲁士俯首称臣,受它的保护。为了尽快解决问题,大批人质被带走关押。尽管支付了六万荷兰币,帝国军队还是占领了柏林。

奥尔巴尼依旧逗留在王宫里,因为他在那里为自己觅得一位干妹妹。她和他年纪相仿,艳若桃花。正如一位异教老诗人所写,他爱她如痴如狂,好像她就是他自己迷失的另一半。见到她的那一瞬间,他便怦然心动,甘愿受她驱使。演员的身边总少不了一位针线活做得好的女人,她就是因为会干针线活进了这个剧团。她给演员们做戏服、缝裤子,为他缝补衣领饰带时,他的脖子感受到她的气息。和其他演员相处时,她行为拘谨,举止得体;可一等到他俩独处,她便无拘无束,天真烂漫,穿他的裙子,戴他的呢帽,好像他俩是羊群中一对小羊羔。有时候,他们躺在城堡的戏服室里,谈天说地,畅想未来,傻乎乎地干些小孩子的勾当,直到她父亲来把她带回家。

现在再看吧!柏林已经陷入奥地利士兵的魔爪,任由他们肆意践踏。房屋烧毁了,橡树成了绞刑架,勃兰登堡藩侯的藏宝室也被掠夺一空。姑娘们宁愿跳进施普雷河活活淹死,也不愿再被强暴。他干妹妹的母亲被侮辱后,跳进炉灶,成了烤乳猪。她父亲被士兵用枪托活活打死。她本人侥幸逃脱,躲进了戏服室里。可是第一个发现她躲在那里的却不是奥尔巴尼。就在剧团的戏服和道具上,他的干妹妹被一

---

① 哈布斯堡王朝,欧洲历史上统治领域最广的王室。

个克罗地亚[①]骑兵压在身下。那个骑兵强暴了她后又从她的裙子上撕下一块布，堵在她嘴里，让她喊不出声来，憋得她气都喘不过来。奥尔巴尼抓起原本属于麦克白的匕首，在那个禽兽的身上捅了一刀又一刀，直到他的鲜血染红了他们的衣服。

那个骑兵的嚎叫声惊动了其他士兵。但在他们赶来前，奥尔巴尼已经换上剧中罗莎琳德的戏服。那些士兵走进这间小屋，他已经扶起干妹妹，然后编了个谎，说有个克罗地亚骑兵出于嫉妒袭击了自己的同胞。

"大人，他祸害了我俩，然后袭击了他的同伙。"奥尔巴尼极其夸张地对着一位奥地利军官说，并且祈求他的保护。现场一片混乱，他的表演没有露出破绽。他和干妹妹趁机溜走了。他们跑过古老的兰格桥，穿过犹太人聚居的木屋，最后跑出了斯特拉洛城门（Stralower Gate）。

除了躲进克佩尼克树林、躲避那些天主教士兵的追捕，年轻的奥尔巴尼别无他法。恍恍惚惚之中，他希望靠着捕获的鸟儿和山毛榉果为食，在这个隐秘的峡谷中得以生存下来，直到战争的横祸退出柏林后他们可以重见天日。但是他的干妹妹被强暴后下身血流不止。他们逃了不到一个小时，便不得不在一个被烧毁的农舍里躲避歇息。他用松树枝铺好床，又弄了点野菜充作晚饭，但她还是浑身疼痛乏力。两人彻夜未眠，既因为她的疼痛，也因为附近农民痛苦的惨叫。

黎明来临，她还是血流不止。中午，她剪下一绺头发，将它作为定情物缠绕于他的手指。黄昏时分，她停止了呼吸。奥尔巴尼紧紧地把她抱在怀里，直到她的身体变得冰冷。

没有工具掩埋她，他便用他们的衣裙将她裹起来。这些衣裙，都是她一针一线精心缝制。然后，他开始用石头堆墓。堆着堆着，他哭

[①] 克罗地亚，全名克罗地亚共和国，是位于欧洲东南部的共和国，处于地中海及巴尔干半岛潘诺尼亚平原的交界处。

了,哭得不由自主,像小时候一样,哭声悠扬,宛如来自风笛。石头越堆越高,将她整个包裹。他感到空虚,空虚得无从感觉。他燃起一堆篝火,本想驱逐狼群,却招来了士兵,于是他只好躲入密林。

他躲在密林中熬过了那个夏天,每天以野果和蜗牛果腹,无意于人世间的生活,只想坚强地存活下来。冬天即将来临,他整个人都处在某种疯狂的状态。他挖了一个洞,在里面安置了一些蔬果,还有一条偷来的燻猪腿。天空时而飘下鹅毛般的雪花,时而落下又小又硬的晶体,《皆大欢喜》中的亚登森林①何等热闹,而他却置身于孤寂之中,独自表演着罗莎琳德、奥兰多②、菲比③和加尼米德的角色,在一片绿树林下念念有词:"世界是个大舞台。"④

对于战况的进程,他一无所知。他不知道,瑞典国王加入了新教的行列,不知道战争形势风云突变,也不知道马格德堡⑤大屠杀(Magdeburgisieren)——那时的马格德堡,大小跟柏林差不多,沦陷时全城的人遭到天主教联盟的屠杀。他的身心,依旧冰冷麻木。

但是,这个世界并不愿意让他就这样冰冷麻木下去。春天的时候,地平线上浓烟滚滚,他跑了,直接撞见了瑞典的巡逻队。瑞典军

---

① 亚登森林是莎翁浪漫喜剧里一个远离浊世的自由王国,被其弟篡位的老公爵及其臣属在大自然抚慰下过着恬适自由的生活,君与臣平等相待,贵族与牧人和睦相处,人与人之间充满了爱与真诚。

② 在喜剧《皆大欢喜》中为罗兰·特·鲍埃爵士第三子。奥兰多受尽兄长奥列佛的虐待和陷害,选择逃往森林,对罗莎琳德一见钟情,他也是莎翁笔下"真、善、美"的体现。

③ 菲比,牧女。

④ 语出莎翁喜剧《皆大欢喜》中名句"The world is a stage and all the men and women, however, some performers, they all have off time, that the time has game. A person's life plays several roles."(世界是一个舞台,所有的男男女女不过是一些演员,他们都有下场的时候,也都有上场的时候。一个人的一生中扮演着好几个角色。)

⑤ 马格德堡,德国萨克森-安哈特州首府,位于易北河畔,805年建城,十三世纪为繁荣的商业中心。1631年,在三十年战争中,神圣罗马帝国的军队突袭了马格德堡并制造了大屠杀。在这场马格德堡洗劫中,约有20000居民被杀,城市也被大火焚烧。战事结束后,这座被毁的城市仅剩下400人。

赶走了这里的占领军，此刻正在搜捕溃逃的帝国士兵。这些士兵趾高气扬地迈着胜利者的步伐，帽子上系着黄、蓝两色的丝带。对他们来说，奥尔巴尼就是他们苦苦搜寻的猎物。他们推搡着他，就像狮子捕获猎物后，并不急于吃掉，却要好好玩弄一番一般。他们拉扯他那脏乱的头发，使劲地拽他那已经缠结在一起的卷发，撕扯他从一个被害的农民身上剥下来的衣服。只有他的英语使他免于脑袋开花。他被带到首领面前，向总管叙说了自己的身世。总管可怜他——或者至少是在利用他，让他在军队中做马夫。于是他从军了，作为一名士兵重返柏林。

可是，摆脱天主教的统治并没有给这座城市带来安慰。与之前的奥地利人一样，瑞典人抢夺柏林人的财物，虐待、伤害柏林人。为了寻找宝物，他们砸窗户，砍断男孩的双手。严刑逼供的时候，他们把污水直接灌进柏林人的喉咙，还美其名曰"喝点瑞典人的饮品"。现在，吊在树上的都是天主教徒，他们的尸体像枯萎的果实，挂满枝头。最倒霉的要数犹太人，他们遭到了双方的蹂躏。熊熊燃烧的建筑上飘浮着火花和灰烬，似乎要把罪恶的种子洒遍整个世界。

小马倌的角色，就是与一些令人讨厌的随军小贩、娼妓以及食客一起，跟在部队后面。奥尔巴尼打扫马厩、擦桌子、给人上菜，作为报酬，他得到了黑面包，也得到他上司玩厌了的农家女。他接受面包，却无法接受农家女，因为她们的哭泣声让他感到痛苦。继而，他和正式的士兵待在一起，等候战斗。

奥尔巴尼又有了新角色，一名火枪手。他称弹丸，十粒一磅，把火药和弹丸装进弹夹，六个星期后，他有了力气，肌肉发达，能够扛起重武器。接到命令出发后，他踏上那最古老的战争舞台，手握一支装好弹丸的枪，卧地等待，身边还摆放着另外十二支枪。他像莎士比亚剧中的亨利和科里奥兰纳斯一样冲锋陷阵，一往无前。他热血沸腾，气血旺盛，无情地砍杀祈求他怜悯的敌人。他体态轻盈，脚步矫健，甚至跑到队伍最前列，想象自己如瘟疫般令人恐惧。

[34]

可是奥地利军队又重新集结,把他们逼回那个破败的城市。长矛碰撞的声音,铠甲的撞击声,可怕的枪声,号角声,还有伤兵的哀叫声,这些声音汇合在一起,回荡在战火燃烧的城墙。他被困在队伍后面,来不及跑进城里就被俘虏了,即将押送去枪毙。

那时,他的好朋友丹迪·赫勒尔碰巧也在那里。赫勒尔已被迫加入帝国军队,这时挺身而出为奥尔巴尼担保。奥尔巴尼幸免一死,于是他们得以在旧宫殿里为司令官表演,为他吟诵亚当关于美德的文章。尔后,他们吃法国炖菜,喝劣质的马姆齐甜葡萄酒,直到酒足饭饱,才思枯竭。第二天早晨,他还是个火枪手,只不过调转了枪头。

他在帝国军队中干的第一件事,漫无目的,无非是个闹剧。柯林城的一名地方官员,表面上改弦易辙,内心却很不情愿为天主教联盟的重返摇旗呐喊。柏林人颇为看不起他们的新主人,格拉夫·祖·施瓦森伯格(Graf zu Schwarzenberg)。为此,他将瑞典人威胁要进犯的周边地区都纳入自己的保护范围。他希望得到这位柯林官员的效劳,如果不肯效劳,就要了他的脑袋。奥尔巴尼和丹迪带着刀剑和火枪来到这个官员家里,准备好好劝说他一番。

但是另一队奥地利士兵比他们先到那里,采取的手段也更为狠毒。他俩走进院子的时候,那位官员的拇指已经被挤进一支手枪的火药池里,火石、扳机都已经蓄势待发。可他还是不肯回心转意,于是他那血肉模糊的手指又被塞进了枪管里。还没等枪声响起,却传来女孩的哭喊声。原本藏在阁楼里的官员女儿自我暴露了。此前,奥尔巴尼一直以为,这个鬼地方不可能有年轻妇女活下来。而她的出现,使现场的气氛为之一变。小分队的队长决定让这个官员尝尝另一种苦头,于是便开始在他女儿身上找乐子。

那一刻,奥尔巴尼认出这个淫棍就是那个克罗地亚骑兵。他本以为被自己杀死的恶棍现在竟成了他的战友。当然,因为奥尔巴尼没有穿女人衣裙,这个克罗地亚人并没有认出他。此刻,克罗地亚人眼睛盯着女孩的父亲,嘴里发出短促的淫笑。

在愤怒的彗星陨落后的短短几年中，奥尔巴尼目睹了家破人亡，见到过士兵的肢体在战地抽搐，看到过孩子被人满身洒上火药活活烧死。然而眼下，他这个可怜的演员突然有一种强烈的冲动，想跑上前去，扭转局面，阻止暴行，救下女孩。因为，他没能救活他的妹妹，他失去了他的妹妹。

"还有谁上？"还没等奥尔巴尼有所行动，那个克罗地亚骑兵就叫道，一边叫喊，一边招呼奥尔巴尼和其他的巡逻兵，"这年头能在柏林品味这样鲜嫩肉体可真不容易。"

奥尔巴尼赶紧往后缩。但是，一方面出于同志情谊，另外一方面也是实在看不下去，丹迪气势汹汹地叫喊起来，认为这样的待遇应该由从未有过性爱体验的年轻人来享受。他的话勾起了这些男人无尽的想象，大家就把奥尔巴尼推上前去。奥尔巴尼极力反抗，但是那个克罗地亚骑兵亲自过来解开他的皮带，扯落他的裤子，将他的身体紧紧地挤压到那个女孩温暖的双腿中间。

"用点力，伙计，"他这样说道，"让我们看看你是不是真正的男人。"

邪恶的念头，恶毒的想法，在他的灵魂深处堆积起来。他希望受人敬仰，希望为观众带去欢笑，希望自己成为一个好人。可是，他最终发现，自己不过是剧作家的玩偶，任人摆布，衣不蔽体，连微笑的自由都没有，只是一个可怜虫，一个该上绞刑架的恶棍。

那天晚上，他找到那个克罗地亚骑兵，邀他一块儿去喝酒。回军营的路上，奥尔巴尼把他打晕。他知道一个洞坑，这个洞坑当初是为了在城堡那里建新教堂挖的，但后来由于大家忙于战乱，便废弃了。现在，他把那个骑兵推进洞坑，然后把土一直埋到他的脖子。那个家伙醒过神来，明白过来奥尔巴尼的意图，开始大声呼救。奥尔巴尼用布堵住他的嘴巴，然后明白无误地对他说："既然你总是喜欢和死神玩耍，我就让你最后一次玩个痛快。"

[36]

他不急不慢地围绕着骑兵的头堆起高高的泥土，时不时地停下来,免得让哨兵发现。等到都堆好,这个克罗地亚人的头颅就坐落在类似漏斗之类的物件底部。最后,他捧起泥土,一点一点地洒进去。这个克罗地亚人鼻孔里灌满泥土,棕色明亮的眼睛特别迷人。奥尔巴尼盯着他的眼睛,像是凝视自己的眼睛,看着他窒息而死,眼神无力,光芒不再。奥尔巴尼将事情做得很完美,他将这片泥土夯实,确信罪恶会永远埋在这座城堡之下。

这个男人,一生命运多舛,多灾多难!奥尔巴尼重返前途未卜的岗位,在一次执行任务中受了重伤,残废了。最后,他和丹迪在城墙西头的约翰·西格斯蒙德的狩猎园——蒂尔加藤公园(Tiergarten)找到一个藏身之所。战火仍然在他周围蔓延,整个欧洲都卷入其中。波兰人为德国人而战,法国人蹂躏荷兰人,西班牙帮助奥地利,而苏格兰人(跟英格兰人一样)有奶便是娘,谁出钱就为谁出力。所有这些军队都来往穿梭于柏林,践踏这里的生命和庄稼,带来饥荒,传播瘟疫。奥尔巴尼也宛如行尸走肉,游弋废墟,烟雾缭绕,泪眼婆娑,驻足于似曾相识的、画着黄色骷髅头的门廊前,逗留于遭受洗劫的墓穴,等待着世界的末日。

看看他吧!看看他这一生!曾经年少过,相爱过,从军过,现如今老态龙钟,形同傻子,满嘴无牙,两眼茫茫,一无所有。忆当年,他也曾在舞台上风光无限,叹如今,好梦已碎,正渐渐步入黑暗的墓穴。他已经历尽坎坷,万念俱灰。雀斑点缀的鼻子已经不再挺拔,心中不再有爱,连那一绺卷发也早已不知去向。他已经身心憔悴。环顾圣玛利亚教堂院子,只见满目尸骨,残骸遍野,了无生气。

[37] 尽管他无比渺小,微不足道,但是他属于这个该诅咒的鬼城,永远属于。我要对你说,请睁大眼睛端详他。看着他闭上眼睛,死去,知道死后不再有梦。

03

彼得·哈斯 1755 年为腓特烈大帝和波茨坦掷弹兵作的蚀刻画

[40]

第三章

腓特烈大帝和普鲁士的缔造

1762年无忧宫①

在世界的各个角落,死神到处挥舞着他的长柄镰刀。坎尼城②、索姆省③和斯大林格勒④都声称,死神只属于它们。然而,广岛⑤让死神经历了最忙乱的一天。几十年来,西伯利亚的古拉格集中营⑥定期地雇佣着他;为了开辟新纪元,成吉思汗让他在整个亚洲拼命地忙

---

① 无忧宫,十八世纪德意志王宫和园林。位于德国波茨坦市北郊,为普鲁士国王腓特烈二世模仿法国凡尔赛宫所建。宫名取自法文的"无忧"或"莫愁"。整个王宫及园林面积为90公顷,因建于一个沙丘上,故又称"沙丘上的宫殿"。
② 坎尼城,意大利东南部阿普利亚区的一座古老的村庄,因坎尼会战而被人熟知,在那次战役中大约有6万至7万名罗马士兵战死或被俘。
③ 索姆省,属于法国皮卡第大区。索姆省西临英吉利海峡,地处索姆河流域。第一次世界大战中著名的索姆河战役就发生于此。当时英法两国为突破德军防御,于是在索姆河区域实施作战,双方伤亡共130万人,是一战中最惨烈的阵地战。
④ 斯大林格勒,位于伏尔加河畔,现更名为伏尔加格勒,第二次世界大战中纳粹德国及其盟国为争夺该城而发生了斯大林格勒战役,单从伤亡数字看,该战役也是近代历史上最为致命的战役之一,双方阵亡约有71万人。
⑤ 广岛,位于日本本州西南,在第二次世界大战中曾受原子弹的破坏,估计有7万多平民遇难,在1958年重建。
⑥ 古拉格是前苏联政府的一个机构,负责管理全国的劳改营,全称为"劳造营管理总局"。执行劳改、扣留等职务。这些营房被囚人士中包括不同类型的罪犯,日后成为镇压反对苏联异见人士的工具,被囚禁人士数以百万计。

乱。但是，几个世纪以来，死神光顾最频繁的，莫过于柏林。

远古时期，条顿人、匈奴人和斯拉夫人在沼泽平原上相互征战厮杀之时，死神就已经在场。公元七世纪，死神将定居在河岸两边沙地上的文德人、斯拉夫人挨个收拾掉。文德人、斯拉夫人按照波拉布语将这里取名为贝尔（Berl）——"沼泽"的意思。这片土地上的人，先是抵抗神圣罗马帝国的皇帝，继而又反对波兰的国王，于是，死神昂首阔步地穿梭于这片蛮荒之所，将勃兰登堡藩侯的封地变成欧洲最后一块皈依基督教的地方。

年复一年，死神通过饥荒、瘟疫和强盗般的王公贵族造访人间。这些王公贵族在自己的领地为所欲为，横征暴敛，直到它枯竭成贫瘠的不毛之地。三十年欧洲混战期间[①]，死神行走于哈布斯堡王朝和瑞典的军队之中，士兵的尸体肆意抛洒在泥泞不堪的大街上。在那些暗无天日的岁月里，死神目睹超过一半的人口要么被活活烧死，要么被丢进油锅里烫死，或是直接用柳条捆住手脚扔进河里。成千上万的人死于伤寒病，他们的鼻孔里散发着烂肉的恶臭。到1638年，柏林仅有845户人家，数量还不到原来的一半，而古老的柯林城则遭到彻底的毁灭。死神把这些四分五裂、流离失所的灵魂聚集起来，听他们哭泣，听他们绝望地呼喊一个伟大领袖的横空出世。

1640年，他们的呼喊得到回应。一位生性残暴却胸怀壮志的君主登基了。他就是腓特烈·威廉[②]，霍亨索伦家族[③]的大选侯，纽伦

[①] 此处是指欧洲三十年战争（1618—1648），它是由神圣罗马帝国的内战演变而成的全欧参与的一次大规模国际战争，也是历史上第一次全欧大战。这场战争是欧洲各国争夺利益、树立霸权的矛盾以及宗教纠纷激化的产物。
[②] 腓特烈·威廉（1620—1688），勃兰登堡的选帝侯（1640—1688）。
[③] 霍亨索伦家族，德意志的主要统治家族。十二世纪末期，该家族在索伦前冠以"霍亨"（意为高贵的）字样，称为霍亨索伦家族。该家族是勃兰登堡、普鲁士及德意志帝国的统治家族。

堡①一位富有的守城官后代。他决心不再让勃兰登堡和普鲁士受到外来之敌的侵犯和劫掠。他充分利用幸存者的恐惧来改造久经摧残的边陲之地。于是他围绕市民简陋的住处新建了大量的防御工事,并把加尔文宗②的实业引入这里。这个城市由此不断地向西边和南边扩张。在松软潮湿的土地上,一座斯巴达式③的腓特烈城拔地而起,第一年就建盖了 300 处统一规划的双层房屋。还不到 20 年,该地居民就达到 12000 人。贵族和皇家大臣,像苏格兰贵族的后裔塞缪尔·冯·马歇尔,都在此建起他们富丽堂皇的庄园。

为了经济繁荣和社会稳定,霍亨索伦家族要求民众绝对服从统治,而饱经战乱创伤的柏林人对此毫无怨言。他们恪尽职守,无怨无悔,辛勤劳作,最后都成为纪律严明的武装人员。

"统治者若没有足够的手段和武力,他就不值一提。"这位大选侯在他的《政治遗嘱》(Political Testament)中曾这样写道,"而我——感谢上帝——依靠手段和武力将被世人津津乐道。"

到了十八世纪初,柏林已然变成强大的要塞王国。它现在的统治者是腓特烈·威廉的孙子、人称"军曹国王"的腓特烈·威廉一世。④他是个狂热的军国主义者。在他的统治下,柏林成为普鲁士的首都。而普鲁士则完全建立在军国基础上。年轻人一律应征入伍,统一着装,在装备先进的军营接受训练。军营就坐落在目前仍然坚固的兰格

---

① 纽伦堡市位于巴伐利亚州,德国东南部城市,位于慕尼黑西北佩格尼茨河畔小盆地中,与美因河畔富尔达组成双连市。联邦德国拜恩州(巴伐利亚州)北部工商业中心,是一个有着五十万人口的大都市。
② 加尔文宗,是基督教新教宗派之一,泛指完全遵守约翰·加尔文《归正神学》及其长老制的改革派宗教团体。
③ 斯巴达,古代希腊城邦之一,位于中拉哥尼亚平原的南部,欧罗塔斯河的西岸。斯巴达以其严酷纪律、独裁统治和军国主义而闻名。
④ 腓特烈·威廉一世(1688—1740),普鲁士国王兼勃兰登堡选帝侯(1713 年—1740 年在位),绰号"军曹国王"。他的父亲腓特烈一世成功地使普鲁士变为一个王国,而他本人则大大加强了这个王国的军事力量。

桥上。这个王国80%的财政收入都用于作战士兵和武器装备。这个"军曹国王"还参考军队的标准对公务员制度进行改革，对公务人员的职责做了细致入微的规定。例如，大臣若缺席会议，将被扣除六个月的薪水；若是再犯，将被开除；每个人都要绝对服从这些规定。

在军营整治一新的宽阔大道上，士兵们一边向挥舞着指挥棒的军官敬礼，一边昂首阔步地在铺满鹅卵石的阅兵场上操练队列。整个军营士气高涨，军纪严明。军乐在营房上空萦绕，营房整齐干净，似乎也在接受晨检。每天中午时分，总有一队奇特的投弹手在王宫广场为了赢得"军曹国王"的欢心而操练。这些投弹兵身材魁梧，虎背熊腰，个个都是从欧洲各地精挑细选，或应征入伍，或被绑架而来。"世上最漂亮的小妞或妇女，对我来说都无所谓，而那些身材高大的士兵，才是我的最爱。"他曾对法国大使这样说道。

他从不主动地挑起战争，但是战争，以及对战争的有备无患——却令他心醉神迷，视为己任，不惜代价。

"军曹国王"的三个儿子，从小便接受军事训练，黎明即起，严格按照《普鲁士操练准则》中规定的项目训练。第一个孩子在受洗时死了。这个儿子的头特别大，但受洗时被硬套上去的头冠活活箍死了。第二个孩子被枪声震死了，因为开枪的地方离他睡的摇篮太近；唯一幸存下来的儿子，身体羸弱，一点不像他父亲。

腓特烈王子眼睛很大，却充满忧郁，多愁善感，让他父亲倍感绝望。为了使他变得坚韧刚强，国王对他拳打脚踢。当小腓特烈从马上摔下来时，他父亲揍他；小腓特烈阴冷天戴手套，他父亲用鞭子抽他。一个阴风苦雨的冬夜，寒风凛冽，滴水成冰，他父亲命令小腓特烈到皇宫外去站岗。于是王子经常躲到他母亲的床下。

年轻的腓特烈所接受的教育极其严格，简直让人无法想象。国王不准他学习文学和拉丁文，只专心于数学、政治和军事。他的父亲经常咆哮道："为什么要研究古人？罗马人还不是被日耳曼民族打败了？"

"王子必须早晨六点就起床。"国王规定，"套上拖鞋，他就应该跪在床边向上帝简要祷告。祷告时声音要洪亮，要让在场的人都能听到。然后，迅速穿戴齐整，洗漱完备，收拾干净。穿衣吃饭，都应该在一刻钟之内完成，也就是说这一切应在六点十五分之前做完。至于喝茶，可以在仆人为他穿衣戴帽的时候喝。"

为了培养王子对军事的热情，国王在小腓特烈六岁的时候便给他组建了一支由一百三十一个小孩组成的队伍，由小腓特烈负责训练。这群"太子兵"还分别接受过来访的俄国沙皇和英格兰国王的检阅。小腓特烈十四岁那年，他就受命负责管理巨人投弹兵。

小腓特烈把自己的军装称为裹尸布。他渴望军营外的世界，却不敢越雷池半步，因为害怕惹恼他父亲。在一个明朗的夏夜，他偷偷溜进皇宫的花园里，躺在潮湿的草地上，仰望漫天繁星。当看到大熊星座时，他举起手枪瞄准它，愤怒地朝那个怪物开了一枪，想象子弹可以穿过银河，将它击得粉碎。

小腓特烈开始从书本中发现另一番天地。在导师的帮助下，他秘密地弄了个书斋，收藏了不少书，几乎都是用法语写的。他常坐在窗前阅读，背诵亚里士多德[1]、拉伯雷[2]和博叙埃[3]的作品，一坐就是几个小时；他也对一小本宫廷诗集爱不释手。这本宫廷诗，写于三百年前，作者不详。文学作品中的明媚夏天、纯洁爱情以及青春年少的诗情画意，都让他如痴如醉。眺望圣玛利亚教堂，看着自己眼前行走的官兵，他心有所动，奋笔疾书，写了一些有关武装侵略和欧洲现状的

---

[1] 亚里士多德（公元前384—前322），古希腊人，世界古代史上伟大的哲学家、科学家和教育家之一，堪称希腊哲学的集大成者。
[2] 拉伯雷，文艺复兴时期法国最杰出的人文主义作家之一。他通晓医学、天文、地理、数学、哲学、神学、音乐、植物、建筑、法律、教育等多种学科和希腊文、拉丁文、希伯来文等多种文字，堪称"人文主义巨人"，主要著作是长篇小说《巨人传》。
[3] 博叙埃，法国作家、演说家（宣道家）。生于长袍贵族家庭，10岁离家，为修道院学生，1652年完成学业，被任命为教士。他在外省执行教士职务时，以口才出众的宣道者而闻名。

散文。他发现，日耳曼已然支离破碎，小城邦各自为政。殃及全欧洲的三十年战争使得德国岌岌可危；俄国骚乱不断；英格兰尽管富裕祥和，却没有培养出知名画家、雕塑家或者音乐家。

[45] "军曹国王"为了羞辱死囚，让他们在绞刑架上身穿法国人的服装。而他的儿子，小腓特烈却梦想在巴黎做一个诗人或者游吟诗人。年轻的腓特烈隐藏起他对艺术的热爱，白天随军鼓操练，晚上把自己锁在房间里练习吹笛。

十五岁的时候，小腓特烈迷茫困惑，却又心有不甘。他的内心，蠢蠢欲动，充满渴望；他的思想，激荡活跃，充满好奇。然而，他的现实生活却充满血腥暴力，刻板僵化，无可奈何的职责与义务。第一次国外之旅使他如饮甘泉。他和父亲一起游历萨克森城邦。那是当时德国最富裕，但也是最声名狼藉的一个城邦。在德累斯顿①，小腓特烈欣赏到戏剧、歌剧，还尝到了女人的滋味。他迷恋上了安娜·凯若琳娜女伯爵。安娜既是奥古斯都大帝的女儿，同时也是他的情人。奥古斯都并不厌恶乱伦，身边美女如云，正如"军曹国王"身边战将如云一般。奥古斯都做了355个孩子的父亲。

奥古斯都忍不住想戏耍"军曹国王"和他痴情的儿子一番。一次，在游览皇宫的时候，他命人拉开一面窗帘，一个等候多时的裸体宫廷妓女映入眼帘。普鲁士国王顿时气喘吁吁，手忙脚乱，慌忙告退。于是，奥古斯都根据小腓特烈王子的反应将这个女人奉送，以代替他的女儿。小腓特烈是否接受了他的奉送，我们无从知晓。但是，小腓特烈并没有放弃安娜·凯若琳娜，至少是起初并未放弃。

回到柏林，小腓特烈另觅新欢。汉斯·赫尔曼·冯·卡特②是一位年轻的贵族，英俊潇洒，天庭饱满，丝滑柔顺的金发上系着一个黑

---

① 德累斯顿，德国萨克森州首府和第一大城市，德国东部仅次于首都柏林的第二大城市。在德国，德累斯顿是"文化"的代名词。
② 汉斯·赫尔曼·冯·卡特(1704—1730)，普鲁士军队少尉，腓特烈二世的知己好友。因协助腓特烈二世逃离普鲁士王国被抓而被国王处死。

色蝴蝶结。这两个年轻人成了欢喜冤家,难舍难分,然后像一对命途多舛的情侣一般策划逃离兵营,前往英格兰。私奔前夜,卡特站在腓特烈王子的卧室门槛上,一只脚抵住门,似乎怕它关上,两张脸靠得很近,甚至能感觉到对方的呼吸。

那天晚上,一轮残月高挂天际,空气清新自由。但是,有人出卖了这两个年轻人。"军曹国王"气得暴跳如雷,将儿子关押起来,后来又迫使儿子亲眼目睹朋友的头颅落地。死神泯灭了爱情的火焰,小腓特烈崩溃了,昏睡两天,心灵受到重创,从此心硬如铁。

据说,小腓特烈只有在和女人寻欢作乐时才喜欢她们,云雨过后,便鄙视她们。1733年,他迎娶了布伦瑞克-贝沃恩①的伊丽莎白·克里斯丁娜。伊丽莎白是哈布斯堡家族的亲戚,信奉新教。结婚后,由于没有子嗣来临,他便弃她而去,每年只去看她一次,共饮咖啡。

他最宠幸的人都是男的。卡特被砍头后,他便开始拥抱他的随从侍卫弗雷德斯多夫,后者至死一直侍奉他。他还交了一个名叫凯斯的苏格兰淫棍为友,一个叫盖伊·狄更斯的英格兰人,还有一个叫昆兹的长笛手。但他最宠幸的,要数威尼斯的花花公子弗朗西斯科·阿尔加罗提。小腓特烈结婚后曾给他写过一封信:"我命运已经改变,我已经等得不耐烦了,别让我再受煎熬了。"私下里,王子会穿上绣花天鹅绒长袍,披散着头发,把自己弄得像法国的半吊子艺人,然后泪水涟涟地为朋友们吹奏笛子。大家都不是瞎子,看得出来他需要受人关注,他渴望名满天下。

英国大使在给伦敦的一份报告中称小腓特烈的朋友为"男缪斯",并特别提到说女性不准靠近他的宫廷。有天晚上,"军曹国王"像头黑熊一样扑向这群交际男,把他们的裙袍和情诗全部付之一炬。

音乐成为腓特烈王子自我逃避的另外一种方式,使他能够走出阴

---

① 布伦瑞克市,德国中北部城市,属下萨克森州,濒中部运河,是重要的交通枢纽。

影,帮助他填补内心的苦闷与空虚。音乐也慢慢融化了他的自我封闭,让他在父亲的喜怒无常中得到一丝安慰。"军曹国王"对艺术的漠视令王子惊骇。腓特烈王子出生以前,宫廷里的知识分子被称为"狗屎"。国王曾任命一个宫廷宦官管理柏林学院①,后来为了节省开支又将其关闭。

[47]　　1740年,他的父亲去世后,腓特烈便着手让柏林成为思想和音乐活跃的地方。他重开学院,并邀请法国的哲学家莫佩尔蒂②(Maupertuis)担任院长;对原来的旧城堡进行扩建,使其和凡尔赛宫③相媲美;新建一座歌剧院;重新设计蒂尔加藤公园,将居住在里面的人全部驱逐出去;并根据罗马-波波洛广场④仿造了一个御林广场⑤,雄伟的法国教堂和德国教堂分列广场两侧。

他的加冕典礼是在无忧宫举行的。无忧宫建在波茨坦⑥层层叠叠的梯田之上,是一座粉红色与白色相间的洛可可式⑦"行乐宫",小巧舒适。在一排排柱廊之间,在金碧辉煌的大厅里,他不仅收集堆放了大量的书籍和艺术品,还举办舞会,让思想家云集于此。他牵着心爱的意大利灰狗,漫步在气势恢宏的广场,一副与世无争的模样。每天

---

① 柏林学院,其前身是高级军官学校,于1810年创建于柏林,是世界上第一所培养高级参谋人员的学校。
② 皮埃尔·路易·莫佩尔蒂(1698—1759),法国数学家、物理学家、哲学家。他是最先确定地球形状为近扁球形的科学家,也拥有首先提出最小作用量原理的荣誉。
③ 凡尔赛宫位于法国巴黎西南郊外伊夫林省省会凡尔赛镇,是巴黎著名的宫殿之一,也是世界五大宫殿之一。(北京故宫、法国凡尔赛宫、英国白金汉宫、美国白宫、俄罗斯克里姆林宫)。
④ 罗马-波波洛广场位于罗马北端波波洛城门南侧,是昔日北往门户,交通位置重要。
⑤ 御林广场(也称"宪兵广场")是欧洲最美的广场之一,是游客的必游之地。广场由德国大教堂,法国大教堂和音乐厅所环绕,美丽、和谐,令人流连忘返。
⑥ 波茨坦,勃兰登堡州的首府,位于柏林市西南郊,坐落于哈威尔河边。
⑦ 洛可可风格是一种建筑风格,主要表现在室内装饰上,对于府邸的形制和外形也有相应要求。十八世纪二十年代产生于法国,流行于法国贵族之间,是在巴洛克建筑的基础上发展起来的。洛可可风格主要见于府邸中,对于教堂并无影响。

晚上十点，总要在圆形歌舞厅举行一场音乐会。一天晚上，他和巴赫①一起创作歌曲，他给巴赫一个主题，让他创作一首由六部分组成的赋格曲②。他还邀请伏尔泰③住在他的书房里。

伏尔泰是十八世纪的思想泰斗，小腓特烈自幼就对他倍加敬慕。王子很小的时候就崇拜他，声称自己支持他的人文主义理念，如饥似渴地阅读着他的戏剧、小说和散文。这两个男人频繁地互通书信。腓特烈王子让伏尔泰评论他写的散文和情诗，比如：

爱情似蜜又如火；相拥相吻永不分。天堂的诱惑，世界的主宰！

十多年来，小腓特烈一直试图诱惑伏尔泰来柏林。1750年，他的不懈努力终于如愿以偿，当然还附加了每年支付两万法郎的薪水。

法国大革命④爆发前几年，伏尔泰就坚信，只有开明的君主才能推动欧洲的社会变革。他不相信民主，认为民主倡导大众愚昧。小腓特烈非常赞同他的观点。两个男人都认为，正如莎士比亚在其悲剧

---

① 约翰·塞巴斯蒂安·巴赫（1685—1750），巴洛克时期的德国作曲家，杰出的管风琴、小提琴、大键琴演奏家。巴赫被普遍认为是音乐史上最重要的作曲家之一，并被尊称为"西方'近代音乐'之父"，也是西方文化史上最重要的人物之一。
② 赋格曲是复调乐曲的一种形式。"赋格"为拉丁文"fuga"的音译，原词为"遁走"之意，赋格曲建立在模仿的对位基础上，从十六至十七世纪的经文歌和器乐里切尔卡中演变而成，赋格曲作为一种独立的曲式，直到十八世纪在巴赫的音乐创作中才得到了充分的发展。
③ 伏尔泰，本名弗朗索瓦-马利·阿鲁埃（1694—1778），法国启蒙思想家、文学家、哲学家、史学家。伏尔泰是十八世纪法国资产阶级启蒙运动的旗手，被誉为"法兰西思想之王""法兰西最优秀的诗人""欧洲的良心"，代表作有《哲学通信》《形而上学论》《路易十四时代》《老实人》等。
④ 法国大革命，法国特定历史时期，是1789年在法国爆发的革命，统治法国多个世纪的君主制在三年内土崩瓦解。

《科里奥兰纳斯》①中所言，平民乃啄食贵族这类苍鹰的乌鸦，平头百姓就应该各居其所。伏尔泰将其政治希望寄托在小腓特烈王子身上，于是他来到柏林，编辑小腓特烈所著的六卷本《战争的艺术》，在饭桌上谈笑风生，与小腓特烈就公民自由问题彻夜长谈。

普鲁士人民期待一个开明的新时代。他们相信小腓特烈热爱和平，崇尚知识，喜欢音乐和诗歌。"和平必定会使艺术和科学繁荣。"他信誓旦旦地对民众说。詹姆斯·鲍斯威尔②（James Boswell）在环游欧洲期间曾经这样写道："柏林，我所见过的最美丽城市。"

但是，柏林已经成为一个将真实身份掩盖于面具之下的地方。年轻的国王腓特烈决心利用他父辈留下的遗产"为自己获得名声"。小腓特烈就是这么说的。他的父亲，不仅给他留下了强大的军队，还让他具有一颗冷酷无情而又精于算计的心。在他最肆无忌惮的时刻，在他的想象力最丰富的时刻，他将这个国家推入战火。

哲学家莱布尼茨③认为，德国是各国争夺欧洲霸主的主战场。但是在那些纷争岁月，德国仍然是个大杂烩，分裂成三百多个城邦和公国。其中，奥地利④和普鲁士是两个最大的竞争对手。哈布斯堡王朝年迈的国王死后，没有留下男性子嗣，小腓特烈决定使柏林的命运发生质的变化：从一个任人捕食的"猎物"变成鱼肉他国的"猎人"。

"你们都知道，我对西里西亚颇有兴趣，一直想管管它，让它有

---

① 《科里奥兰纳斯》，又译作科利奥兰纳斯，公元前五世纪古罗马的传奇将军，全称为盖尤斯·马修斯·科里奥兰纳斯。
② 詹姆斯·鲍斯威尔（1740—1795），苏格兰地主，学过法律，当过律师，然而志在文学跟政治活动，曾支持科西嘉的独立活动。所著《约翰逊传》，详细记述约翰逊的日常言行，并且描写约翰逊周围的文艺界人物，对后世传记文学有一定影响。
③ 戈特弗里德·威廉·莱布尼茨（1646—1716），德意志哲学家、数学家，历史上少见的通才，被誉为十七世纪的亚里士多德。
④ 奥地利共和国，简称奥地利，是一个位于欧洲中部的议会制共和制国家，下含九个联邦州，首都兼最大城市是维也纳。

个好主人。"他向世人宣告。七个星期后,他便将奥地利最为富裕的省份收入囊中。普鲁士向来谨小慎微地防御外敌入侵,如今摇身一变,变成赤裸裸的侵略国。小腓特烈疯狂地夺取了他人的矿藏和麦田,根本无视其他盟友的存在。其胆识与魄力,整个欧洲都为之震惊。

他在马背上活学活用作战艺术,肆无忌惮地攻城掠地,号称当时最英勇无畏的指挥官。无惧无畏弥补了他经验上的不足,因为他谁都不放在眼里。小腓特烈"激情似火,行动迅速,善于利用敌人的弱点……毫无怜悯之心。"一位败将这样哀叹道。"陛下,你想亲自拿下那队炮兵吗?"一名副官这样大声喊叫的时候,他已经率领骑兵发起攻击,一副破釜沉舟、背水一战的样子。

在二十多年的军旅生涯中,每当攻击前辗转反侧不能入眠时,小腓特烈总是靠创作诗歌或者阅读莱辛的作品来抚慰自己躁动不安的心灵。

1756 年,奥地利纠集了沙俄和法国伺机复仇,企图击垮小腓特烈这个背信弃义的暴发户。小腓特烈自然毫不示弱,出兵争夺骑墙观望的萨克森城邦,同时派兵包围布拉格。他被打了回来,躲进书斋反思了一段时日,然后再次发兵莱比锡①附近的罗斯巴赫②。在这里,他又一次让敌军蒙羞溃败。

一年后,情形急转。西里西亚江山易主,四千辆补给马车被敌人夺走,小腓特烈受到重创,不得不向英格兰借债。那时的伦敦,希望欧洲大陆互相残杀,以此来抑制法国在北美的野心。小腓特烈的士兵,成千上万地死于战场,用他们的鲜血回报了他那冷酷的野心。乘虚而入的沙俄军队不断地骚扰东普鲁士。有关沙俄军队骇人听闻的暴行,就像后来二战行将结束之时那样,早就传到柏林。

世事难料。1762 年,沙俄女皇去世。她的继任者——行事疯狂

---

① 莱比锡位于德国东部的莱比锡盆地中央,在魏塞埃尔斯特河与普莱塞河的交汇处,是原东德的第二大城市。
② 罗斯巴赫,德国地名,因罗斯巴赫战役而出名。

的彼得三世①命令沙俄军队改变立场,听命于小腓特烈的指挥。此事成为勃兰登堡家族的一大奇迹。奥地利结盟阵线彻底瓦解。哈布斯堡王朝再也未能收回失去的领土。法国不得不将莱茵兰区割让给小腓特烈,将魁北克②拱手相让给英国。曾被欧洲各国孤立的普鲁士,以胜利者的姿态崛起。诚如伏尔泰所言,英勇无畏的柏林人,改变了整个欧洲的命运。

小腓特烈骑马沿着古老的城墙绕圈,面对满目疮痍的柏林,羞愧难当,久久不愿进城。他绕过荒废的牲畜市场——这里曾经是柏林的泰伯恩行刑场③(Tyburn),原本号称"魔鬼乐园",很快将以沙皇孙子的名字命名为亚历山大广场;他又围着腓特烈城堡的花园转了一圈。他看到,破败不堪的大街上,到处都是不幸的孤儿和被烧毁的房屋。在波茨坦门外宽敞的八角阅兵场上——有一天,这里将被建成波茨坦广场,一个玩火的杂耍艺人孤零零地站在那里。他梳着马尾辫,两鬓刮得干干净净,口吐火焰,乞讨赏钱。"大人,想看大点的火吗?"看到国王过来,他用黑乎乎的双手在嘴边围成喇叭,大声喊道,"你要看看更刺激的吗?"

小腓特烈围着菲舍尔区(Fischerkiez)里的破船看,围着被人肆意践踏过的花园看,也看了自己建造的黑色宫廷剧院④和巴洛克⑤式的

---

① 彼得三世,是俄罗斯帝国皇帝,荷尔斯泰因·哥道普的卡尔·腓特烈和安娜·彼得罗芙娜之子,彼得大帝的外孙。彼得三世本来是德意志人,几乎不会说俄语,因为伊丽莎白·彼得罗芙娜女皇无嗣,被挑选为继承人。1761—1762年在位。彼得三世统治时期,德国势力在俄罗斯宫廷的影响达到顶峰。
② 魁北克是加拿大东部的一省,是加拿大最大的省份,也是第二大的一级行政区。
③ 泰伯恩,英国伦敦密得塞斯郡(英格兰东南部一郡)一小村庄。几个世纪它已成为"死刑"的代名词,因为它一直是伦敦处决罪犯和卖国贼的地方。
④ 柏林宫廷剧院是由德国杰出的建筑设计大师申克尔呕心沥血设计的作品,代表了德国古典复兴建筑的高峰。入口前宽大的柱廊由六根爱奥尼柱子和巨大的山花组成,突起的观众厅造型新颖,细部精致,两旁的侧翼使主体更加突出。
⑤ "巴洛克"是一种欧洲艺术风格,指自十七世纪初直至十八世纪上半叶流行于欧洲的主要艺术风格。作为一种艺术形式的称谓,它是十六世纪的古典主义者建立的,十六世纪下半叶开始出现在意大利的,背离了文艺复兴艺术精神的一种艺术形式。

军械库①。在军械库旁边,立着士兵的半身石像,石像表情痛苦。最后他走进城堡的院子,几乎头也不敢抬起来。"战争是残酷的。"在这个令他心碎的破败宫殿里,借着烛光他这样写道,"若不是亲眼所见,没有人能理解战争的含义。现在我相信,只有那些无所牵挂的人才是世界上最幸福的。"

"既然城邦得以保全,国王以及遗孀又何必伤心落泪?"他后来在《论战争》(Discours sur la Guerre)这篇散文中这样问道。接下来,他开始着手重建他的宫殿与国家。他将三万五千匹战马送给农民;吸引有手艺的避难者到新建的城区定居;他统一规划房屋的建造,明确强调房屋要井然有序,精巧结实。为了养活日益增多的人口,他鼓励种植土豆,不仅下令挑选专门的土地种植土豆,还命令哨兵站在地里日夜看守。国王还让人放出风去,说土豆是专门供应国王餐桌的,但同时又告诉看守的士兵"睁一只眼闭一只眼",不准拘押那些偷土豆的人。那些饥肠辘辘的"乌鸦",出于活命的本能,纷纷溜进土豆种植地,挖出皇家土豆,种在自己的地里。

最终,小腓特烈与沙俄结盟后,重燃战火,将他的领土从西里西亚扩张到波兰,将波兰毫无防备的省份"像吃洋蓟一样,一叶一叶地吃掉"。到了1786年,腓特烈王子将普鲁士四分五裂的公国以及被他征服的地方统一成一个完整的国家。

在他生命的暮年,老腓特烈即使衣衫褴褛、衣冠不整,也不会让人感到亲切。人们更多是惧怕他。据说,无论是暴风骤雨还是雷电冰雹,都不及他出现那样令人不寒而栗。他形单影只,寂寞无朋,也不再以人文主义为借口劳烦自己。可是,由于害怕社会混乱,害怕再次卷入战争的漩涡,柏林人一如既往地听凭他颐指气使,心甘情愿让他主宰他们的生活。

---

① 柏林军械库,位于亚历山大广场北面,由勃兰登堡选帝侯腓特烈三世兴建于1695年和1730年之间,巴洛克风格,曾作为炮兵兵工厂使用。

1806年，腓特烈大帝去世二十年后，拿破仑①在耶拿②和奥尔施泰特③击溃普鲁士军队后占领了它的首都。拿破仑这位新皇帝，头戴帽子，横跨白色骏马进入勃兰登堡城门，目光威严地怒视着被他打败的柏林人。来到加里森教堂，他站在腓特烈大帝墓旁。"先生们，请脱帽。"拿破仑告诉他的将士，"倘若他还活着，我们根本无缘驻足于此。"

　　法国大革命推翻了古老的等级制度。历史悠久的政治体制彻底崩溃，国王路易十六④也被送上了断头台。在欧洲和北美大多数地方，公民开始反对独裁，开始崇尚理性与进步。但这种情形并未在柏林出现。席卷欧洲的三十年战争所造成的创伤，霍亨索伦王朝的专制统治，使得日耳曼人的忠顺以及对专制主义的依赖根深蒂固。尽管腓特烈大帝崇尚知识、敬佩伏尔泰，大谈激进的观点，但是他还是将他的国家与轰轰烈烈的启蒙运动割裂开来。

　　腓特烈大帝将四分五裂的霍亨索伦疆域统一起来，创建了普鲁士帝国。纵然拿破仑军队抢走他皇宫里的财富，搬走里面的塑像、油画和那卷中世纪的情诗，路上的行人依然听到笛声在皇宫广场的上空回荡。柏林人失去了他们的国王，但记住了他的音乐，在遭受法国人的羞辱之后，更加怀念往昔的踏实。不过，他们没有逆来顺受，没有四海之内皆兄弟，他们用民族主义填补内心的空白。腓特烈大帝这样写道：

---

① 拿破仑·波拿巴，出生于科西嘉岛，十九世纪著名军事家、政治家，法兰西第一帝国的缔造者。法兰西第一共和国第一执政（1799—1804），法兰西第一帝国皇帝（1804—1815）。
② 耶拿，德国图林根州的第三大城市，1230年建市，是一个铁路要站。
③ 奥尔施泰特，德国中东部城市。在萨勒河左岸，在耶拿西北二十多公里。
④ 路易十六（1754—1793），法国国王（1774年—1792年在位），路易十五之孙，法兰西波旁王朝复辟前最后一任国王，也是法国历史中唯一一个被处死的国王。

千万别指责士兵的所为,
他们命中已经注定牺牲,
满足他们的一切愿望吧,
让他们纵情畅饮,拥抱爱情,
谁知道他们何时必须牺牲?

04

1835年卡尔·弗里德里希·申克尔为皇宫设计的入口（未建成）。

[54]

第四章

卡尔·弗里德里希·申克尔和帝国的梦想

1816年，卢斯特花园①

在柏林，人们将他们的梦想浇筑于石头之中，或者说至少浇筑于砖块之中。柏林算不上古城，它不像伦敦那样有罗马的遗迹，也不像巴黎那样有地下陵墓。这里才俊辈出，面向未来。然而，柏林也渴望有个值得称耀的往昔。于是，雄伟的建筑前赴后继地拔地而起，以此来编织它的神话。

几百年来，皇宫广场一直是柏林的权力中心，其地位堪比英国的威斯敏斯特大教堂②和圣保罗大教堂③，或者美国的白宫、史密森尼博物馆④和五角大楼⑤。广场上耸立着皇宫、天主教堂、军械库和皇家画

---

① 卢斯特花园，柏林中心博物馆岛上的一个公园，在原柏林城市宫遗址附近。历史上很多时期里它主要是国家阅兵和公众集会的地方，也是一个公共的公园。
② 威斯敏斯特大教堂坐落在伦敦泰晤士河北岸，原是一座天主教本笃会隐修院，始建于公元960年，1045年进行了扩建，1065年建成，1220年至1517年进行了重建。
③ 圣保罗大教堂是世界著名的宗教圣地，英国第一大教堂，同时也是世界第二大圆顶教堂，位列世界五大教堂之列，是伦敦的宗教中心。
④ 史密森尼博物馆是世界最大的博物馆体系，它所属的十六所博物馆中保管着一亿四千多万件艺术珍品和珍贵的标本，同时，它也是一个研究中心，从事公共教育、国民服务以及艺术、科学和历史各方面的研究。
⑤ 美国五角大楼是美国国防部所在地，位于华盛顿哥伦比亚特区的弗吉尼亚州阿灵顿县。由于其特殊的职能，所以有时"五角大楼"一词不仅仅代表这座建筑本身，也常常用作美国国防部，甚至是美国军事当局的代名词。

廊。那儿的纪念碑既显示了柏林的勃勃雄心，也彰显了它的狂妄自大：在柏林，"铁牙"老腓特烈曾断言战争在劫难逃；小腓特烈一心想让自己名扬天下；1914年德皇威廉①为了统治欧洲，不惜让一百万将士在凡尔登战役②、伊普尔战役③和帕斯尚尔战役④中殒命。在所谓"为了终结战争而战"的第一次世界大战之后，卡尔·李卜克内西⑤在这里成立了命途坎坷的社会共和党，希特勒⑥许诺给德国一个千年不倒的帝国。可十年后，共产党人视皇宫为可恨的普鲁士侵略的象征，将它夷为平地，然后在原地新建了一个巨大的观光台，供大规模的游行。后来，人民宫成了商厦，里面充斥着东德总书记埃里希·昂内克⑦经营的电灯商铺。可以想见，这样的商铺注定要关门大吉。商厦垮了之后，霍亨索伦王朝古老的城堡像凤凰涅槃一样，重新在那片空地上建造起来。

在柏林，过去和未来永远相互碰撞，吵吵闹闹地结伴而行，充满乌托邦式的幻想，平淡乏味的摇摆不定，永远处在建构梦想、破灭梦

---

① 此处是指弗里德里希·威廉·维克托·艾伯特·冯·霍亨索伦（1859—1941），史称威廉二世，末代德意志皇帝和普鲁士国王以及霍亨索伦家族首领。
② 凡尔登战役从1916年2月开始延续到同年12月。德法两军之间的战役，是第一次世界大战中破坏性最大，时间最长的战役。
③ 伊普尔战役是指第一次世界大战期间，协约国军队同德军于1914年、1915年和1917年在比利时西部伊普尔地区进行的三次战役。
④ 帕斯尚尔战役又称为第三次伊珀尔战役，于1917年7月31日开始，英军希望趁6月梅森战役的胜利，攻击佛兰德沿海的德军潜艇基地，以加速德国的崩溃。这是一战期间最著名的战役之一，一直持续到11月6日，战争最后以英军和加拿大军队攻占帕斯尚尔而宣告结束。
⑤ 卡尔·李卜克内西是德国社会民主党和第二国际左派领袖，德国共产党创始人之一，德国青年运动的领袖，著名的无产阶级革命家，国际共产主义运动中著名的宣传鼓动家和组织家。
⑥ 阿道夫·希特勒（Adolf Hitler），奥地利裔德国人，政治家、军事家，德意志第三帝国元首、总理，纳粹党党魁，第二次世界大战的发动者。
⑦ 埃里希·昂内克（1912—1994），德国政治家，也是最后一位正式的东德领导人，曾经担任德国统一社会党总书记和德意志民主共和国国务委员会主席。

想、保存梦想的进程之中。

烟花在夜空中燃放，发出噼噼啪啪的声响，表达着人们的情感。古老的城墙上回荡着充满渴望的歌声。用纸做成的旗幡在树枝上迎风招展。灯光摇曳，树木看起来像风摆杨柳的少女，舞姿翩翩，相亲相爱，任由长发在微风中飘扬。

卡尔·弗里德里希·申克尔[①]放下灯笼，凝望茫茫黑夜。他的身后便是皇宫。他的左边，一条大道直抵勃兰登堡大门，大门前人山人海，一派欢庆胜利的景象。他的右边，屹立着一座巴洛克式的天主教堂，它的前身是中世纪多明我会修道院。可他眼前呢，空空如也。阅兵场两旁的白杨树上没有火炬。古老的运河，流氓出没的花园，杂乱无序的破败农舍，此刻都笼罩在黑暗阴郁之中，了无生气。

三十二岁的申克尔是普鲁士的国家建筑师，无论公共场所还是皇家宫殿以及宗教寺庙，都由他负责设计。他身着端庄大方的蓝大衣，洁白的衬衣裤，看上去沉稳老练，充满自信。他嘴角线条分明，面容消瘦，在灯光下显得更加突出。可是，尽管他外表一丝不苟，内心却充满想象。

他将眼前的漆黑一片想象成由一排十八根爱奥尼亚柱[②]建成的柱廊，柱廊后是一个门廊，门廊里隐藏着巨大的圆形大厅。他仿佛看见，柏林人身着雅致的长礼服和齐腰衣裤，拾阶而上，围绕古老的雕像欣赏，在庄严的新古典主义风格寺院画廊前对着文艺复兴[③]时期的

[①] 卡尔·弗里德里希·申克尔（1781—1841），普鲁士建筑师，城市规划师，画家，家具及舞台设计师，德国古典主义的代表人物。其作品多呈现古典主义或哥特复兴风格，极大的影响了柏林今日的城市风貌。
[②] 爱奥尼亚柱风格源于古希腊，是希腊古典建筑的三种柱式之一（另外两种是多立克柱式和科林斯柱式），特点是比较纤细秀美，又被称为女性柱，柱身有24条凹槽，柱头有一对向下的涡卷装饰。
[③] 文艺复兴，欧洲历史时期，是指十三世纪末叶在意大利各城市兴起，以后扩展到西欧各国，于十六世纪在欧洲盛行的一场思想文化运动，揭开了近代欧洲历史的序幕，被认为是中古时代和近代的分界。

油画沉思遐想。他设想，这将是一幢新型建筑，功能齐全，井然有序，堪称世界一流的博物馆。它将坐落在军械库和天主教堂中间，面对着城堡，向世人宣称文化乃社会四大支柱之一。

[57] 他浮想联翩，头脑清醒，难以入眠，弄得他每天深夜都不忍离开画板。即使白天他也常常耽于想象，眼前幻象环生，犹如白日做梦。在他脑海里，街道两旁的各种建筑轮番浮现，城市广场也不断地变换区域。古老的城墙南边，开阔的麦地里有一座山丘，他仿佛看到，为庆祝普鲁士军队的胜利而修建的纪念碑在那里拔地而起，耸入蔚蓝的苍穹。

如今，拿破仑终于被彻底打败，申克尔可以全身心地将这些奇思妙想付诸实践。他欣喜若狂地构思出一个全新的柏林市中心。

申克尔恰逢风云变幻的时代。六岁的时候，一把大火将他的家乡诺伊鲁平①夷为平地。他的父亲——路德宗②的一个牧师也在熊熊大火中丧命。

边陲小镇诺伊鲁平位于柏林西北，两地相距两公里，最具普鲁士民风——循规蹈矩，传统守旧，不思进取。居民建筑都是古典风格。每到周末，成年男子到教堂做礼拜，无人缺席。孩子吃完复活节晚餐后也不会忘记亲吻他们父亲的手。只有当申克尔独自奔跑于田野里——就像年轻的腓特烈一样——他才感到呼吸顺畅。夏日黄昏，他仰望天空，看着燕子在空旷、漆黑的天空中自由地滑翔。燕子们拖着流线型的身子追逐着太阳，宛若黑色和金黄的标枪从空中落下。

申克尔是个腼腆的男孩，渴望新奇，喜怒无常。有一次，因为母

---

① 诺伊鲁平，德国勃兰登堡州的城市，位于鲁平湖畔，在勃兰登堡州首府波茨坦西北方约 80 公里。
② 路德宗，是以马丁·路德的宗教思想为依据的各教会团体之统称，因其教义核心为"因信称义"，故又称信义宗，它是德意志宗教改革运动的产物，由马丁·路德于 1529 年创立于德国，这一新的宗派的建立，标志着基督新教的诞生。

亲不愿解释他父亲的死因,他将汤碗直接砸在石板上。对于他内心的恐惧,母亲置之不理,即使深夜里他大声哭喊也不闻不问。他梦见过自己被恶魔吞噬,无法拯救他的父亲以及后来那个伟大的国王。于是,他变得沉默寡言,性格内向,为腓特烈、大选侯和其他德国的传奇英雄绘像,用玩具表演成王败寇的故事,为此他还特意制作了一些精致的小泥人,用纤细的小棒串起来。

他是那个时代的产物。柏林学院曾举办过一次展览会,展示了各种奇思妙想,令他欣喜不已。1797 年,他专注于一些计划,设想在波茨坦大门旁为腓特烈大帝建造一座规模宏大的多立克柱式①寺院,以纪念这位本可以使普鲁士帝国免受拿破仑蹂躏的国王。这座丰碑拟建在巨形基石上,旁边伴有石塔,里面安放国王的灵柩。尽管这一设计方案未能付诸实践,却点燃了他的想象,向他展示了一种可以将思想定格于石头的方式。十六岁那年,他立志做一名建筑师。

战败的耻辱激发了德国人的浪漫主义情怀。锐意进取的青年艺术家们,尤其是那些生活于柏林这个缺少历史的城市艺术家,纷纷追思已然失落的神话世界。他们拥抱哥特式建筑风格,因为这种风格与中世纪德国相关联;他们赞美古希腊,以此来与代表罗马帝国的拿破仑保持距离。对他们而言,启蒙运动②太过于功利,缺乏灵性,也太法国化了。取而代之,"纯粹"的德国人崇尚自然美,渴望解开心灵的奥秘。正如德国唯心主义哲学家约翰·戈特利布·费希特③所言,这些年轻的艺术家们满怀喜悦地认为,他们这个种族在道德上比其他任何

---

① 多立克柱式是古典建筑的三种柱式中出现最早的一种(公元前七世纪)。
② 启蒙运动,通常是指在十七世纪至十八世纪法国大革命之间的一个新思维不断涌现的时代,与理性主义等一起构成一个较长的文化运动时期。这个时期的启蒙运动,覆盖了各个知识领域,如自然科学、哲学、伦理学、政治学、经济学、历史学、文学、教育学等。
③ 约翰·戈特利布·费希特(1762—1814),德国哲学家、爱国主义者。作为一个哲学家,他寻求对哲学思想,特别是康德唯心主义思想的统一;作为一名爱国主义者,他试图唤醒德意志人民要求国家统一。

种族都要优越。

歌德是他的先驱。在他的早期作品中,年轻人离开家乡,踏上陌生之旅。在通往意义和真理的道路上,他们披荆斩棘,感受爱情,体验死亡,然后,一旦幸存下来,他们就成为生活大师。

1803年,年轻的申克尔离开柏林,开始他的漫游期,或者说无拘无束的空缺年。[①] 整个夏天,他游历了德累斯顿、勃兰登堡和维也纳的画廊以及画室。后来还穿越过阿尔卑斯山。

"我站在距离海面几千英尺的山顶。突然,我俯瞰亚得里亚海海面。晚霞中,海面波光粼粼,一望无际。"他给柏林家中的妹妹写信时,思如泉涌,抑制不住内心的激动。"山上到处都有葡萄园,各自构成小山丘。在浓密的葡萄树叶中,农舍点点,有的在绿荫下闪闪发光,有的隐匿于山谷之中。"

地中海的阳光与生活让申克尔头晕目眩,正如歌德和华兹华斯[②]的意大利之旅。在他的《埃特纳[③]山顶鸟瞰图》和后来的十几幅风景画中,画中的游客都满怀敬畏地驻足一个崭新世界的门槛,从陡峭的高山之巅眺望着海港小镇。在申克尔的诗意想象中,这些港口小镇象征着文化,象征着永恒的生命。

十八个月多的日子里,在明媚的阳光中,在繁星闪烁的夜空下,他再一次感受到自由。他的笑声越来越大,越来越有感染力。他的画笔几乎从不离手。他总是不停地画着。十几个笔记本里都是线条优美的素描和有感而发的评论。

---

① 中学毕业后上大学前所休的一年假期,用于实习或旅游。
② 华兹华斯(1770—1850),英国浪漫主义诗人,曾当上桂冠诗人。其诗歌理论动摇了英国古典主义诗学的统治,有力地推动了英国诗歌的革新和浪漫主义运动的发展。他是文艺复兴运动以来最重要的英语诗人之一,其诗句"朴素生活,高尚思考(plain living and high thinking)"被作为牛津大学基布尔学院的格言。
③ 埃特纳火山是意大利西西里岛东岸的一座活火山,海拔3200米以上,是欧洲海拔最高的活火山。与其他活火山一样,埃特纳火山的高度处在不断变化中。

第四章 | 卡尔·弗里德里希·申克尔和帝国的梦想

在博洛尼亚①，一只像中世纪马焦雷广场上砖窑一样的褐红色蜻蜓，轻轻地落在他的素描册上。蜻蜓漂亮极了，他不忍心将它拂去。在西西里岛②，他画穆斯林纪念碑，重新修改它们的比例。在巴勒莫③和墨西拿④画的一幅全景画中，他原本拘谨的北方画风变得舒缓柔软。在阿格里真托⑤，他在画本上想象出一个令人神往的乌托邦王国。他囊中羞涩，经常忍饥挨饿，靠面包和葡萄度日。但这一切都无所谓。因为，像歌德描写的英雄一样，也正如费希特所言，他的自我主体意识逐渐加强。

回到柏林，回到现实，既无可夸耀的资本，也找不到工作。他又回到了现实之中。他不能放任自己的快乐。因为，拿破仑的大军占领了这座城市。深夜，他被浓烟呛醒，担心可怜的柏林已毁于战火。高傲自大的征服者，骑着高头大马穿过大道，向路人夸示他们的荣耀和革命风采，给酒肆与妓院带来忙碌。他们还炫耀自己的品位，说喜欢那些把自己打扮成名媛的妓女。在波茨坦广场对面的杂货摊旁，在牛奶市场附近的后街，他仿佛看到了她们：梅杜莎⑥、克利奥帕特拉⑦，

---

① 博洛尼亚，意大利城市，位于波河平原南缘、亚平宁山脉北麓，农产品集散地，商业中心，是艾米利亚罗马涅的首府。博洛尼亚是意大利北部的历史文化名城，是意大利最古老的城市之一。
② 西西里岛是地中海最大和人口最稠密的岛，它属于意大利，位于亚平宁半岛的西南。
③ 巴勒莫，意大利西西里首府，位于西西里岛西北部港城，是地中海最大的岛，西西里的第一大城，也是一个地形险要的天然良港。
④ 墨西拿，意大利城市，是意大利西西里岛上第三大的城市，位于该岛东北端，隔墨西拿海峡与意大利本土相望，也是墨西拿省的首府。
⑤ 阿格里真托，意大利西西里大区阿格里真托省的省会，位于西西里岛南海岸的中央点，也是西西里著名旅游胜地，世界文化遗产"神殿之谷"就坐落于此。
⑥ 梅杜莎，希腊神话中的一个女妖，戈耳工三女神之一，一般形象为有双翼的蛇发女人。
⑦ 克利奥帕特拉七世（约公元前70年—约公元前30年），通译称为埃及艳后。她是古埃及克罗狄斯·托勒密王朝的最后一任女法老。她才貌出众，聪颖机智，擅长手段，心怀叵测，一生富有戏剧性。特别是卷入罗马共和末期的政治漩涡，同恺撒、安东尼关系密切，并伴以种种传闻逸事，使她成为文学和艺术作品中的著名人物。

甚至女王路易斯本人也可能从某个楼上窗户向路人挥手，或者躲在黑漆漆的楼道口，等着别人花钱来买走她们。她们拉他精致的袖口，申克尔扭头就走开了，心中充满屈辱，就好像听到柏林懦弱的统治者教导市民，他们的首要职责是"沉默。我要求这里的居民履行这个职责"。愤怒和沮丧之际，他那些天真烂漫的幻想沸腾成民族主义政治。可是他必须面对现实。他认识到，除非被驱逐的霍亨索伦家族重新执政，否则不会有建筑任务了。他要吃饭，要购买华丽服饰，要维持外表。

在意大利，他掌握了一种独特的方式来诠释风景画，使平凡普通的画面充满情感、意义和奇幻的光线感。他在自然光线上添加内在的光芒，从而使作品中的世界看起来更辽阔、更充满希望。申克尔相信，艺术（不管是油画、戏剧还是建筑）能够使生活改观，相信美学教育能够带来政治和社会方面的改变。和他同时代的卡斯帕·大卫·弗里德里希[1]，其作品朴素自然，似乎可以直接与人对话。申克尔跟他一样，决定用素朴的油画来启迪柏林人。

在法国占领期间，出国旅行十分困难。申克尔只能根据当时在意大利素描册上的图像，绘制了一幅巨大的《巴勒莫全景图》。这幅画长三十米，被放在亚历山大广场附近圆柱形剧院里展览。该剧院建造得很特别，看台设计在中央，观众围绕台中心聆听时，伴随着不知从哪里传来的解说词和歌声。画面的空间感，令人陶醉。

这幅画轰动一时，引发了从光学的角度重新审视圣马可广场[2]、圣约翰教堂、君士坦丁堡、尼罗河、维苏威火山[3]和古代世界七大奇

---

[1] 卡斯帕·大卫·弗里德里希，德国早期浪漫主义风景画家。其作品常带冷寂虚幻的情味和神秘的宗教气息，主要作品有《山上的十字架》（1807）、《雪中的修道院废墟》（1810）、《两人观月》（1819）、《冰河中航船失事》（1822）等。
[2] 圣马可广场，又称威尼斯中心广场，一直是威尼斯的政治、宗教和传统节日的公共活动中心。
[3] 维苏威火山是一座活火山，位于意大利南部那不勒斯湾东海岸，是世界最著名的火山之一，被誉为"欧洲最危险的火山"。

迹①。他的油画,唯美至极,触及世界上难以触及的地方,使得备受屈辱的柏林人重新焕发出对"中世纪奇妙建筑"的自豪感。为了使他的观点深入人心,申克尔又绘了一幅画,向人们展示普鲁士北部地区雅典卫城旁的斯德丁城②。

1812年,拿破仑挥师攻打沙俄,他创作了一幅《莫斯科之战火》。画面上,克里姆林宫③上空浓烟滚滚。他想以这幅画歌颂苏俄联盟军的战斗精神。他重燃自己孩提时代对戏剧的热情,以一种近乎于疯狂的状态连续创作了一百幅舞台布景,将原来笨重庞大的巴洛克式的舞台布景替换成轻快的画布。这种创新使得舞台布景转换迅速。在上演莫扎特的歌剧《魔笛》④时,他把背景设置为一个星星闪烁的苍穹。(1789年莫扎特参观过柏林并在城堡里表演)。在太阳神殿里,金字塔上空黎明破晓,暗示着光明和黑暗之间的权力斗争。申克尔觉得,只要它们能激发观众的"创造性想象"和爱国精神,并由此促使观众心潮澎湃、深入思考,那么,在舞台上创造真实和理想就不会自相矛盾。

拿破仑在苏俄战场遭受惨败,422000名法国将士越过了涅曼

---

① 古代世界七大奇迹,常称七大奇迹。公元前二世纪拜占庭人菲罗写下《世界七大奇迹》一书,描述当时在地中海附近7个伟大建筑,分别为"埃及吉萨大金字塔""巴比伦空中花园""奥林匹亚宙斯神像""以弗所的阿耳忒弥斯神庙""哈利卡纳苏斯的摩索拉斯陵墓""罗得岛的太阳神铜像"以及"亚历山大港灯塔",为现存古代世界七大奇迹的凭据。
② 斯德丁,现名为什切青,是波兰西波美拉尼亚省的首府。它也是波兰第七大城市和波兰在波罗的海的最大海港。历史上被波兰、瑞典、丹麦、普鲁士和德国先后统治。
③ 克里姆林宫位于俄罗斯首都的最中心的博罗维茨基山岗上,南临莫斯科河,西北接亚历山大罗夫斯基花园,东南与红场相连,呈三角形。保持至今的围墙长2235米,厚6米,高14米,围墙上有塔楼18座,参差错落地分布在三角形宫墙上,其中最壮观、最著名的要属带有鸣钟的救世主塔楼。
④ 《魔笛》,是莫扎特四部最杰出歌剧中的一部。这部歌剧取材于诗人维兰德(1733—1813)的童话集《金尼斯坦》中一篇名为《璐璐的魔笛》的童话,1780年后由席卡内德改编成歌剧脚本。

河①，6个月后只有18000人回到法国；尔后，又在莱比锡战役和两年之后的滑铁卢②战役中重蹈覆辙。法国撤退了，柏林得到解放，腓特烈大帝的侄孙，腓特烈·威廉三世也结束流亡生涯，重返柏林。威廉三世③回国后，立即命令申克尔设计普鲁士勋章——铁十字勋章④——来奖励那些英勇作战的士兵。那架曾被拿破仑作为战利品运到巴黎的四马二轮战车，也重返勃兰登堡大门口。申克尔同样用铁十字勋章替换了女神手中的橡树花环，将她由和平信使变成了胜利女神。

柏林脱离了法国的魔掌后，一年内柏林人乐观情绪高涨。民主党人鼓吹政治变革，学生们呼吁建立一个统一的国家。申克尔及时捕捉到这个新时代的希望，把这种希望诠释在用铅笔画的妻子画像中。他的妻子名叫苏珊。在这幅画里，苏珊衣着简朴，背靠经典的石栏杆。在她身后，景色明媚，枝繁叶茂的大树伸向大海。她双眼低垂，眼神里充满了宁静与乐观。她一只手搁在肚子上。她身怀六甲。

可是，重返政坛的权贵并无意放弃重新获得的特权。申克尔想要重建一座中世纪哥特式天主教堂的计划被搁置下来。哥特式建筑，因其与德国浪漫主义的关系，被赋予改革的意味。国王想扼杀一切呼吁自作主张和政治改革的声音。跟他的先辈一样，国王需要的是因循守

---

① 涅曼河发源于白俄罗斯的山区（在明斯克的西南部），流经白俄罗斯、立陶宛和俄罗斯，河长937公里，最后于克莱佩达注入波罗的海。
② 滑铁卢，距比利时首都布鲁塞尔以南大约二十公里。1815年，在比利时的滑铁卢，拿破仑率领法军与英国、普鲁士联军展开激战，法军惨败。随后，拿破仑以退位结束了其政治生涯。
③ 腓特烈·威廉三世（1770—1840），普鲁士国王（1797年—1840年在位），统治期间曾领导普鲁士王国参加欧洲反法同盟，并在反抗拿破仑一世的战争中，创立了未来德国荣誉的象征铁十字勋章这一传统。
④ 铁十字勋章是由新古典主义建筑师以及画家申克尔设计，设计本身表达了设计者对腓特烈王朝的崇拜。铁十字，是德意志民族的象征，因此铁十字勋章也成为了德意志的骄傲。铁十字勋章不仅授予那些在战场上表现英勇的战士，而且还授予那些为战争胜利做出其他贡献的人员。

旧，循规蹈矩，以及体现他权威的建筑。

因此，申克尔放弃了浪漫主义梦想。他需要建造，需要宣泄躁动不安的想象，需要资助人。然而，他又再次遭受失眠之苦。每月至少一次，他会突然失声痛哭，惊醒他的幼女。他提醒自己，他已为人父，是国王手下受人尊敬的仆人。他肩负责任，为了公众利益，他有义务为这个专制政权服务。每个黄昏，苏珊都会带着孩子们来到教堂对面的田野里，在那里采摘黄菊花为丈夫泡茶。

1816 年 1 月那个令人难忘的夜晚，烟花在天空炸响，欢庆法国的战败，他驻足皇宫广场，漫步鲁斯特花园，想象柏林的未来。虽然眼前依然一片黑暗，但他知道，真正的事业即将起航。

他第一个主要任务是建造新岗楼①。菩提树大道上绿树成荫，紧挨着军械库，他新建了一个低矮的立方形建筑。建筑的前边是石柱和三角形楣饰，为了颂扬普鲁士这支胜利之师，建筑两旁安放了将军们的塑像。

从此地步行三分钟便是御林广场，广场的两边是法国和德国天主教堂。教堂之间本来是国家剧院，已毁于战火。申克尔在此新建了一个剧院，创造出全欧洲最优雅的广场之一。精致宽阔的阶梯拾阶而上，穿过宏伟的柱廊，直抵寺庙一样的大厅。剧院开业那天晚上，观众为他将柏林全景图作为舞台背景而欢呼，兴高采烈地看到他们的城市、他们的新剧院以及他们自己光彩夺目地呈现在他的想象之中。表演结束后，人们围在他家周围，为他唱小夜曲。

在那些顽固的、一直满怀希望掌握自己命运的浪漫主义者眼里，他是一个叛徒。但国王却很满意。他和德国其他的领导人一样，以特有的严苛压制自由团体：引进出版审查制度；禁止上演贝多芬的歌剧

---

① 新岗楼，战争与暴政牺牲者纪念岗亭。1816—1818 年由申克尔所建造，1931 年起用于纪念在第一次世界大战中阵亡的普鲁士战士。

《费德里奥》①,因为该歌剧让政治犯人吟唱自由之歌;下令公开处决一个学生,只是因为该学生暗杀了一位保守的剧作家。因此,对于申克尔,国王允许他去创造杰作。

建造皇家博物馆——如今称作柏林旧博物馆②——旨在教化,通过艺术展览来歌功颂德,教育民众。那时,伦敦正在建造大英博物馆③;巴黎的卢浮宫④已经对公民开放。柏林建造皇家博物馆的雄心源自两个方面,一则柏林向来没有安全感,二则被法国人掠夺走的珍宝又重返故里。

申克尔设计了一个双层建筑,四周用列柱支撑,正面是圆柱门廊,外部粗犷豪放,里面神圣雄伟。门口柱廊上雕有壁画,刻画着美化了的文明史。建筑中央的穹顶大厅仿照罗马万神殿⑤。"博物馆本身的美,也是柏林城的美,"他曾这样写道,窃喜在这个恃强凌弱、争强好斗的边陲小镇建造了一个艺术避难所。

建筑师必须善于平衡建筑的功能与诗意、庄重与明快。因为建筑师的很多决定,比如用多少材料、占地面积多大,以及建筑成本等,都必须得到认可与批复,他们被迫理性地对待艺术。同样,他们也必

---

① 《费德里奥》(二幕歌剧)是乐圣贝多芬唯一的一部歌剧。歌剧的最终版本是两幕剧,但1805年初于维也纳首演的时候是三幕。
② 柏林旧博物馆是位于德国柏林的一座历史博物馆,陈列着古希腊和古罗马文物,是柏林博物馆岛建筑群的重要一部分,1999年当选世界遗产。
③ 大英博物馆,即英国国家博物馆,又名大不列颠博物馆,位于英国伦敦新牛津大街北面的罗素广场,始建于1753年,1759年1月15日起正式对公众开放,是世界上历史最悠久、规模最宏伟的综合性博物馆,也是规模最大、最著名的世界四大博物馆之一。
④ 卢浮宫位于法国巴黎市中心的塞纳河北岸,位居世界四大博物馆之首。卢浮宫始建于1204年,原是法国的王宫,是法国文艺复兴时期最珍贵的建筑物之一,以收藏丰富的古典绘画和雕刻而闻名于世。
⑤ 万神殿是至今唯一一座完整保存的罗马帝国时期建筑,始建于公元前27—25年,由罗马帝国首任皇帝屋大维的女婿阿戈利巴建造,用以供奉奥林匹亚山上的诸神,可谓奥古斯都时期的经典建筑。

须在规定的时间范围之内工作。申克尔生活在一个备受压抑的年代。如果不伏案绘制设计图,他就人在旅途,乘坐马车穿梭于普鲁士,从波拉美尼亚区到莱茵兰地区,指导军营、教堂、灯塔和炮兵学校的建造。

他把煤气灯和路标引进柏林。他设计了波茨坦广场的整体框架,将各类杂货摊驱逐出去,建造了许多寺庙般的城楼,当初是陵墓引着他走上学建筑这条路,可是柏林并没有这样的陵墓。为了表示自己对它的认同,他设计了波茨坦广场的布局,修建了许多像庙宇一样的门楼来代替原来卖蛋糕的货摊。在遍布风车和蜀葵的山丘南面,他用铸铁建造了一座纪念碑,纪念为普鲁士献身的将士,还用纪念碑顶部"铁十字"为克罗伊茨贝格这个小村庄重新命名。他与浪漫主义渐行渐远,又设计了一款尖顶头盔,后来它成为军国民族主义的象征。

他也帮助建立起一套设计教育体系,尝试过家具设计,以及在铁具、银器和玻璃上的设计。可与此同时,他的想象异常丰富、设计项目复杂多样,似乎永远无法完成,让他徒生无奈。反过来,他的雄心壮志又驱使着他致力于更加乌托邦式的、更加异想天开的设计。

"工作使我心力交瘁,使我离真正的目的越来越远。"他承认道,即使他完成了完美的设计,他还是担心不够独特。

1826年,申克尔游历英国。他想研究斯米克设计建造的大英博物馆,尽管它还在建造之中,却是当时欧洲最大的建筑工程。意大利赐给他光明而又浪漫的往昔,英格兰和苏格兰则让他感受到眼下的黑暗和邪恶。他目睹了伦敦的码头、特尔福德的桥梁和布鲁内尔设计的泰晤士隧道。在英格兰中部地区,他用素描画下了那里的铸铁厂。

[64]

在曼彻斯特①,他描绘了连绵不断的纺织厂。那磨坊有七八层高,分布在运河两岸,无视美感,也无视工人的工作状况;在兰开夏

---

① 曼彻斯特,英国第二大繁华城市,世界上第一座工业化城市,英格兰西北区域大曼彻斯特郡的都市自治市,英国重要的交通枢纽与商业、金融、工业、文化中心。

郡[1]，他描述了肮脏污秽的陶器厂和机械厂，"这些地方三年前只有田野，但这些被浓烟熏黑的建筑好像已经有百年历史了。"他发现，那里的工人每天劳作十六个小时，一周才挣两先令。在他看来，丑陋无序的楼群只是民间工匠所为，称不上建筑，只会让人索然无味。工业革命带来的变化，走上街头罢工抗议的爱尔兰苦工，都让他震惊不已。不过，英国工程师的创新也让他惊叹：拱形的防火结构，高出路面的铁轨，特别是对砖头的使用。在英国逗留了三个月之后，该将什么引入普鲁士，不该把什么引入普鲁士，他心里已经一清二楚。

实用主义似乎主宰英国，主宰着那里的工人。那儿的纺织厂、煤气厂，呆板无趣，缺乏美感。申克尔实在不明白，实用建筑为什么不能同时也是艺术品，为什么不能改观环境，让生活熠熠生辉。于是，他开始让砖块——工业时代用途广泛的建筑材料——为艺术服务。起初，他用砖建了一座教堂，1832年，又建了柏林建筑学院。

他建造的建筑学院外形雅致，风格前卫，具有革命性的意义。它的形状、实用性以及行云流水般的正面外观，比包豪斯建筑学派[2]的极简现代主义还要早一个世纪。同柏林旧博物馆一样，申克尔赋予这些建筑文化内涵，建筑墙面上的陶制嵌板，栩栩如生地图解了建筑发展史上的重大时刻：赫尔克里斯拥抱着多立克式的柱子；头上戴着玉米穗、双膝跪地的女孩象征着科林斯柱式和爱奥尼克柱式；一个赤身裸体的妇女用铅垂线测量空间。他熟谙历史，触及未来，只是那时他止步不前了。

[65]　充满创造性的头脑绝不会按部就班。喷涌而至的奇思妙想，绝不

---

[1] 兰开夏郡，英国英格兰西北部的郡。西临爱尔兰海。实际管辖12个非都市区，占地2903平方公里。兰开夏郡是英国工业革命的发源地，设有中兰开夏郡大学。
[2] 包豪斯建筑学派，其核心人物是格罗皮乌斯，他与包豪斯其他成员共同创造了一套新的、以功能、技术和经济为主的建筑观、创作方法和教学观。他们重视空间设计；强调功能与结构的效能；把建筑美学同建筑的目的性、材料性能和建造方式联系起来；提倡以新的技术来经济地解决好新的功能问题。

可能像士兵在阅兵场上那样适时地各就各位。超凡的念头脱离士兵行列，只不过会披上特别的羽毛以凸显它们的品质。同样，坏的观念也不会憋在脑海里，它们就潜伏在队列之中，同样的打扮，让人敌友难辨。光亮会投下阴影，同样，蒙昧的疑虑也会让光芒四射的思想黯然失色。

变幻的想象困惑着申克尔。他挣扎着思考它的无常，让这个世界井然有序。与此同时，他开始怀疑自己的直觉，转而求助于等级森严的古老传统观念："现代社会，为了个体的生存需要，积极进取，无暇反思，只是醉心于焦虑不安地忙乱。"夜不能寐时，他会到柏林那不断扩张的工业区走走，看着浓烟滚滚的烟囱耸立在早期建造的奥古斯特·博尔西希铸铁厂，看着工人涌入不透风的简易住房，他意识到自己要做的还有很多。柏林市中心之外还在无序地发展，一味追逐利润。他之前担心柏林也会变得像英国一样杂乱可怖，如今看来，他的担心似乎要变成现实。

在他生命中的最后几年，申克尔提出了几十个市政工程项目，其中包括最后两个乌托邦设想。首先，他在雅典卫城之巅为希腊皇室设计了一个古怪的皇宫。可是它从未建成过。

然后，他又想为普鲁士王子的妹妹、沙俄女皇构思一座梦幻般的皇宫——奥瑞安达城堡。如果建成，该城堡将令人眼花缭乱，配有喷泉，皇家花园，还有一个炫人耳目的爱奥尼亚柱式寺庙。城堡的阳台将俯瞰黑海，过道上沿途摆放用黄金和珍贵石头雕塑而成的古典女神塑像。大理石雕成的女神像柱将柱廊高高托起，就像古希腊建筑一样。申克尔告诉沙俄女皇，奥瑞安达城堡意在象征欧洲伟大的帝国经久不衰。

这个构思也从未付诸现实。辛劳两年后，申克尔得到一个用珍珠母贝做的小盒子，以感谢他两年的努力。此后他一蹶不振，中了风，昏迷了整整一年。

[66]

"在我看来，艺术无涯。我只对它倍感兴趣。但是，面对无涯的艺术,个人的生命太过短暂。"申克尔算是鞠躬尽瘁了。他的一生——就像歌德写的《浮士德》①一样——勇往直前,不计代价。他那永不停歇的想象耗尽了他的一生。与其他浪漫主义者一样,他至死才明白,文化并未能带领他的同胞进入民族启蒙,艺术并不能战胜独裁。

秋天的柠檬树叶,在千万双脚下痛苦地呻吟,送葬的队伍蛇形走过施普雷河吊桥,穿过古老的奥兰宁堡门(Oranienburg Gate),走进多罗西区(Dorotheenstrasse)公墓。河里的摆渡人摘下他们头上的帽子,国王的军乐团奏响一曲庄严的葬礼进行曲。柏林人低垂着头——就像快要落山的太阳——默默地站在两侧种满橡树和栗树的鹅卵石大道上。长长的阴影中,一个用大理石雕刻的白色天使闪闪发光。1841年,劳碌一生的申克尔去世,在他的墓碑上这样写道:

> 天国赐给我们的一切,
> 让我们升入天堂的一切,
> 比死亡更有权势,
> 比这地更为纯粹。

几年后,一名威尼斯游客来到柏林后这样写道:"终于登临柏林。这里的建筑群无与伦比,远超我所见过的一切;街道宽敞,走在其间有王者风范。"

申克尔使这个战火纷飞的城市有所改观,使它与雅典以及罗马相媲美。他修建了鲁斯特花园、菩提树大街、御林广场和蒂尔加藤公

---

① 《浮士德》是一部长达12111行的诗剧,第一部出版于1808年,共二十五场,不分幕。第二部共二十七场,分五幕。全剧没有首尾连贯的情节,而是以浮士德思想的发展变化为线索,以德国民间传说为题材,以文艺复兴以来的德国和欧洲社会为背景,写一个新兴资产阶级先进知识分子不满现实,竭力探索人生意义和社会理想的生活道路。

园。不管是已经落成的建筑，还是从未付诸实施的设计，他以及他的学生弗里德里希·奥古斯特·施蒂勒①，给人们留下一笔遗产，一笔让美丽与实用、传统与创新和谐共存的遗产。弗里德里希·奥古斯特·施蒂勒师从申克尔，建成了柏林新博物馆，将申克尔的建筑理念发扬光大。申克尔的成就毋庸置疑，但他自己却感觉很失败。因为他知道自己曾经与世俗为伍，知道现实永远无法满足他的想象。

不管怎样，在他那优雅的新古典主义风格的建筑作品中流传下来一些让人浮想联翩的东西，甚至是欲言还休的东西。透过那些充满文化气息的寺庙、一排排高档住宅以及享有特权的精英社会，人们捕捉到一个未来，一个残酷、血腥的未来，一个人们并不陌生的未来。

---

① 弗里德里希·奥古斯特·施蒂勒，十九世纪中叶普鲁士著名营建师，对于柏林形成近代城市面貌产生过重大影响的建筑师，留下了诸如柏林新博物馆和柏林城市宫等建筑名作。

05

1858年军工厂里的工人，选自《现代冲突档案》

第五章

莉莉·诺伊斯和猫头鹰

1858 年，旧莫阿比大街（Alt-Moabit）

她看着他冥神静气地伫立在夜色阑珊的窗前，宛如一匹蓄势待发的赛马。突然，他转身走进房间，两人的目光对接在一起。她抿嘴一笑，让他先坐下来，等到天亮再说。但他一声不吭，脸上的表情飘忽不定。他瞥了一眼熟睡的儿子。儿子不到九岁，乖巧听话，此刻正睡得香甜。他又转身来到窗前。莉莉低头瞧了瞧手中的针线活，感觉心里一阵阵发毛。

她心里明白，不知哪天，这个男人很可能就远走高飞。男人不定什么时候就走了，抛下那些他曾经最亲近的人，那些依赖着他的亲人。那些被抛下的，只能留下，除了哭泣，别无所为。男人可以远走高飞，女人却不能。女人要守在家里，守着孩子，操持家务。

"我准备带着他和我一起走。"说完，他便开始去叫醒儿子。

房间狭小，他的突兀举止把她吓了一跳。他身材高大，体格强壮，生气起来，一拳可以洞穿墙壁。他的头经常会碰到烟渍斑斑的天花板。床边的石膏已经被他一拳砸碎。但他并未出手揍她，而是双手抱起孩子，骂骂咧咧地把他叫醒，让他赶紧穿上靴子和外套。

"留下他吧，让他继续睡。"莉莉放下手中的针线哀求道。儿子今天很晚才从锻造厂回来，老板骗他们说今天发工资，结果却一分钱也没领到。他需要休息，莉莉一脸愁容。她总是愁容满面。他坚持要带上儿子去锻造厂要钱。

"你们马上就回来？"她问道，隐隐感到某种不祥。

"你没干完手里最后一件活，我们就会回来了。"他笑着回答道，但笑得颇为怪异，"赶紧干活吧。"

莉莉听见他们走下楼梯，便继续手头的活。睡觉前她还有七件活要完成。突然，她一跃起身，头探出窗外，看到两人就在楼下街道上。两个人影在冯登索伦大街上新建的兵营那里转了个弯。我最好的朋友，她心里默默念道。我整日烦闷的朋友，唯一的朋友，我的儿子。但那两人并没有在锻造厂门前停下，而是继续朝温登达姆大桥①走去。她又往窗外探了探身子，想看得更真切些，差点失去平衡掉出窗外。夜幕下，她再也看不到那两个人影。

她坐回到椅子上，极力想专心做手头的活。会有解释的，她心想。等他们回来，他会解释为什么去了车站。我们还会一起欢笑，共享天伦。我会煎香脆的西红柿烙饼，因为他喜欢。我还要给儿子借点果酱来。她又一次站起身来。"女人总是坐立不安，"她自言自语道。坐立不安。

一小时过去了，两小时过去了。她手里的活也全部干完。尽管她知道自己睡意全无，她还是将灯光调暗了些。她不停地张望着，希望听到他们熟悉的脚步声。但是，楼上、楼下，她只听到婴儿的哭声和大人的呼噜声。

天色渐白，一直敞开的窗户飘进烤面包的香味。隔着薄薄的楼板，楼上一对夫妇醒了，不知为了什么事情拌了几句嘴，然后男的踏着沉重脚步出门干活去了，女的身子很重地坐到织布机前织布。空气中弥漫着油烟和洋葱气味，院子里传来锡匠"叮当叮当"的锤打声。

---

① 温登达姆大桥，德国柏林米特区著名的大桥，长 73 米，因华美的铁栅栏、灯笼和帝国鹰而闻名。

院子里晾晒着一排排尿布，还有不堪入目的内裤。地窖般的房门口，站着几个孩子。阳光从这些尿布和内裤的缝隙里泄露过来，照在孩子们脏兮兮的脸上。

锻造厂那边的上班哨声响起，她以为会在成群的砖瓦匠和锻造工人中看到他们的身影，就又趴到窗台上看，换来的却又是钻心刺痛的失望。她充满血丝的眼睛，只是在一群女工中看见了她的一个邻居。这些女工中有制帽工、成衣工和洗衣工。在她们的前面，走着大量的男工。

"老公还在睡觉？"那个邻居对她喊道，语带讥讽。

"是呀，还睡着呢。"莉莉回答道，那些女人哄然大笑，她的脸顿时绯红。

邻居的讥讽，让她赶紧从窗沿上缩回头。这时，天色已经大亮，她才发现，他们的行李箱不见了，他的西服也无影无踪。她赶紧跑到面缸后的壁龛。他总是把钱藏在那里，好像她是个会乱用钱的小孩。但此刻，钱也没了。

她来柏林已经十年了。十五岁那年的夏天，地里的庄稼连年歉收，于是她便离开西里西亚的家乡。在那些饥荒年间，乡下人很少有钱娶亲，许多人都出外谋生，到柏林碰碰运气。成千上万的人，怀揣着古老的梦想，手里紧紧地攥着纸质通行证，或是一卷行囊，或是拖家带口，顺着新建的铁路线背井离乡了。莉莉也加入了进城的行列。火车启动后，她依依不舍地松开妹妹的手，挥泪告别母亲，身子一直探出窗外，不料，一粒煤屑飘进她的眼里。

那个男人就在这时走了过来，用手绢角帮她揩去了眼中的煤屑。她自然是感激万分，再加上他看起来平易近人，便让他坐在她身边。他说，他已经去过柏林十来次了，老家也在西里西亚，这次回来拜望亲戚。他还告诉她说，他想攒够钱后去美国。她对他顿生好感，一则他挺有魅力，二则也因为有人跟她说过，单身女人在柏林安身立命很不容易。不过，他建议彼此可以假扮夫妻，着实把她吓了一跳。好在他信誓旦旦地说，一切都是为了保护她。但是到了那天晚上，他俩借宿在一家铁路小旅馆时她却发现，假扮夫妻却要尽真实夫妻的义务。她并不讨厌他，他也很温柔（或者至少可以说会体贴人）。因此，他们彼此就开开心心地假戏真做了。

[74]　　发现她怀孕后，他也还讲信誉，没有弃她而去，不过笑容却从他嘴角边抹去了。他在博尔西希①（Borsig）锻造厂谋到一份差事，造火车头。造好的火车头将会从东部运来更多的年轻人。尽管他常常郁郁寡欢，动不动就狠命地揍她，她还是信赖他。她租了台织布机到家里来，整天忙碌，儿子还不到四岁便教会他干些力所能及的活儿。他们也还不至于穷困潦倒，几乎每天还能吃上饭，甚至在夏天周末的时候，还会到人民公园去野餐。每当这个时候，莉莉就会坐在太阳底下，仰脸对着温暖明媚的阳光，好像想储存一点阳光应对即将到来的黑暗。

那个男人和儿子消失一周后，她考虑过自杀。在昏暗的房间里，她想过上吊，想过跳进施普雷河。有一天，她还考虑直接从窗户上跳下去，不过她明白，从窗户上摔下去有可能只会致残。如果真的残废了，哪里有钱去看医生呢？那个男人和儿子回来后，她又如何能照料他们呢？

他曾经常对她说，他恨柏林，恨那些令人伤心的深街大巷，恨那些趾高气扬的官员，恨那些刻薄而又固执的柏林人，恨他们独来独往的性格。他从不关心她恨什么，也从不过问她是否也感到压抑或者之类的问题。他只关心她每天赚了多少钱。他要她别浪费时间跟邻居闲聊。他还不让她交朋友，可与此同时，他又越来越少跟她交流，有时彻夜不归，也从不做任何解释。有主人总会有仆人，有获利的总会有受害的。莉莉渐渐地逆来顺受，尤其是他揍了她之后。她默默地忍受

---

①　博尔西希，火车头生产公司，创始人为奥古斯特·博尔西希，以生产蒸汽火车头发家，在蒸汽时代的欧洲，是此行业的龙头老大。

着拳脚，忍受着孤独，只有和儿子在一起时才会有片刻的欢愉：第一次在浴盆里为儿子剪头发时；儿子学会拍手的那个夜晚，拍着拍着在她怀里熟睡的那次。那一天，儿子六岁，被叫醒要再去上班，小家伙一脸茫然。"别傻了，妈妈，我昨天上过班了。"他对她说。每当想起这些，她都是喜滋滋的。

如今，儿子走了，她陷入绝望。她在锻造厂旁大声地叫喊着，可是厂主却怪她的儿子为什么不来上班。她在小酒馆外面的角落里等待着，可是却没有一个喝酒的人说见过她的男人，也没有人同情她。柏林人都冷漠无情。苦难似乎已经使他们情感枯竭。他们鄙视弱者。

但莉莉不能逃离柏林，逃离这座阴沉冷漠的城市。她也不知道还有什么地方可去。她已经受人欺骗，被人抛弃，一无所有。她不能就这样返回家乡。这样回去无疑是自寻羞辱。她必须留在这里，继续自欺欺人，自谋生路。

一个月后，因为预付不了租金，织布机被人收回，她也被扫地出门，流落街头。她好歹保留了些床上用品，她将这些床上用品全部典当出去，勉强又混了一个星期。夜晚，她睡在人民公园上的一座桥下。离此不远，她儿子曾将一整块面包圈扔到桥下喂水里的鸭子，而她的男人却一头扎进水里去捞回那块面包。她在济贫院里找到了一张床位，在一个砖厂谋到了一份工作。可是，冬天来了，她却没有厚外套，她需要尽快找一份室内的工作。

整整三个月，她在莫阿比特的一个洗衣房里拼命干活，没日没夜地搓洗衣服。然后她又在一家地下洗衣房干活，给衣服的袖子和领子上浆。水龙头的水"哗哗"地流淌，她眼盯着自己那双浸泡在肥皂水里的手，粗糙干瘪，突然想起，自己也曾青春年少。

有些夜晚，她会惊恐醒来，因为记不清儿子的面孔。如果她都记不清了，谁还记得他？可话说回来，又有谁会记得她，不让她丢了呢？

[75]

[76]   就在她焦急地等待、坐立不安之时，莉莉想起早先谈论过的移民问题。她开始跟身边一起干活的女人们说，她丈夫和儿子去美国了。他们挣够了她的路费，就会寄给她，接她也去美国。她不断地重复着这些话，最后连她自己都信以为真了。她告诉她们说，她没有自己的房间，和另外两个妇女按小时合租了一张床，三个人轮流睡，因为她可能说不定哪天就会动身去纽约。

每周她都会去一次博尔西希锻造厂，站在工厂的大门外，反复察看那些疲惫而又淡漠的脸。终于有一天，她遇见了她男人以前的一个熟人。那人现在是餐厅的副经理。他盯视着她的眼睛，倾听她的诉说，然后拍了拍她的手。

"所以你清楚。"他这样说，倒让莉莉心里七上八下，摸不清他是真知道她家的变故，还是敷衍她的诉说。"小妞，虽然你细皮嫩肉，但身强体壮。"他继续说道，"干活卖力的人总是能在厨房里找到一份差事。"莉莉的脸一下子变得通红，赶紧用披肩围住肩膀，明白男人都不可靠。"要是你想，我可以为你美言几句。"他说。

1858年3月，莉莉开始在莫阿比特工厂干活。规模庞大的莫阿比特工厂，位于施普雷河北岸。此时该工厂已是柏林的新工业中心。厂区大得像个城市，却乱得像座监狱，十五个烟囱浓烟滚滚，煤灰飞扬。整个工厂有两千个工人，个个像戴着脚镣的奴隶，不停地锻造着锅炉和车轮，用锤子把铁块敲成道钉和轨道的形状。在一间巨大的车间里，二十五台火车头正在同时安装。车间肮脏杂乱，像申克尔当初在曼彻斯特见到的工厂一样。初到这里的人，都会捂上耳朵，因为噪音实在不堪忍受。狭窄的小道，蜿蜒曲折，路面煤灰很厚。走在上面，就像踏在黑乎乎的雪地上，留下一串串脚印。

上班期间，她有时会在炉火熊熊的熔炉旁逗留片刻，看着那红彤彤的火焰和忙碌的男人，感觉自己的皮肤火烧火燎，不由地就会想起自己的儿子，不知道儿子是否就在这种可怕的环境里干活。不过，她大部分时间都待在厨房，剁肉，捏面，或者削土豆。在这里干活不愁吃，对此她心存感激，但是几乎忙得没时间吃。天不亮就要把面包放进烤炉，十点钟之前要把肉煮好，下午两点钟便要把啤酒准备好。工人们轮流来吃饭，吃得很快，有的只是抽空过来抽袋烟。往往要等到天黑了她才有空将锅碗瓢盆洗好擦干。

那年8月，赤日炎炎，热得人都快喘不过气来，工厂完成了第一千台火车头的安装调试。老板奥古斯特·博尔西希三十岁的时候就独自成立公司，为腓特烈大帝无忧宫里的喷泉生产蒸汽泵。如今为了庆祝他厂里第一千台火车头的完工，他向公众开放他的避暑山庄。三万多柏林人游览了他那气派非凡的花园，对自由自在地漫步其间的孔雀喷喷称奇。博尔西希免费提供香肠、面包和啤酒，嗓音沙哑的工人坐在用橡树搭成的餐桌旁敞开了肚皮吃喝。工人们吃饱喝足，充满自豪地围着洒满鲜花的"普鲁士号"火车头跳起了波尔卡舞。

博尔西希的车间里，"普鲁士号"用铁铸成模型，以此作为德国人的救星，他们赋予它统一四分五裂的德国城邦的使命。在工厂的厨房里，莉莉的命运就是削果皮、洗洗刷刷，大约忙到半夜才到储藏室去休息。她倒在装土豆的麻袋堆里呼呼大睡。那个副经理就是在储藏室那里找到了她。

事实上，莉莉在厂里的时候从未脱离过他的视线，看着她搬东搬西，监视着她，不让她偷懒，打量她扭来扭去的屁股。在他看来，占有她天经地义。她意识到他手中有权，也害怕再挨打，所以她默默地逆来顺受。不过，她在心里再三告诫自己，女人永远不能相信男人。女人只能顺从他们的意愿，以此梦想过上另外一种生活。

她发现自己再次怀孕。这时，一只猫头鹰走进她的生活。它羽毛未丰，还不会飞，也不知道从哪儿滚落下来。它快要摔死的时候，她救了它。她在犄角旮旯搜寻它的窝，既没有看到破碎的瓦片，也没有听到它父母一声哀鸣。于是莉莉从公园里采来些干草和青苔，放在一个洗脸盆里权当它的家。起初，莉莉用蛆虫喂它，几周后，她用在厨房抓到的老鼠喂它。她喜欢抚摸它浅黄色的羽毛和毛茸茸的胸脯，喜

[77]

欢凝视着它心形的脸庞。每当夜深人静，猫头鹰的鼾声伴她酣然入眠。

[78] 有个星期五的晚上，她干完活回来，却发现那只猫头鹰已经飞走了。那个新来和她合租住处的人将窗户半开着，或许是故意的，那只猫头鹰跳到窗台，离开了她的生活。莉莉在窗下的街道上搜寻，甚至连臭气熏天的烂泥地也没放过，可是连根羽毛也没找到。一位老邻居看到了她，看出她又怀孕了。"又走投无路了，小妞？"那个邻居大声喊道，"该赶紧去美国了。"

她羞愧难当，滑倒在淤泥里，把裙子也弄脏了。她走到水泵旁，洗干净裙边，然后退回到屋里，身后传来阵阵嘲笑声。她躲在房间不敢出来。就在那天早上，那个副经理还问过她，是不是可以将腰束起来，免得被人发现怀孕，自取其辱。

午夜时分，有时她会走出房间，走进苍茫黑夜。煤气灯还未安装到她所居住的地方，在她还未适应外面的黑夜前，她像个梦游者一样，双手前伸，跌跌撞撞地在这个昏暗的砖头小巷里摸索着前行。当她发现自己到了汉堡火车站（Hamburger Bahnhof）时，她在车站旁的双子塔下停留片刻，几乎没看见晚班货车从双子塔前呼啸而过，进入车站调运处。一个警察发现了她，又把她赶到阴暗处。她沿着运河以及环城河的阴暗处走着，经过了沙里特综合医院（Charité hospital）和炮兵营地，最后从温登达姆大桥上穿过河流，就像一年前她丈夫和儿子那样。车站的顶端，一个铁铸的普鲁士雄鹰似乎也在嘲笑她。

天快亮的时候，冷雨轻落，她不知自己身在何处，只能栖身于路边一栋外形古怪的楼房长廊外。她头顶的柱廊上雕刻着壁画，上面的画像很大，她以前从未见过这么大的画像。壁画上，旭日东升，朱庇特[①]骑

[①] 朱庇特是罗马神话中的神，即希腊神话中的宙斯。克洛诺斯和瑞亚之子，掌管天界，以贪花好色著称。

着雄鹰飞出天殿,天使和竖琴手直奔地球而来,珀伽索斯[1]飘落在一个异乎寻常的池塘边。在她眼前,男男女女穿梭于黎明与黄昏、经历着青春年少到生命不再。孩子们在阿卡迪亚丛林嬉戏,情人裸体相拥,年迈的士兵和他们的老伴在波涛汹涌的大海里做最后一次航行。

她对壁画充满敬畏,对人类的生命历程感慨万千,对于人类被赶出伊甸园、从此告别无知后的艰难旅途更是唏嘘不已。但最让她震惊的,是看见壁画上方五个射手正用他们手中的箭瞄准栖身枝头的一只小鸟。这只可怜的小鸟,脸型古怪,像个心脏。那一刻,她的心为之一颤,误以为见到了她那可怜的小猫头鹰。也许是因为天冷吧,她颤抖着伸出手,想要摸摸这只小鸟。

在申克尔建造的大博物馆入口处,她潸然泪下。青铜色的大门打开后,她心惊胆战地步入柏林旧博物馆。明朗如天际的圆形大厅,二十根科林斯风格的石柱环绕四周,她凝望着古希腊英雄奥古斯都和杰马尼库斯二位的巨大塑像,流连于古代神祇阿波罗和维纳斯雕像前。缓缓地爬上环绕向上的双层楼梯。在楼上大厅里,她在一幅名字叫《丽达与天鹅》[2]的油画前停下脚步。画面中,一位古代国王的女儿,丽达,叉开双腿,怀抱一只天鹅,天鹅长长的脖子紧紧依偎在丽达的双乳之间,它的喙亲吻着她的脖子。莉莉的眼珠子几乎要瞪出来了,心中似乎荡漾着一个尘封已久的梦想。这时过来一名博物馆保安。保安见她蓬头垢面、衣衫不整,便赶她走开。

在那些岁月里,促成流产的常见方法就吞食含有磷的火柴头,一百根太少,两百根又太多,准确的数量要视妇女的体重和产期而定。

回到房间,莉莉将脸盆里的猫头鹰窝清理干净,在一个大罐子里装上清水,然后拴上门,脱下紧裹在身上的衣服,用一条像被单一样

[79]

---

[1] 珀伽索斯,又名飞马,希腊神话中最著名的奇幻生物之一,是一匹长有翅膀并可以飞的马。从女妖梅杜莎的血泊中诞生,其蹄在赫利孔山上踏出希波克里尼灵感泉,诗神的坐骑。
[2] 《丽达与天鹅》是意大利画家柯勒乔的画作,题材取自于希腊的神话故事。

的东西将自己包裹起来,就像柯勒乔[①](Correggio)画中的公主一样。

接着,莉莉数出一百五十根火柴,在最后一刻,为了保险起见,她又加了十根。然后,她坐到敞开的窗户前,开始一根一根地吞吃火柴头。火柴头的气味很难闻,就像大蒜和盐酸的味道,但她还是继续吞食着。

喉咙里有一种火烧火燎的感觉。这让她很惊讶,原以为只会肚子疼。但是,当亮闪闪的红血团呕吐出来时,她心里顿时感到一阵轻松,觉得自己将与往昔的生活告别了。

接下来,她开始头昏脑涨,两耳嗡鸣。她站起身,朝军营里的那个锡匠大声叫喊,想叫他们别敲了,让她安静一会。可是她却打不开门,甚至连门闩都找不到。

莉莉大声地叫喊着,却无人回应,好像没人听到她的喊声。没有人来救她。没有人在意她的存在。她一而再地对自己说,女人受苦受累,但活着总比死了好。她摔倒在潮湿的地板上,头"砰"的一声撞到金属床沿上。在她头脑清醒的最后一刻,她仿佛看到自己变成身强力壮、洁白无瑕的丽达,永远年轻,永远漂亮,不依赖于任何男人,只等待着某个振翅鼓翼天使的爱情。

在这个脏乱的小院里,不到一个星期,莉莉的遭遇就被淡忘了。不过,有关她的故事,就像呢喃的清风,很快便吹遍整个莫阿比特。有一个版本说,她的男人倍感内疚,悔恨交加地回家了;另一版本说她儿子突然长大成人,腰缠万贯从美国回来了,请医生为她治病,还为她在西里西亚老家买了房子。第三个版本说,那只似乎子虚乌有的猫头鹰整夜趴在窗台上,看护着她平躺的身体。每一个版本都折射出柏林人的恐惧、希望和理想,提醒着人们,生活必须要有意义,而

---

① 柯勒乔(1494—1534),真名安托尼奥·阿来里,是十六世纪早期的创新派画家,也是意大利文艺复兴时期最伟大的画家之一。作为壁画装饰艺术的开拓者,他画了很多颇有影响的圣坛画,还有许多小型的宗教绘画。

第五章｜莉莉·诺伊斯和猫头鹰

且，他们，正如我们一样，都生活在故事里，生活在现实中，生活在时间长河之中。

事实上，跟莉莉合租的那个女人星期天回来了。房东帮她撞开门。这个血肉模糊的柏林少女躺在床上，身体像大理石一样冰凉。可她的身体却散发出异样的光芒，就连那个从不为情绪所左右的薄情房东都目不转睛地盯着她。

那个与莉莉合住的女人，收拾好莉莉的物品，擦洗掉房间里的污迹。而那只棕色的小猫头鹰，一动不动地待在窗台上。等到男人们进来搬走尸体时，这只猫头鹰才悄无声息地飞走，就像莉莉一样，神秘地消失在茫茫黑暗之中。

[81]

1921年魏玛政府重建部部长瓦尔特·拉特瑙出席威斯巴登会议。

第六章

瓦尔特·拉特瑙和《遗失的美好》
1881年，乔瑟街

"何为美？"他一边转动手中玲珑的德加舞者雕塑，一边自言自语地问道。席勒[①]曾称，美乃通往知识之大门；歌德认为，美即自然法则奥秘之外现；济慈[②]认为，美不外乎真理的同义词；康德[③]说，美即漫无目的之目标，毫无终点之终结。

瓦尔特·拉特瑙[④]小心翼翼地将那个小青铜像放在台灯下，用手箍住塑像高扬着的头，一根手指划过它的脊背。他在书中曾经读过，美会使人心跳加速，让人感觉更加敏锐。他轻轻地用手指弹了一下这个舞者的棉裙，拨弄它身上的蓝色丝绸蝴蝶结。可是，这个塑像一点

[①] 约翰·克里斯托弗·弗里德里希·冯·席勒（1759—1805），德国十八世纪著名诗人、作家、哲学家、历史学家和剧作家，德国启蒙文学的代表人物之一，被公认为德国文学史上地位仅次于歌德的伟大作家。
[②] 约翰·济慈（1795—1821），出生于十八世纪末年的伦敦，杰出的英国诗人作家，浪漫派的主要成员。
[③] 伊曼努尔·康德（1724—1804），著名德意志哲学家，德国古典哲学创始人，其学说深深影响了近代西方哲学，并开启了德国唯心主义和康德主义等诸多流派。他是启蒙运动时期最后一位主要哲学家，是德国思想界的代表人物。
[④] 瓦尔特·拉特瑙（1867—1922），德国犹太实业家，作家和政治家，魏玛共和国外长。曾任德国民主党领袖、德国通用电气总公司经理、董事。

也不能使他心情荡漾,这令他十分懊丧。他安之若素,既无青春之萌动,也无救赎之迹象。对他而言,这个青铜像只是个玲珑的玩偶,和他父亲的感觉毫无二致。可是他知道,他应该喜欢这个塑像,应该占有它,应该买下它。他必须做正确的事情。他必须弥补自己内心缺失的东西。他应该让货主第二天上午送张发票过来。

[86] 　　作为工业巨匠、艺术家的赞助人以及魏玛政府的外长,拉特瑙在吃穿方面也颇有研究。此刻,他拿起笔。"曾经让这个城市引以为豪、美不胜收之物如今令人窒息、陈腐过时。"他这样写道,并没有意识到他的文字在他死后会依然流芳于世,"施普雷河畔的雅典早已消亡,一座芝加哥城正在原址兴起。"

　　柏林从来不是一座只属于德国人的城市。这里土地贫瘠,与世隔绝,它的延续和发展主要依靠外来人口。中世纪时期,瘟疫让这里更加荒芜。就像那句古老的谚语说的,"瘟疫正慢慢地来到我们身边"。十二、十三世纪,成千上万的法国人、弗兰德人、莱茵河人和丹麦人涌入勃兰登堡定居。幸存的犹太人墓碑可以追溯到1244年。荷兰人开发沼泽地。法国胡格诺派[①]人(Huguenots)大力发展呢绒和蕾丝产业。1685年,大选侯腓特烈·威廉为了弥补战争中死去的大量人口,为宗教难民提供避难所。十五年后,三分之一的人口都是法国人、波兰人、西里西亚人和瑞典人,此后又有更多的苏格兰人加入。腓特烈甚至提议建造清真寺来吸引穆斯林人,这比最早来德国谋生的土耳其人还要早二百五十年。

　　但是,历史创伤的遗忘以及趋同心理,抹去了外来移民的差异,整合了民族多样性,将马赛克般拼凑起来的人群统一压缩,使之变成为单调无趣、恪尽职守、铁石心肠的一体。

　　因此,1848年风起云涌的革命,改变了欧洲许多国家的面貌,却在柏林无疾而终。军队包围了新成立的国民议会,命令议会代表立

[①] 胡格诺派,又译雨格诺派、休京诺派,十六至十七世纪法国新教徒形成的一个派别。

即解散。议会代表依次离开，再没回来。所有男性享有投票权、议会民主以及基于自然法则基础之上的公民个人权利，所有这些要求都被断然否决。不仅禁止对国王评头论足，而且不准流露出对政府的不快或者不满。同以往一样，权威紧紧地掌控在军队和君主的手中。正如列宁后来所说，普鲁士人——不管是低眉顺眼的本地人还是外来的移民——永远不可能发动革命，就像他们永远不会违背皇宫大门外"禁止践踏草坪"的告示一样。

担任德国首相和大臣长达三十年的奥托·冯·俾斯麦[①]，曾告诉大家，普鲁士的力量"不是源于自由主义，而是依靠强权，依靠武器，凭借流血。"俾斯麦是个刚愎自用、肆意妄为的机会主义分子。正是这位暴君驾驭了柏林人的雄心壮志。他大肆地穷兵黩武，发展工业，煽动民众，向丹麦、奥地利和法国挑起战端。博尔西希制造的火车"隆隆"地运载军队挺进哥尼斯堡和色当[②]，莫阿比特生产的炮弹落在巴黎，炸死了被围困的400名巴黎平民。30000名普鲁士将士昂首走过香榭丽舍大街[③]，对饥肠辘辘的对手嗤之以鼻。俾斯麦击败了帝国的敌人，统一了德国疆域，不可一世地拍案叫嚷："谁与争雄？"

胜利后的柏林成为一个工业巨人。博尔西希、拜耳[④]、克虏伯[⑤]和

[①] 奥托·爱德华·利奥波德·冯·俾斯麦（1815—1898），劳恩堡公爵，普鲁士王国首相（1862—1871），德意志帝国首任宰相（1871—1890），人称"铁血宰相"、"德国的建筑师"及"德国的领航员"。
[②] 色当，法国东北部阿登省城镇。距比利时边界仅14公里，位于默兹河右岸。历史上曾在此发生过几次有名战役，尤以1870年的普法色当战役最著名，法国皇帝拿破仑三世在此战败投降，导致法兰西第二帝国覆亡。
[③] 香榭丽舍大街，位于巴黎市中心商业繁华区，寓意为"极乐世界"或"乐土"。
[④] 拜耳公司于1863年由弗里德里希-拜耳在德国创建。1899年3月6日拜耳获得了阿司匹林的注册商标，该商标后来成为全世界使用最广泛、知名度最高的药品品牌，并为拜耳带来了难以想象的巨额利润。
[⑤] 克虏伯公司，创始人为阿尔弗雷德·克虏伯（1812—1886），主要生产大炮和坦克，他生产的大炮曾使俾斯麦在十九世纪中叶先后战胜了奥地利和法国，这就是著名的克虏伯大炮。

西门子①这些工业巨子促成了经济腾飞,为普鲁士积累了大量财富。如今,战利品又源源不断地涌入国库。宽阔气派的大道,从柏林市中心一直辐射到华沙②,甚至巴黎。大道两旁高楼大厦林立,风格统一,强化了和谐一致的感觉。柏油马路纵横交错,无轨电车四通八达,无论上下班还是到什么地方,交通都很方便。整个城市似乎都设计得井然有序。头脑单一的柏林人相信,井然有序就能消除骚乱。1871年,威廉在凡尔赛宫被推为恺撒大帝。之所以选择在凡尔赛宫称帝,目的是为了羞辱法国人,报复六十五年前拿破仑占领普鲁士时给他们带来的耻辱。专横跋扈、争强好胜的柏林,通过战争发展壮大,通过战争富甲一方,迎来了军国民族主义的工业繁荣发展。

在格鲁内瓦尔德气势壮观的郊区别墅里,瓦尔特·拉特瑙搁下笔。发言稿写完,夜已深了。书房窗户外,夜色深沉,寂然无声,偶然传来一两声猫头鹰的叫唤。这是他的最后一夜!他告诉自己,大部分人在自然界发现美,或是在艺术品中发现美,比如桌子上的那个小青铜像,挂在身后墙壁上的古斯塔夫·克林姆画像。不过他认为,还有些人的美蕴藏在诗歌中,在波斯的瓷器中,甚至在精美的英国咖啡壶里。对他来说,实实在在的物品中发现不了美,美存在于清澈的思想中,存在于自我信念中,存在于功成名就中。他想燃烧自我,绽放出宝石般冷峻的光芒;他想拥抱生机盎然的美。他懂得情感的重要,却无法感觉得到。

[88]　　瓦尔特·拉特瑙降生于铁锤的敲打声中。孩提时代,他在父亲的第一个工厂蹒跚学步。这个厂建在乔瑟大街上,就在莉莉·诺伊斯当时所住的街角。他喜欢看铸铁溶液倒进模型,看着它成型,最后变成

---

① 1847年10月1日,维尔纳·冯·西门子在其发明的使用指针来指出字母顺序而不是摩尔斯电码的电报技术基础上建立了公司,如今已发展成世界上最大的电气和电子公司之一。
② 华沙,波兰的首都,马佐夫舍省的省会,波兰的政治、经济、文化中心、第一大城市。

坚硬的生铁。他总是爱问一些有关柏林老工程师和黄铜匠的问题。他好奇，聪明，眼睛又大又黑，嘴唇肥厚，嘴角下弯。

1881年，他父亲埃米尔参加了巴黎举办的第一届国际电器展览会。在那里，他看到了爱迪生最新发明的白炽灯，立即意识到它的潜力，买下了它的专利。在乔瑟大街的工厂里，年轻的拉特瑙不停地按着那个发明的开关，开了关，关了又开，心里充满好奇。他父亲走过来将他推开，一下子把他推倒在地，告诉他这不是玩具。

德国爱迪生应用电力公司——后来改称 AEG——在原来旧工厂的基础上飞速发展。几年之内，埃米尔成立了一系列的照明用品店，在博尔西希工厂附近建立了一个巨大的发电站，并且设计了一个可以将电传到每家每户的系统，最后该公司赢得给整个柏林提供照明的合同。在公司的宣传广告中，AEG 的光明女神飞向绚丽辉煌的未来。

疾速成功后，埃米尔·拉特瑙继续扩大公司业务，投资兴建铝工厂和远程供电系统，并且将业务范围拓展到生产汽车、卡车和电车的行业。通过改进怀特兄弟①的设计方案，他的飞行技术部开始为国防部建造飞机。到了1914年，AEG 公司已经发展成为一个市值一百亿的商业帝国，拥有六万六千名员工。

埃米尔每周工作七天，午饭时间从来不会超过半个小时。他一边吃早餐一边讨论业务。晚饭后还要检查工厂。他和他的竞争对手维尔纳·冯·西门子一道推行了规模化生产，这要比亨利·福特②的流水线生产还要早十年。他构建了银行与企业合作的新模式。他这种不知疲倦、事必躬亲的工作方式助推了德国工业的形塑。

拉特瑙的父亲，或许称得上大规模资本主义的先驱，同时也称得上德国历史上最富有的人之一。但是，随着年龄的增长，他逐渐明

[89]

---

① 怀特兄弟指的是奥维尔·怀特（1871—1948）和威尔伯·怀特（1867—1912）这两位美国发明家，飞机的发明者。
② 亨利·福特（1863—1947），美国汽车工程师与企业家，福特汽车公司的建立者。他也是世界上第一位使用流水线大批量生产汽车的人。

白，长期不在家无异于放弃个人自由，无疑是个缺憾。年轻的拉特瑙相信，父亲受某种外在之物所左右。他注重的是客观事物，而不是某个思想或者话语，理所当然地更接受传统的世界架构。他父亲既不能主宰自己的生活，也不能主宰亲手缔造的商业帝国。相反，他是这个商业帝国的奴隶，其中毫无美丽可言。

瓦尔特·拉特瑙本人弥补缺憾的办法是赚钱。据他的传记作家哈里·凯斯勒所言，钱是"可以通过办企业、开动脑筋以及厉行节约获得的"。它"像金盔甲一样保护着不堪一击的脆弱灵魂"。这位传记作家不仅善于外交，而且还天天记日记。

年轻的拉特瑙去上大学的途中，他的司机开着奔驰轿车驶过王宫广场，他目不转睛地盯着柏林的古老建筑：皇宫以及一直遭到诟病的教堂、外形难看的新岗哨和柏林旧博物馆。他很纳闷，父亲为何如此迷恋这些地方。他想逃离这个城市的新浪漫主义风格的建筑，逃离那让人窒息的客厅，逃离检阅军队时发出的沉重脚步声。他一点也不喜欢那些摆放得乱七八糟的石像。他一找到机会，就搬到瑞典去当了一名化学家。就在瑞典的 AEG 公司实验室里，他发现了如何通过电解来获得碱和氯。后来他又搬到比特费尔德①，在那里建立并管理着一家电子化学厂和一家发电厂，在公司里步步高升。

1899 年，他父亲邀请他加入董事会，那一年他才三十二岁。于是，他作为一个富有而又优雅的单身汉回到柏林：他沉稳冷静，充满自信，特立独行，魅力四射。无论见到谁，他都张弛有度，审时度势，不露声色，使见过他的人都相见恨晚，念念不忘。"说来奇怪，"他对弟弟坦承，"要是我长时间地和别人待在一起，我相信他们会开始变得像我。他们会用我的眼光来看待事物，用我的口吻说话，而且所有的人都觉得我能一眼看透他们。"

恺撒皇帝想听听拉特瑙对科学和工业的看法，便邀请他来到宫

---

① 比特费尔德，德意志民主共和国中南部一城市，铁路枢纽，重要的化学工业城。

殿。听完拉特瑙的描述后，皇帝发现他俩有一个共同的特点：表面上高谈阔论，内心却焦虑不安。在宫殿里，拉特瑙表现得像一个恪尽职守的大臣，他走进觐见室，站在皇帝的宝座下，皇帝的两边列队站着一群穿着粉红色衣服的侍女。但在私下的时候，他发现威廉二世大帝的"性格自相矛盾"。他"是一个巫师，这个男人命中注定……正走向灾难"。

他说的本来就是他自己。

"陛下，"瓦尔特·拉特瑙用男中音说道，说之前向俾斯麦的继任者、傲慢的普斯林·冯·比洛（Prince von Bülow）深深地鞠了一躬，"在我有幸让您接受我的建议之前，请允许我做一个声明，或者说是一个坦白。"为了达到某种效果他停顿了一下，既让自己镇定些，也让人们欣赏一下他的晚礼服。他同时扮演着桀骜不驯和俯首帖耳的双重角色。"陛下，我是个犹太人。"

拉特瑙——那时已经担任 AEG 公司的新任主席——是最早被柏林贵族阶层接纳的犹太人之一。截止 1910 年，他负责八十六项德国业务和二十一项外国业务，其中包括十个金工车间，三个飞机制造厂，NAG 汽车制造厂，六个非洲的矿山和智利国内所有的电轨。他还赞助艺术，资助了诗人和画家爱德华·蒙克[①]（他在柏林的四年时间里，创作了《呐喊》[②]——起初是用德语 Geschrei 命名的。后来他的所做所为还引发了一场激烈的论战）。分离派艺术运动的带头人马克思·利伯曼[③]是拉特瑙的表弟。圣马丁节的那天晚上，他和一群唱歌

[①] 爱德华·蒙克（1863—1944），是挪威表现主义画家和版画复制匠，挪威画家，现代表现主义绘画的先驱。
[②] 《呐喊》是蒙克 1893 年的作品。画面的主体是在血红色映衬下一个极其痛苦的表情，画中的地点是从厄克贝里山上俯视的奥斯陆峡湾。这幅画是表现主义绘画著名的作品。
[③] 马克思·利伯曼（1847—1935），德国画家。作为柏林分离派艺术运动的领袖之一，他把法国印象主义等欧洲艺术风潮介绍到德国。

的孩子走出教堂后沿着菩提树大街散步,从纸灯笼里漏出来的烛光在孩子们的脸上舞动着。每次圣诞节的时候,他拿着一个盒子站在维也纳歌剧院门前,邀请一些志趣相投的大人物来听莫扎特的歌剧《魔笛》。假如他是一个基督徒的话,凭他的社会关系、人格魅力以及精明的外交手腕,他绝对可以在政治上飞黄腾达。

"德国的犹太人,他们每个人在年轻的时候都遭遇过刻骨铭心的痛苦时刻——当他第一次彻底意识到自己已经在这个世界里沦落为二等公民,而且,无论他多有能力,无论他多么高尚,都无法使他摆脱这种地位。"拉特瑙说道。

对他来说,德国的语言、历史和文化要比他的血缘关系重要得多。他的同胞就是德国人,他的家在德国,他的信仰,也是"超越一切信仰的德国人信仰"。一千五百多年来,犹太人一直是德国的一分子。他们在查尔曼大帝时期得以兴旺,在十字军东征和中世纪时遭受苦难,而且拉特瑙还认为,犹太人和撒克逊人、巴伐利亚人及文德人一样,都是这里的土著居民。他著书立说,为同化论辩护,告诉犹太同胞行为举止不要再像犹太人,建议他们要积极融入该国社会,别再像个"离群索居的奇怪部落,衣饰华丽,言辞激烈……像是勃兰登堡土地上的一群亚洲人。"

他慷慨陈词,认为民族性与血缘并不是一回事,民族多样性可以成为一种力量。正如种族理论学家们说的那样,任何一个国家都不能以种族渊源来界定,而必须根据共同的价值观来定义。他在书中写道,犹太民族和日耳曼民族紧密相连。他的书卖出去成千上万册。

二十世纪的头十年,德国的人口几乎增加了两百万。它的工业快速发展,已经雄霸欧洲。1870 年和 1871 年普法战争[①]后,德国各城邦统一起来,俾斯麦就曾宣告,第三帝国是个"饱和了的"强国。但

---

① 普法战争是指 1870—1871 年普鲁士王国同法兰西第二帝国之间的战争。因长期争夺欧洲大陆霸权和德意志统一问题,普鲁士和法国之间关系长期紧张,后爆发战争。

第六章 | 瓦尔特·拉特瑙和《遗失的美好》

是,更强大的德国,就应该像它之前的普鲁士帝国一样,除了阿尔卑斯山之外,没有自然疆界。现在,九个邻国包围了它,但里面有德国的人民,也有德国经济发展的梦想。

1914年,德国发动战争,宣称为了保卫祖国(Fatherland)领土而战。然而其真实目的却是开疆拓土,扩大市场,通过占领比利时的大部分领土以及法国东部来掠夺原材料。经过短时间的整固后,柏林计划攻打它最危险的竞争者——英国,彻底摧毁英国经济。"这是一场生死攸关的战争,要么胜利,要么灭亡。"《南德意志月刊》(Süddeutsche Monatshefte)的社论这样鼓吹着。"倘若我们得胜——任何怀疑这一点的人都是小狗,在那些被征服的国家里我们就说了算,可以按照我们的发展需要来改造万物,也可以为那些拥护我们、寻求我们保护和救赎的小邻邦谋取利益。"

对于蒂森克虏伯、史蒂勒斯和基尔多夫这些实业家来说,他们的命运与德国的胜利休戚相关,德国胜利就意味着财源滚滚,战败则意味着经济损失。在这些人当中,只有拉特瑙认识到战争的真正危险。他明白,以德国为首的同盟国缺乏取之不尽的资源。他知道美国会支持英国和法国。为了拯救德国,他呼吁和平谈判,倡议建立"一个工业关税联盟",即欧盟的前身。他建议道:"如果欧洲的工业融为一体……政治利益也会随之融合。"

但是灾难却无法挽回。炮弹呼啸,一代年轻人奔赴战场,接受炮火的洗礼。

见多识广的柏林人陷入民族主义的假面具之中,表面上支持战争活动,却将恐惧埋藏在心。拉特瑙发现,德国的原材料库存只能够维持六个月。故此,像英国的劳德·乔治[①]一样,他也成立了一个战时

[①] 劳德·乔治,英国自由党领袖。1911年任财政大臣期间提出国民保险法,被公认为英国福利国家的先声。1919年他出席并操纵巴黎和会,是巴黎和会"三巨头"之一,签署了《凡尔赛和约》。

物资管理部门，促成几百个公司专门为战争提供物资。废铁，公园里的铁栅栏，甚至教堂和市政大厅的黄铜屋顶都被熔化了。人们敦促像弗里茨·哈伯（Fritz Haber）①那样的化学家运用科学来帮助德国将战争继续下去。莫阿比特和施潘道这些地方，康拉德·冯·科林曾经在那里歌唱爱情和荣誉，如今却遍布工厂，烟囱林立，成为德国军备工业的中心，十二万工人为之效力。

德国的士兵纷纷倒在佛兰德泥淖中，战争的乌云模糊了拉特瑙原本清晰的头脑。他觉得自己有责任做点"正事"，于是赞成将比利时劳工全部驱逐出境。他不仅支持陆军元帅兴登堡②的"寡言独裁"，甚至还改变了尽早休战的观点。然而，他不仅没有得到高层的欢心，而且还被从战时物资管理部门扫地出门。德国高层没有犹太人的立足之地。

[93] 1918年德国战败前夕，拉特瑙写信给他的一位朋友："我好比一个正在收拾行李的赶路人。我的父亲，我的兄弟，他们都已经死了，如今正在那个没有战争的地方等着我。没有火车通向那里。他们也不明白我为什么耽搁行程。"

在凡尔赛宫，战胜国将他们拟定的条款强加于战败国。法国坚持认为"两千万德国人太多了"，并要求归还阿尔萨斯③和洛林④；波兰则将西里西亚北部领土收入囊中；萨尔河⑤将被占领十五年。德国失

---

① 弗里茨·哈伯，德国化学家。1909年，成为第一个从空气中制造出氮的科学家，使人类从此摆脱了依靠天然氮肥的被动局面，加速了世界农业的发展，因此获得1918年瑞典科学院诺贝尔化学奖。
② 保罗·冯·兴登堡，德国陆军元帅，政治家。出生于德国波兹南（今波兰）军官家庭，曾参加普奥战争和普法战争，1925年起担任德国总统。
③ 阿尔萨斯，法国东北部地区名及旧省名，是法国本土上面积最小的行政区域，隔莱茵河与德国相望。
④ 洛林是法国东北部地区及旧省名。在东北部，接连德国，包括默兹省、孚日省、摩泽尔省和默尔特-摩泽尔省4省。
⑤ 萨尔河发源于法国阿尔萨斯和洛林边境的孚日山脉，向西流经德国，最终在孔茨注入摩泽尔河。

去了13%的领土以及10%的人口。德国皇帝乘坐火车流亡荷兰，当火车驰离柏林，他失声痛哭，从此再也没能返回柏林。德国军队从八十万人锐减到只有十万人，总参谋部也被废止。所有的飞机、坦克全部拆毁，所有的驱逐舰也都凿沉海底。一条"挑起战争罪"给了德国，要求德国每年将大约7%的国民收入用来赔偿各国的损失。柏林人哀叹着这些不公的条款，却忘记了当初发动战争的真实意图——如果德国取得胜利，它将摧毁其工业竞争对手，并且征服其他邻国。

尽管遭受了巨大的损失，德国那些目光短浅的头头们却缺乏远见或者勇气，未能与争强好胜的普鲁士帝国历史彻底决裂。魏玛共和国第一任总统弗里德里希·艾伯特① 在勃兰登堡大门纠集残余部队；兴登堡拒绝为战争的失败负责，将其归罪于"捣乱分子、社会主义和共产党信徒以及犹太人"。舒伦堡将军（General Schulenburg）走得更远，宣称："德国将士必定会明白……他们被人从背后捅刀子了。这些背后捅刀子的人，有同一战壕的战友，有海军，还有那些发战争财的犹太人，那些偷奸耍滑之辈。"一万两千多名犹太人，为了德国皇帝，为了德国这个祖国，战死沙场。拉特瑙筹建了战时物资管理部帮助德国开战。然而，当新成立的共和国急于寻找替罪羊的时候，拉特瑙和其他犹太人就被指责为懦夫和骗子。种族分裂的种子就此埋下。

1919年，拉特瑙被认为是"一个口是心非、颠倒黑白的人，一个花团锦簇的共产主义者，一个装模作样的爱国者，一个在古老竖琴上作曲的前卫音乐制作人。"日记作家、外交官凯斯勒如此写道。然而，他的确是个经济方面的"行家里手"。

新政府对他在经济方面的一些想法颇感兴趣。于是，拉特瑙在不折不扣的社会主义和巧取豪夺的资本主义的中间地带得到了一个政治角色。1920年，德国正处于流血革命的边缘，他应邀加入集体化委

[94]

---

① 弗里德里希·艾伯特（1871—1925）德国社会民主党右翼领袖，魏玛共和国第一任总统（1919—1925）。

员会（Socialisation Commission）和国家经济委员会。他在同盟国召开的相关大会上担任私人顾问。不到一年，他便控制了国家重建委员会（Reconstruction Ministry）。

分崩离析的帝国绝不可能满足《凡尔赛条约》的要求。支付全部战争赔偿本来就意味着德国政治与经济的崩溃。因此，柏林便利用重建部来逃避其痛苦不堪的义务。而组建重建部的目的，本来是为了负责协调战争赔款的。

拉特瑙向来具有煽动性，最能鼓动人心。如今他负责了一个委员会。这个委员会，说得好听是目的不明，说得不好听就是整天谎话连篇。因此，他就更加起劲地鼓动挑唆。他一方面积极设法与以前的敌人建立起建设性的关系，与此同时推进德国通货膨胀，稀释债务。后来，他出任魏玛共和国的外长，又摇唇鼓舌蛊惑了法国人，缓解他们的复仇心理，然后虚晃一枪与克里姆林宫秘密订立军事同盟关系。

为了避人耳目，德国在苏联建立基地，建造、试验军事武器，严重违背了《凡尔赛条约》的规定。德国人开始在莫斯科郊外组装飞机。火炮制造商克虏伯公司在罗斯托夫附近开设工厂。最终，德国空军飞行员将在维乌帕尔（Vivupal）附近训练，德国国防军在喀山建立了一所坦克学校，一个化学武器工厂也将在萨马拉州建起，德国海军还在摩尔曼斯克市租借了一个港口。作为回报，羽翼未丰的红军获得了德国技术。这种偷鸡摸狗的军事合作使得德国重新武装自己。这两个在国际上臭名昭著的国家——用丘吉尔的话来说是"难兄难弟"——共同努力，试图推翻由第一次世界大战战胜国确立的世界格局。

然而，由于拉特瑙的努力以及取得的成就都属于国家机密，因此在公众眼里，拉特瑙却是个卖国贼，将"不败的"祖国财产拱手相让。阿道夫·希特勒在慕尼黑蓄意疯狂报复。通过反对战争赔款，一身戎装的纳粹党纠集了首批大量民众。在激进的民族主义报纸上出现了这类阴险恶毒的韵文："打倒瓦尔特·拉特瑙，该死的犹太猪猡。"

深夜，拉特瑙灯也不开坐在桌前。最近几天，一种不祥的气氛笼罩着他，若隐若现，似真似幻。他的内心苍白空虚。他已经告诉英国大使，说他肯定会遭到暗杀。他解散了他的卫队，也不肯随身带枪。他给一个朋友的信中这样写道："别再为我担惊受怕。如果高贵的生命行将结束，那就让它来得自然点吧，因为生命已经找到归宿。"

第二天上午，1922年6月24日上午，拉特瑙坐进他的敞篷车。前一天晚上，他一直忙着准备演讲稿，不停地与人商谈如何减少作为战争赔偿的煤炭输出量，还时不时地把玩那尊青铜雕像，弄到大半夜才睡。眼下上班也要迟到了。他的司机加速驰离格鲁内瓦尔德别墅区，进入去外交部上班的大道。国王大道① 两侧种着古朴的橡树和栗树，拉特瑙乘坐的轿车右转时，一辆深灰色的轿车靠了过来停下，从车里走下一名右翼组织的士兵，名叫尔文·科恩。只见他端起机关枪对着拉特瑙一阵扫射，他的同伙赫尔曼·菲舍尔（Hermann Fischer）随后向外长的车里丢进了一颗手榴弹。

"一起凶杀案只是一起凶杀案，那不真实。"奥地利作家约瑟夫·罗斯后来写道，"该凶杀案疑团重重，无法忘却，也无从报复。"

魏玛政府统治时期，社会动荡不安，人人自危，拉特瑙遇刺只是三百五十起政治暗杀事件的一起而已。就在拉特瑙遇刺当天，德国马克汇率跌了10%，两周后跌去一半。到了夏末，货币大幅贬值的趋势还是无法停止，导致极度通货膨胀，经济崩溃，政治体制岌岌可危，几百万人命垂一线。十一年后，经济大萧条助推纳粹党掌握政权。科恩和菲舍尔被追认为英雄，拉特瑙遇刺当天成为法定国民节日。1933年，AEG公司总裁与希特勒秘密会晤后，向纳粹党捐助了六万马克。颇具辛辣讽刺意味的是，后来该公司还遵照合同为奥斯维辛集中营提供了电力设备。

柏林那神秘奇异的水土、令人伤感的气息、凄风苦雨的寒冬，以

[96]

---

① 国王大道，是德国杜塞尔多夫的一条街道，以路中间的运河，以及沿街开设的奢侈品零售商店而著称。

及它的痛苦烦恼和懊悔惆怅，养育了一个常常自我封闭的民族。在一个这样的地方，到底是什么让人不虚此生呢？爱情？春日阳光？差异性？梦想？或者说美？因为有美的存在，一个人才会找到生存的意义。美能使人心旌摇荡，忘乎所以。美荣耀那些令人愉悦、可敬可佩的事物。在这样的事物面前，我们自惭形秽，自觉了无生趣，却无法逃避。拉特瑙了解美，但他却看不见美。他无法体会美。

瓦尔特·拉特瑙一生都小心翼翼，不轻易显露自己的内心活动，就像珍藏圣杯一样。和柏林本身一样，他发现自己既无法摆脱过去，又不满足于过去。他竭力想证明自己，却不能撕下面具，即使在他显得非常真诚坦率的时候，即使在与他人促膝谈心的时候，他也是深藏不露，讳莫如深。

拉特瑙一生未娶。他喜欢与金发碧眼的雅利安青年女子做伴，与此同时他又太挑剔，不曾与她们发生任何关系。有一次，他被看见和一个"女招待"在一起，顿时谣言四起，说他与良家淑女打情骂俏，却和下层社会的女人上床睡觉。谁也不敢肯定是否如此。就连他最亲密的女伴，一个十多年来与他保持着柏拉图式情人关系的情妇，在他遇刺后说："我根本不清楚他的爱情生活是什么样子的。他从未有过真正的感觉。他只是渴望那种感觉罢了。"

[97] 拉特瑙是个自相矛盾的怪人：一位实业家，却广泛涉猎艺术和哲学；一个和平主义者，却支持德国开战；一个理想主义者，却在现实中采取实用主义政治；一个犹太人，却给希特勒提供武器。他的内心，总是怅然若失的孤寂，宛如这座城市，总是有所缺失，阻碍了人们对美的理解，无论人们如何努力，无论一个人如何频繁地开灯又关灯，关灯又开灯。

07

弗雷德里克·德雷克作的《胜利像》——通常称为"赫希金像",位于胜利柱顶部。(图片拍摄于1873年)

第七章

埃尔西·赫希和她的幻想

1873年，王子河岸（Kronprinzenufer）

人们如何想象？通过探寻某物如何为某物；凭借感知茫茫黑夜；经由拷问在不同的时间和另一个妻子过着另一种不同的生活会是什么样子；依靠大胆地尝试做另一个自我。

她是他们的侍女、奴隶。她是修女、女神和母亲。她身份多样——胜利者，恶棍和舞蹈教练。她既是演员，又是剧本。她的卧室就是剧院，她的床就是舞台。每一次邂逅都是一幕剧。她将每一事件都发挥得淋漓尽致，顺其自然地结束。这便是她的秘密——操控各方能量，抓住一切时机，从不放手却又为那些隐秘事物留有空隙。她总是留有余地，让观众驰骋想象。一个女人，姿态万千，角色多重。只要她愿意，她可以表演女人的一切角色。不过却要付出代价。

来柏林之前，她的生活平淡如水，却为人津津乐道。在皇帝的花园晚宴以及使馆聚会上，她或许会提及自己在瑞典的美好童年，暗示豪赌后失去的房产。她会装作不经意地谈起某个一身戎装的军官，一颗妒火中烧的心，一场血腥的决斗；她棕褐色的眼睛含怨带恨，言辞闪烁地让人知道她遭人遗弃；她会敞开心扉，谈论不顾一切的私奔，

[101]

言及女性需求，令人想入非非。她会略抬眼睑，左顾右盼，俘获情场老手。

[102] 事实上，她父母出生寒微，以打工谋生。他们的雇主是位遗孀，心地善良，感念他们的倾心相爱，在他们结婚时送给他们一栋小房子做结婚礼物。那座小房子地处交叉路口，紧依遗孀庄园。于是，她父母将它改成小酒馆，给那些到森林里打猎的士兵提供酒食。

她父亲原是个伐木工，天性好客。一到傍晚，他就站在高高的餐桌旁，高谈阔论，谈天说地，给客人助兴。埃尔西爱听他父亲讲故事，也喜欢客人们讲的逸闻趣事。她渴望亲身体验故事里讲述的奇妙经历：城市的夜晚、剧院里灯光摇曳的包厢，浑身珠光宝气的优雅贵妇，魅力四射的漂亮女子。

从母亲的身上，她学到了如何用自己的容貌去开启外面的世界，赚取额外的铜板。她还发现，她穿肚兜或者扎个少女小辫，都会给客人们带来欢乐。"埃尔西，给大家笑一个，再上一壶酒。"客人们大胆地逗弄她，擅自将她的真名伊丽莎白改成埃尔西。每当他父亲拉起小提琴，她便和大家一起翩翩起舞。这个时候，她一会儿是孩子，过一会儿又成了少女，再一会儿她又变成少妇。客人们激动得脸色通红，浑身冒汗，手舞足蹈，瞎抱乱摸。虽然地面蛀虫乱爬，大家却扭头摆尾，跳得很尽兴。等到乐停舞止，她母亲向客人收钱，围裙里就会装满了钱。

她父母的稳定收入使她接受了法文教育，学会了记账，也使她有机会到另一座勃兰登堡宫殿里任职。在那些青涩岁月里，她幻想自己能当一名舞蹈家，在镁光灯下翩然起舞，尽管她自己清楚，她的未来很可能就只能嫁给蒂尔加藤公园附近某个富贵人家的卫兵，安安分分做个主妇。埃尔西想象着，那个卫兵该有一双玻璃眼球，而她则乐滋滋地在他庇护下，为那些贵族准备精致的晚餐，看着他手拿饰有象牙柄的手杖在新建的库达姆大街昂首阔步。或许他腿瘸了，在战场上光荣负过伤。但只有她看得出来，别人是不会看出来他是个瘸子。

然而不幸的是，她父亲染上了赌博，而且涉赌成性，家里的积蓄渐渐空了。他还交友不慎，识人不当，常常心血来潮为许多"高贵"朋友作保借债。等到要他来偿还这些朋友的债务时，他却无力支付。埃尔西拿出自己辛苦赚来的积蓄，却也是杯水车薪，最后那座小房子还是没能保住。她在宫殿里也干不下去了。她眼睁睁地看着贫穷使得父亲的身体每况愈下，母亲对父亲的爱慢慢消失殆尽。父亲搁下小提琴，重新拿起了斧子。一家人陷入沮丧无助的光景。

然而，树有根人有腿。在她看来，有根有腿就是个了不起的优势。她十六岁生日那天，她告别过去，告别为人打工的日子，告别茫茫森林，奔向柏林的光明。年迈的遗孀安排她寄宿在一个牧师家里，帮牧师做点事。该牧师的家在卢州大街，原以为是柏林中心，结果却是个要啥没啥的地方。她每天的事情就是晨起做祷告，聆听布道，念念有词地学习《圣经》。教堂里的助理牧师从不允许她看窗外漫步的夫妇，如果没有年长女伴陪同，也不许她在大街上走动。他一点自由也不给她。

她逃避这位助理牧师监管的唯一办法就是好好工作。埃尔西和助理牧师看管的另外两个"牢犯"（托妮和吉塞拉，跟她一样想到柏林成就自我的女孩子）每周两次，即周二和周四的晚上，赶着装满碗碟和宗教传单的马车，前往牧师所谓的"堕落之所"。这个地方就在欧兰尼堡街上，紧挨着肮脏潮湿的蒂尔加藤公园。到了这里后，她们的工作就是充满虔诚地把圣汤和布道传单一起分发出去。为了让那个助理牧师满意，埃尔西尽心尽责地干活，在他讲到上帝的仁慈时不停地点头。可是眼前杂乱无序的生活却让她着迷：嬉闹的妇女，有的狼吞虎咽地吃东西，有的蹲坐在树后放松自己，有的就当众撩衣弄裙，那样子就像是在说，她们的身体只想摆脱衣物的约束似的。

在布道坛上，牧师布道时神情虔诚，傲慢自大，充满自信。因为这是他确信的世界。上帝保佑你们！上帝诅咒你们！他的声音里没有一丝的迟疑。可是在教堂之外，在向那些迷惘失落的妇女说教时，他就会换一种口吻，声音响亮刺耳。埃尔西看着他，心里意识到，和这群人在一起，他心里颇为恐惧不安。

从老家那些出身"高贵"的士兵那里，她已经了解到如何用金钱（或是金钱的幻影）购买权力。她已经明白金钱如何成为控制男人的工具，也懂得没有金钱就谈不上美德与幸福。如今亲眼目睹的一切又开阔了她的眼界。来到柏林后，她眼界大开。在蒂尔加藤公园的边上，她隐约发现了一种可以让自己摆脱那个助理牧师控制的方式，一种掌握自己命运的方式。

十年后，埃尔西站在镜子前，一件一件地脱掉衣服，凝视镜子中的自己。她看到结实的肩膀、丰满的乳房，还有灵巧的双手。她从父亲那里遗传了一双棕褐色的眼睛。她有点近视，视力跟她九十岁的祖母差不多（在小酒馆时，祖母为了不让她盯着照镜子，就把报纸糊在了镜子上）。她不止一次地听说，她那雪白的皮肤，任何男人摸了都爱不释手。她的头发又长又密。当她伸手将头发朝两边拨弄开时，她看上去像是有一双翅膀似的。

她的其他方面或许不够周正，比如微笑起来嘴咧得太大，牙齿偏小，鼻子显得太扁平。但是，她会用夸张的举止、直视的目光和随意的搂抱拍打来掩盖这些不足。唯一让她不悦的，是她的臀部。有一段时期，她希望自己的臀部玲珑娇小，或者至少苗条一些。可是她偏爱吃甜甜的克兰滋蛋糕，弄得她没法达到那个目的。在家的时候，一片面包，一杯葡萄酒，一根香烟，这些成为她最爱犒劳自己的东西，尤其是她发现自己脸上长皱纹之后，更是如此。

那个布道者的"监狱"和皇宫的白色大厅之间，沿途都是一间间相互连在一起的房间。一个星期六的下午，她在大厅里为跪垫绣花样字母时突然发现顶针不见了。她找了又找，可还是没有找到，于是决定向她的室友托妮借一根。牧师出去参加一个洗礼仪式，整幢房子像坟墓一样安静。她爬上楼梯来到阁楼里，以为托妮不在家，就直接推门而入。可刚一跨进房门就立即止住了脚步,因为托妮躺在床上,而那个助理牧师正趴在她的身上。那个可恶的男人穿上衣裤,摇晃着埃尔西的肩膀命令她闭嘴。她又惊又怒。然而,看到他裸露的双膝不停地颤抖,眼神里充满了害怕,她情不自禁"哈哈"大笑。

第二天早晨,埃尔西和托妮都被赶出了那栋神圣的房子。那个牧师很虚伪,但并不能说他没有一点基督徒的仁慈,或者至少还有一点对那个遗孀的责任感。他帮助她们在一个单身教民的公寓里找到了住处。这个教民靠给别人按摩来维持生计。她为人和善,从她的衣着来看,生意很不错。她给这两个年轻女子提供了一间有天鹅绒窗帘的卧室,也不阻止她们凭窗外望。事实上,她鼓励她们到落叶纷飞的广场上去走走。广场上溜达的军官,身穿水手服的孩子在圆形的喷泉里玩船,喷泉的"哗哗"水声,自行车的铃铛声,这一切都让埃尔西难于抗拒。出租车在鹅卵石上颠簸而过,窗台下开满了红色的天竺葵,整条大街看上去充满了生机和希望。

她们的女房东喜欢请客热闹。为了欢迎她们的到来,她安排了一顿丰盛的晚宴,有各种馅饼,有野鸡熬成的清汤。她们喝了红酒和香槟,然后这个女人开始弹奏钢琴。这时,过来一位绅士,搂起埃尔西的腰就在屋里翩然起舞。埃尔西一点也不感到惊讶。柏林唤起人们激荡的情感,而她也不是昨天才到柏林。但是,当这位绅士——一个叫伯恩鲍姆的老犹太人开始搂着托妮脖子亲吻她时,托妮拿起一杯香槟泼在他的衣领上。那个男人暴跳如雷,大声地咆哮着他的不满。埃尔西把托妮拉到一边,告诉她不要犯傻。

"我想这个男人可以给你一些钻石。"埃尔西在她耳旁小声说道。

"我宁愿死也不稀罕他的钻石。"托妮一边抽泣着一边答道,"无论怎么说,他都结过婚了。"

"那个混蛋牧师也结婚了呀。"埃尔西告诉她。

埃尔西知道这其中的利害,觉得没有理由不让自己占上风。

"托妮,我们有机会自己养活自己了。"她说道。可是托妮不听,转身离开了那个房间。第二天早上她便走了。

相反，埃尔西让女房东继续弹钢琴。她让那个男人搂着她的腰，让他亲吻她。她感觉自己被控制着，她知道自己有了一笔货真价实的资产。她想喝香槟，享受生活。而伯恩鲍姆的确拥有钻石。

爱情总是为我们每一个人承诺一位完美的伴侣。爱情还预示着与一个心心相印的情人幸福永远。或许这样的理想是真实的，那些天真烂漫的人也对此坚信不疑，但是埃尔西却已经亲眼目睹过，当他们家一无所有的时候，父母的爱情梦想破灭的事实。

短短三个月，她就经历了从少女到情人的蜕变，从单人床到酒店套房的变化，从衣着简单到珠光宝气的转换。和她睡觉的男人走马灯似的换。他们想要冒险刺激，想要打情骂俏、拈花惹草的浪漫，她都满足他们。她让他们想入非非，让他们以为自己正和另一个妻子过着另一种生活。作为回报，他们给她钱，而她呢，极力满足他们的虚荣心，既随时听候他们的召唤，又吊着他们的胃口，让他们感觉永远无法得到她。

她有了保护人，一个长着鹰钩鼻、没有在战争中受过伤的英国贵族包养了她。这个英国贵族，挥金如土，令人陶醉。每天早晨，他在英格兰区的套房里总是放满玫瑰。她喜欢在玫瑰的芬芳和他的凝望中醒来。那个犹太人伯恩鲍姆依旧对她情意绵绵，却没占有欲，慷慨地将她介绍给那些衣冠楚楚、文质彬彬的亲密好友。她的名字，好像一瓶最好的波尔图葡萄酒，在男人中流传。

[107]

所有这些男人都已经结过婚，都很富有，处处受人尊敬。然而，他们都同时想将埃尔西作为展示品，表明他们的成功。当他们从马车上下来，步入舞厅，流连画廊，或者走入歌剧院的包厢，她脖子上佩戴的珍珠项链，身上的狐狸皮坎肩，都在告诉他们的朋友，他们可以养得起她。

这样的交易我们并不陌生。对埃尔西来说，资产阶级的婚姻也是建立在金钱之上，而非爱情。她满足那些男人的渴望，在这个交易中她也得到了自己的欢愉。她的卧室便是一个剧院,在里面创造的幻想让她兴奋不已。她也喜欢盯视他们的眼睛,心里明白,尽管他们富有而且故作镇定,其实内心充满恐惧。

她从未计算过自己经历过多少男人,尤其在那些做按摩女的日子里,有过多少男人更是没有数。她从不会衣冠不整地站街卖身,也不会和任何人谈婚论嫁。她无意在妓院出卖肉体,待到年老色衰,无人问津。她只是一心想成为金丝雀,被某个贵人包养。她会全身心奉献给他,做他挚爱的妻子,而他却无需承担责任,也无需给她结婚戒指。她会演好这出戏。

埃尔西养成了习惯,经常会到位于巴黎广场上的艺术学院走走。该学院紧挨着勃兰登堡大门,是个文化场所,那里的展出会吸引一些生活悠闲的文人雅士出没,女人可以独自在此冒险猎奇。有个星期一下午,她无所事事地游荡在申克尔的一幅小画前。申克尔给画中的女子安上一对翅膀。这时,她感觉到一个男人的眼睛正注视着她。她刚一回望这个男子,他就一步跨上前来。

这个男人自称是艺术院的院士,然后就热情洋溢地谈论起这次展览。他突然话锋一转,说她上次来看画展的时候就引起了他的注意。他盯视着她,毫不畏怯,或者说毫不经意,只是偶尔才移开眼神瞟一眼画像。"这是维多利亚,"他告诉她,朝着申克尔的塑像点点头,"罗马的胜利女神。一个有男子气概的女人。她对我来说有着特别的意义。"

埃尔西注意到,随着两人交谈的深入,他对她的兴趣越来越浓。这让她颇为自得。他的言谈举止中有种东西让她猝不及防,至于他说了些什么,她也大部分不放在心上。她猜想,他的年纪至少是她的两倍,或许已经年近花甲。他满脸胡子拉碴,眉毛在眼角处打着卷儿,头发从光秃秃脑壳向后梳,后脑勺一圈呈波浪状的浓发垂在衣领上。她很开心,今天穿了一件素净的白裙子,脸上还涂了一点胭脂。

允许他哪天下午六点到八点的时候去拜访她吗?埃尔西听到他这样问道。她给了他一张名片,而他像一个准时上学的小男孩一样,第

[108]

二天就去找她了。

男人总是自以为是，认为自己掌控全局，相信自己的聪明才智和翩翩风度吸引了女人，导致她们自投罗网。他们付钱给埃尔西，是要维持这种幻觉，要她俯首帖耳，柔情款款却又半推半就。但是弗雷德里克（Friedrich）却不遵行游戏规则。他来到王子河岸，并没有手捧鲜花和香槟，而是带着一个小背包。来到套房前厅，窗外风景如画，蜿蜒流过的施普雷河尽收眼底。他接过埃尔西递过来的茶，然后就出神地盯着埃尔西看，看着她身体前倾给他添水，看着她任由披肩散开。埃尔西自然心知肚明，美滋滋地对他嫣然一笑，坐到他的身边，弗雷德里克旋即叫她脱掉衣服。尽管她更喜欢至少来一点浪漫的前戏，但还是照他的吩咐做了。他领她到一个小凳子前，告诉她坐着别动。然后他从小背包里拿出一本用皮革包着的素描本。

弗雷德里克画画的时候从不和别人交谈。只有在四十分钟后，埃尔西姿势摆得累了，他才放下手中的炭笔。她再次朝他走去，他也站起身来，开始收拾自己的东西。男人都一样，她心里默默想道。他的迟疑不决可能是由于他这种年龄的刻板。她站在他面前，抬眼看着他，希望看到往常看到的表情。可是事实并非如她所料，她感到全身一阵震颤。

"下周二同一时间见，如何？"弗雷德里克一边问一边给了她十马克。

她从未像现在这样期待来访。她自己也说不清这到底是为什么。多少年来，她一直拒绝被动，然而此刻她什么都不想，只想静静地站着，只想有个人看着她，为她画画像。

星期二傍晚，他乘坐马车来到埃尔西的住所，随身带来了一个用木头和皮革制成的奇怪画框。他安好画框，让埃尔西进入画框，这一次埃尔西又误会了他的意图。他解释说，这个装置（他亲手设计的）可以让模特保持很长一段时间的姿势。弗雷德里克调整了一下她和框架的样子，让她左腿向前伸，右手抬高一点，由于没什么其他东西适合拿在手里,就让她捧着她那天早晨买的圆形克兰滋蛋糕。他的专注再一次让她心旌摇荡。他先是目不转睛地盯着她看了一会,然后就埋首于他的素描本。他一声不吭地画了两个多小时,直到房间里的光线变得暗淡。当他再也无法看清的时候,他拆掉那个装置让她出来,在梳妆台上留下二十马克。

弗雷德里克第三次来的时候,让埃尔西穿上连衣裙和紧身服。他在调整裙子的腰带时不小心碰到了她的胸脯,赶忙道了歉。他将那白色的棉布盖在她膝盖上,然后从她身后扇风,将棉布吹落,好像被风吹落一样。窗外传来士兵走过的声音,她听到普鲁士的士兵踏着沉重的脚步声依次走过。可是弗雷德里克让她摆好姿势不要往外看,并且说战争在她的房间里无容身之地。

尽管他来见她还不到六次,但他们之间的见面已经没有时间的限制了。窗外,季节变换,斗转星移,世事沧桑,施普雷河的河水颜色也从暗蓝变成乌黑,可是在埃尔西的房间内,弗雷德里克只是关注她臀部的曲线和上翘的下巴。有一次,他在她脚边坐了整整一个小时,画她的脚后跟和脚趾头,他的手指头就搁在她的脚踝上。

和他在一起的时候,埃尔西心情放松。有天傍晚两人就交谈起来。弗雷德里克从来没有问过她的过去,所以她主动说她是在瑞典的一个庄园里出生的。"真的吗?"他这样答道。

她立刻明白,他不相信她。

"作为男孩,我的床是用稻草和刨花做成的。"他头也不抬地承认道。

慢慢地,埃尔西开始向一个男人诉说真实的她,讲述她父母遭殃时她的悲伤,倾诉她对那些"高贵"猎人的愤慨,因为正是他们欺骗了他的父亲,也利用了她,当然,她也谈到自己如何通过给男人们制造幻觉来谋生。自从来到柏林,她还是首次向一个男人吐露心迹。

[110]

他听后"哈哈"大笑,然后问道:"但是这让你感到幸福吗,维多利亚?"自从他们在那张小画像前邂逅以后,他画画的时候总是爱叫她维多利亚。

"那就是我想要的一切。"她告诉他，迟疑了一下又纠正道，"在这个世界，女人就是别人拥有的财产。我也不能例外。"弗雷德里克只讲过一次他自己，说他是六个孩子的父亲，第一任妻子已经去世，第二任妻子是位女伯爵。他说在柏林、威登堡甚至费城都有他雕刻的塑像，而且在伦敦和巴黎举行的世界展览会曾经展出过他的作品。他甚至还在柏林建筑学院的大门前雕刻了一尊申克尔的青铜塑像。他告诉她这些，并不是为了打动她，她猜想他这样做只是为了让她了解一下他的激情。她当然很好奇，但同时也觉得很奇怪，她并不想看他的塑像。她想把他想象成唯她所有，也幻想他只认识她，她同时还在心底里幻想他只为她画像，只选她做模特。

　　弗雷德里克最后一次来访后，埃尔西哭了；一年后，他建造的胜利纪念柱金光灿灿地展现在世人眼前，她又哭了。建造柏林胜利纪念柱，是为了庆祝普鲁士战胜丹麦，但是到了 1873 年它建成时，普鲁士又战胜了奥地利和法国。在纪念柱的顶端，长有翅膀的胜利女神登顶俯瞰柏林，她一部分是天使，一部分是普鲁士的化身，还有一部分则是堕落的化身。她头戴饰有老鹰羽毛的头盔，身披迎风飘扬的斗篷，右手高举一顶桂冠（埃尔西当初托着的圆形蛋糕），左手握着一面战旗，战旗顶上一枚铁十字勋章。

　　人们说，他创造的胜利女神，模特就是他的女儿玛格丽特。埃尔西出于谨慎，并没有与人说起那个模特还有其他可能性。但是，当有人批评说这个塑像太臃肿、太笨拙时，两个女人都会强烈反对。

　　在国王广场举行的就职典礼上，她最后一次见到了弗雷德里克。时值九月，秋风凛冽，彩旗飘扬，他和俾斯麦握手，向皇帝鞠躬。他的妻子——那个女伯爵——就站在他的身旁，一身丝绸长裙，雍容华贵，仪态端庄。她戴的帽子缀着象征爱国的丝带。埃尔西和另外一个男人站在人群后面。弗雷德里克没有看到她，他只是偶尔把手放在额前，抬眼凝视那尊塑像。

第七章 | 埃尔西·赫希和她的幻想

她再也没有遇见过他,也再没有去过艺术学院。其部分原因是因为埃尔西心里害怕,害怕一种她不曾有过,也从未幻想存在的东西。她完全可以找到他,请求他回到她的房间,静静地坐在她的身旁,看阳光摇曳过地板。她本来可以期望他能用那双从容优雅的手搂住她的腰,或者搁在她的膝盖上。但是,她从未有过这种期盼。

据说,人可以活在罪恶中,却不能靠罪恶来生活。不过埃尔西对这句格言很不以为然。她乘坐豪华马车,睡埃及产的亚麻床单,在皇宫里用麦森瓷器和镀金的餐具用餐,设法在王子河岸得到了一套可以将施普雷河美丽风景尽收眼底的公寓。每年春天的时候,她都会看到像雪花一样厚密的花粉落在河流的两岸。有时候她还会到蒂尔加藤公园去走走,在那里她曾看到那些贫穷但是却很傲慢、欢乐的女人。明亮的阳光照在她的身上,直到天色变暗、她的脚步不再轻盈。让她不大喜欢的是她的臀部越长越大。尽管时光飞逝,她依旧希望她的眼睛里闪现着昔日的光芒,还有去取悦别人的愿望,渴望着去想象。

毕竟我们都是凡人,八年后弗雷德里克便去世了。他的葬礼对公众开放。那天晚上在回家的路上,埃尔西让司机把车停在柏林胜利纪念柱前。她打开马车的窗户,抬头望着维多利亚的雕像。傍晚时分,落日的余晖让那尊塑像笼罩在金黄色的光晕之中。在那尊塑像身上她再也看不到自己的身影。相反,那尊塑像好像象征着某种理念,它不再仅仅是一个建筑,它改变了人们看待事物的方式。当然,那个理念是关于权利、遗产和无法战胜的幻象。这个时候埃尔西明白了幻象的力量。

[112]

她常想记下自己的故事,可是却总是没有时间。于是另外一个叫玛格丽特的人出现在她的生活里。她们在民族大饭店里见了一面,就坐在她最喜欢的喷泉旁边的一张桌子上。两人是在喝茶时通过双方都认识的一个熟人介绍相识的。玛格丽特衣着朴素,头上的卷发向上弯曲,但是她的野心和渴望却感动了埃尔西。玛格丽特告诉她,说她自己一个人抚养着一个孩子,她的丈夫是一个出版商,但是他们已经离婚了。她还说她是一名作家，想讲述埃尔西的故事或者是基于埃尔西生活的故事。但是埃尔西没有读过她的作品，所以告诉她，这件事她也无能为力。但玛格丽特却相信埃尔西一定会受人尊敬。

"这本书看上去就像是一本日记一样。"玛格丽特·泊梅（Margarete Böhme）这样说道，"事实上这本小说里所有的名字和细节都会有所改变，但是它是根据一个真实的故事一个真实的女人来写的。"

埃尔西笑着摇了摇头，站起身准备离开，这时，离她不远的一张桌子旁的两个绅士往喷泉里扔了几枚硬币，好像是要许什么愿望似的。坐在桌旁的一个年轻女人立即出手把硬币捡了出来。那两个男人大笑起来，又把马克、格罗申币和便士币投入水中来寻找更多的乐趣。马上便有十几个在这里打工的女孩子从桌子上站起来，涌上前去抢夺硬币。那个身材高大的家伙大声地咆哮着跺脚，直到脚跟发软，而他的同伴却叫服务员拿更多的零钱过来。当女孩们够不着那些硬币时，她们便脱掉鞋子，走进水池，在水里争抢着，相互拉扯着彼此的头发。有一个女人滑倒在水中，把和她一起打架的人也拉倒在水里。她们从头到脚都湿透了。

[113] 眼前的景象让埃尔西和玛格丽特既感到痴迷又觉得反感和悲哀。当其他在这里吃饭的男子也加入这个幼稚的游戏时，那些硬币像突如其来的暴雨一样全都落在喷泉里。

埃尔西重新坐回到椅子上，开始和玛格丽特攀谈起来。

咖啡厅内部，拍摄于 1909 年。

第八章

玛格丽特·泊梅和《迷失少女日记》

1905年，罗恩贝格大街（Roennebergstraße）

埃尔西的故事从哪说起呢？按照玛格丽特的想法，就从头开始说起吧，先讲讲埃尔西的童真。

在玛格丽特自己家的花园里，一棵柳树下摆放了一张餐桌。玛格丽特·泊梅[①]就在餐桌旁坐下，思绪从柏林飞回到自己的童年老家，仿佛又看到自己在果园里玩耍，听到自己在广场上的欢笑，感觉到她那刻板严厉、令人厌烦的姑姑们满含责备的目光。在夏日微风中，她的思绪如落叶般翻腾，往事如烟，思绪飞扬，如梦如幻。在木桌旁，她取下笔帽，开始写道：古镇的街道"极窄，却特别的干净。石缝中寸草不生，人行道上也不见鸡鸣狗叫。房屋整洁，如同刚从理发店里刮好脸后出来的男人。"她停了一会，想象自己就是这些房屋中的某个女孩，接着写道，"这个被上帝遗弃的地方，新鲜事不多，生活极其单调枯燥。偶尔一辆马车驶过，大家都会纷纷从窗户里探出脑袋观望。"

泊梅放下笔，朝远处的香草和杜鹃花望了望。在柏林的日子里，

[①] 玛格丽特·泊梅（1867—1939），二十世纪初期最为人熟知的德国作家。她的一生备受争议，共创作了40部小说，其中包括短篇故事、自传和一些文章。其最著名的小说是《迷失少女日记》，二十世纪末该小说成为当时最畅销的小说之一。

只要天气适宜，她都喜欢到户外去写作，任由阵阵微风吹乱她的书稿。

[118] 　　她的新书，既不是他人的传记也不是自传，会与其他小说家的作品没什么两样。所以，她要给小说中的叙述者取个名字。这些年来，她已经搜集了成百上千个名字，大多数是从墓碑上搜集得来。她从身边椅子上拿起一个笔记本。笔记本上记载着："阿姆塞尔"是乌鸦的意思，"塔肯博纳特"是干面包的意思；另一个她最喜欢的名字是"科朗嘉格"——原本是一个擅长捕捉鹤的人的名字；"哈斯"在古德语中是兔子和懦夫的意思。她还喜欢一些基督教徒的名字，像达戈贝尔特，海德薇和格特波尔塔。她的手指顺着名单向下划，哥特沙勒克，波特法斯，伊菲儿，一边往下滑一边思索着这些名字。最后，她的手指停在瑟米安（Thymian）这个名字上。瑟米安本是一种叫"百里香"的草药，它十分纯净，古人认为这种药材可以赋予人勇气，放在枕头下还可以防止做噩梦。埃尔西·赫希将成为小说中的瑟米安，泊梅也将成为瑟米安。

　　"我叫瑟米安。"泊梅匆匆写道，然后淡淡一笑，"妈妈给我挑了一个多么疯狂的名字啊！这个名字常常让我很恼火。其他的孩子都说它听起来像是一种草药，有些男孩说得更糟糕，我都说不出口。"

　　整个上午，泊梅都没离开过花园，她对这种日记体裁和瑟米安这个名字越来越感兴趣。她写道："姑姑昨天给我带来一个日记本，补我'成人礼'的礼物。'对小女孩来说这是一份多么好的礼物呀'，她这样说道。我心里却想：'而且还便宜！'但是它既然到了我手里，不妨好好利用，或许我还能发现自己很有文学天赋呢。"泊梅的书总是喜欢这样开头，人物敞开心扉，如梦如幻般娓娓道出一段记忆，一种心境，慢慢地营造一种戏剧化气氛，让人产生恐怖，引人入胜。没有人物，她就感觉力不从心。她不会无病呻吟，也不会凭空想象。

　　想象！那是个捉摸不定的字眼，她无法定义它，也不能确定它的含义。泊梅所能做的，便是信手拈来一段逸闻趣事，或者一则新闻报道，徐徐展开，一蹴而就。整个过程便是走心、运脑、动笔、成文。

第八章｜玛格丽特·泊梅和《迷失少女日记》

每日 2000 字，一周则积成 12000 字，三个月便完成初稿。毫无疑问，没有埃尔西，她不可能写就此书。埃尔西才是这本书的关键。没有埃尔西，她便没有了原型，便失去了真实感。

她认为，基于真实人物的虚构小说，通过提炼现实凸显意味深长的一面，可以比写实的传记文学更加真实。由此而言，瑟米安的父母，不可能像埃尔西的家里人那样，委身于苦工阶层。相反，为了吸引那些生活宽裕的读者群，也为了达到戏剧效果，泊梅要把瑟米安的父母描写成生活富裕、毛病不少的人物。或许，她会使瑟米安的父亲成为镇上的一名药店老板，而母亲则是个伤心欲绝的怨妇。

[119]

"在我的记忆中，母亲一直都很羸弱。"泊梅在一篇日记的开头这样写道，将她自己的记忆赋予瑟米安，让这个十三岁的人物有自己的声音和生命。"我从未听见过母亲的欢笑声，她微笑起来，脸色比板着的时候还要难看。每次我瞧见她站在窗户旁边，我都很害怕，几乎不敢看她。我也不知道为什么会这样。每次我看见她俊俏的小脸，苍白、悲伤，我的心里都会感到一阵刺痛。"

泊梅将这位父亲刻画成好色之徒，到处拈花惹草，连女佣们也不放过。女佣们怀孕了，他便给她们一些生活费，再加一千马克作为补偿，然后打发她们走人。他妻子伤心欲绝，闭门不出，不想苟且人世。临终前，她拍了拍瑟米安的脸颊，问道："我可怜的孩子，我走后你可怎么办啊？"这时的家里，静谧肃穆如临教堂，瑟米安强忍着不让自己哭出声来。

"一天深夜，他们过来把我叫醒。我睁开眼睛，看见床边站着保姆。'瑟米安，快穿好衣服跟我来。'保姆说，'你妈妈要去天堂了，她想与你告别。'"

阳光透过树梢，斑斑点点地洒落在花园里，也洒落在泊梅身上。此刻的泊梅，心中充满怨愤。她为那些依靠男人活着的女性感到悲哀，一向反对女性逆来顺受、听任男人摆布。她将散落在她苹果般圆脸上的卷发捋到脑后，再度伏案，将喷涌的情感凝于笔端。

她起初出版的几本书都是粗制滥造的平庸之作，既缺乏实质性的内容，也没有什么审美价值。二十年来，她就是靠写这样的作品来维持生活，为了增加微薄的收入，也胡乱写过几百篇文章。如今婚姻已经破裂，她再也不想去写那些催人泪下的东西，对那些迂腐陈旧的八卦新闻也不感兴趣。对她来说，这种日记体裁的小说需要袒露心扉，让人身临其境，也可以对社会问题评头论足。在她脚边的草地上，她自己的小女儿正兴致勃勃地玩着洋娃娃。

保姆引导着瑟米安去面对现实，泊梅仿佛开始抓住读者的手说："来吧，随我一起启程。"

星期天的柏林，天高云淡，温婉和煦，空气闷湿，令人蠢蠢欲动。与泊梅房子相邻的人家，生活富足，彬彬有礼。她喜欢这种邻里之间的融洽关系。邻居家古树掩映，百合花环绕，阳光下闪耀着红瓦屋顶。她家的花园后面是一栋有角楼的公寓楼，外形华美，门厅恢宏气派，足有四米高，里面住着夫唱妇随、安居乐业的家庭，演绎着人生百态。整个下午，泊梅这里一丝微风也不曾有过，广告亭上的风向标也纹丝不动。唯有弗里德瑙大街[①]（Friedenau street）上一群男孩在卖冰激凌的小摊前跑来跑去，给这里平添了几分动静。

泊梅走到附近的舍嫩贝格[②]公墓（Schöneberg cemetery），即玛琳·黛德丽（Marlene Dietrich）[③]后来的长眠之所，斯都本劳赫大街（Stubenrauchstraße）上的墓地。她一边听着自己踩在鹅卵石上面的脚步声，一边搜集墓地里的名字，停下脚步观看某个家庭的葬礼，时不时地在本子上记下点什么。她一边想象着瑟米安也在送葬的队伍之

[①] 弗里德瑙大街，德国滕佩尔霍夫-舍内贝格地区一街道。
[②] 舍嫩贝格，德国柏林一下属地方。
[③] 玛琳·黛德丽（1901—1992），德裔著名美国演员兼歌手。她有着动人的容貌、优雅冷艳的气质，是一位具有特殊魅力的明星，一生共拍了五十多部电影，扮演过风尘女子、舞女、吉普赛女郎、贵妇人、女皇等各种角色，是好莱坞二三十年代唯一可以与葛丽泰·嘉宝分庭抗礼的女明星。

中——她身手敏捷但是体态瘦弱,一袭黑衣,站在柠檬树下,一边在本子上写道:"四点整,我们把母亲的遗体送到教堂墓地。牧师念悼词念到一半的时候,突然向我转过身来,告诉我要自我珍重,永远不要忘记母亲在最后一刻还在为我祈祷。他的话我听不太清楚,因为我突然感觉眼前一片黑暗,后来发生了什么我就不知道了。他们开车把我送回家,待我醒来后告诉我,我当时晕倒在教堂的墓地里。"

泊梅擅长通过人物构建小说的情节。人物不是僵化的。于是,黄昏时分,瑟米安回到教堂的墓地。"柠檬树花开满枝,水仙花甜美芬芳。我闭上眼睛,梦想着母亲穿着白裙翩然而至,亲吻我的脸颊。"在手稿中,人们告诉瑟米安,只有在天堂才能再次见到她母亲。可是小孩如何能够理解此中含义?她可是亲眼看见母亲埋葬在冰冷的地下啊。于是,泊梅开始让瑟米安在家里被鬼魂纠缠,这些鬼魂包括她母亲,也包括那些被她那色鬼父亲糟蹋过的女仆。

"骤然间,雷声大作,听上去像是一头野兽在远方咆哮。然后又划过一道闪电。我一跃而起,感觉整个房间燃烧着蓝色的火焰。我可怜的母亲,穿着白色睡衣,出现在墙角,睁大眼睛盯着我。我发出一声尖利的叫喊。闪电消失了,但母亲的身影犹在,还在盯视着我,听凭我叫喊呼号。

故事总是缺少不了一点邪恶。日记中的那抹邪恶来自麦纳特(Meinert),父亲药店里的药剂师。他就借住在我家里。'瑟米安,究竟怎么了?为啥大喊大叫?'麦纳特在门外问道。我还叫个不停,他推门走了进来,俯身看着我。我双臂紧紧地抱着他。起初,我说不出话来,只是用手指着那个站着幽灵的墙角。后来我才结结巴巴地极力想告诉他我看到了什么。

麦纳特让她镇静下来,让她别害怕,还装模作样地驱赶幽灵,然后将瑟米安抱在怀里。有这么个活生生的人陪伴着自己,脆弱的瑟米安顿时感到心里温暖多了。瑟米安的脸上泪水未干,他急吼吼地表白,说他喜欢她。他双手捧起我的脸,然后一点一点地俯下身子,即使在黑夜,我也能看见他的双眼蓝光闪闪。我不知道自己怎么了,只觉得心怦怦地乱跳。麦纳特让我感到害怕。可是,我周身感到一阵奇怪的震颤,那种我从未经历过的神秘感觉。我任凭他吻我,任凭他紧紧地抱着我,好像自己已经神魂颠倒。我想挣脱他的拥抱。我想推开他。但我力不从心……"

泊梅如何认识埃尔西·赫希的?她又是如何一步一步地接近埃尔西?一切都源于离婚。泊梅的丈夫离家前一天,曾告诉她,说他有个鳏居的朋友,弄了个女名流伴其左右。或许他这样说只是为了吓唬吓唬她?或许只是为了伤她的心,让她明白男人何处无芳草。不管怎样,他走后,似乎为了挫挫他的锐气,泊梅给那个鳏夫写了一封信,请他引见那位女名流。那个鳏夫写了封回信,上面画了个笑脸,算是应允了。接下来就像故事里讲的一样,峰回路转,柳暗花明,有了意外的收获:若是那两个在民族大饭店吃饭的男子没有向喷泉里扔硬币,若是那些女孩子没有上前去哄抢,她俩的这次见面将无果而终。如果没有发生前面的这一切,埃尔西·赫希本来已经转身离去,而泊梅也失去了写作的源泉。

第一次见面的那个晚上,两个女人促膝交谈,直到酒店关门两人才分手。第二天,她们又在韦斯顿咖啡馆[①](Café des Westens)里会面。她们交谈的时候,埃尔西眼睛看着窗外,出神地看着奥古斯特-维多利亚广场上的马车和梧桐树。泊梅发现,埃尔西的手指修剪得非常整齐,双手捧着茶杯,就像捧着一只雏鸟。她的手臂光滑而柔软,让她联想起天鹅的脖子。她的嘴唇丰厚饱满,红艳艳的,似乎男人见了如果不亲吻一下,无疑是公开侮辱。泊梅摸了摸自己的小嘴,盘算自己最后一次被人亲吻已经过了多少个月。她又看了看自己的手,

---

[①] 韦斯顿咖啡馆,位于柏林选帝侯大街18号,1898年至1915年营业,曾是二十世纪初柏林艺术家们经常会面的地方。

第八章 | 玛格丽特·泊梅和《迷失少女日记》

赶紧双手握紧钢笔，希望手上的青筋不会那么明显。

后来，在埃尔西的住处，泊梅为她画了一幅素描画像，画完后，她将笔搁在画纸上，抬头望着埃尔西，希望用寥寥数笔勾勒出老妇人的印象，眼前看到的却是结实的肩膀，逼视的眼神，画着眼影的红褐色眼睛似乎在燃烧，在召唤，对生活充满渴望。这幅素描，她将搁于书桌上，直到本书写完。坦率地说，泊梅有点嫉妒埃尔西，倒不是嫉妒她的生活，而是嫉妒她的自信，她的自由，还有她让男人神魂颠倒的魔力。与此同时，她发现埃尔西的身材对瑟米安来说太过丰满了，所以泊梅让她在小说中变瘦一点，使她亭亭玉立如那柳树。她还赋予瑟米安一头黑发，心胸宽阔，并且让她在被强奸九个月后产下一子。

在日记中，瑟米安怀孕了，被人送到城里避人眼目。瑟米安的父亲后来设法将她的孩子卖给当地的一户富裕人家。每次看到女佣带着自己的孩子到人民公园里去散步，泊梅都极力想象，如果孩子一去不回，瑟米安会有何感想。她极力揣摩那种痛苦，写道："我哭喊，尖叫，祈求，但无人听见。他们背着我已经将一切都安排好了。我觉得自己突然间一无所有。我现在才明白，其实在我的生活中要为一事抗争。我必须富有，有钱了，我就能要回孩子，因为有钱能使鬼推磨。

故事情节的展开，必须如那海浪拍岸。起初微波荡漾，继而波涛汹涌，最后惊涛拍岸。泊梅发现自己哭了，为了书中的故事，也为了自己的孤独。她把几页手稿从笔记本里撕下来，扔进灌木丛里。晚饭后，她一直陪女儿玩耍。

[123]

但第二天一大早，她又回到花园，在灌木丛里翻找，又穿着宽松的长袍和拖鞋来到大街上。她是从睡梦中惊醒过来的，惊醒后就意识到自己必须将稿件找回来。但是，园丁已经侍弄过花圃，也已经将手稿连同垃圾一起清扫出去。最后，泊梅在一堆鸡蛋壳和咖啡渣混合在一起的肥料中发现了手稿。她把稿子铺在厨房的桌子上。看到它们又如此真实地出现在自己的眼前，她感到震惊不已。她意识到，如果人们相信小说里的故事，如果读者觉得她是这本小说的编辑而不是作者的话，这本小说的影响将会无与伦比。书里可以安插一两页小说的手稿。只要有更多的读者愿意接受虚拟的故事为真实，它的销量就一定会很大。

"瑟米安小姐，你妩媚动人！你赏心悦目。要是你也聪慧的话……你就可以过上公主般的生活。"那个女按摩师这样说道。泊梅将瑟米安与埃尔西联系起来，于是这样写道。"但是你的言语举止太优雅了，"那个女按摩师继续说道，"你要是年幼无知、不谙世事就好了。要是那样的话，我一个字都不会说你，你只需率性而为就能为自己博得好名声。此后你便可以嫁给一个邮局的职员，给他生一堆孩子，给他们做饭、缝衣服。你死后，牧师必然为你美言祷告，你的墓志铭上会写着：这里躺着一位诚实、朴素的厨师和奶妈。"

那个女按摩师从前做过演员（肯定是个不入流的演员，瑟米安心想），个头高大，精力旺盛，她的经历"足够写三本小说了"。随着她对瑟米安的经历越来越感兴趣，泊梅索性让她更进一步，为瑟米安出谋划策。"但是你看看你自己！青春美貌却已经经验丰富，世事洞明，在情场上阅人无数……别打断我！不要解释！大家都知道。本来这些都没关系的。只不过姑娘你走得太远了。绅士们如果只是一次被你吸引后又被你冷落，他们是不会介意的。或许再有一次也关系不大。但是，第三次还是热脸贴个冷屁股，他们就会知难而退，转身离去。人不可能永远青春美貌。当你年老色衰，你一定会悔恨自己当初怎么那么傻。"

[124]   对于过往的社交生活，瑟米安已无动于衷。她已经有一个孩子，有了自己的历史。因此，女按摩师邀请她加入"另外一个世界，一个英雄不问出处、纵情自由享乐的世界"。通过女按摩师之口，泊梅送给瑟米安一个承诺，一个曾经给过埃尔西的承诺。"跟我们在一起，你再也不会听到那些没完没了的问题——'她是谁？她从哪里来？'我们可以活得坦坦荡荡，无需惧怕任何人。"

据说，瑟米安在忍受"身心煎熬"的日子里把十几页日记都撕毁

第八章｜玛格丽特·泊梅和《迷失少女日记》

了。在一段解释性的编者按语中，泊梅运用情景剧的夸张手法，对埃尔西的淫荡生活表达了不满。她这样写道："晚年时候，当她回首往事，回忆起放荡岁月中那些极为可耻又可怕的经历，她一定觉得，保留这段岁月的记录太令人痛苦。因为，在这段岁月中，她正步履蹒跚地做最后挣扎，挣扎着跨过连接两个世界的荒唐桥梁。"人为地将这几页隐去，目的就是为了激发读者的想象力，使这本日记更加令人可信。

泊梅需要确定叙述的场景。为了使故事真实可信，泊梅将叙述地点安排在真实的街道上。接下来的星期六，她就到国王大道试试运气。为了避免过路男人的骚扰，她让女儿陪着自己一同前往。沿途，菩提树叶飘零，柏油焦味刺鼻，空气"像燃烧的火焰"。正如往常她的奇思妙想总能在现实中得到印证一样，她突然眼前一亮。皓日当空，干活的女孩们脱光身上所谓的衣服，像狗一样喘着粗气，过了一会，她们来到一个公用抽水泵旁，先往自己身上浇水，等到大家稍微凉快一点后，又开始彼此泼水嬉闹，欢声阵阵，直到来了一位途径这里的警察，将她们赶回到一片未经修剪的草地。在泊梅看来，这些女人既放浪形骸又自尊自爱，既赤身裸体又只让人想入非非。不过，这些女人都不会与她聊天。

星期一，她又独自回到这里，假装要把自己的订婚戒指卖给一个当铺老板。后来，她穿着鲜红的上衣和黑色的裙子来到齐默尔大街（Zimmerstraße）。她爬上黑漆漆的楼梯，楼梯上铺着肮脏破旧的油地毯，然后按响了门铃。门口的名牌上有三位访客的名片，上面分别写着女按摩师、美甲师和法语老师。有人带她来到这里最好的一间房间。房间极其寒酸，肮脏的窗帘，破烂的地毯，只有一个入口。一个西班牙式的屏风后面放着一张床，床上放有一件布满灰尘的灰色毛毯。房间的租金一共是一百八十马克。

[125]

"月租金吗？"泊梅问道，她被这租金吓了一跳。

"难不成你还以为是年租金吗？"女房东一边回答，一边直视着她的眼睛,还咧了咧嘴笑了起来,好像彼此有某种默契似的。泊梅不知所措地转身要走,女房东又开口道:"好了,小姐。想一想我担的风险吧。像你这样时髦的夫人,不会斤斤计较这点马克的。"

"我实在太难受了,脑子一片空白。"瑟米安在日记中写道,"我的房间里烟熏火燎,床上的被褥散发着怪味。整个晚上我听见人来人往。我头昏脑涨,身体发虚,热得无精打采,半裸着身体睡在躺椅上。我的样子看上去糟糕透了,完全像行尸走肉一般。有那么一两次,我试图起来接客,却力不从心,无济于事。"

像埃尔西一样,瑟米安的语言能力此时派上了用场。她把自己的名片放在名牌上,还在《柏林日报》(*Berliner Tagesblatt*)上发了一个广告。广告上写着:

　　瑟米安小姐

　　希望教人学习英语、法语、俄罗斯语或意大利语。

她的名字和广告的内容之间隔着两行,这是在提醒人们,她不仅仅精通语言。有钱的外国人闻讯而来,开始付钱给她。"昨天晚上,我接待了一位俄罗斯人,一个德语单词也不会说。他给了我三百马克。"

但是,她"干活"时心中暗想,"我真的死了,而那些与我厮混的人也都是行尸走肉。他们丧尽天良,灵魂出窍。在这个行尸走肉的世界里,空气弥漫着腐臭。一个人除了将就适应,别无他途,渐渐地,也就不再难受。"

尽管泊梅心里不愿意,但她还是要引发读者去思考:在这个虚伪的社会,像瑟米安这样的女人如何生存?面对男人的伤害,她如何俘获爱情?与此同时,为了给弥漫柏林的性开放热潮泼点冷水,她要强调人类善良本性的救赎力量。埃尔西向她讲述过一个将自己墓地抵作嫖资的逸闻趣事。泊梅抓住这个线索,并让它成为发生在瑟米安身上

第八章 | 玛格丽特·泊梅和《迷失少女日记》

的事情。

在库达姆大街①的一个酒吧里，一位身无分文的老头向妓女求欢。"我一眼就看穿了他，一个潦倒的老贵族，家财耗尽的浪荡鬼，今朝有酒今朝醉的主儿。"泊梅在瑟米安的日记里写道，"离我远点，你这头老驴。"瑟米安对他说："别坏了我的生意。"

可是那个老头依旧纠缠不休。他告诉瑟米安，说他曾经在西里西亚有一座庄园，在威斯特伐利亚②有一座乡间别墅，在施泰尔马克州③还有一座豪宅。他还声称自己在圣彼得堡④、红磨坊夜总会⑤和德累斯顿的犹太庭院里享受过欧洲的绝世美女。可如今，他的财富，连同辉煌的过去，只剩下回忆，以及在柏林的一块墓地。

"如此说来你还是有些东西可以给我的？"瑟米安说道。

"什么？你说那块墓地？"那个老头问道。

"怎么不是呢？"她答道，"我们也想知道死后尸体会烂在哪里。"她点了一支烟，然后叫了一瓶香槟，钱就记在她的账上。"我给你开个好价码。如果你同意把那份地契转让给我，你就可以免费光临我五次。"

那个老头咧开嘴笑了起来，说这个想法太匪夷所思了，不过却一

---

① 库达姆大街，又称选帝侯大街，曾是连接王城宫邸和古纳森林狩猎宫的一条骑马沙路。"铁血宰相"俾斯麦曾亲自推动此街的开拓扩建工程，使它成为通向城西的别墅区的市区林荫大街。
② 威斯特伐利亚，德意志西北部的历史地区，相当于现在的德意志联邦共和国北莱茵-威斯特伐利亚州全部及下萨克森与黑森两州部分地区（加上前利珀邦）。
③ 施泰尔马克，因其广阔的森林而被人称为绿色之州或是奥地利的"绿色心脏"，该州也因其迤逦多姿的风景而闻名于世。
④ 圣彼得堡，位于俄罗斯西北部，波罗的海沿岸，涅瓦河口，是俄罗斯的中央直辖市，列宁格勒州的首府，俄罗斯西北地区中心城市，全俄重要的水陆交通枢纽，又被称为俄罗斯的"北方首都"。
⑤ 红磨坊夜总会，创建于1889年，法式康康舞使巴黎红磨坊夜总会闻名于世。一些著名的法国艺术家曾在红磨坊演出如：莫里斯·谢瓦利埃，让·加宾，而后世界上许多巨星相继参加红磨坊演出。

再说可以商量商量。一开始是出于开玩笑,接下来却一本正经地商谈起来。最后,两人达成协议:舍嫩贝格那块墓地,装上新的铁栅栏,将换来十次肉体接触。他还颇为绅士地支付了房产交易税。

"认识我的人都嘲笑我,说我一定是疯了。"瑟米安后来回忆说,"但是我却很开心。铁栅栏很美观,一株娇美的垂柳掩映着墓地,凄婉动人。我有了一个葬身之地,一块石碑。我还将种上常青藤和其他一些花草。来年夏天,我会去那儿待上几个小时。"

[127] 土黄色的落叶铺满鹅卵石路面,像是在路面上铺了一层垫子。面包店和报刊亭都调暗灯光,开始关门打烊。孩子们在人行道上捡拾坚果,弗里德瑙大街上回荡着他们清脆的欢笑声,孩子的母亲已经在召唤他们回家吃晚饭。许多窗户后面都有个身影在张望着,等候着,时不时地卷起百叶窗眺望远方。随着天空中的最后一抹亮光淡去,比邻相接的树冠将街道变成洞穴顶,整个街道宛如一个峡谷,即使站在街角也无法清晰地看清远方。

在室内,泊梅此刻正忙里偷闲地写作。她白天的生活闹哄哄的——女儿的哭闹,女佣的抱怨,生活费拖延的咒骂声,还有食品柜里老鼠仓促的奔跑声。她必须远离这些噪音,要么到安静的书房,要么到花园里,她才能安心地写作。她爱她的孩子,但同时又怨恨她。她怨恨,因为这个孩子束缚了她;她怨恨,因为她原本对婚姻抱有许多期望;她怨恨,因为做一个职业女性和单身母亲是何等的艰难。坐在书桌前,在这个忙里偷闲的时刻,她尽情地宣泄她的失意与怨气。两年里,她要写六本书,即使如此,也难以维持日常开销。她前夫通常情况下会替她付掉房租,尽管从来就不准时。他人不坏,他只是希望她放弃摆弄文字,放弃写作,专心相夫教子,操持家务。既然她不能改变,他就只能离她而去。要想让他改变简直是天方夜谭。

"将我的满腹心事倾注于文字,的确是一种解脱。"她借瑟米安之口写道,"感觉就像是在和一个值得信赖的知己聊天一般。"泊梅喜欢按顺序来写作,这样,她的故事便可以按照时间顺序向前推进。不过

第八章 | 玛格丽特·泊梅和《迷失少女日记》

有些时候，如果她的感觉特别强烈，她也会随心所欲。她决定依据自己的经验，给瑟米安安排一个比自己前夫年纪更大的男人，但这个男人的地位也要更高，偏见也要更深。

她虚构出来的伯爵是个富有的鳏夫，蓝眼睛，满脸络腮胡。他带瑟米安游历尼斯①、蒙特卡洛②和巴黎，不断地赠送礼物，钻石、镶有蓝宝石的皮带扣、拉达茨（Raddatz）制作的茶具、一套奢华的夜礼服斗篷和一张一千马克的支票。然而她却经常孤独一人，这一点和泊梅倒是很像，却与埃尔西不同。深夜，她辗转难眠，感觉"对爱的渴望在心头升起，就像带有宽大翅膀的天使，振翅欲飞"。

"伯爵比我大三十三岁，但并不太懂得生活情趣。尽管人很睿智，阅历也很丰富，但我常常觉得他乏味无趣。他是个十足的保守派，对自己的高贵出身颇为自豪。不过他为人内敛，一般不会显山露水，却逃不过我的眼睛，我总是通过各种方式捕捉到他的各个方面。"瑟米安在日记中写道。

"有一次，我们在一家酒店吃饭，碰巧谈到一个话题，即一个统治欧洲的家族当然没有理由因为它的分支旁系而自豪。我表达了我的观点，认为共和形式的政府远比固定不变的皇家家族制要有益得多。在君主制的体制下，继承王位的人，无论聪明还是愚笨、善良还是邪恶、能干还是庸才，都无关紧要，他肯定会成为国王或皇帝……而整个国家的命运也全掌握在他一人之手。"

"伯爵满不在乎地微微一笑。'瑟米安，你很清楚，我的看法正好与你相反。'接下来他岔开话题，说起我今早在紫薇贝克买的一套服装。他如此敷衍我的观点让我怒不可遏，差一点没能控制住自己。我真希望自己当时就将手里的那杯葡萄酒泼在他脸上。要是那个时候他向我求婚，哪怕我的余生全要仰仗于他，我也会一口回绝。因为，日

[128]

---

① 尼斯，法国东南部城市，普罗滨海阿尔卑斯省的省会和该省最大的城市。
② 蒙特卡洛位于欧洲地中海之滨、法国的东南方的摩洛哥。

复一日、年复一年地和这种无聊的人生活在一起,我一定会发疯的。"

然后到了第十三章,一个皮肤黝黑的高个子陌生人突然出现。瑟米安的白马王子是一个设身处地为她着想的医生。最终,瑟米安芳心相许于他。"这是个老生常谈的故事了,不是吗?"她说,"一次并不愉快的邂逅,接下来一步一步发展下去,直到深陷泥淖,不得脱身。"

[129] 她们最后一次散步的时候,埃尔西·赫希本人明确表示,她不喜欢泊梅写的那些充满浪漫主义色彩的潜台词。当问及爱情是否可以扫除人类的所有罪恶、愚蠢以及不端行为时,埃尔西轻蔑地"哼"了一声。国王广场的人行道上落满了厚厚的棕黄色树叶。埃尔西提到了一个特别的男人,可能是个艺术家,但不知道是哪种类型的艺术家,埃尔西也不愿多说。她只是双眼盯着胜利纪念柱问道:"你不会也认为维多利亚胜利女神雕像又大又笨重吧?"她的声音,听上去令人惊讶地苍白无力。

然而,这个天真幼稚的爱情故事促使小说大获成功。1905 年,《迷失少女日记》(*Diary of a Lost Girl*) 以自传的形式出版,并成为当年的畅销书。

"柏林并非处处动人可爱。"泊梅写道。她的话不仅揭示出柏林不为人知的弱点,还道出了德国普遍存在的双重标准。"至少总有一扇门为男人们敞开着。"她愤愤不平地宣泄道,"男人的一生,不会像我们女人那样,一失足就毁掉一生。这个世界属于男人。我们女人只是男人达到某个目的的手段而已。"

这本日记卖出了一百多万册,孵化出一个剧本,催生出六本类似的仿作,还两次被搬上银幕。在这本日记的序言中,泊梅指出:"小说中轻描淡写的日常琐事,毫无意义,或者说看似毫无意义,却真实地涉及一个严重的社会问题。"1939 年,泊梅去世。直至她去世,她坚持认为《迷失少女日记》并非虚构小说,而是她编辑的、由瑟米安·哥特巴尔(Thymian Gotteball)写的真实故事。

第八章 | 玛格丽特·泊梅和《迷失少女日记》

但是，这本日记究竟是真实还是虚构已经并不重要，其更为深远的意义在于它给柏林乃至德国带来的变化。几百年来，保守力量一直利用陈腐的条条框框来控制妇女；少女必须保持贞洁，妇女处于从属地位，要为男子生育后代；妓女既是受害者也是别人家庭的破坏者。

但是在接下来的几十年里，像基希纳①（Kirchner）和格罗兹②（Grosz）这些画家，像布莱希特③（Brecht）和伊姆加德·库能④（Irmgard Keun）这样的作家，以及像黛德丽和布里吉特·赫尔姆⑤（Brigitle Helm）这样的女演员，都把妓女当做是重新定义女性性行为的一种手段。的确，有少数命运不济的妇女曾经（将来也会）被迫从事妓女这一行业。但是在柏林，越来越多的性工作者得到解放，她们意识到自己的价值，将其视为正当的谋生手段。无论是在书本里，还是在舞台上或是在银幕上，她们变成性解放的典型，成为这个玩世不恭、桀骜不驯的首都的化身。通过她们，通过她们的画像，妇女们开始明白，在新纪元之初，她们不一定非得是天使或妓女，女儿或妻子。相反，她们是有独立意志的个体，完全可以积极地表达她们的欲望。

---

① 基希纳（1880—1938），德国画家。早年在德累斯顿学建筑，后转到慕尼黑学绘画。代表作有《柏林街景》《市场与红塔》。追求变形，艺术语言简练，呈现几何形构图。
② 乔治·格罗兹（1893—1959），出生于柏林，在德累斯顿和柏林美术学院毕业之后为幽默杂志画讽刺画，反映现实生活。1911年开始发表作品，用讽刺的笔法描绘柏林的夜生活和社会的阴暗面。战后，用漫画揭露专制政治、腐败的社会道德面貌及战争的残暴、恐怖。
③ 贝尔托·布莱希特（1898—1956），德国著名的戏剧家与诗人。
④ 伊姆加德·库能（1905—1982），德国著名女作家，最有名的是其在小说中对魏玛共和国和纳粹德国统治时期人们生活的描述。
⑤ 布里吉特·赫尔姆，德国电影女演员。生于柏林。原名吉塞莱·埃弗·席尔滕海姆，是一位军官的女儿。到她1936年离开电影界为止，她的电影生涯仅持续了11年。

1912年10月23日威廉大帝物理化学和电化学研究所成立仪式。站在威廉大帝身后的是阿道夫·哈纳克、费舍尔·艾米丽和弗里茨·哈伯。

第九章

弗里茨·哈伯和《恶魔的地理位置》

1915年，达勒姆①

柏林的恶魔也有邮编。位于威廉大街的赫尔曼·戈林空军指挥部，邮编为10117。它策划轰炸了西班牙小镇格尔尼卡②，其结果（每公斤炸药造成的伤亡人数）用来为纳粹发动欧洲闪电战做准备。邮编10178是申克尔曾经梦想建一座新型博物馆的地方，也是莉莉·诺伊斯唤醒沉睡已久的梦想之所在。成千上万的柏林人曾聚集在这里，聆听纳粹宣传部长戈培尔③的演讲，并且高喊"吊死他们！吊死犹太人！"在奥普广场（Opernplatz）的菩提树大街上，学生们头戴绿色和紫色的兄弟会帽子，将成千上万本禁书堆在一起，其中就有泊梅的《迷失少女日记》，然后付之一炬，燃烧的书页在夜空中飞舞，宛如黑色的飞蛾。

恶魔悄悄地溜出市中心，像一阵凉飕飕的油雾，从皇宫飘到亚历

---

① 达勒姆，位于德国柏林施特格利茨－策伦多夫区西南部。
② 格尔尼卡是西班牙中北部一城镇，位于毕尔巴鄂东北。1937年4月西班牙内战中，纳粹德国的空军轰炸了该镇，这个事件激发了毕加索创作其最负盛名的作品《格尔尼卡》。
③ 保罗·约瑟夫·戈培尔（1897—1945），德国政治家，演说家。其担任纳粹德国时期的国民教育与宣传部部长，擅长讲演，被称为"宣传的天才""纳粹喉舌"，以铁腕捍卫希特勒政权和维持第三帝国的体制，被认为是"创造希特勒的人"。

山大广场（邮编10249）东头那破旧的绞刑架旁，穿过勃兰登堡大门，抵达弗里德里克大街和普伦茨劳堡。普伦茨劳贝格的邮编为10415，当年劳工们就在这里的地下监狱建造了V-1火箭导航系统。在邮编为10785的蒂尔加滕大街的一所房子里，满怀爱国主义的科学家们研发了T4安乐死项目，造成七万名有精神病和生理缺陷的"劣等人"的死亡。

在宁静的万湖[①]西侧的一栋别墅里（邮编：14109）起草了一份"终极决议"。在格鲁内瓦尔德市火车站[②]第17站台（邮编：14193），大约五万名柏林的犹太人被塞进运载牲畜的车厢，被拉到东部处死。在德国铁路局，几百名唯唯诺诺的职员计算了每个人的单程车费：成人每公里收费四芬尼[③]；十岁以下儿童半价；婴儿免费。

柏林的每一个邮区都被轰炸，红、黄色火焰漫卷柏林上空，上万名德国妇女被苏联士兵强奸。而就在玛格丽特·泊梅家周围，舒适的中产阶级居住区弗里德瑙，恶魔不为人知地溜进树荫遮蔽的达勒姆郊区（邮编：14195）。就在那里，德国最优秀的化学家（后来获得诺贝尔奖）成为化学战之父。

轻柔的晚风中，灰黄色的"云朵"升起。云朵有六千米长，十五米宽。它静静地飘过潮湿的比利时平原。加拿大人眼看着"云朵"临近自己的防线，然后风向改变，"云朵"开始向东边飘去。只见"云朵"吞没了附近的战壕，钻进地洞，守卫在战壕里的法国士兵、巴伐利亚士兵顿时感到呼吸困难。那些逃命的士兵跌跌撞撞地忍痛逃窜，感觉火烧火燎的肺里咕噜咕噜地往外冒东西，从嘴里流出来的则是绿

---

① 万湖是德国柏林西南施特格利茨-策伦多夫区的一个分区，此分区是柏林的最西端。该分区以辖内的大万湖和小万湖得名。这一分区亦是纳粹德国的万湖会议举办地。

② 格鲁内瓦尔德城市火车站，位于德国柏林西南部，在二战时曾用于运送被驱逐的犹太人前往隔离区与集中营。

③ 芬尼（pfenning），德国辅币单位，一马克的百分之一。

第九章 ｜ 弗里茨·哈伯和《恶魔的地理位置》

色的污秽液体。他们撕扯自己的衣服，抠自己的眼珠，被毒气呛得直咳嗽，然后大批地死去。

德国的毒气部队一共释放了 5700 个钢瓶里的加压氯化物。几分钟过后，空气中依旧弥漫着明显的胡椒味，一批批戴着面具的德国士兵挺进毫无防御的敌方战壕，一路上根本没有遇到任何的抵抗。

当他看到德国部队所向披靡时，弗里茨·哈伯①的心跳得像敲鼓，满心的志得意满。德国的化学家开辟了西部战线。他的新发明架起了通往敌人防线的桥梁。如今，柏林与巴黎之间已一马平川，毫无障碍。

1915 年那个时刻，用哈伯自己的话说，他成为"德意志帝国最伟大的一名男神"。他觉得自己"比军队指挥官或者工业巨头还要了不起"。他是"产业的奠基人"，他的新发明对于德国经济的发展和军事扩张都至关重要。他向世人证明了他的爱国精神。他发明了一种更为有效的致命武器。

多年以前，一缕阳光照在哈伯的身上。1887 年他十九岁，来柏林休假。那时，他对人生充满迷茫，上午不知道下午要干什么。他在炮兵营里的工作枯燥乏味，两年的大学生活也让他感觉无聊透顶。与其他青年一样，他也渴望寻找到一个奋斗目标，投身具有人生意义的事业。他难以忍受那种游手好闲的生活，但是他究竟能干些什么呢？于是，就在柏林上空天高云淡之时，命运之神将他引入柏林旧博物馆，让他站到了那幅巨大画像前。

他面前这幅装帧在镀金画框中的画布上，普法战争的英雄，德皇威廉一世穿着闪闪发光的礼服，正率领着一群人穿过勃兰登堡大门。这群人有些在德国历史中确有其人，有些则是虚构的。其中一位骑着

---

① 一战中，哈伯担任化学兵工厂厂长时负责研制、生产氯气、芥子气等毒气，并使用于战争之中，造成近百万人伤亡，因此遭到了美、英、法、中等国科学家们的谴责。

黑色骏马的条顿骑士挥舞着镶有老鹰的普鲁士战旗。他们身后跟随着一群兴高采烈的士兵以及眉清目秀的少女。戴着王冠、吹着喇叭的大小天使在人们的头顶上盘旋着。一名古代的伐木工正挥手指向命运之神。费迪南德·凯勒[①]（Ferdinand Keller）的史诗般画作向世人宣告道：德国文明正滚滚向前。弗里茨·哈伯想象着自己也加入到了这个充满爱国主义的行列。这时，一缕阳光蓦然照射在他身上，令他悚然震颤。

最初，一张黑白照片吸引他的时候，他还是个孤独的三岁孩子，手扶着木头椅子，怀抱一把玩具手枪。他伸长脖子，睁着好奇的大眼睛，想跑过去看看照相机后面那个看不见的人影。他出生刚满三周，母亲便去世了。伤心的父亲——布雷斯劳市的一个染料商人——便对儿子关上了心门。儿子的出生偷走了他妻子的生命，这让他耿耿于怀。整整十年过去了，这个男人才走出情感阴影。这个时候，他又结婚了，将他多年来压抑的情感倾注给新婚妻子和又生育了的女儿们。

等到哈伯长大成人，他便从家里离开了。他渴望关注，渴望在部队步步高升，于是毅然从军。他通过了体检，但由于他犹太教的哈西德教派背景，未能成为一名军官。因此，正如1890到1910年间的其他10000名犹太人，他改信了基督教。

哈伯戴着一副夹鼻眼镜，一头厚密的卷发。他喜欢和人讨论争辩，吸引他人一起辩论，在交流中形成自己的观点。他思维敏捷，具有三言两语就阐述清楚某个问题的能力。他只是对自己的未来感到迷茫，也不能一直专注于某个问题或者长时间地逗留于某个地方。于是，他从柏林搬到苏黎世[②]和耶拿，从军营搬到工厂，又从实业转入学术研究。

[①] 费迪南德·凯勒，德国历史题材画家。
[②] 苏黎世，瑞士联邦的第一大城市、瑞士苏黎世州首府，也是欧洲最安全、富裕和生活水准最高的城市之一。

第九章 | 弗里茨·哈伯和《恶魔的地理位置》

然后在 1894 年他得到了一份稳定的工作,在卡尔斯鲁厄理工学院担任一名实验室助手。他几乎立即觉得科学要比人类的其他一切事业都要高贵。在他看来,科学永远不会后退,一个新发现催生另一个发现,新的知识源自旧的知识,没有人能阻挡科学发展的脚步,正如没有人能阻止社会进步一样。科学使他感觉真切,使他有了人生目标。

在卡尔斯鲁厄理工学院,哈伯集中精力研究化学技术。他工作卖力,发起了一项疯狂的研究项目。他研究碳氢化合物在发动机中的燃烧过程及其损失的能量,还发明了玻璃电极,将化学研究与工业生产连接起来。他游历美国,观察新世界的发明创造,对于科学塑造社会的力量非常着迷。通过及时吸收先进的科学技术,他成为一名教授。人们相信,他的工作不仅可以让德国变得更加强大,也会使人类的生活更加美好。

二十世纪伊始,全球食品短缺。几千年来,人类一直靠开垦荒地以农田来养活自己。然而,随着可开垦的处女地逐渐名花有主,粮食生产已不再依赖于单纯地扩大耕种面积。

欧洲和美洲的农民已经开始使用鸟粪来提高土壤肥力。这种鸟粪中氮的含量非常高,但是都得从外国进口,价格也极其昂贵。跟所有的化学家一样,哈伯知道大气中含有无穷无尽的氮气。但是这种空气原子极其不活跃。他推测,要是能够改变这种原子的结构,便能将这种气体转换成另外一种形式,使其能够用于工业生产。这是个化学难题,但这个挑战点燃了他的想象。

在实验室里,他把氮气和氢气混在一起,然后将温度增加到 1000 摄氏度。在如此高温的作用下,他的确合成了氨水(生产肥料的原材料),但是数量却极其微小。他几乎放弃了这项研究。但是有一天,他的一个竞争对手认为他的计算不正确,因而对于他的计算不予考虑。为了回应对手,哈伯加倍努力,全身心地投入这一研究。不到两个月，通过运用压力和温度，他成功地生产出合成氨，从空气中制造出面包。最终，世界上一半的作物运用哈伯－博施的工艺来得以增产。然而，他制造的合成氨还有更加见不得人、更加致命的用途。

1910年，凯勒画笔下那位寒光逼人、崇尚武力的威廉一世的孙子登基，成为德国的新皇帝。这位新皇帝号召富有的实业家和金融家资助筹建一所研究院，网罗出类拔萃的研究人员。他意欲将科学与工业、军事融为一体。他已经组建了世界上最强大的军队，着手建立了吨位仅次于英国皇家海军的深海舰队。他对被法国占领的摩洛哥虎视眈眈，因而修建了一条从柏林到巴格达的铁路（目的是为了获得波斯湾和伊拉克的油田开采权）。此时他想通过科技创新制造新型武器。

柏林皇宫内，一群谄媚者簇拥着德皇威廉二世大帝，只听他叫嚷道："如果要说德国应该放弃她的全球化政策，那就像一个父亲对他的儿子说，'要是你不长大就好了，那样的话我就不用给你买长裤子了'。"他的祖母维多利亚女王说他是个"头脑发热、刚愎自用、脑子有毛病的年轻人，一个冷血动物"。他的虚荣心，他的狂妄自大，将会毁掉霍亨索伦家族对德国长达五个世纪的统治。此外，他还要求民众坚定不移地、无条件地服从他的权威。所有这一切，只会毁掉德国。

[140]　　达勒姆街道两边的柠檬树上开满了绿色的花蕾。体格粗壮的妇女将新近落在台阶上的花朵扫去。柏林西郊的一片旷野中，一排排婀娜多姿的白桦树随风摇摆，掩映着一栋用石头和泥灰建成的有"德国牛津"之称的建筑。

弗里茨·哈伯从小树上摘了一朵鲜艳的花蕾，用手指轻轻地转了转，慢慢掰落它的花瓣。历史无非是人类意志的产物，他一边看着正在干活的木匠和泥水匠，一边自言自语道，我们创造自己的历史，选择自己的人生，决定自己的命运。

因为发明了对氮的"固化"，哈伯成为德国一流的物理化学家。二流的卡尔斯鲁厄理工学院已经难以满足他的野心。当皇帝邀请他到柏林，请他担任威廉大帝物理化学与电化学研究所所长时，他不可

第九章 | 弗里茨·哈伯和《恶魔的地理位置》

能、当然也不会拒绝。他凝望着眼前的建筑，运筹帷幄，不知不觉地将柠檬花蕾掰开了，然后用手指将其捏碎。

"哈伯唯一可悲之处就是他太权欲熏心了。"詹姆斯·弗朗克 (James Franck)[①]回忆说。弗朗克是一名年轻的研究员，后来加入了哈伯的"毒气部队"。"他知道自己才智出众，渴望权力。他一旦知道有能力做成什么事，就急不可耐地去做了。"

在达勒姆，哈伯开始组建他的超级研究团队，网罗了当时德国最优秀的科学家和研究人员。他亲自参与设计建造实验室和办公室，以著名科学家和物理学家的名字命名周边街道。他还说服年轻的阿尔伯特·爱因斯坦离开瑞典加入他的研究所，"像他研究化学那样研究物理"。他的狂妄与野心其实是当时德国领导人的写照。

哈伯就在庄严肃穆的政府部门和气势恢宏的普鲁士科学院之间穿梭忙碌，光秃秃的头顶，薄薄的嘴唇，嘴里叼着雪茄，给人们留下深刻的印象。他需要做事，需要改变，需要创造。这些需要推动着他向前。他为这个研究所争取学术独立的地位，与此同时他也相信：服务祖国是每一个公民的义务，集体利益高于个人利益。

爱因斯坦看问题的方式和他有所不同。他是个真正有独立思想的人，不屈服于任何人，也不迷信任何权威。为了证明他的观点，他不仅发表声明，放弃信奉犹太教，后来还放弃德国公民身份。那时，他正忙着写关于宇宙的新理论。"不幸的是，到处都能看到哈伯的照片。"他从苏黎世来到柏林后这样抱怨道，"一想起这一点，便让我心中有刺痛感。"

爱因斯坦认为，哈伯很有天分，作为公民也很称职，但是民族爱国主义蒙蔽了他的双眼，永不满足的虚荣心害了他。不过，他们俩一度做过好朋友，其中一部分原因是因为彼此的婚姻都出现了问题。哈伯帮他起草了离婚协议，而爱因斯坦则辅导他儿子的数学。爱因斯坦

[①] 詹姆斯·弗朗克（1882—1964），德国物理学家，1925 年诺贝尔物理学奖获得者。

还计划定居在首都，租住在私人菜园（Schrebergarten）。[①]他把这个花园叫做施潘道城堡（Spandau Castle），一边思考相对论，一边在花园里种菜。

然而，当德国人再次觉得自己受到外部包围的威胁时，他们之间的分歧又产生了。哈伯将效忠于德国的科学家纠集在普鲁士战旗下，坚定信念捍卫德国的荣耀、创造性和霸权。他还引用贺拉斯（Horace）的名言来激励民众："为国而死无上光荣。"对此，爱因斯坦回应道："当今时代，所有饱受赞扬的科技进步和文明就好比是斧子，但却掌握在丧失理智的罪犯手里。"

1914年8月，德意志帝国军队一往无前，所向披靡，向胜利的目标挺进，柏林民众欢欣鼓舞。大学生们聚集在柏林皇宫外面，高唱着《德意志高于一切》。皇帝向民众许诺，德国的军队"会在树叶飘落之前回到祖国。"

"每个人看上去都很幸福——战争掌握在我们手上！"女演员提拉·迪里厄（Tilla Durieux）兴致勃勃地说道，"咖啡厅和餐厅里的乐队演奏着《胜利桂冠颂歌》（*Heil dir im Siegerkranz*）和《守卫莱茵河》（*Die Wacht am Rhein*）。人们排着长队向军队捐赠自己的汽车……在火车站，士兵们收到无数的黄油三明治、腊肠和巧克力。一切都很充足，无论是兵源、食品，还是人们的热情。"

柏林想速战速决。它计划以迅雷不及掩耳之势包围法军，并将其消灭。起初，这个计划似乎完美无瑕。不到35天，德皇得意洋洋地鼓噪："我们已经拿下法国的兰斯市，法国政府已经迁往波尔多，我们的骑兵先头部队距离巴黎只有五十公里了。"

然而，俄国沙皇出人意料地快速出击，攻入普鲁士东部。于是，

[①] 这是德国很特殊的运动，以该运动的精神导师施雷波博士（Daniel Gottlob Moritz Schreber, 1808—1861）命名。政府在城市中开辟菜园，租或卖给喜欢种菜养花，但自己没有地或者住在公寓楼中的市民。

德国只好将预备队伍从法国抽调回防，使得协约国在马恩河会战①中一举战胜德意志帝国军队，阻止其西进的步伐。结果，巴黎并没有像德国计划的那样在六周之内沦陷，比利时也没有不战而降。协约国军队从英吉利海峡到瑞士边界挖了一条长达六百五十公里的战壕。闪电战结果变成一场旷日持久的消耗战。两百万士兵隔着铁丝网和战壕相互对望着。德皇的计划失败了，而且德国人也没有其他可选择的战术。

不到几个月的时间，柏林便开始快没有弹药了。英国皇家海军封锁了德国的港口，使德国军队既没有军需品也缺乏食品。于是城内开始限额分发面包，肉店门口开始排起长队。慢慢地，为了储存面粉，柏林的某些地方连蛋糕也禁止烘焙了。德国的船只搁浅港口，德国人也无法进口硝酸盐。没有硝酸盐，德国的工厂便无法生产子弹、炮弹和烈性炸药。

这时，瓦尔特·拉特瑙挺身而出，将军界和商界的头头脑脑被召集到作战部，要求调用全国的工业资源。哈伯也加入了他们的行列，为资源紧缺出谋划策。他建议，通过对氨的合成法稍作修改，就可以生产硝酸。为了让国家的战争机器继续运转，这个曾经从空气中制造出面包、救活了数百万人的男人，此时开始将空气中的氮气转换成带来死亡的爆炸工具，为战争输送武器。

"在和平年代，科学家属于世界；而在战争年代，科学家则属于他的祖国。"哈伯这样说道。他的创新让德国苟延残喘，得以继续作战，用不着在1914年12月投降。在柏林，他和拉特瑙一起将德国的战士、科学家和商人组成联盟，使其成为世界上第一个军工复合体。哈伯并不想让战争继续拖延下去，而是希望德国迅速地取得胜利。像所有的德国人一样，他相信这个国家已经发动了一场道义上的征战，

[143]

---

① 马恩河会战是第一次世界大战西部战线的一次战役。在这场战役中，英法联军合力打败了德意志帝国军。

以上帝的名义为她的荣誉和生存继续战斗。中庸,向来不是德国的强项,此时它已被淹没在民众的豪言壮语之中。狂妄的民族主义者大声地疾呼着,"每一颗子弹,都要打中一个俄国人!每一刀,都要杀死一个法国人!"胜利成为这个民族唯一可以接受的结果。而要取得胜利,他们就必须打破西部战线的僵局。

1899年,由所有交战国共同签订的《海牙公约》①禁止使用有毒武器。然而,各国都在秘密地研发这些武器。尽管柏林人都在忍饥挨饿,哈伯却在库默斯多夫(Kummersdorf)炮兵场的军官餐厅里享受着拌有樱桃酱、用莱茵高区生产的雷司令葡萄酒清洗过的无骨野兔午餐。后来沃纳·冯·布劳恩②(Wernher von Braun)就在这个炮兵场地发射了第一颗火箭弹。那天早晨,哈伯见证了 T 号炮弹(T-Shells)的点火实验。该炮弹以化学家汉斯·塔盆(Hans Tappen)的名字命名,里面包含了有毒、易爆的甲苄基溴有机混合物。

哈伯一边抽着雪茄、喝着阿斯巴哈白兰地(Asbach),一边和塔盆争论。他认为,在战场上大规模使用甲苄基溴效果不大。他想找到一种更加便宜的化学物质,以及更加有效的毒气扩散方法。那天稍晚些时候,他驾驶的欧宝汽车在回小镇的路上突然熄火。一团汽车尾气让他想到了用毒气吞噬敌军的方法。

作战部部长埃里希·冯·法金汉③(Erich von Falkenhayn)批准了哈伯借助风力来攻击敌军的建议。他的计划是将装有液态化学品的高压瓶埋在德军的防线。释放这些液体的时候它们会雾化。借助有利的

---

① 《海牙公约》,亦称"海牙法规",是1899年和1907年两次海牙和平会议通过的一系列公约、宣言等文件的总称。
② 沃纳·冯·布劳恩(1912—1977),德国贵族后裔,被称为德国导弹之父。受德国科学家赫尔曼·奥博特影响,专注于火箭制造。二战中是德国党卫军高级军官,是二战中德国V2火箭计划的主要创造者。二战结束后,主要研究利用火箭的宇宙探索计划。
③ 埃里希·冯·法金汉,德国军事家、步兵上将,1914年至1916年间任德军总参谋长。

风向,这些气体可以飘过无人防守的地区,进入德军对面的战壕。这样德军便能夺回丢失的阵地。若广阔的战线上出其不意地大面积使用,该武器便能打通西部通道,给这场战争带来戏剧性的变化。

哈伯所在的研究所,本是为了促进科学的进步而设立的,如今受命只为军队服务。研究所的门口有士兵站岗,它的周围布满了带刺的铁丝网。

最高指挥部想要一种致命的化学物质,于是哈伯给他们提供了氯气。这几乎没有什么成本,所有的原材料都可以从现有的基础设施中找到。德国有现成的用来施放毒气的气体钢瓶,因为化工巨头巴斯夫公司自1880年起就开始为染料工业提供液态氯。总之,这种毒气在几秒之内便能让人窒息。

哈伯将研究所所有的科学家召集在一块,其中有后来的诺贝尔奖得主詹姆斯·弗朗克、古斯塔夫·赫兹[①](Gustav Hertz)和奥托·哈恩[②](Otto Hahn)。1915年2月,这些科学家们一起试验了世界上首例大规模杀伤性武器。当时,哈伯的妻子也在他身旁。

天寒地冻的平原上竖起很多木桩,科学家们用皮带把三十六条狗全部拴在木桩上。黄色的"云朵"向它们扑面而去,这群动物拼命地挣扎着,发出恐怖的嚎叫声。毒气完全笼罩住它们,空荡荡的天空中回荡起痛苦的哀嚎声。克莱拉·哈伯紧紧地抓着丈夫的手,最后她的指甲刺破了手套,扎破了丈夫的皮肤。不到一分钟,毒气和哀嚎声都消失了,坑坑洼洼的地面上躺着这些狗的尸体,尸体的余温将它们周围的雪全部融化。哈伯为毒气的杀伤力之强感到惊讶,也为可怕的胜利一阵狂喜,但他表面上还是尽量保持镇定。

三天后,哈伯带着他的"毒气部队"来到伊普尔附近的战线。接

---

① 古斯塔夫·路德维希·赫兹(1887—1975),德国物理学家,量子力学的先驱,1925年诺贝尔物理学奖获得者。
② 奥托·哈恩(1879—1968),德国放射化学家和物理学家。为阐明天然放射系各核素间的关系起了重要作用。

下来的一个月里，在夜色的掩盖下，他们沿着一个名为希尔 60（Hill 60）的山脊将几千个装有毒气的钢瓶埋进土里。英军和法军发现了敌军不太寻常的举动，于是在山脊下挖了一条隧道，将山炸毁。英法军队接下来又炮击哈伯的阵地，结果炸毁了一个钢瓶，毒死了二十名德国士兵。此时英法联军依然没有意识到它的危险。直到 1915 年 4 月 22 日，风开始向西南刮去，足有六公里宽的"死亡之云"席卷加拿大防御战壕，那时他们才明白，新的战争时代已经来临。

接下来的两周里，德军沿着西线阵地又发动了四次毒气攻击，杀死了一万多名协约国士兵。但是，德军司令却没有乘胜追击，没有大批的军队穿越被击垮的防线挺进巴黎，甚至连死气沉沉的敌军战壕也没有跨越。战机就这样浪费掉了。尽管毒气有致命的威力，也让敌军伤亡惨重，但德军仅仅收回不到一英里的无人防守区域。

[145]

不过，哈伯却赢得了柏林的尊重。此时他感觉自己就是个普鲁士军官，掌握着别人的生死。于是他变得专横跋扈、冷酷无情，一心向往胜利。他的"毒气部队"被称颂为英雄，他的工作被称为"德国人智慧的胜利"。制造死亡是他的一门艺术。他被德皇召见。

五月初，他在家里举办了宴会庆祝自己的成功，首次穿上了佩有闪耀军功章的新制服。将士们和化学家、实业家一起，其中包括埃米尔·拉特瑙的德国爱迪生应用电力公司（AEG）的总裁们，都纷纷举杯，庆祝他们这位新盟友。许多人即兴演讲，大谈科学创新如何摧毁敌人的有生力量。等到客人离去，哈伯便上床休息了。他的妻子克莱拉一直谴责他的工作，认为那是"科学的败类，野蛮的象征"。此时，她整理好头发，轻轻地走进花园，然后用丈夫的配枪结束了自己的生命。他们十三岁的儿子，赫尔曼，在树林中发现了奄奄一息的母亲。

就在第二天上午，哈伯奉命离开柏林前往东线战场。他不得不指挥一次针对沙俄的化学战。他的责任感使他根本无暇顾及亲人的离去，也无意思量自己的负罪感。不管怎样，他一直认为家庭限制了男人的自由，分散了男人的精力。他甚至认为父爱也会埋没男人的才华，是"天才杀手"。他也从来不理解女人，将女人比作"可爱的蝴蝶"。他有一次坦言："我喜欢女人的花容月貌，但仅此而已。"

"如今我又重返前线。"他在给朋友的信中写道。此刻的他，自我膨胀得很厉害，整日忙碌，不知廉耻。"为了走出战争困境，我无暇左顾右盼，也无暇反思或者放任情感。我生命中唯一担心的，是我无法继续，或者说无法担负起肩上的重任。"

接下来的三年，战争继续疯狂地进行着，而且伤亡惨重。哈伯的毒气恶魔蜿蜒而出，从柏林和伊普尔城渗透进入鲁斯市（Loos），将拉夫卡河（Rawka）和里加城（Riga）全部吞没。哈伯奔波于战壕、战地指挥部、作战部以及实验室之间，主持设计新式的恐怖武器并将其投入使用。

首次使用令人发指的化学战之后，不出几个月，协约国也使用自己研制的化学武器来报复德军。作为回应，哈伯和他的同事又研发出新的毒气，并设计出新的投放方法。就这样，哈伯的研究所成为一个拥有1500名工作人员的军事重地。

在达勒姆，他设计了多功能毒气炮弹，一种可怕的二级程序炮弹。这种炮弹里面含有砷化物，可以穿过毒气过滤面具，导致面具失效。而且这种炮弹在第二次爆破后会释放出芥子毒气。与氯气不同，芥子毒气不会随风飘走。这种毒气具有持续性，会依附在衣服和土壤上，使受害人失明和窒息。即使爆炸后再过一段时间，只要有人摸到它，就会遭遇同样的危害。哈伯认为这种技术妙不可言，效果显著。

随着战争的不断升级，借助哈伯研制的炸药和毒气弹，德意志帝国一共投放了大约十万枚带有芥子毒气的化学炮弹。到了1918年9月，英国也研制出芥子毒气弹，并且在比利时战线中投入使用，用它来对抗巴伐利亚步兵预备队第十六军。在众多的受害者中有一个默默无名的奥地利陆军下士，他在一次毒气袭击中暂时失明。

哈伯并不觉得这么做有什么不合适，也不觉得有什么不道德。某

[146]

种程度上来说,他与英国的化学家并没有多大区别,比如弗雷德里克·唐南(Frederick Donnan)[1]和威廉·波普(William Pope)[2]。这些人也搁置道德,专心研发重要的技术,并且相信,凡是要被发明的都将会被发明。但哈伯却爱慕虚荣,趋炎附势,当然还有永远不知疲惫的创造欲。

然而,哈伯发明的"神奇武器"(wonder weapons)并没有给德国带来胜利。相反,罪恶滔天的毒气弹和工业炸药扩大了苦难,给人们带来饥饿,而且加速了经济的崩溃。大约有两百万德国人在战场中丧生,还有七十五万人因营养不良而死于后方。此外,整个国家的氮气全部用于永不满足的武器生产,农民没有任何的肥料种植庄稼,结果整个国家都陷于忍饥挨饿之中。

战败后的德意志帝国不仅没有得到铁资源丰富的布里埃[3]和隆格维[4]地区,反将阿尔萨斯[5]和洛林地区割让给他国;不仅没有吞并比利时,相反,本来属于德国的殖民地奥伊彭[6]和马尔梅迪[7]也被划归给比利时。在梅斯大教堂(1871年被德国人占领,1918年被法国收回),石匠们决定不把德国皇帝的头像从中世纪骑士塑像上抹去。相反,他们在他的旁边刻上了一句话:既往矣,世界的荣耀。

弗里茨·哈伯,这位在第一次世界大战中为德国立下汗马功劳的科学家,蓄起胡须,逃亡瑞典避难去了。他的信念破灭了。德国并没有取得更大的荣耀,被太阳神保佑的德皇也没有披上金光闪闪的礼服。哈伯的科学不仅没有让人们的生活更美好,反而让人们更加贫困

---

① 弗雷德里克·唐南(1870—1956),英国著名物理化学家。
② 威廉·波普(1870—1939),英国著名化学家。
③ 布里埃,法国东北城市,洛林大区默尔特-摩泽尔省的一个市镇。
④ 隆格维,法国东北部的一个小城市,距离卢森堡很近。
⑤ 阿尔萨斯,法国东北部地区名及旧省名,是法国本土上面积最小的行政区域,隔莱茵河与德国相望。
⑥ 奥伊彭,比利时地名。
⑦ 马尔梅迪,位于比利时列日省东部阿登地区的一座城市。

第九章｜弗里茨·哈伯和《恶魔的地理位置》

不堪。但是，战后他并没有被当作战犯而被捕入狱，反而在 1918 年获得诺贝尔化学奖。在他的获奖词中，瑞典皇家学院院长详细地叙述了合成氨对农业的重要性，对哈伯在炸药工业上的贡献以及参与化学战争的事实只字未提。

这项殊荣让哈伯得以重返柏林工作。他绞尽脑汁设计出新的方法来振兴前途渺茫、经济崩溃的祖国。瓦尔特·拉特瑙被人刺杀时，马克彻底贬值。此时，哈伯试图从海水中提取黄金。二十年前，一位瑞典科学家从海水中发现少量的珍贵金属。根据他的计算，每吨海水中约含有六毫克黄金。哈伯带着他的研究所转攻这个项目，希望借此减轻祖国的债务。但是四年的努力和无数次的海上航行全部付诸东流。这个瑞典人的计算数据太过乐观，这次失败让他——像他的祖国一样——陷入绝望的深渊。

"我反复思索生命的意义。"哈伯五十六岁时这样写道，"像我这个时代的人，像我这种性格的人，唯一有意义的事情就是义无反顾地行动，做事情，做一些有用的事情。但是我不知道哪个地方能够容纳我这样身心俱损的人。"

哈伯丝毫没有忏悔的迹象，他集中思履行他的管理职责。他雇佣研究人员，支持他们在基础物理学、量子力学甚至生理学上的开创性研究。对于那些针对化学战争的批评，他继续置若罔闻，认为这类批评太过时，跟不上形势发展。因此，他开始利用战时获得的知识为国内研发农药。

到了二十世纪二十年代末，德国出现了另外一个恶魔。人们用充满浪漫主义色彩的种族优越论来驱散战败的耻辱。尽管德国人歧视他们的犹太人同事，哈伯依旧忠诚于他的祖国。逐渐地，犹太人被禁止担任法官，不准在政府部门任职，也不准和基督徒呼吸同样的空气。哈伯的研究所里，有四分之一的科学家是犹太人的后裔。爱因斯坦，这位战争时期一直和哈伯友好相处的朋友，最后离开了

[148]

柏林，离开了哈伯，先后搬到比利时和英国，最后定居在美国。

1933年，那个默默无闻的奥地利下士，那次可怕的毒气遭遇使其投身政治——成为德国元首。卡尔·博施①（Carl Bosch）是一名工程师，他的工厂专门生产哈伯研发的化肥、炸药和毒品。他向这位新元首请求结束对犹太科学家的歧视政策。他认为，德国需要像哈伯这样的人。"如果真的如你所言，那么就让我们在没有物理和化学的情况下继续工作一百年吧。"希特勒这样回答道，他不想拯救这个男人，尽管这个男人的邪恶才华曾经帮助他掌握政权。

哈伯盲目的爱国精神以及创造欲，甚至他荣获的诺贝尔奖，如今都已经不能再保护他了。他递交了辞职书，然后离开柏林，前往西班牙参加一个科学大会，再也没有回来。他心力交瘁，茫然失措，在德国成了二等公民。正如爱因斯坦写的那样，他就像这样的一个人：他将毕生的心血致力于某个理论的研究，最后却被迫放弃这个理论。这时，峰回路转：他原来的敌人、一名英国毒气专家为他在剑桥大学提供了一个荣誉职位。他接受了这个邀请，但是作为一个恭顺的普鲁士人，他觉得有必要将各项事务与当局交接完毕，有必要处理自己的税务并请求政府允许他体面地离开德国。但是他的请求却迟迟没有答复。离开之前，他让人将他写的一个便签贴在研究所的公告板上。

> 你们看到这些话时，我已经离开了威廉大帝研究所……二十多年来，该研究所在我的领导下，和平时期我们致力于用科学服务人类，在战争期间则用科学来服务我们的祖国。在我看来，它促进了科学的发展，巩固了德国的国防。

即使在他生命的尽头，当他思索科学既能滋养生命也能毁灭生命

---

① 卡尔·博施是德国工业化学家，他改进了哈伯首创的高压合成氨，找到了合适的氧化铁型催化剂，使合成氨生产工业化，称为"哈伯－博施法"。

第九章｜弗里茨·哈伯和《恶魔的地理位置》

的能力时，这位恺撒的化学家也不理解，道德和爱国的职责之间是否互不兼容。

然而弗里茨·哈伯给人类留下的创伤仍在延续：延续在因他的武器而失明或者致残的一百万人身上；延续在物理学家詹姆斯·弗朗克（哈伯的"毒气部队"中的一员，后来帮助发明了原子弹）的身上；延续在科学和军事继续联合起来发明更加致命的武器上；延续在使用毒气杀害摩洛哥、利比亚、埃塞俄比亚、伊朗、伊拉克和其他国家的平民这类事件上。

希特勒也继续延续他的工作。希特勒远不像他当初所威胁的那样，彻底放弃物理和化学，这个独裁者进一步推动了哈伯对"奇幻武器"的奇思妙想。首先，他资助合成汽油的生产，然后又批准使用氰化物杀虫剂。该杀虫剂是哈伯在柏林的一个邮编为14195的地区研制成功的。在纳粹的集中营里，这种化学品夺去了大约四百万人的生命。这些人之中，有哈伯的侄子、侄女，也有成千上万的其他柏林人。

《母与子》画像,作者凯绥·珂勒惠支,1903年。

第十章

凯绥·珂勒惠支和《母与子》

1903年,沃尔特广场

孩子的头耷拉下去。母亲紧紧地抓牢他那渐渐冷却的身体,将脸贴在他无声的胸膛。儿子的头发,柔软、温暖,如阳光下的羽毛。她的头发,凌乱、稀疏。她结实有力的双手拼命地抱紧男孩羸弱的肩膀,将他搂入自己的怀抱。她渴望再一次给他注入生命,或者将他的生命重返她的身体。

"活过来呀!"母亲对尸体哭喊。"别离开我!"

但是男孩永远回不来了。死者撇下我们,让我们回忆曾经的往昔,追悔懊丧,独自面对苍白无力、一去不返的生命与情感。

泥浆:无形无状,就像他母亲画室里用布包裹着的黏土一样,等待着形塑,等待着故事的展开。

1914年,皮特·珂勒惠支十八岁,和其他稚气未脱却又朝气蓬勃的志愿兵一起,在泥淖中跌打滚爬。工程人员吃力地推拉着火炮。拉运弹药的马儿被鞭打着赶往前线。军官们笔挺地站在载人汽车里,大声下达命令,说这场战役一定要打通敌军的战线。帝国第四军蓄势待发,他们已做好准备随时拿下加莱①,然后南下攻占巴黎。一颗榴

---

① 加莱,位于法国北部加莱海峡大区,北与比利时接壤,与英国隔海相望,是法国北部重要的港口城市。

霰弹在他们头顶的上空爆炸,两个临时的宿营着了火,他们一周的食物顷刻间化为乌有。然而一群又一群的年轻士兵依旧迎着炮弹冲上前去。他们唱着歌,仿佛胜利就在眼前。

皮特所在的军团——德国陆军第207军团——离开柏林仅仅十天。一个多月以前,皮特正在挪威度假,和来自德国、法国和英国的"驴友们"一起穿过幽蓝的峡谷和厚厚的冰川。在北部荒原,这群年轻的旅行人听说了萨拉热窝事件。①他们在卑尔根②(Bergen)分别时,彼此握手道别,相互祝愿,纷纷说:"我们必须赶回家去。看来要打仗了。"而现在,他和战友们一起走上前线、挖筑战壕,蹲在战壕里对阵比利时第11集团军。

昨天,他收到母亲写给他的第一封信。

亲爱的孩子!没有你在比利时的任何消息,所以我们猜想,你现在一定在法国。或许你已经在战火之中。我亲爱的孩子!尽管你此刻或许正身处险境,尽管我能想象你此时所遭受的苦难,但我并不会像过去那样难过。或许是因为最近我一直在画画,将我内心的压力转移到画板之上。我满怀信心地想念你。愿你平安归来,我亲爱的孩子。

信揣在他胸前的口袋里。战士们放下铲子。中午,他们可以吃到香肠,豆子,还可以喝到味道鲜美的咖啡,可皮特却诅咒发誓说他在咖啡里能闻到火药味。

"比亚历山大广场上阿辛格那家的味道好多啦。"一位新来的战友尤尔根开玩笑道。这家伙总是爱开玩笑,尽管他的鞋子早都磨破了,

---

① 萨拉热窝事件于1914年6月28日在巴尔干半岛的波斯尼亚发生,此日为塞尔维亚的国庆日,奥匈帝国皇位继承人斐迪南大公夫妇被塞尔维亚族青年普林西普枪杀。这次事件使7月奥匈帝国向塞尔维亚宣战,成为了第一次世界大战的导火线。
② 卑尔根,挪威的第二大城市,也是西海岸最大最美的港都。

第十章 凯绥·珂勒惠支和《母与子》

脚上也起了泡,尽管一群英国士兵怒吼着向他们发动进攻,中断了他们的午饭。

军营的厨房那边火光冲天,地动山摇,把皮特都震倒在地,他爬起来跌跌撞撞地跑向掩体,被炮弹掀起的泥浆像雨点一般砸在他身上。接着又是一阵猛烈的炮火,地面都要被撕开了似的。烈性炸药将临时搭建在树后的战地停尸房炸得支离破碎。皮特跌入一个弹坑,算是躲过机关枪的疯狂扫射,却犹如跌进一个坟墓废墟,血肉横陈,尸骨遍野,臭气熏天。老鼠惊慌失措地在死尸和奄奄一息的人体间乱窜。一个拳头伸出泥土,拼命地划了几下,渐渐地在泥淖中窒息而死。在一片烧焦的树丛中,尤尔根在蠕动。他两眼发白,模样痛苦不堪,手里紧紧地抱着他的军用饭盒。他的一条腿被炸飞了。

为了应对这次轰炸,上级命令他们立刻突围,越过伊塞尔河(Yser River)。皮特所在的兵团要在比利时军队涌向他们的战线之前撤离这里。

在接下来的那个星期四下午,皮特一直躲在伊森(Esen)一间废弃的农舍里。他大气都不敢喘,心里七上八下,但他并非懦夫。烟雾中阳光闪耀着橘黄色的光亮。炮弹在他们的头顶上嗖嗖地飞过,他和另外两个战友从一个破窗户里挤了出来,爬进地面上一个令人沮丧的地方。他们所在的地方只有一块刚被炮火掀起的草皮作为屏障。他们敛声静气,伺机准备离开。皮特刚抬起头,一颗子弹"嗖"地一下穿过他的喉咙,心脏便停止了跳动。

连日来,德军伤亡惨重,仅迪克斯梅得[①]一役,两万五千多名根本没有受过正规训练的青年志愿兵就失去了生命。因此,这次战役又被称为"屠杀无辜者战役"。尽管德军已经伤亡惨重,比利时人依旧雪上加霜,打开尼乌波特[②](Nieuwpoort)水闸,造成了方圆一英里的

[155]

[①] 迪克斯梅得,比利时西佛兰德省北部的一座城市。
[②] 尼乌波特,比利时一港口城市。

汪洋，阻断了德军前进的脚步，将这个地势较低的平原变成一个巨大的坟墓。

皮特死后的第二天，部队又收到一封写给他的信。

> 亲爱的孩子！你收到我们寄的贺卡了吗？我们给你写的东西，你或许永远不会收到。这是一种奇怪的感觉。你爸爸和我都很好，他工作很忙，我每天都在画画。你到底在哪里啊？一想到这里，我就如坠云雾。再见了，亲爱的孩子。祝好！

这封信原封不动地退回柏林，上面只写着：退还发信人。收信人阵亡。

皮特的母亲叫凯绥·珂勒惠支①，四十七岁。1914年10月底的一个星期二上午，她走出画室，来到他的卧室，将手搭在床头。床头是铁的，冰冷刺骨。她看了看他的画架、书架以及靠在墙角的滑雪橇。墙上挂着一把吉他。曾经有一次他向她列举生存的理由：打台球，登山，热衷表现主义，深夜遥望星空，还有5月游览多斯加尼②（Tuscany）。他喜欢流连于阿辛格的某家啤酒屋，喜欢在普伦茨劳贝格（Prenzlauer Berg）夏季展览会上观赏灯光闪烁的丹麦电影，喜欢和朋友一起在森林里漫步、歌唱。皮特曾经参加过学生运动。这个学生运动旨在摆脱普鲁士的陈规陋习。他经常逃学，希望成为一位他母亲那样的艺术家。一年前他开始在艺术博物馆学习绘画，却半途而废。他继续逃学，到格鲁内瓦尔德区（Grunewald）去旅行，在柏林哥白尼

---

① 凯绥·珂勒惠支（1867—1945），原名凯绥·勋密特，德国版画家、雕塑家。14岁时即开始学习绘画。1889年和在贫民区服务的医生卡尔·珂勒惠支结婚，1898年开始在柏林女子艺术学院任教，后来成为一个社会主义者。主要作品有《自画像》《穷苦》《死亡》《商议》《织工队》等。

② 多斯加尼，意大利中部一地区。

区的一个森林里——科林·奥尔巴尼曾经在此度过冬天——和朋友一起庆祝夏至的到来。在他前往挪威的那个夏天,凯绥非常严厉地批评了他,说他不务正业,荒废功课。她当时真的很严厉地批评了他。

如今,他已长眠地下,被人用油毡布裹着装进一个简陋的木盒子,埋在战壕后面的泥浆里。这个孩子的脐带被剪过两次:第一次为了活,第二次为了死。凯绥紧紧地抓着铁的床头,直到她的指关节全部变白。她听到一个声音,惊奇地意识到自己正大声地自言自语。她忽然悲从心来,掩面而泣,泪如雨下,想停也停不下来,真的停不下来。

"孩子们,孩子们。"她哽咽着呼喊,心里一直想着她的儿子。

死神。凯绥和死神的对话,早在三十多年前在波罗的海旁边的科尼斯堡①(Königsberg)便已开始。那一年她才九岁,她出生在东普鲁士港口一个有进步思想的家庭。生活在这里的人,文化修养普遍不高,她是这个家庭第三个幸存下来的孩子,父亲是个思想自由的律师,拒绝为当权者服务,平常经常读马克思的书,参加刚刚诞生的社会主义党。祖父是个新教牧师,拥护1848年革命。尽管他们对乌托邦充满憧憬,却并没有让他们学会坦然面对悲剧。

1873年,凯绥和兄弟姐妹们一起坐在餐桌旁。他们的母亲正在舀汤。老保姆突然打开房门大声叫道,"他吐了,他又吐了。"母亲僵站在灶台边,一声不吭,过了一会继续舀汤。她的第一个孩子本杰明刚满一岁就夭折于脑膜炎。当时她痛不欲生。后来又有两个婴儿夭折,从此她就封闭了情感。凯绥生性腼腆,多愁善感,她一直凝望着母亲,体会到母亲的痛苦。很快,凯绥开始不得不忍受母亲的暴躁脾气,因为她母亲好像要通过发脾气来宣泄痛苦。

凯绥喜欢和姐姐逛熙熙嚷嚷的港口,穿过国王花园溜达到教堂,

[157]

---

① 柯尼斯堡,即如今俄罗斯加里宁格勒州首府加里宁格勒,位于桑比亚半岛南部,由条顿骑士团北方十字军于1255年建立,先后被条顿骑士团国、普鲁士公国和东普鲁士定为首都或首府。

一直走到码头。这两个女孩在木制的平底船上一站就是几个小时,围巾在风中飞舞,饶有兴致地看那些码头工人从冒烟的汽船和载满货物的游船上卸货:运往柏林的烟熏猪肉和木材,运往莱比锡和德勒斯登的干鳕鱼和羊毛。那些工人将沉重的木箱甩到岸上,然后再驰向其他港口。这些工人有的是俄罗斯人,有的是拉脱维亚人,有的是立陶宛人,他们都穿着绵羊皮或其他的皮革。他们的工作很辛苦,却让凯绥心向往之。

"对我来讲,科尼斯堡码头的工人很美。"她像第一次写情诗一样写道。丝带和蝴蝶结、幻想和时尚对她来说毫无魅力可言,打动她心弦的,是码头工人们富有弹性的肌肉,是他们那简洁明快的动作,是"普普通通的人们干活时展现出的一举一动,那么地优美动人,那么地无拘无束"。

在码头的一处堤岸上,凯绥也见过一个被淹死的女孩被冲上岸来,然后被悲悲戚戚的家人抬走。渔妇的哀嚎,父亲默然无语的煎熬,都让凯绥的心为之颤抖。

星期天做完弥撒,凯绥和姐妹们来到牧师那明亮的客厅,空气中弥漫着百合花和家具上光后的气味。她们就在地毯上躺下,眼盯着牧师那琳琅满目的铜版书,敛声静气地听着大人们的谈话。牧师相信,上帝让人拥有才华的同时,也赋予人责任。才华不是平白无故拥有的,必须承担起应尽的责任。他对凯绥的父母说,会讲故事的儿子,应该去当作家,会唱歌的女儿,有义务参加教堂的唱诗班。每个人都有责任发展自己的才能,进而促进社会的昌盛,而不能自私地考虑自己的得失。上帝赐给我们的天赋,不是用来自我珍藏的,必须发挥出来,运用创造以此来改造世界。

有些日子,这个瘦高个的牧师会身穿一袭黑色长袍,让凯绥坐在他膝盖上给她讲《福音书》,给她背诵莱辛[①]的名言和《衬衫谣曲》。每

---

① 莱辛(1729—1781),德国戏剧家、文艺批评家和美学家。

当这个老人朗诵托马斯·伍德①（Thomas Hood）有关城市穷人的诗歌，原本沉稳庄重的声音就乱了。凯绥满脸好奇地望着他，看着他潸然泪下，泪珠滴落在他颤抖的双手上。

凯绥十一岁时，她父母发现了她的绘画才能。不过一直等到她十四岁，她才开始跟随科尼斯堡的一个铜板雕刻家学习。十六岁时，她的性别又妨碍了她去柏林艺术学院的进修，只得师从自然主义画家艾米丽·奈台（Emile Neide）。十七岁生日后，她父亲将她送到慕尼黑女子学院，继而又来到柏林，在只有男子才能上的艺术学院借读。他父亲既想让她继续深造，又不想让她过早地坠入浪漫爱情。可截至目前，她一会爱上石匠，一会又移情别恋爱上码头工人，陷入一种莫名的状态，连她自己也不知道渴望什么。

在空荡荡的画室里，凯绥学会如何去描绘生活，通过勤奋的练习提高画技，而不是光靠灵感。她剪去长发，收拾起漂亮的衣裙，穿上简陋的画画服，像其他放荡不羁的妇女一样，立志不婚，投身工作。因为，情爱意味着婚姻，婚姻意味着束缚羁绊。

凯绥来到柏林的第一个夏天，赤日炎炎，她常常驻足宿舍窗前。瓦尔特·拉特瑙就出生在这片居民区，莉莉·诺伊斯也是在这里离开了人世。此时，凯绥在窗前看着劳工们在拱桥下徘徊，看着他们的妻子正哄着顽皮的孩子去睡觉，两三个孩子甚至更多的孩子挤到一个床上睡觉。她看到有的家庭全家人都露宿楼道，或是露宿公园，因为无家可归。她看到成千上万的人涌向安哈尔特火车站（Anhalter Bahnhof），里面有农场工人，有场地管理员，有戴着帽子的女孩，帽子上别着样子难看的蝴蝶结，还有奶妈，她们撇下家里的孩子，跑到这个日益扩大的首都来出卖自己的母乳。这些进城的人，有的进了工厂，扩建工厂，生产轮胎或者鱼雷；有的一大早就到博尔西希、

[158]

---

① 托马斯·伍德，一位以幽默诗作而闻名的英国诗人，主要作品有《衬衫之歌》《劳动者之歌》《叹息桥》等。

西门子公司和德国爱迪生应用电力公司门口去排队打零工。1890年，五十来年的工夫，莫阿比特工业区的人口增加了近二十倍，柏林的面积也扩张了两倍。昏暗凄冷的清晨，凯绥的鞋带上沾满冰霜，眼瞧着那些劳工的妻子们目光直愣愣地盯着面包房的窗口，掂量着手中的几个铜板，孩子们赤脚依偎在她们的脚边，在饥寒交迫中嚎哭个不停。

在凯绥眼里，色彩是庸俗的。人们用颜色来毫无诗意地描绘美丽之物。但是版画就像诗歌，让人浮想联翩，同时又感同身受。

凯绥在女子艺术学院的第一个冬天，发现了图形艺术家马克斯·克林格尔（Max Klinger）①的作品。克林格尔用单色调的铜版画来叙说史诗般的故事。他创造的版画《生活》系列，讲述了一个年轻柏林人的逐渐毁灭，栩栩如生地讽刺了德国统治精英们道德上的虚伪，就好比一个女子失去贞操之后便被她的情人抛弃，最后被公开扔进下水道里。他用这些富有表现力的形象，赤裸裸地告诉世人，这个世界不应该如此。

克林格尔这些充满着激情的画作解放了凯绥，使她摆脱束缚，不再一味地模仿现实生活的表面现象。她的画风越来越具有表现力，线条粗犷奔放而且明快流畅。她树立起自信，敢于独树一帜，既表达自我情感，又表达出那些无法自我表达的人们的心声。

看完克林格和格哈特·霍普特曼（Gerhart Hauptmann）②表演的关于西里西亚纺织工人起义的话剧后，她突发奇想，创作了她的第一组作品：《织工的反抗》。这组系列作品由六个意象组成。第一张石版

---

① 马克斯·克林格尔，德国象征主义画家和雕塑家，他是十九世纪象征主义和二十世纪超现实主义运动之间承前启后的重要代表人物。第22369号小行星是以他的名字命名的。
② 格哈特·霍普特曼，德国著名的剧作家。他一生创作了四十二个剧本，二十多本长短篇小说，十多部诗歌、童话、传说，还翻译过莎士比亚的作品和写了三部自传体作品，是德国历史上少见的多产作家，也是位多才多艺的文学巨匠。1912年获得诺贝尔文学奖。

画《贫穷》描绘了一位绝望的母亲紧拥着奄奄一息、瘦骨嶙峋的小孩，昏暗而低矮的陋室里，孩子的父亲和另一个孩子蜷缩在一张空织布机旁。第二张画《死亡》，已经收走一个孩子生命的死神拉着孩子母亲的手，也要带她而去。后面的几幅画中，这位母亲和孩子的死激怒了工人，他们终于奋起反抗。

凯绥花了四年才完成《织工的反抗》这幅画，并于1898年在柏林举办的一年一度艺术展览会上展出，让柏林的官员们大为震惊。石版画《贫穷》——凯绥将之称为"悲伤之子"——售价五百马克。当时画界的翘楚阿道夫·门采尔①（Adolph Menzel）提议让凯绥获得本届展览会的金牌。但是德皇否决了这一提名。用自己手中的笔来评头论足当权者的艺术家，必定要遭到制裁。

转眼凯绥就二十八岁了。她抛弃了独身主义，嫁给了医生卡尔·珂勒惠支。他思想开放，喜欢帮助穷人。他们住在普伦茨劳贝格区（Prenzlauer Berg）。这个区里住的人都是工人阶级，离柏林富有的市中心不远。这儿的廉租房灰暗阴郁，臭气熏天，光线暗淡。这里的孩子，四分之三没有见过日出，一半的孩子从未听见过鸟叫，三分之一的孩子身高和体重都在正常水平以下。结核病肆虐，克里斯托弗·伊舍伍德（Christopher Isherwood）把这里称之为"穷人的营地"。在这个人口拥挤、危机四伏的普伦茨劳贝格地区，当地人开玩笑地说，杀死个人像把玩斧头一样简单。

珂勒惠支家的住所，相比其他邻居，稍微宽大些，有四间干净的房间，还有一个可以眺望沃尔特广场的小阳台。沃尔特广场是这个居民区唯一的开阔地。凯绥经常站在阳台上远眺并且问自己："我能做点什么呢？"毕业后，她生下两个儿子，帮助丈夫经营他的诊所。她

[160]

---

① 阿道夫·冯·门采尔（1815—1905），德国画家，从1839年至1842年，他创作了大约四百幅木刻版画，为《腓特烈大帝传》作插图，从1843年至1849年，他根据腓特烈·威廉四世的委托，为《腓特烈大帝全集》创作了两百幅插图，并获得当时普鲁士王国的最高荣誉"黑鹰勋章"和贵族称号，成为当时国内最伟大的画家。

在画室里安放了一张用橡树做的工作台,增添了铜板和画画用的工具。她的脸,本来是瘦长形的,如今也变得越来越胖,双手也因为经常用苏打水擦洗丈夫的手术室地板而变成了酱紫色。不过,她那双漆黑下垂的双眸依旧像小女孩的眼睛一样明亮,让她丈夫迷恋不已。凯绥知道,丈夫对她十分忠诚。他支持她,鼓励她的工作,从不要求她放弃自己的事业去帮他做事。做母亲并没有消耗她太多的精力,倒反而促进了她。她觉得自己更有创造力了,因为她可以更精准地把握自己的感受。

她越过一栋栋房子的屋顶向外遥望,南面是光芒四射的教堂和皇宫,西边是浓烟滚滚的工厂,怪兽般的机器轰鸣着为资本主义社会发展服务。凯绥将素描本和早晨画的画紧紧地抱在胸前,紧贴自己的心房。她每天都会在卡尔的会诊室里给病人登记,然后用她的画笔将他们栩栩如生地表现出来:因裁布而严重受伤的手指,从高处摔下致残的泥瓦匠,刚从第三次流产中恢复过来的制革女工,还有因为得了肺结核而喘着粗气、长着罗圈腿的双胞胎。

"那次我遇到一位妇女。她是找我丈夫看病的,碰巧遇到了我。那一刻,无产阶级的命运让我无比震惊,心一下子被揪住了。"她回忆说,"像妓女和失业这些悬而未决的问题,让我感到悲伤和痛苦,促使我觉得有责任关注工人阶级。"

[161] 卡尔的病人成了她绘画的模特,她的两个儿子亦是如此。凯绥极力地去捕捉那些"从灵魂深处才能看到和体会到的东西"。在画室的桌旁,她全身心地投入创作,卷起袖子,任凭头发垂落眼前,似乎要让自己完全沉浸于自我世界中。她承认:"我从不会无动于衷地创作。我创作时一直都充满激情,热血沸腾。"

但德皇却不希望艺术家们直抒胸臆,不希望他们打破传统,不希望他们自由自在。相反,他希望将这些艺术家们掌握在手心里。在他看来,艺术的目的就在于反映国家的强盛。正如他的祖先勃兰登堡选帝侯"铁牙"曾经相信歌集和游吟诗的价值一样,他认为普鲁士艺术家的价值也在于称颂德国的英雄。在他的统治期间，他在柏林修建了许多规模宏大、充满民族主义色彩的纪念碑。纪念碑的两侧饰有胸部丰满的天使和兴高采烈、身披铠甲的半人神。他在蒂尔加滕公园开辟了一条路，两旁耸立着霍亨索伦家族历代统治者们庄严的塑像。他修建的这条"胜利大街"粗俗不堪，但这是他赋予这座城市的一个礼物。它使"那些即使生活在社会底层的人们也相信，只要付出艰辛，只要努力奋斗，理想就能实现。"

他需要的艺术，一方面要歌功颂德，另一方面又要起到恐吓威胁的作用，其目的都是为了让市民循规蹈矩。"艺术若是僭越了我所规定的法律和界限，就不再成其为艺术。"1901年他大言不惭地叫嚷。"如果艺术像眼下时常出现的情形那样，向人们展示的只是苦难与悲伤，或者夸大苦难与悲伤，那么它就是对德国民众的犯罪……这样的艺术应该下地狱。"

德皇修建的胜利大街被戏称为"玩偶大街"。拉特瑙认为它封建愚昧；马克思·利伯曼建议人们看这条"亵渎艺术品位"的大街时应该戴上墨镜；旅行指南出版家卡尔·贝德克尔拒绝给这条大街，甚至拒绝给皇帝修建的所有纪念碑做星级评定。经常来访柏林的舞女伊莎朵拉·邓肯[①]则呼吁市民摧毁这条大街。

皇帝眼中的"罪人"，是柏林的分离派——一群叛逆的画家和雕塑家。这些人崇尚现代主义，将柏林介绍给欧洲的其他画家，比如莫奈、马奈、蒙克和塞尚。凯绥也参与了他们的第一次画展，结果大获成功，受到追捧。甚至也有军人悄悄地溜进西区剧院去看个究竟。这些军人大部分匿名前来，穿着平民的衣服。因为皇帝威胁说，军官若是去参观这些颠覆传统的展览，将会受到惩罚。

[①] 伊莎朵拉·邓肯（1878—1927），美国舞蹈家，现代舞的创始人，是世界上第一位披头赤脚在舞台上表演的艺术家。主要作品有根据《马赛曲》、贝多芬的《第七交响曲》、门德尔松的《春》和柴可夫斯基的《斯拉夫进行曲》改编的舞蹈。著有《邓肯自传》和《论舞蹈艺术》。

[162]　　凯绥用针尖不停地在铜板上刻画着。楼下街道上的喧闹声——小摊贩的叫卖声，酒肆里的寻欢作乐声，似乎都渐渐远去。她喜欢钢针刺进铜板的那种感觉，那种轻微一刺就能刺穿真实、坚硬之物的感觉。通过钢针，她攻击画板，嘲弄画板，赋予它生命。她全神贯注地在铜板上刻画出她的理想，用刷子刷去残留的细隙，忘记了在炉子上炖着的扁豆汤，直到汤炖焦了的味道飘来，才想起来。在《强暴》这幅铜版画中，她注入了她最原始的情感，刻画了一个女孩被蹂躏后又被抛弃在灌木丛中死去的景象。在窗户下面的画桌旁，凯绥在完成了"反抗系列"后，开始画"农民战争系列"。该系列的创作灵感，是来源于宗教改革时期发生的一次起义。这幅画中有一幅《爆发》，描绘了一个和凯绥年龄相仿、身材差不多的妇女慷慨激昂地要求农奴们起来反抗的场景。另一幅画《战场》，描述了一位母亲在一堆堆的尸体中搜寻她死去的儿子的场面。她画中的人物，柏林人都不陌生，因为都似乎与历史上的某些人物有关，这些画都是参照那些在她丈夫手术室里等待、哭泣的男男女女的形象绘制而成。她印制了那么多画，浪费了那么多的铜质画板，但是她丈夫从不对花费说三道四。

　　时断时续的创造力，起伏不定的情感，连续几个月才思枯竭、两眼茫然地盯视着白纸，抓耳挠腮，苦思不得，这些都让凯绥很入迷，很惊讶。她试着摸索其中的规律，在图标中标出自己的创造周期。她将艺术的力量视为支配自己的力量，发挥想象将性欲和生育联系在一起。但是，除了无休止地害怕失去之外，她看不出日常生活和灵感之间有什么联系。

　　1902年那个寒冬，她两个儿子都病倒了。皮特的肺不好，汉斯染上了白喉病。在那些漫长的寒夜，她和卡尔两人心情焦虑地照顾着这两个孩子。在没有暖气的卧室，凯绥感到心寒，时常想起她母亲辞世的场景，也常常做噩梦，害怕儿子的生命戛然终止，永远地离她而去。她能感觉到自己越来越害怕，害怕失去，想紧紧地抓住当下拥有的一切。正因为害怕失去，她整日提心吊胆。

春天的阳光白晃晃地再次洒落在他们的病床上，两个孩子开始慢慢康复，凯绥才渐渐宽下心来。她把皮特抱在怀中，让他把头朝后仰，放松肌肉，然后像死去的人那样一动不动。她拉着儿子来到镜子前，借助镜子画自己和儿子的画像，一直画到俩人姿势僵硬了，她也叹了口气，那时才觉得累了需要停下来。"别担心，妈妈，"皮特奶声奶气地安慰妈妈，"你的画很漂亮。"

她的生活与油墨密不可分。素描本、凹雕版、铜版画堆满了画室的各个角落。一位母亲摇着摇篮，摇篮里的孩子死了，这一意象在后来的绘画生涯中一直萦绕在她心头。她承认："我的画都是源自我的生活。"

生命，正是因为有死亡而有期限，也正是因为死亡而生机勃勃。死亡让凯绥对生命更加留恋，促使她不想虚度年华，珍惜生活中的每一刻。她对丈夫很忠诚，但是随着时光流逝，她对他已无激情可言。她丈夫平常的起居生活开始让她感到恼火。她哭喊，希望有一片自由的天地可以自由呼吸。她封闭自我，独自游历巴黎和佛罗伦萨。两个孩子长大以后，她便到巴黎和佛罗伦萨去旅行。在那里她遇见了艺术批评家雨果·赫勒（Hugo Heller）。赫勒是匈牙利的一个犹太人，他不仅充满活力、知识渊博，还是一个充满激情的社会民主党人。当赫勒去维也纳开自己的画展时，两人开始写信互通往来。1909年，赫勒的妻子去世后，两人发展为情人。

两人之间的暧昧关系没有留下片言只语，因为凯绥死前将他们之间的通信都付之一炬。但是那一年却有六幅画幸存下来，使得他们之间的亲密一目了然。在一幅名叫《秘密》(*Sekreta*) 的画中，画家用炭笔勾勒出充满质感的画面，再现了他们亲密无间的关系。画面中，一个男子正从一名妇女身上站起来，而那名妇女则仰面躺着。另一幅名为《爱情》(*Liebesszene*) 的画中，男子从她身后紧紧地抱住她。那个女人便是凯绥，总是陷于各种情感之中不能自拔，总是纠缠于生离死别的痛苦之中。

[163]

在《死神与女子》(*Death and Woman*) 这幅画中，凯绥故伎重演。只不过这幅画中的情人替换成死神。死神反剪她的胳膊，用他瘦骨嶙峋的四肢紧紧地锁住她的双腿，正将她拽进黑暗之中。对于他致命的拥抱，她一面反抗，一面又显得无可奈何。她的头靠向死神，但怀中那赤身裸体的孩子却又令她留恋生命。

"彼此相爱后，难免伤感。"她这样写道，"但生活还得继续下去，难免凡尘所困。或许，正是因为生活中总是充满了悲伤，生活才变得更加绚烂美丽。人们看到最简单、最人性的场景时为何潸然泪下？因为，最让人恐惧的事实莫过于活在尘世。"

1914年一战爆发时，凯绥四十七岁。她坐在床上，终日以泪洗面。八周后，她的儿子皮特在战场上阵亡，她最害怕的事情变为现实。跟其他众多父母一样，卡尔和凯绥也认为德国需要自卫。但是，当他们的孩子在战场上中弹身亡，被炸或者中毒，长眠血腥大地，他们逐渐认识到"我们一开始就被出卖了。如果没有被无情出卖，皮特或许还活着，成千上万的人或许不会死去。但大家都被耍了。"

儿子的死亡让她倍感空虚，她要用创作来填补空虚。她不停地画啊画啊，以此来转移自己的注意力，麻木自己，减轻痛苦。她计划给皮特雕一个纪念像，雕刻一尊她一生中最大的雕像，将耗费她十八年之久。这幅画的主体起初是他的儿子，后来变成一对哀悼的父母，最后是用花岗岩雕刻而成的父亲和母亲。这对父母便是卡尔和凯绥，痛苦地蜷缩着，相互紧紧拥抱，孤独，凄凉，失落。1932年，作品在比利时的弗拉兹洛（Vladslo）战争公墓揭开面纱。在弗拉兹洛战争公墓埋葬着25644名德国士兵，皮特就在其中。

凯绥相信，艺术能够，而且应该改变世界。她希望她的作品能够拨动人们的心弦，让人们付诸行动，有益于人们。当德国青年浴血战场，当德皇号召未成年男子参军打仗，凯绥在一篇社论中挑战皇帝。她呼求："死的人已经太多了！别再让人倒下！"

而与此同时，她开始放弃那些历史题材，不再以过去审视现在。

第十章｜凯绥·珂勒惠支和《母与子》　　171

她要对当下有所作为，"因为当下的人类太过迷惘无措，亟待帮助。"在《战争》这一与毕加索画的《格尔尼卡》一样感人的木刻版画中，一位赤身裸体的母亲将刚出生的孩子献给了战争。死神敲锣打鼓欢送狂热的志愿者们投身战场，一群母亲形成一个反抗团体，下定决心不再放弃她们的孩子。凯绥感觉到自己的责任。她不能只是做一个艺术的前卫，她有责任去表达世人的苦难，那永无止境的苦难。

"亲爱的皮特，"她对死去的儿子倾诉，"我要和你一样尽心尽责。其意何为？正如你用你的方式报效祖国，我也要用我自己的方式去爱这个国家，而且要让我的爱行之有效。我请求你在我身边，出现在我眼前，时时刻刻地帮助我。我知道你就在不远的地方，但我只能若隐若现地望见你，好像你隐藏于迷雾之中。我向上帝祈祷，让我真切地感觉到你的存在，让我可以将你的精气神注入我的作品。"

凯绥如今已经五十二岁。站在她家的阳台上向外眺望，战败后的柏林，悲观绝望，如醉汉般地跌跌撞撞，不知所往。沃尔特广场上，一个在战争中致残的人像螃蟹似的蜷缩着在那里乞讨，战争勋章撞击着金属做的假肢，发出"当当"的响声。两个稚气未脱的老兵，身上的制服肮脏破烂，好像刚从战壕里滚爬出来，此刻正挽着一个妓女的胳膊逗弄调戏。妓女面露饥色，嘴唇如血，稍有不慎就会被这两个兵痞弄死。不远处，一头原本在公园里的大象正拉着炭车。因为，大多数的马匹被人们屠杀充饥了。战败已经剥离了柏林浮华的帝国外表，一览无遗地展现出其外表下扭曲丑陋的躯壳。

列宁在柏林的大街小巷播撒革命火种。他从莫斯科运来成千上万的马克纸币，派遣了三百名煽动分子到德国。这些人训练有素，都乔装成俄罗斯大使馆工作人员以掩人耳目。他派遣的这群活动家们引发了1919年斯巴达克同盟起义。这次起义中，工人们占领了政府的办公大楼，将德国带到布尔什维克政变统治的边缘。共产党的领导人卡尔·李卜克内西在一列列武装卡车的护送下游走于柏林的大街小巷，为夺取政权而奔走。但是残暴的反动势力——德国民间准军事团体自

[166] 由军团（Freikorps）（后来，希特勒就是从这里挑选他的突击队队员）镇压了这次起义，用刺刀砍杀聚集在一起的罢工人员，在国会大厦前用机关枪扫射手无寸铁的示威人员。巴黎广场战火纷飞，浓烟滚滚，吞没了胜利女神雕像，将泪眼蒙眬的行人驱赶进艺术学院，成百上千的尸体被扔进下水道里。这次运动的激进分子，罗莎·卢森堡被人击中脑袋，尸体被扔进了兰德维西运河（Landwehr canal）。卡尔·李卜克内西也被谋害，陈尸蒂尔加滕湖。

凯绥不是共产主义者。她说自己更崇尚渐进式的改革而不支持革命。但是，李卜克内西的家人请求她给死者的尸体画几幅画像，她并没有拒绝。她一共画了六幅画，画中的卡尔·李卜克内西身体变形，脸部痛苦不堪，头上的伤口掩盖在鲜红的花朵下。在那幅让人心碎的画作《纪念卡尔·李卜克内西》中，她让一群无产阶级在这位陨落的烈士身旁哀悼痛哭，宛若哀悼基督耶稣一般。毋庸置疑，她内心一直备受煎熬，怀疑自己是否真的能将内心的感受表达出来。

"木刻版画能表达我的内心吗？"她痛苦地思索，"如果这样还不行的话，那么我就有理由相信它只能深埋于我的内心。继而我也不再需要创作了。"

"其实这都是她的幻想和过于追求完美的结果。"

"我的内心空空荡荡，既无思想也无感觉，既无行动的冲动，也没有真正的身临其境。我情绪低落，低落到了低谷。"

历史学家皮特·盖伊（Peter Gay）认为，魏玛共和国"诞生于战败、生存于混乱、消亡于灾难"。梦魇似的通货膨胀吞噬了珂勒惠支一生的积蓄，几千万的其他德国民众流离失所。1929年，世界经济危机爆发，失业人数剧增，纳粹党人抓住机会，顺势而动。十年前德国政府软弱无力，将权力移到了自由军团手里，对帝国的制度几乎没有做出任何的改革，这些都导致军人重掌政权。曾"解放"柏林的士兵，如今戴着万字符（卐）趾高气扬地横行于柏林街头。

与之前的皇帝一样，希特勒也讨厌凯绥的作品。艺术再一次要为国家服务。对此，凯绥在她的画室里做出了回应，最后画了八幅犀利的石版画。画面中，身披斗篷的死神恶狠狠地扑向一群孩子，然后扑向一个小女孩儿，扑向一位母亲，扑向凯绥本人，用那双无形的双手俘获她们的生命。

结果这位新掌权的独裁者在1937年举行的"颓废艺术展览会"上谴责了凯绥。同时受到谴责的还有同时期的迪克斯、格罗兹、夏卡尔、康定斯基、基希纳和蒙德里安。他向德国民众表明，什么样的艺术风格才能为新成立的帝国所接受，什么样的不能接受。凯绥的作品从公共博物馆里撤下来。原本计划庆祝她七十岁生日的一个展览会也被取消。甚至连她雕刻的小塑像《母亲塔》——一群母亲保护自己的孩子免遭战场牺牲——也从一个鲜为人知的展览上撤下。

[167]

盖世太保两次来到她的家中，搜查她的画室，掀开盖在未完成的塑像上的湿布。他们威胁说要将她逮捕，除非她收回那些反法西斯言论；他们还警告她说，她的名声和年龄都无法使其免受集中营之灾。但是凯绥和丈夫早已做好了最坏的打算，他们随身携带着一小瓶毒药。然而，盖世太保们却再也没有造访。他们让珂勒惠支一家惶惶不可终日，就好像整个德国人人自危一样。

"我的作品被人移出艺术学院时，人们出奇地平静。"她这样写道，"几乎没有人想对我说点什么。我本以为会有人来看看我，或者至少给我写写信。但是，什么也没有。我的周围，一片寂静。"

艺术家需要观众。凯绥毕生服务于人民，创新艺术，为穷人创作。如今，一切离她远去。她被孤立，被禁止参与，再也无法警醒他人，无法记录人间悲剧。

时光荏苒，凯绥七十七岁了。二战还未结束，她便离开了这个世界。卡尔也已经不在人世，政府不准他行医后不久便撒手人寰。甚至他们的孙子皮特——以他们在战场上死去的儿子命名——最后也在俄罗斯前线阵亡。柏林，这座她画了半个多世纪的故乡，陷入一片火海。惩罚性的空袭给予柏林毁灭性的打击,终于用残酷的现实将德国人从梦幻中惊醒。

她的大部分作品在轰炸中焚毁。但是幸存下来一百来幅自画像,勾勒出她的生命轨迹。很多画像中,艺术家好像双手托脸,目视远方,似乎在想,这个世界若非当下,该会怎样?

凯绥安之若素地接受了现实生活,充满激情又完好如初,用艺术捕捉人间疾苦,再现母亲和孩子们的苦痛,让柏林人首次感受到不加雕塑的真实自我。"我的一切作品都源自于生活。我的毕生都在通过我的作品与生活抗争。"

凯绥辞世五十年后,德国又统一了,申克尔当初修建的新岗哨成为国家纪念馆,以此来纪念在战争和暴政下失去生命的受害者。纪念馆的正中央放着凯绥雕刻的《哀悼基督》(Pietà),它刻画了一位悲伤的母亲和她的儿子。雕像下面,除了安放着另外两个孩子的遗体——一个不知名的德国士兵和另一个不知名的抗战士兵,还放着一些泥土。这些泥土采集自欧洲九大战场,以及奥斯维辛集中营、布痕瓦尔德集中营①、达豪集中营、毛特豪森集中营和维勒集中营。如今,这里已经成为柏林最受游人造访之地。将孩子紧紧搂在怀里的母亲的青铜臂膀,经由无数游人的抚摸,如今已经幽光闪烁!

---

① 布痕瓦尔德集中营是纳粹在德国图林根州魏玛附近所建立的集中营,也是德国最大的劳动集中营,建立于 1937 年 7 月。希特勒纳粹势力在攫取政权后开始在德国各地大举兴建集中营,布痕瓦尔德集中营是建立最早和最臭名昭著的集中营之一。

克里斯托弗·伊舍伍德，1935 年。

第十一章

生活在想象之城的克里斯托弗·伊舍伍德

1927年,诺伦多夫大街

英国女演员像小鸟一样垂下头,她身边坐着在这家小酒吧店里弹钢琴的英俊小伙子。小伙子正轻声细语地向她求婚,女人似乎吓着了,身子往后晃动了一下,双手捂住脸,只露出鲜红欲滴的樱桃小嘴。接着她又一阵大笑,拍了拍他的手,哼哼唧唧地唱起歌来。酒吧女老板用手里的雪茄示意了一下,吉英·萝丝[①](Jean Ross)从烟雾缭绕中走过去,走到小舞台的聚光灯下。

克里斯托弗·伊舍伍德[②](Christopher Isherwood)有一双孩子般的蓝眼睛,一头赤褐色的头发。此刻他观察着这个忙碌的女人,将看到的点点滴滴都记在一本轻巧的黑色笔记本中。她脸盘娇小,头发乌黑发亮,鹰钩鼻十分迷人,一身黑色丝裙,裙领和袖口却是白色滚边。她的指甲涂成了翠绿色,头发剪得很短,似乎有意要突出她脖子的长度,让脖子显得更加细长,光洁诱人。当她突然倾身向那个弹钢琴的

---

① 吉英·萝丝(1911—1973),英国歌手和作家,她是作家克里斯托弗·伊舍伍德夫写的关于柏林的小说和故事中萨利·鲍尔斯的原型。
② 克里斯托弗·伊舍伍德(1904—1986),英国小说家,为人熟知的作品有《告别柏林》《单身男子》等。

小伙子送去飞吻时,棕褐色的大眼睛忽闪忽闪地勾人心魄,身姿小鸟依人,风情万种。

舞台旁边,一名修过眉毛的调音师对萝丝的歌毫无兴趣,正全神贯注地盯着一名性感的女招待。另外一张桌子旁,一位面色苍白的妇女拍打着自己涂脂抹粉的脸颊,只有当她的丈夫朝酒保使眼色时才转脸看着他。两个情人,双手抱着对方的臀部,脸贴着脸,正在一面镜框下旁若无人地打情骂俏。镜框里的大头像写着一行小字:献给举世无双的温德米尔夫人。①

萝丝唱得糟糕透顶,几乎面无表情,一副毫不在乎的样子。她那副"要听就听,不听就走"的笑容让伊舍伍德忍俊不禁。他觉得,萝丝有一种超凡的喜剧天分,他必须将其记录下来。

两天前他已经见过萝丝。他和诗人史蒂芬·斯彭德(Stephen Spender)②都正住在柏林,看望同一个朋友,恰巧萝丝突然造访,说是要借用一下电话。萝丝才十九岁,说她自己是皇家戏剧艺术学院的退学生,羞于见生人。为了弥补冒昧打扰他们的谈话,她绘声绘色地透露了一些她和众多情人之间的趣事,还用被香烟熏黑了的手指头从包里取出一个避孕套。

"这个女人太让人倒胃口了。"斯彭德后来说。

"我倒觉得她真的还是个小女孩。"伊舍伍德装腔作势地戏谑道,"下次见到她,我要逗逗她。"

在柏林,虚构的东西会衍生出新的虚构故事。1843年,巴尔扎克③称其为"无聊之都"。"想象自己身在日内瓦,想象一下迷失于荒莽,你就会对柏林有所了解。"他写道,对于柏林人的恪尽职守、埋头

---

① 温德米尔夫人,人物出自英国作家奥斯卡·王尔德的第一部喜剧《温夫人的扇子》,该剧中的人物名字多取自英格兰北部的地名,比如温夫人一词源于温德米尔湖。
② 史蒂芬·哈罗德·斯彭德(1909—1995),英国诗人、小说家和散文家。
③ 奥诺雷·德·巴尔扎克,法国小说家,被称为"现代法国小说之父",被誉为法国批判现实主义巨匠,主要作品有《人间喜剧》《朱安党人》《驴皮记》等。

苦干和冷漠镇定极尽揶揄之能事。小说家台奥多尔·冯塔纳（Theodor Fontane）① 也有同感，认为柏林了无情趣。"柏林充满了仿效，普通人效仿体面人，平庸之辈摆出一副德高望重的模样。柏林人只要离开柏林，马上就能被人感觉出来他就是个柏林人。"冯塔纳在十九世纪九十年代这样写道。马克思主义革命人罗沙·卢森堡（Rosa Luxemburg）② 曾在一封信中这样写道："总的来说我对柏林印象极差——冷漠，无趣，呆板……我已经对柏林和德国人恨之入骨，恨不得可以灭了他们。"

但是，二十世纪初，夜总会的木制舞台上开始出现一个新的柏林人形象。一个颇有见识的雅利安流浪儿③，穿着粗糙的呢绒袜子，戴着一顶鸭舌帽。他聪明非凡，敢于质疑权威。他的女友，典型的柏林女人，精明能干，不知廉耻，长得不算漂亮却活力四射，比埃尔西粗俗，比善良的瑟米安还要放荡。她像只发情的狗一样到处逢场作戏。这些漫画迎合了时尚，迅速地从夜总会传播到剧院。很快，现实中的柏林人就把自己打扮成漫画中的人物形象。异乡人也信以为真，任凭虚幻重塑这个城市。

德国的年轻人早已对第一次世界大战的西部阵线失去了信心。如今，他们一味地享受当下，放纵声色，尽情狂欢，无论是爵士乐还是机关枪的枪声，他们都可以起舞弄歌，沉湎于温柔乡中，张开双臂热情地拥抱从外国来到此地的人：像画家弗朗西斯·培根④，小

[173]

---

① 台奥多尔·冯塔纳（1819—1898）出生于德国柏林一个药商家庭，作品包括《伯兰登堡漫游记》《迷茫，错乱》《坤楚一家》等，还设有以他名字命名的冯塔纳德国文学奖。
② 罗莎·卢森堡，国际共产主义运动史上杰出的马克思主义思想家、理论家、革命家，被列宁誉为"革命之鹰"。德国现有以她命名的左翼政党奖学金。
③ 直译为加夫洛许，出自法国文豪雨果的作品《悲惨世界》中的小流浪儿，所以这里引申译为流浪儿。
④ 弗朗西斯·培根（1909—1992），二十世纪四十年代以来不列颠群岛一位风格怪诞的画家。他生于爱尔兰都柏林，常常以畸形的形象或病态的人物为主题，描绘一些令人厌恶的形象。但这些怪诞形象深刻地揭露了这个世界和人类的灾难，他故意强调人的丑陋面貌和痛苦挣扎的表情。

说家弗拉基米尔·纳博科夫①、保罗·鲍尔斯②和朱娜·巴恩斯③，作曲家亚伦·科普兰④，女演员莉莲·哈维⑤和葛丽泰·嘉宝⑥以及斯彭德、奥登和伊舍伍德。柏林的小女子不想做金丝鸟，而是随遇而安，逢场作戏。柏林的男子如果从梦中醒来，发现自己空床孤枕，便索然寡味。所有的人都活在当下，享受自我。

到了二十世纪三十年代，每年有两百多万游客涌入这个肉欲横流的国都。这些人大多数混迹青楼酒肆，在化装舞会和狂欢派对上放飞幻想。弗雷德里西大街附近的一条"卖身路"上，一群饥肠辘辘的年轻人为了填饱肚皮而挣扎，甘愿为了十马克和一杯啤酒而出卖自己。每天晚上，在卡迪威百货大楼⑦后面，活泼可爱的当地女学生把学校的教科书扔在一旁，狼吞虎咽地吃完晚餐，然后就步履轻快地上街卖淫。1931年科特·墨瑞克（Curt Moreck）写了一本《通往柏林的性爱指南》，书中给游客标出了可以寻求性爱冒险的隐秘街道、私人俱乐部以及时尚咖啡厅。

---

① 弗拉基米尔·纳博科夫（1899—1977），俄裔美籍作家，代表作《洛丽塔》。
② 保罗·鲍尔斯（1910—1999），小说家、作曲家、旅行家、编剧、演员。有小说代表作《情陷撒哈拉》《遮蔽的天空》，一生共写了四部长篇小说，超过一百篇短篇小说。
③ 朱娜·巴恩斯（1892—1982），是二十世纪美国文学史上与现代主义文学息息相关的女作家之一，她的代表作《夜林》被认为是二十世纪现代主义小说的经典之作。
④ 亚伦·柯普兰（1900—1990），美国作曲家。曾担任美国作曲家联盟的总监，并获奥斯卡金像奖，代表作有《墨西哥沙龙》等。
⑤ 莉莲·哈维（1906—1968），演员。主要作品有《爱的华尔兹》《国会舞曲》《我是苏珊娜》等。
⑥ 葛丽泰·嘉宝（1905—1990），美国影视演员，代表作有《安娜·卡列尼娜》《茶花女》等，曾获得奥斯卡金像奖终身成就奖、美国电影协会百年百大明星之一、奥斯卡金像奖最佳女主角提名。
⑦ 卡迪威，欧洲大陆最大的百货大楼，商品应有尽有，是德国的商场领军者之一，领导着世界的新潮流。它位于柏林的市中心。卡迪威的德文名为"Kadewe"，是"Kaufhaus des Westens"的缩写，意为"西方的购物大厦"，被德国人誉为"百货商场女皇"。

第十一章 | 生活在想象之城的克里斯托弗·伊舍伍德

"众人的价值观都改变了,柏林变成了奢华淫靡的世界大都市。"专注二十世纪二十年代这段"黄金时代"的著名编年史家斯蒂芬·茨威格①这样写道。跟托马斯·曼、布莱希特和艾利克·卡斯特纳②一样,他也无法抵挡这个城市的诱惑。"酒吧,娱乐场,还有一些低级酒吧如雨后春笋般涌现。涂脂抹粉的年轻男子在选帝侯大街上闲逛,灯光昏暗的酒吧里,人们可以看到政府官员和来自金融界的男人毫无羞耻地向喝醉的水手求欢……甚至连罗马的斯维都尼亚斯也从未见过像柏林舞会那样奢靡的聚会。"

"德国人的价值观念跟他们的货币马克一起崩溃了。在柏林你找不到一个处女,甚至小猫小狗中也难觅贞洁。"斯宾塞这样写道。

伊舍伍德起初在英国便懂得了虚构故事的威力。他父亲曾是一名战斗英雄(至少人们是经常这样对他说的)。弗里茨·哈伯首次将毒气投入战争后,他父亲在伊普尔战争的战乱中杳无踪迹。那年伊舍伍德十岁。他敬爱的父亲,那个曾经和他一起摔跤、教他学习摄影的父亲,已离他远去,作为战斗英雄成为人们的偶像。在莱普顿的寄宿学校里,他的老师要他崇拜敬畏自己的父亲,从而让他循规蹈矩。他们常常告诫他,要向父亲学习,以他为榜样。他却反其道而行之,反抗权威,成为一个"在人类的丛林中凭借逃跑来谋求生存的动物"。他逃离那个冷酷无情、扼杀天性的学校,那个如他所写"人情淡漠、循规蹈矩的学校,在那里,人们时刻提醒你,你并非出类拔萃,并非为人所爱,并非家里的掌上明珠,你只不过是茫茫众生中的一员罢了。"他逃离了平凡。

在剑桥大学读书时,他结识了英俊潇洒、颇有抱负的小说家爱德

---

① 斯蒂芬·茨威格(1881—1942),奥地利著名作家、小说家、传记作家。代表作《一封陌生女人的来信》《明日的世界》等。
② 艾利克·卡斯特纳(1899—1974),德国作家。他一生写作不断,《难忘1945年》还被提名诺贝尔文学奖;另外一部长篇小说是《会飞的教室》。

华·奥普瓦德（Edward Upward）[1]。奥普瓦德当时是伊顿公学[2]的毕业生。一天晚上他们一起沿着银街（Silver Street）漫步时巧遇高墙中的一扇门，门上的锁已经锈迹斑斑。奥普瓦德大胆预测，这扇门可以通往"另一个城镇"。他们满心好奇地穿过一条秘密通道，通往另外一个虚幻的领域。他们将其命名为"死亡之湖"。他们很快便对这一发现日益着迷。接下来的两年中，他们尽情发挥想象力，虚构了诸多人物生活其间，让这些人物产生各种离奇的情爱故事。两个叫克里斯托芬·史达和爱德华·辛德的摄影师（作者最初的自我形象）以故事叙述人的面目出现，向人们讲述一些狂热的故事：骚扰唱诗班男童的牧师，制造天使的实验，专门满足恋尸癖的妓院。两位作家从勃朗特[3]和凯瑟琳·曼斯菲尔德[4]的作品中挖掘想象的素材，盗用爱伦坡[5]和格林兄弟作品中的一些形象。他们也在想象中注入一些剑桥当地居民之间的日常交往，比如店主相互握手、酒馆里的窃窃私语，从而将虚拟世界与现实世界勾连起来。他们对虚构世界的痴迷荒废了学业，没有通过剑桥大学的学位考试。但是却显示出伊舍伍德在虚构故事方

---

[1] 爱德华·法莱滋·奥普瓦德（1903—2009），英国小说家和短篇小说作家，被认为是英国最长寿的作家。
[2] 伊顿公学是一座古老的学府，由亨利六世于1440年创办。伊顿以"精英摇篮""绅士文化"闻名世界，也素以军事化的严格管理著称，学生成绩大都十分优异，被公认是英国最好的中学，是英国王室、政界经济界精英的培训之地。
[3] 勃朗特三姐妹是英国家喻户晓的作家。夏洛蒂·勃朗特在《简·爱》中对女性独立性格的叙述、艾米莉·勃朗特在《呼啸山庄》中对极端爱情和人格的描写、安妮·勃朗特在《艾格尼丝·格雷》中让人印象深刻的寂寞情绪，均使其在英国文学史上留名。
[4] 凯瑟琳·曼斯菲尔德（1888—1923），短篇小说家，文化女性主义者，新西兰文学的奠基人，被誉为一百多年来新西兰最有影响的作家之一。著名作品有《花园酒会》《幸福》和《在海湾》等。她的创作指向女性的生存处境，她以独特的形式，为女权解放这个社会问题提供了文学的解救之道。
[5] 埃德加·爱伦·坡（1809—1849），十九世纪美国诗人、小说家和文学评论家，美国浪漫主义思潮时期的重要成员。坡以神秘故事和恐怖小说闻名于世，他是美国短篇故事的最早先驱者之一，又被尊为推理小说的开山鼻祖，进而也被誉为后世科幻小说的始祖。

第十一章 | 生活在想象之城的克里斯托弗·伊舍伍德

面的天赋。在"死亡之湖"中,他向世人证明,他可以利用现实生活和文学素材来创作惊世骇俗的虚幻小说。

伊舍伍德并不想永远生活在自己的想象之中。他要真实地感受生活,融入生活。他生性敏感,具有英国人那种惧怕与人身体接触的天性。他在伦敦遇到了威斯坦·休·奥登①(W. H. Auden)。奥登对性爱的直白与放任让他目瞪口呆。这两个年轻人——奥登当时十九岁,伊舍伍德二十一岁——成为情人,后来又合作创作。奥登自己决意成为他们这一代人的诗人,却要求伊舍伍德成为一名小说家,尽管他的处女作《阴谋家》——一本半自传性质的小说——销售了不到三百本。

"我喜欢语言那种稍纵即逝的感觉。"马克斯·莱因哈特说,"人生无常,每天都可能是末日。"马克斯·莱因哈特身兼戏剧和电影制作人,负责过德国帝国剧院,后来培养出玛琳·黛德丽。

1928年,语言以及语言所带来的转瞬即逝,吸引奥登来到柏林。伊舍伍德尾随而至,在洛伦多夫大街上租了一间房。房子所在的街道位于城西,街道两旁的建筑物都已经有些年头,颇有纪念意义,虽然年久失修,却依然透着庄严肃穆,里面住着许多破产的中产阶级家庭。年轻的作家奥登有本书里的人物就以这里的居民为原型:一个名叫鲍比的酒保;一个性情温和的妓女,对日本嫖客情有独钟;还有不修边幅、厚颜无耻的女房东梅塔·苏鲁(Meta Thurau)。苏鲁夫人一头棕色的卷发,胸部扁平,这让她烦恼不已。她喜欢耳朵贴在地板上偷听楼下邻居的谈话。她称伊舍伍德为"伊斯伍"先生。鉴于他良好的英国绅士风度,她认为他在众多房客中鹤立鸡群。他在柏林写的日记中,她将化身为施罗德夫人,并由此名垂青史。

伊舍伍德自年轻时便很勤奋地写日记。如今他更是充分运用这一

[176]

---

① 威斯坦·休·奥登(1907—1973),英裔美国诗人,是继托马斯·艾略特之后最重要的英语诗人。代表作有《西班牙》《新年书信》《忧虑的时代》等。

良好习惯。他观察柏林的风土人情,收集素材,着手写一本有关柏林的史诗般小说。上午,他在温特菲尔德广场的一间咖啡厅里写作,伴随着一杯咖啡,写故事,记下随意听到的片言只语。下午,他教别人学英语。晚上,他或与奥登一起去酒吧猎奇,或随斯彭德一起去电影院里,观看《迷失少女日记》中的路易斯·布鲁克斯,弗里茨·朗[①]的《蓝天使》中的 M 先生和戴特丽小姐。在炎热的夏日,他骑车来到万湖沙滩浴场,躺在沙滩上,一边看着别人玩沙滩排球,一边费力地阅读德布林用德语写的《柏林亚历山大广场》。

另外一名同样来自英国的住户威廉·罗布森·司各特认为,伊舍伍德"必定是那种十分细致的人。不管你和他来到何处,你总会看到他像只聪明的小鸟一样四处观望,他会捡起任何值得一看并且让人遐想联翩的东西。"他关于柏林的小说,最初题目叫《在冬天》,后来又改成《迷失》。正如他对出版商所言,该小说将以日记的形式来写,叙述连贯,里面充满许多关于这个城市的人物和故事。

斯宾塞这样描绘道,他"被自己所创造的人物模特所包围,正如一位画技很烂的画家笔下的一幅作家肖像:画像中这位作家正坐在椅子上沉思,而他小说中的人物却像光芒四射的云朵一样萦绕在其左右,那光芒和苏鲁夫人公寓里的光线交织,尘土飞扬。"

有时候,伊舍伍德会带着他最中意的"模特"去洛伦多夫大街,而当她需要帮助、陷入情网或者身怀六甲的时候,他便让她待在他的房间里。

吉英·萝丝还是个女孩的时候,她就在埃及的家中为她父母表演节目。在一个用努比亚织物和维多利亚时代家具组成的临时舞台上,她表演过在非洲海岸抢劫的残暴海盗,也表演过率领女眷推翻腐败酋

[①] 弗里兹·朗(1890—1976),出生于维也纳的德国人,知名编剧,导演。因其贡献而常与希区柯克、卓别林等人并列于电影百人之列,被认为是电影史上影响最大的导演之一。代表作有《大都会》《印度坟墓》等。

长的女主人。她从不饰演受害者,也不演那些唯命是从的女性角色。她身上总是闪耀着自由独立、行事果敢的光芒。当她和她的兄弟姐妹们回英国上学时,她们在轮船上又即兴表演,但这一次她们的表演却遭到了非议。

萝丝聪明伶俐,十六岁生日的时候便学完了学校的全部课程。但是女校长却下令,她必须在学校再待一年,重新学习所学的课程。但是萝丝却不买女校长的账,跟另外一个同学说她怀孕了。于是,为了不让她带坏其他同学,她被关进隔离所。谎言败露后,她被开除了。

她的表演才能让她在皇家艺术戏剧学院谋得一席之地。然后,在粗制滥造的廉价英美戏剧中厮混了一段时期后,她来到了柏林。她早就听说,柏林需要女演员。更为重要的是,她渴望平等,无论是工作上还是性爱上,她都渴望平等。这种渴望促使她拥抱共产主义。柏林街头小巷到处是两种思想战斗的血腥战场。而萝丝跟很多同年代的人一样,也是一个政治活动家,想要冲在最前线。

"就是这个男人昨晚与我同床共枕。"莎莉·鲍尔斯挂断电话,洋洋得意地宣告,"他做爱美妙极了。他绝对是个做生意的天才,而且还富得不得了……"

像康拉德·冯·科林和玛格丽特·泊梅一样,伊舍伍德的小说,包括《死亡之湖》和起初的几本小说,都源自于他自己的生活。而且,为了达到某种戏剧效果,他还在小说中穿插了一些趣闻轶事和亲身体验。他会根据情节需要,选择披露真情实况或者虚拟编造,适时地为人物戴上假面具,改变人物身份,增加或者替换角色,有时赤裸裸地描述,有时直接记录。"你可以删去一些东西,可以创造某些东西,也可以简化某些东西。"在解释自己的创作过程时他这样说道,"正像你画肖像一样,你会增强某个地方的光线,也会加深某个地方的阴影。"

跟伊舍伍德小说中创造的人物莎莉·鲍威尔一样,吉英·萝丝和一个闺蜜一起抵达柏林。两个人唱歌都很难听,声音低沉沙哑,说一口蹩脚的德语。两人都靠骗人说自己怀孕了来逃学;两人都喜欢性爱,而且都才年满十九岁。伊舍伍德相信,萝丝并不是一个放荡的女人,她只是经常听到成人说荡妇如何如何,所以才想要去模仿荡妇。

"我累极了。昨晚我一整夜都没合过眼。我又找到个特棒的新情人。"莎莉在《告别柏林》一书中这样坦白道。她侧眼瞥了一下身边的人,然后说道,"我这样说话,吓着你了吗,亲爱的克里斯托弗?"

"一点也不。"伊舍伍德小说中创造的人物克里斯托弗答道,"……你这样说话,只不过是你真的很紧张罢了。事实上,我觉得你天性不善与人交际,所以你才会这样急吼吼地要人赞成或者反对你。我很清楚这一点,因为我本人也试图这样,有时……"

但与萝丝不同,莎莉的政治信念十分淡薄。她不会在西班牙内战时去当一个战地记者,也不会如她所言去做共产国际的代理人。共产国际组织力图在全球建立苏维埃共和国。

伊舍伍德将小说中的人物与保罗·鲍尔斯同名。保罗·鲍尔斯后来写了一本书,名字叫《遮蔽的天空》。他们经常和斯彭德、萝丝一起在韦斯顿咖啡厅的阳台上吃午饭。十五年前,就在同一个地方,思念家乡的诗人鲁佩特·布鲁克[①]写成了《牧师古宅,格兰切斯特庄园》这首诗。

和伊舍伍德本人一样,莎莉·鲍尔斯也信口开河。她游戏人生,寻欢作乐,谎称母亲是法国人,还吹嘘说在希腊智慧女神帕拉斯的神像和古罗马斗兽场前表演过节目。伊舍伍德在柏林出版的第一本小说是《诺里斯先生转乘记》,书中的主人公亚瑟·诺里斯更是编故事的高手。

诺里斯这个人物性格源自杰拉尔德·汉密尔顿,一个同性恋者,

---

① 鲁佩特·布鲁克(1887—1915),英国诗人,以其有关战争的诗歌而闻名。他生有一副孩子般的美丽面孔,后被诗人威廉·巴特勒·叶芝称为英格兰最英俊的年轻人。

出生于上海,爱德华时代的投机分子。他假装出身高贵,游历欧洲,招摇撞骗。他与德国王子们交往甚密,迷住了拉斯普京(至少他这样说过),恳求教皇让意大利不参与第一次世界大战,并且拥护爱尔兰民族主义。他曾被扣押在布里克斯顿监狱,原因可能是叛国罪,也可能是因为他喜欢阿拉伯男孩。他还写了三本漏洞百出的自传。在柏林,有一段时间他受雇担任《泰晤士报》的销售代表,但最终,他之所以留恋这座城市的真相大白——当时异常活跃的 S+M 俱乐部,汉密尔顿也是其中一员。

伊舍伍德同样将自己的情人沃尔特·沃尔夫形塑为工人阶级,名字改成了奥托·诺瓦克。作者在奥托·诺瓦克那拥挤不堪、缺乏供暖系统的廉租房内住了一个月。伊舍伍德穿过"一道巨大的石拱门,该门颇有古柏林的风采,如今上面却歪歪扭扭地涂抹着镰刀和锤子、纳粹党的十字形党徽,还粘贴着破破烂烂的广告纸,广告纸上都是些有关变卖家产或者一些见不得人的信息。进入石拱门,眼前是一条鹅卵石铺就的深巷,巷子里到处都是哭闹的孩子。"就这样,伊舍伍德开始进入巷子,进入了故事。

在《诺瓦克》这部小说中,奥托欣然将他情人的虚构人物迎进公寓,好像他们彼此久别重逢一般。

"哎呀……原来是克里斯托弗啊!"像往常一样,奥托已经立马进入角色。他的脸渐渐地神采奕奕,兴奋极了。他一笑起来脸上就露出酒窝。他走上前,一只手搂住我的脖子,另一只手紧紧地握着我的手:"克里斯托弗,你这个老鬼,这么些天你躲哪里去了?"

伊舍伍德正在粉饰真相,故弄玄虚地逗弄读者,与此同时营造出更加引人入胜的幻觉。他甚至还将史蒂芬·斯彭德的女友吉萨·索威特斯克(Gisa Soleweitschick)融入故事。吉莎是立陶宛一个银行家的女儿,今年18岁,博学多才,天真烂漫,最喜欢与人天马行空地谈论艺术。伊舍伍德将她形塑为娜塔莉亚·兰道尔(Natalia Landauer),性格方面混合了伊舍伍德那些富有的语言学学生的特征。

伊纳塔利娅·兰道尔"是一个十八岁的女学生",伊舍伍德写道,"她一头蓬松的黑发,双眼亮闪闪的,衬托出她的脸形狭长。看到她,我就会想起小狐狸。"在宽敞的客厅里她立刻开始热情洋溢地用磕磕绊绊的英语说起来,向我展示了留声机唱片,图片和书籍。

"你喜欢莫扎特?你喜欢?呵呵,我也喜欢!无比非常地喜欢!……这些图片是在太子宫里拍的。你从没见过吧?改天带你去看看,好吗?……你喜欢海涅①?说实话,好吗?"

伊舍伍德构思纳塔利娅·兰道尔这个人物只不过是为了衬托莎莉·鲍尔斯——她纯洁而非放荡,天真而不淫荡。尽管吉莎和萝丝在现实生活中从未谋面,伊舍伍德还是在故事里将这两个女人捏在了一起。

"我早就想着要把娜塔丽亚介绍给莎莉·鲍尔斯了,"他打趣道,故意混淆现实与虚构。在他的小说《兰道尔夫妇》中,莎莉姗姗来迟,一到便嚷着自己刚才一直和一个下流的老犹太人做爱,这个老犹太人是个电影制片人。鲍柏·弗西的电影《卡巴莱》,以百老汇的方式融合了伊舍伍德有关柏林的所有故事。虚构的见面甚至更加露骨,讨论了梅毒的问题。娜塔莉亚还大胆地表示,梅毒这玩意不仅通过接吻传染,共用毛巾和水杯也会传染。对此莎莉不太确定,但是她敢肯定,"打炮"是会染上这种病。

娜塔莉亚只懂得一点简单的英语,因此并不懂"打炮"的意思,也不懂莎莉说出的一连串的近义词到底指的是什么。伊舍伍德的挚友拒绝帮她翻译这些话的意思。后来,随着性爱经验的丰富,莎莉记住了"Bumsen"(性交)这个德语词汇,而且可以字正腔圆地说出这个词。

通过他的自传体小说,伊舍伍德运用文学建构了柏林。他将那些

---

① 海因里希·海涅(1797—1856),诗人和散文家,生于德国杜塞尔多夫一个犹太人家庭。学过金融和法律,1821 年开始发表诗作,以 4 卷《游记》和《歌集》而闻名文坛。

普通人形塑为不平凡的人物。这些不平凡的人物为柏林注入了一种新的虚幻特征。

"Bumsen"（性交）！

小说中，娜塔莉亚的表兄贝纳德·兰道尔的原型，取自爱因斯坦和拉特瑙的朋友威尔弗雷德·伊斯雷尔。他是一个举止优雅的艺术收藏家和慈善家。在小说《告别柏林》中，纳粹党掠取政权后，伯纳德死在看守所里，"因突发心脏病而死"。事实上，伊斯雷尔被很多人看作是"柏林的救世主"，担任了德国驻英国大使，积极参与"营救儿童的运动"，该运动从纳粹分子控制的领土上成功地解救了一万名儿童。

1931年，一位名叫约翰·布龙菲尔德的美国富翁途径柏林，和伊舍伍德，萝丝以及斯彭德一起尽情地高调享受了一周。在伊舍伍德的书中，布龙菲尔德成了克莱夫，一个带着"忧伤的、模棱两可神色的美国人。这种神色很迷人，再加上拥有那么多家产，就加倍迷人了。"克莱夫让莎莉乘飞机来到德累斯顿，给她推荐了一位满世界奔波的男子。在《卡巴莱》中，克莱夫摇身一变，成为富有的德国男爵，取名为马克西米利安·冯·西恩（Maximilian von Heune），促使伊舍伍德小说中的表面人物走出密室。由于这位富有的花花公子总是随遇而安，逢场作戏，令伊舍伍德很是嫉妒，由此导致他们之间友谊的破裂，最后伊舍伍德中止了与马克西米利安的"交往"。后来发现，他和莎莉两人都与马克西米利安中止交往了。

柏林意味着不缺男童，这一点伊舍伍德和奥登都承认。奥登率先前往柏林，一方面是因为这里男童便宜，随时可以获得，另外一方面也因为这里的性自由。在"卖身路"上，他聚集了穿着水手服的妓女、出身低下的男童和在伊顿公学上学的青年。他在荷兰的俱乐部里聚众淫乱，在理想国的酒吧里易装乱交。后来，他和伊舍伍德为了追求新鲜刺激，身着女套衫和喇叭裤，拉上厚重的皮革门帘，各自走向角落寻欢。左森娜大街（ZossenerStraße）肮脏杂乱的各种小店迎合了不同的品味，从戴着珍珠项链、涂脂抹粉的大婶到身材修长、穿着短皮裤的金发碧眼女郎，应有尽有。厕所里没有隔开的隔间。在这里，原本匪夷所思的事情都在发生，现实为虚幻提供素材，同样，虚幻也逐渐演变为现实。伊舍伍德浪迹其中，感同身受，无法自拔。在德国，同性恋与嫖娼一样，都是非法的。但是，极度的饥饿和贫穷让柏林人藐视这些法律。奥登称这座城市为"贱人的天堂"。

但是，说"柏林意味着不缺男童"无疑是过于简单化了，只不过是二十世纪三十年代这个城市的录影片段而已。从更为广义的角度而言，这个城市既是一个游乐场，也是一个实验室。在这里，政治上的激进分子为他们的未来而战斗，情人间苟且结伴，好像爱情根本不存在。在这样的背景下，真实的伊舍伍德是一个沉醉于浪漫爱情的英国绅士，孜孜以求一个理想的青春伴侣，一个可以让他在现实中珍爱的伴侣。

[182] 在诺伦多夫大街生活之前，伊舍伍德曾暂住在性科学研究所隔壁。该机构十年前由马格努斯·赫希菲尔德[1]所建，是世界性爱学研究的先驱。机构设在蒂尔加滕大厦内，由一个繁忙的诊所和研究中心组成。研究所图书馆藏有两万本书和四万多封忏悔式的或者传记式的信件。在镶板的墙上挂有著名同性恋者的肖像，其中就有腓特烈大帝。除了提供婚前咨询服务之外，该机构举办过各种有关性行为的公开讲座。

赫希菲尔德建立研究所的目的不是为了"治愈"病人，而是帮助人们安之若素。他的工作，尤其是他对促成同性恋合法化的努力，获得了珂勒惠支[2]，格罗兹，茨威格和柏林成千上万有影响力的人的支

---

[1] 马格努斯·赫希菲尔德（1868—1935），德国犹太裔人，性学家。他曾经公开承认自己是同性恋者。他认为同性恋是第三性，即介于男性于女性之间的中性，而不是一种疾病。后人称为"性爱因斯坦"。
[2] 凯绥·珂勒惠支（1867—1945），原名凯绥·勖密特。德国版画家、雕塑家。14岁时即开始学习绘画。1889年和在贫民区服务的医生卡尔·珂勒惠支结婚，1898年开始在柏林女子艺术学院任教，并且成为一个社会主义者。

持。整整五个月,伊舍伍德与该研究所毗邻而居,与赫希菲尔德以及他的秘书兼情人成为好友,在研究所里共进午餐。在研究所的食堂里,就餐的人经常穿着异性的服装,于是他也开始将自己的同性恋公开化,不再遮遮掩掩地将同性恋看作是难以启齿的、只能在阴暗角落进行的性变态。

在伊舍伍德的书中,异性恋的道路也很少一帆风顺。像简·萝丝一样,莎莉也怀孕了。(莎莉是被虚构的克劳斯·林克弄怀孕的,萝丝的怀孕则是由魅力十足的真实人物彼得·冯·艾克促成的。冯·艾克在温德米尔夫人家弹过钢琴)。随着纳粹党执掌大权,两个男人都逃离柏林,前往好莱坞。在好莱坞,冯·艾克后来主演了电影《恐怖年代》(Wages of Fear)以及有关冷战的经典电影《冷战中的间谍》。跟萝丝一样,莎莉最后也流产了。伊舍伍德的出版商试图将有关流产的章节删除,以免引起英国读者感情方面的不安。

对于大多数非德国人来讲,莎莉有着典型的柏林市民特征:性感且不安分,可怜且粗鲁无礼。但是,正如莎莉这个角色令人难忘一样,伊舍伍德的书,以及由这些书改编的戏剧和电影都影响深远,因为他书中的人物都扎根于柏林这个大舞台。

"这是一个风云世界酝酿成型的时代。"他后来在一半虚构、一半纪实的自传《克里斯托弗和他的同伴》中这样写道,"在这个酝酿过程中,所有政治理论的真实性都将得到检验,正如实际的烹饪操作检验烹饪的书本知识一样。在柏林的酝酿成型中,失业问题,营养不良问题,股票市场带来的阵痛,对《凡尔赛条约》的憎恨,以及其他种种不满情绪,这些都充斥于社会。"

[183]

"我就像是一个快门已经开启的照相机,只是相当被动地拍摄,却没有思考。我拍摄下对面窗户后刮胡子的男人,拍摄下身穿和服、正在洗头的女人。总有一天,这一切都会被冲洗出来,印制出来,公之于众。"

小说《告别柏林》始于毫无主观性的幻象。但是,伊舍伍德从未像他声称的那样只是一台"照相机"。当他还是个孩子的时候,他就拥有了一部布朗尼照相机,和他的英雄父亲一起拍摄照片,度过童年时代的漫长夏季。他早已经选择好拍摄的角度,他早已经挑选、过滤、重组拍摄的场景来设计安排小说的叙述。他的第一本书叫《我的朋友》。该书是他在六七岁的时候手写的。在该书中,他就已经将儿时的伙伴设定为他书中的人物了,运用小说的手法将自己的经历裁剪成故事情节。通过《死亡之湖》,并且在自传体的小说和小说体的自传中,他的写作技巧进一步娴熟。在某种程度上,他对性爱的躲避,在写作中故意隐瞒性爱,都增强了艺术表现力。他创造了一张反复多变的文学人物表,通过对客观事物的虚构,通过作者的疏离,让这些人物栩栩如生起来,综合地虚构再现他真实的、同性恋的人生轨迹。

"对我来说,只有一种保护,一个希望。"在《克里斯托弗和他的同伴》中,他情感外露地写道,"让我为了某种宁静、某种心理平衡而挣扎拼搏。让我充满勇气。千万别让最亲爱的人知道自己的弱点。真正的幸福,或者说真实的清醒,关键在于疏离,在于超然。一个人只有真正地超然物外、漠视一切,才能我行我素。唯有最为孤独之人才是最为谦卑的。"

即便这是"真情告白",也只是某种故作姿态,另外一种真正难以名状的虚构。

[184] 1933 年春天行将告别的一个晚上,伊舍伍德看着两万五千本"非德国"的书籍在研究所旁的菩提树下被付之一炬,其中包括墨瑞克(Moreck)写的性爱旅游指南和性爱学研究所的全部藏书。他听见戈培尔在号召亢奋的学生和纳粹党党员将往昔妖言惑众之书籍全部焚毁。纳粹宣传部长叫嚷,"未来的德国男人不能只是一介书生,而必须是有血性的男人。这就是我们要教育你们的最终目的。"

希特勒夺取政权之后,迫使德国人心甘情愿地接受了他的战争宣言,抛弃了本身摇摇欲坠的魏玛政府,开始走向自我毁灭的征途。在一个犹太人经营的百货公司门口,伊舍伍德认出了一个年轻的同性恋

第十一章 | 生活在想象之城的克里斯托弗·伊舍伍德

伙伴，如今一身戎装。他不由自主地想起了鲁迪——一个热情奔放的共产主义者，或许此刻，他正被折磨得半死不活。柏林原本那些漂亮男童早已注定要成为它的炮灰。

"在一家商店的镜子里，我看见了自己的脸，看见自己的脸竟然还洋溢着笑容，我当时真的惊恐万分。"他在《告别柏林》的结尾处写道，"天气如此美妙，你情不自禁地发笑。有轨电车在克莱斯特大街上颠簸行驶着，一如往常。无论是人行道上的匆匆行人，还是诺伦多夫大街上悠闲喝茶的客人，他们的神态都如此奇妙地熟悉，与记忆中的某种温馨场面如此相似，似曾相识，就像一张拍得很好的照片。"

"不，"他最后说道，似乎是为了使自己亦真亦幻的叙述更有说服力，"即使现在，我也不能完全相信这一切都曾真的发生过。"

有关伊舍伍德本人在柏林度过的日日夜夜，绝不可能尽为人知。在《告别柏林》这本小说行将出版之际，他像自己书中描写的那些人物一样，烧毁了他自己的日记。他说他已经"毁掉了他真实的过去"，因为他希望用这简化了的、"他自己创造的虚构过去来取代真实的过去，而且，虚构的过去更加激荡人心。"他的解释仍然难以令人信服。但事实上，只有那些搞学术的人才会对他的原始日记本感兴趣。比起作者本人来说，从原始日记中过滤下来的作品意义更加非凡。

"我是一部照相机。"他写道，"按下快门，拍摄出了一个虚幻世界。"

[185]

图片取自贝尔托·布莱希特创作的《三便士歌剧》，1945年。

第十二章

贝尔托·布莱希特与《运气和史诗》

1928 年，司琪福保尔达姆剧院

柏林，1928 年 9 月 1 日

亲爱的哥哥：

  抱歉没有尽快告知你我的到来。这个夏天我忙得不可开交：忙着毕业，忙着告别家乡父老乡亲，忙着在首都找个立脚的地方。马克斯·莱因哈特没有到车站去接我——正如你开玩笑说的那样——但是我在一个剧院找到了一份差事，而且还吻了一下玛琳·黛德丽！

  让我从头说起吧。柏林这个城市很大，面积相当于二十四个杜伊斯堡[①]（Duisburg）的大小。这里有三十五个正儿八经的剧场，一个超大的马戏团，啤酒屋大得像火车站，还有四层楼高的葡萄酒会所。这里有七条地铁线，一百个电影院，还有一个卡尔施泰特百货商店。大

[①] 杜伊斯堡，港口城市，位于鲁尔区西部的下莱茵。它是杜塞尔多夫行政区里的一个独立市，同时也是北莱茵 - 威斯特法伦州的第五大城市。

楼的旁边有一个十五米高的灯塔,为飞入滕珀尔霍夫机场[①]的飞机照明。无论你走到哪里,你都能碰巧遇到未来主义艺术展、国际探戈大赛或是为期六天的街头自行车比赛。走进任何一家电影院,你都会看到成百上千的妙龄少女,眼睛盯着屏幕,在黑暗中擦拭眼泪,内心荡漾着烂漫的涟漪,她们身边的花花公子,脸上长满粉刺,趁机在她们的屁股上摸来摸去。在交响乐剧团,威廉·福特万格勒[②]正在准备他的第五场演出;奥托·克伦佩勒[③]正经营着克罗尔歌剧院;理查德·施特劳斯[④]、帕布罗·卡萨尔斯[⑤]和托斯卡尼尼[⑥]早已获邀参加下一届的柏林音乐节。就在这个时候,弗里茨·朗[⑦]和马克斯·施梅林[⑧]或许正在罗曼斯特咖啡厅争论裸体讽刺剧。

我觉得我已经了解这座城市,因为我走访过这里的许多街道。我一来到这里,便立即去参观了慕尼黑市立剧院、露天剧院和柏林大剧院。你会觉得我找工作并不难,因为我在夏令营被评为弗克望艺术学院"最具创新力"的学生。可惜的是,许多经理都说没收到过我的简

---

① 滕珀尔霍夫机场是一座坐落于德国柏林的商用国际机场,位于滕珀尔霍夫-舍嫩贝格区内,曾是柏林三个主要机场之一。由于经营亏损严重,滕珀尔霍夫机场已在2008年10月31日停止运营,所有航班均转至扩建中的柏林-舍讷费尔德机场。
② 威廉·富特万格勒(1886—1954),德国指挥家,作曲家,柏林爱乐乐团终身首席指挥,代表作品有三部交响曲和一部钢琴协奏曲。
③ 奥托·克伦佩勒(1885—1973),二十世纪最伟大的指挥家之一,长久以来被认为是指挥贝多芬、勃拉姆斯和布鲁克纳作品最顶尖的诠释者之一。
④ 理查德·施特劳斯(1864—1949),德国浪漫派晚期最后的一位伟大的作曲家,同时也是交响诗及标题音乐领域中最大的作曲家,曾担任过柏林皇家歌剧院和维也纳歌剧院的指挥和音乐指导。
⑤ 帕布罗·卡萨尔斯(1876—1973),杰出的西班牙大提琴演奏家。四岁学钢琴,十一岁改学大提琴,二十三岁举行第一次独奏音乐会,在遍及二十来个国家的旅行演出生涯中,每年都要举行二百五十次以上的音乐会。后筹建巴塞罗那交响乐队,亲任指挥。
⑥ 托斯卡尼尼(1867—1957),意大利指挥家,本世纪最有才华和要求最严格的音乐指挥之一,他完全凭记忆来指挥。
⑦ 弗里茨·朗(1890—1976),德国制片人、编剧、演员,德国表现主义学派代表之一。
⑧ 马克斯·施梅林(1905—2005),迄今为止德国唯一的一位世界重量级拳王。

历以及推荐信。所以我得感谢你提醒我带上复印件。他们都承诺说回头会联系我。可是，有一次面试后我把呢子帽落下了，等我回去取的时候，正看到那个经理把我的申请信扔进垃圾箱。我顿时感到灰心丧气，知道自己整个儿就是一无名小辈，永远好梦难圆。当时差一点就去拜访阿德隆饭店⑨，亮出我父亲的介绍信。

于是我生日那天自己买了一张票（天哪，竟然是只限于内部观看的）去看了一场音乐剧《虚无缥缈》。该剧由马塞勒斯·谢弗作词、米莎·斯伯里安斯基作曲，是该时期的大热门。我选择去观看它，当然是因为黛德丽。她和马格·丽欧一起二重唱，歌词大意是关于购买小狮虎，嘲弄躲躲猫柜台的各种趣事。令人开心的是，后来我和一群也住在市里的单身男子们一起，等候在舞台旁边的门前，不知怎么地吸引到她的眼球。她在我手里的节目单上签了名。我告诉她我有多喜欢她饰演的话剧《振作起来，查理》，她在我的脸上轻轻地吻了一下。亲爱的哥哥，把这些事都告诉你那群在图书馆上班的无聊同事吧。

这件事的确使我"振作起来了"。第二天早晨我便去了司琪福保尔达姆剧院。剧院就在施普雷河岸边，靠近威登达姆大桥（Weidendammer Brücke）。幸运的是，一个新剧目的排演才刚刚开始，我当场受雇做后场助理。美梦成真了。

这份工作让我欣喜若狂……直到我亲眼目睹第一次排练才如梦清醒。该剧极其混乱，我发现自己还是喜欢像莱辛或者席勒的剧本，情节稳定，有预测性。我目瞪口呆地看着吵吵闹闹的演员和满口脏话的导演，惊讶得路也走不动了，只有听到吩咐的时候，才出去给他们取来白兰地酒。我在想，演员的激情在哪里呢？这样的演出如何让观众得到情感陶冶、净化心灵？杜伊斯堡市的剧院绝不会这样。如果我能

[191]

---

⑨ 阿德隆饭店建于1905—1907年，酒店以它的拥有者劳伦兹·阿德隆命名。这个当时耗资2千万金马克的建筑，目的是要成为未来顶尖豪华酒店。直到今天，这里仍然是王公贵族和政要首脑们所钟爱的豪华之地，也是世界各地领导人访问柏林时下榻的官邸。

再找个工作和黛德丽一起共事该有多好啊！那样的话，我就能经常看到她的那双美腿……你一定见过"爱她"牌"人造丝袜"广告吧？

　　这部喜剧叫做《三便士歌剧》①（至少目前，该剧还未定型，变数很多）。它由贝尔托·布莱希特编导，他的戏剧《人人平等》在杜塞尔多夫市我们一起看过（你一定还记得，那场剧中间休息的时候，夹演了一幕荒谬的戏剧片段：喜剧的主人公变成被指控谋杀它母亲的小象）。这部喜剧已经算是很不错的了：犯罪，道德沦丧，揭露维多利亚时代伦敦的地下黑社会。但是布莱希特却用令人费解的情节和不切实际的理论将这一切都毁了，其意图就是要让观众——哦，对不起，应该是看客——的注意力从那虚幻的故事中转移开来，使他们不至于受剧中人物情感所感染。

　　该剧的来源跟后来的制作一样荒谬。今年早些时候，恩斯特·约瑟夫·奥弗里希特——一名二十九岁的演员，越过边境来到这边——幻想着自己是个制片人，于是租下了司琪福保尔达姆剧院（他从父亲那里借了十万金马克）。但是他没有剧本，像托勒尔②、孚希特万格③之类的剧作家也没有他适合导演的剧本。一次偶然的机遇，奥弗里希特在施里希特咖啡厅遇到了布莱希特。布莱希特毫不迟疑就出了个主意，可以依据约翰·盖伊④谱写的歌剧《乞讨者》改编成音乐剧。据库尔特·盖瑞（此人在《三便士》歌剧中扮演警察局局长、绰号叫"老

---

① 《三便士歌剧》，由布莱希特编剧，魏尔谱曲，1928年8月31日在柏林首次公演。故事背景发生在维多利亚时代的伦敦苏荷区，歹徒刀手梅克和乞丐帮头目的女儿未获得女方双亲同意，便私自结婚。梅克因为一名妓女的作证而被逮捕，但在前妻的协助下逃逸了。前妻的父亲是警察长。后来，梅克再次被出卖，这回是被他的岳父陷害。但在即将被吊死以前，新登基的女王赦他无罪，并晋封他为贵族。
② 恩斯特·托勒尔（1893—1939），1920年代最出名的德国剧作家之一，也是德国表现主义戏剧的重要代表作者。代表作《转变》《群众与人》。
③ 孚希特万格（1884—1958），德国剧作家。生于犹太工厂主家庭。纳粹揽权后，流亡美国。作品大多以历史题材为主。代表作《约瑟夫斯》三部曲、《候车室》三部曲。
④ 约翰·盖伊（1685—1732），英国诗人兼剧作家。

虎"的布朗）透露，布莱希特以前的情人伊丽莎白·豪普特曼连续几个月都在艰难地翻译，目的就是重新获得布莱希特的欢心。布莱希特冲进位于比谢大街的豪普特曼家中，从豪普特曼的手稿中打印了其中的六幕。奥弗里希特很是欢天喜地，当即同意由作曲家库尔特·魏尔①来谱写音乐。

排练在八月初便开始了，但是"灾难"却接连不断。海伦·威格尔得了阑尾炎，一病不起；卡劳拉·内赫——布莱希特的另一个亲戚——在她丈夫得结核病死去两周后来到剧院。她穿着一身吊孝的服装在此工作了一周，然后又不干了。戏剧上演前的第四天，剧院找到罗姆·巴恩来代替她的工作；在戏剧中饰演毫无道德底线的麦希特（伦敦最臭名昭著的罪犯）的哈罗德·保尔森，嗓子哑了；艾丽希·彭拓拿着整理好的包裹突然出现在奥弗里希特的办公室，说要回他的家乡德勒斯登；在剧中饰演乞丐费尔奇的拿弗他利·莱曼在该剧上映前一天晚上提出要求，演出费翻三倍，而且要现金支付。

布莱希特的决定常常颠三倒四，完全是要毁掉这场演出的做法。他把自己伪装成无产阶级，四处招摇撞骗，那样子看上去又饿又老（事实上他才三十岁而已）。每天早晨他都会让每个演员重新温习一遍台词，用第三人称骂这部剧的剧作家（其实就是他本人）是个傻瓜。

"任何人都可以创造。改写别人的作品才具有挑战性。"他像巴伐利亚的农民一样将"r"发成颤音。事实上，他父亲是奥格斯堡一家造纸厂的总经理。

在布里斯托酒店，他一边吃午饭，一边胡乱地写一幕剧本。他承认自己从杜布林的小说《柏林亚历山大广场》中学到（实际上是剽窃）了"创作的真谛"。他时常和演员一起外出，装模作样地讨论他的"超然效应"，但实际上我怀疑是和男的一起喝酒，与女的一起睡觉，或

---

① 库尔特·魏尔（1900—1950），是德国（晚年归化美国籍）作曲家，自1920年代起活跃至过世。他是剧院的首席作曲家，并替音乐厅创作了许多作品。

者正好相反，与女的一起喝酒，然后与男的一起睡觉。在柏林，谁都说不准会发生什么事情。

不管怎么说，布莱希特善于"东拼西凑"，总是不肯发挥自己的创造性。这也合乎他的性格。因为，只要对他有用，他向来采取拿来主义。因此，孚希特万格为这个剧本想出了剧名；维也纳的讽刺家卡尔·克劳斯①重新改写了其中的一个人物。威格尔、豪普特曼和内赫（在她恢复理智离开之前）围坐一圈，互相大眼瞪小眼。布莱希特身着皮革夹克和满是污垢的白色衬衫，嘴里叼着一根已经咬了半天的雪茄，和魏尔一起坐在这群粗话连篇、胡乱出点子的"拼凑家们"当中。就这样，所谓的音乐剧拼凑成了。

有天深夜，他叫嚷道："剧院不是幻想之所，而是争论之地。"

他认为，观众应该像陪审团一样，超然物外，无动于衷地观看戏剧。你觉得奇怪吧？他不想让观众的情绪受感染，不希望观众对角色产生同情，或者不知不觉地进入一种如痴如醉的状态。相反，他想让观众保持批判性的超然。传统戏剧中，故事情节往往随着观众的猜想而发展，让观众的想象力得以发挥。布莱希特为了打破这一传统，极尽所能：让演员自己说出角色的发展，或大声说出剧情发展，突然改变灯光来中断叙述节奏，甚至用横幅来讲述正在上演的剧情。难怪对于布莱希特而言，戏剧人物的内心活动毫无意义。

你知道，我喜欢有震撼力、感人肺腑的故事。我喜欢那些情节欢快的剧目。我喜欢剧院舞台井然有序，而非一片狼藉。我问问你，如果一块火红的铁块砸在你的身上，让生命与世界烟消云散，何益之有？

我把这段时期作为"体验"予以记录，尽管我怀疑自己是否会将其纳入我的实习报告之中。请注意，曾经有过一次机会，可以让结果

---

① 卡尔·克劳斯（1874—1936），是二十世纪早期最著名的奥地利作家之一，也是记者、讽刺作家、诗人、剧作家、格言作家、语言与文化评论家，并且提拔了许多年轻的作家。

免于一塌糊涂。如我所言,布莱希特喜欢让任何人、所有人都卷入他那种可笑的讨论。该剧上演的前两天,时近午夜,我正在收拾空酒瓶,他过来将我拽进他的讨论圈。就在这时,哈罗德·保尔森穿着量身定做的黑西服,戴着一顶圆顶礼帽,威胁说,如果他得不到隆重介绍,就辞职不干了。其他演员也都心灰意冷地纷纷附和,鼓乐手们也开始收拾乐器,准备起身到最近的酒吧寻欢作乐。场面顿时失控了。

在此之前,只要我一开口,就会招来布莱希特的嘲讽。但混乱中我斗胆建议他应该把戏剧建立在中世纪的歌曲之上,或许可以用民谣,就像当初经常光顾伦敦(以及柏林)的游吟诗人那样唱些英雄壮举。毕竟,虽然我没有说出来,但我心里清楚。

他实际上已经从十五世纪的流浪诗人弗朗索瓦·维庸(François Villon)[①]那里挪用了四首歌谣。布莱希特"哈哈"大笑(他喜欢某个想法的时候总是如此)。第二天早晨,他和魏尔说服了保罗森,让他演唱民谣《飞刀客麦克》。连我也得承认,民谣唱得还不错。

最后一次正式排练在今天早晨六点才结束。大家都各自回家睡一个小时。但布莱希特留了下来。他要将剧本再缩短四十五分钟。接下来的时间,就消磨在布置灯光以及安装一匹制作粗糙的机械马上。其用意是为了模仿其他作品的幸福结局:维多利亚女王的信使骑着马儿来向罪人麦希思道歉,并赐给他一座城堡和一笔养老金。但是安装失败了。第一次试骑,马就塌倒了,将骑手摔倒在前排的观众席位上。

演出启幕前一个小时,一群搞卫生的女士才拿着扫帚赶来。制片人奥弗里希特命令布莱希特(此时早已累得筋疲力尽,晕头转向)离开舞台。

"我再也不会踏进这个剧院。"他愤怒地回了一句。

[①] 弗朗索瓦·维庸(1431—1474),法国中世纪最杰出的抒情诗人。他继承了十三世纪市民文学的现实主义传统,一扫贵族骑士抒情诗的典雅趣味,是市民抒情诗的主要代表。

"我也不会。"魏尔声音软绵绵地附和道。

成功似乎取决于运气或时尚,艺术家们必须接受这一点,否则就会疯掉。机会能够让一个人事业飞黄腾达,也能使他半途而废。机会也决定了一个人是凭借才华出人头地还是默默无闻。整个上半场,观众面无表情地坐在观众席上,整个气氛沉闷无声,只听到舞台后面传来魏尔时不时的咆哮声。他发现他的妻子洛特·伦亚(在该剧中饰演妓女珍妮)不在节目单上。"这里乱七八糟,简直就是一个猪圈。"他朝奥弗里希特愤怒地骂道,"我绝不会允许我的妻子重返舞台。"

但是在中场休息之后,洛特回到了舞台,而且很快就听到观众鼓掌、欢呼,接着便是一片叫好声。当观众沉浸于近乎原始地批评世界时,我有点幸灾乐祸。布莱希特彻底失败了:他的观众不是"无动于衷的陪审员"。当观众哼唱着《飞刀客麦克》的曲子时,我明白,尽管布莱希特已竭尽全力,但观众还是被剧情彻底感染了。他的"超然效应"就此终结。

[195] 今晚我回家的路上看了一下刚刚出来的评论。《柏林日报》上阿尔弗雷德·科尔称这部戏剧是垃圾;克雷兹腾对它嗤之以鼻,说它是"文学上的恋尸癖"。看来,《三便士》歌剧下周末之前必定寿终正寝。

亲爱的哥哥,我不能再写了。我要想办法睡一觉,以便应付第二场演出,说不定有人会去看呢。周一的时候我要再去找点事儿做。我发誓,我会再给你写信的。但是目前你最好不要向任何人提到我在柏林遇到的各色人等(当然黛德丽除外)。

最爱你的弟弟
恩斯特

玛琳·黛德丽,黄柳霜,和莱尼·里芬斯塔尔与一名不知名男子于柏林化妆舞会,拍摄于1928年。 [198]

第十三章

玫瑰人生

1929 年，巴贝斯堡①

"五分钟后灯光。"

话音一落，影影绰绰的人群便从暗处蜂拥而出。几把扶梯滑进聚光灯下。灯光助理们，嘴里衔着挂衣架，屁股后晃动着工具袋，迅速冲入布景格架。挡光板拆卸下来，舞台上顿时亮了起来。摄影师将摄影灯安置好，负责照明的电工检查反光效果。负责话筒吊杆的将麦克风移到摄像机拍摄不到的地方。道具师在后面调音。场记小姐重置马表。

在剧场舞台中心，服装师在这位少妇那身闪闪发亮的黑裙上别上安全别针，化妆师替她在嘴唇上又补了妆，以拍摄特写镜头。助理导演穿梭于工作人员之间，时不时地看看手表，等着一切就绪。

"全体人员注意啦，现在我们就开始。"他嚷道，"请大家各就各位。"

工作人员随之撤回暗处。厚重的舞台大门"轰"地一声关上。摄影棚的铃声响起，红灯闪烁。导演在摄像机旁落座，神情肃穆地眼盯

---

① 巴贝斯堡电影棚，位于波茨坦城，是全球最古老的大型电影工作室，从 1912 年开始录制电影作品，德国旧日的"好莱坞"。如今其占地约为两万五千平方米，成为了欧洲著名的电影主题公园。

前方，仿佛只靠想象力就能使眼前的场景生动起来。

"音乐到位！做好场记。"

顿时一片肃静。摄影胶片滚动。在耀眼的灯光中，玛琳·黛德丽举目看着闪烁的镜头，等候开始。

她的脸被场记板挡住了一下，然后拿开，她就进入角色，把正吸着的烟放在了钢琴边沿上，装模作样地从嘴里吐出一缕缥缈的烟雾。她扭头回望，风情万种地对钢琴师点点头，轻启朱唇，开口唱道：

"你是我咖啡中的奶油，你是我鲜汤中的咸盐……"她妩媚动人，含羞带娇，一副忸怩作态的轻佻模样。音乐突然显得不协调，她勃然大怒，对着钢琴师脱口就是一番羞辱："你这也配叫音乐？你不是在弹奏搓衣板，懂吗？再弹！"

前天晚上，正在舞台上表演的黛德丽被臭名昭著的约瑟夫·冯·斯登堡[①]导演看中。那天早上，她被叫到巴贝斯堡电影厂参加试镜。她知道这个导演正在筹拍电影《蓝天使》，但她拒绝出演满腔热血的女游吟诗人。不管怎样，整个柏林城的人都相信，该电影中的舞厅歌手早已另有人选。但莱尼·里芬斯塔尔[②]始终确信，这一角色非她莫属。

斯登堡让黛德丽在他的办公室里走来走去，如同一匹得胜的赛马。黛德丽眉头紧锁，颇不耐烦。她告诉导演，她不上镜，鼻子翘得像鸭尾股。她声称自己的前三部电影都不成功是因为导演太不专业。其实她已经在七部电影中出镜。随后，她耸了耸肩膀，抖落银色的狐皮大衣，对斯登堡说，她看了他所有的电影，觉得他不能处理好女性

---

① 约瑟夫·冯·斯登堡（1894—1969），美国电影导演。1923年在好莱坞任编剧和摄影师。以纯熟的摄影技巧和绚丽多彩的电影画面而著称。其最有名的影片为《蓝天使》(1930)。此外曾执导《下层社会》(1927)、《美国的悲剧》(1931)、《罪与罚》(1935)等。

② 莱尼·里芬斯塔尔（1902—2003），德国舞蹈家、摄影师，电影演员和导演。尽管作为导演，里芬斯塔尔创作了非凡的电影作品，但她仍被许多人从一般电影导演中区分开来，因为她曾效力于纳粹德国。

第十三章 玫瑰人生

角色。

此刻，在斯登堡的摄影机前，黛德丽又吸了口烟，吐出一圈烟雾，继续拍摄改变她一生命运的电影。

"天哪！我非得跟着那个老家伙弹的东西唱吗？"

她用手猛地敲了一下钢琴盖，大步走到钢琴前，照着钢琴师给了一巴掌。

"你长脑袋是干啥用的？我想你脑子进水了。"

她一屁股坐到琴键上，撩起贴身长裙，盘起她两条长腿，将丝袜往腿上拉了拉，用德语警告钢琴师：

"你要是再出错，我就叫你滚蛋。"

于是她重新抖擞精神开始唱"既然还有个情郎在墙角，你又何必哭泣？"她身子靠在钢琴上，完全陶醉于自己的歌声。她嗓音沙哑却充满感情，右手叉在臀部，身姿曼妙，让人心醉神迷。她整个人似乎都沉醉于歌声之中，飘然欲仙，好像吸食了毒品。她那描得很浓的眼睑既勾人心魄又冷艳孤傲，柔中带刚，媚中藏傲。虽然只试了三分钟的镜头，但她那带有挑逗的冷艳神态，以及颇有潜力的表演天赋却让人过目不忘。

负责场记的将场记剪板遮住镜头，试镜结束。黛德丽探身对着刚才被她羞辱了一顿的钢琴伴奏师，低眉顺眼地轻声说了一句"要有所作为"，既是为刚才的失态道歉，也是对那些不快一笑而过。

"有所作为。"

黛德丽这位特立独行的柏林人，后来成为了她那个时代的伟大偶像，其传奇一生源于她母亲的一句教诲："要有所作为。"她母亲曾教导她：不要虚度一生，要出人头地。

黛德丽无时无刻梦想着有所作为。她在接受洗礼时取名为玛丽·玛格德里。这个感性又敏感的孩子在三岁时自己改名为玛琳。她父亲是一名皇家警署的中尉，在她六岁时消失了。继父是一名步兵军官，在1916年的苏联战场上受了重伤，也离她们而去。黛德丽在

[201]

一个缺少父爱的环境中长大。她家附近有一条安哈耳特干线，上面是一架金属人行桥。一战期间，每到漫漫夏夜，她都站在桥上，等着趾高气扬的军队列兵从此经过。士兵们从桥下走过时，她的裙子在暖风中飘动，在夏日的云蒸雾绕中臆想男人有力的怀抱、温暖的汗水与呼吸，还有男人腰间的人造革皮带。在她的想象中，老老少少的男人都对她侧目相视。

在家里，她通常扮演各种角色，打发空虚。这让她母亲既倍感欣慰也忐忑不安。她按照母亲的爱好称自己为保罗，自顾自地演绎某个角色，学会了根据需要扮演各种角色。玛琳极不安分，热爱表演，喜欢受人瞩目。她不仅学会吹笛子、弹钢琴、拉小提琴，而且对指法和演技精益求精。她的刻苦训练使得她能够游刃有余地表现自己。

十八岁时，她离开柏林，去了距离二百八十公里以外的魏玛音乐学院。这里地处德国西南边陲。她的努力让同学都感觉汗颜，但她身着薄如羽翼般的绸裙去接受私人授课，却让同学们很反感。情窦初开的她，既让自己感到紧张悸动，也让她的老师心动。这个老师于是成了她的第一个情人。这个男人唤醒了她沉睡的欲望，让她自己都倍感惊讶。他的身体，他的气息，他有力的拥抱，都让她情难自已。这个老师的朋友，一个比她大三十岁的小提琴制造商，成了她第二个情人。而其他年轻点的爱慕者，比如新成立的鲍豪斯建筑院的画家和设计师，都纷纷在施泰因夫人的公寓外面等候她。当他们炽热的目光落在她的身上，她的呼吸顿时急促起来，胸脯起伏，心荡神摇。于是，她成了他们的情人，他们的荡妇，他们的天使。

但是到了1921年，她母亲的养老金日渐缩减，再也付不起她的学费，连日常生活也成了问题，黛德丽只得返回柏林，到UFA乐队打工。在灯光昏暗的乐池中，她演奏小提琴，让乐队男成员对她的一双美腿心猿意马。她反复研究脑海中浮现的无声电影音速和曲调，同时一遍一遍揣摩她的银幕偶像亨利·坡腾的表演艺术，掌握表演和电影制作的潜在技巧，直到她最终因涣散男人的注意力被开除出乐队。

第十三章 | 玫瑰人生

于是她将小提琴搁置一旁，甩掉箍在头上的钟形女帽，登上舞台。在西区剧院中，她与吉多·蒂尔歇同台演出，在卡巴莱短剧中饰演风尘女子。她感觉得到，自己的美貌令观众情欲勃勃。莱因哈特是当时全球最精湛的舞台剧导演，她去找他试音，却因表演过火错失良机。然而，她争取到做他学生的机会，由此进入到他的演出团队。到她二十一岁生日时，她已经分别在莱因哈特的德意志剧院和柏林大剧院中为五个剧本出演了七个角色。

与此同时，她开始涉足电影界，在托尔斯泰的一个民间故事以及其他喜剧《小拿破仑》①、《振作起来，查理》等中出演小角色。有些角色，她靠别出心裁的小花招争取到手，如故意衣着不整，或者抱着小狗参加演员分配现场。但大多数角色还是凭借她自己的演技。

莱因哈特剧组中的一位同事这样评价黛德丽："许多人都有梦想，有的人将梦想藏在心底，有的人将梦想挂在嘴边。黛德丽则让自己的梦想如一轮光圈般照耀着自己，如影相随。"

战争和通货膨胀造就了德国电影业。1895年，世界上第一部移动画面在弗里德里西大街的冬日花园放映，比华纳兄弟电影公司在巴黎发布其高级电影拍摄系统还早了两个月。在接下来的二十年里，柏林人与全球观众一样，纷纷涌向新的梦想殿堂，观看意大利喜剧、瑞典戏剧，特别是观看好莱坞的西部片。然而在1914年，德国皇帝禁止引进敌对国电影。接下来的十几年中，外国制片人的电影不能进入德国。等到德国经济崩溃之后，他们也无力进口外国电影了。莉莲·吉许②和鲁道夫·瓦伦蒂诺③这些盛极一时的演员，在柏林却鲜为人知。德国电影工厂为了应对这一局面，制造商首先绞尽脑汁在巴

---

① 雨果于1852年所著，是一部嘲笑讽刺拿破仑三世的政治小册子。
② 莉莲·吉许（1893—1993），美国默片时代最具独特表现能力的女演员之一，1971年第43届奥斯卡金像奖终身成就奖。
③ 鲁道夫·瓦伦蒂诺（1895—1926），美国著名男演员，是默片时代最为风靡的荧幕情人。曾主演《启示录四骑士》《茶花女》《酋长》《碧血黄沙》等名片。

贝斯堡宣传机构寻找到一些具有激进民族主义思想的三流剧作家，然后粗制滥造出一些具有他们自己文化特色的电影。

到了二十世纪二十年代中期，柏林成为世界上发展最快的城市，至少对于有钱人和年轻人来说是这样的。路灯下，湿漉漉的柏油马路路面亮晶晶的，大剧院正面墙上霓虹灯闪烁，彻夜灯火通明，柏林人对华特·鲁特曼导演的《柏林——城市交响曲》趋之若鹜。鲁特曼在该片中通过热情高涨、精力充沛的人群来颂扬充满动感的柏林，灯泡的大量使用促成了厂家运用生产流水线，成群的打字员在噼里啪啦地敲字，新闻的头版头条一边疾呼"危机意识"，一边大肆宣扬拜金主义。传统的道德价值观、伦理观荡然无存，廉耻尽失。银屏上，舞台上，媒体上，柏林人或者积极参与讨论如何重新掌握自己的命运，或者疯狂享乐，陶醉于物质享受，追逐时尚。

艺术上自娱自乐，促使德国每年拍摄出大约六百种电影，其中包括表现主义的恐怖片《卡里加里博士的小屋》以及导演穆瑙的吸血鬼恐怖片《诺斯费拉图》。弗里茨·朗①的《尼伯龙根传奇》，以过去的神话传奇为背景，可谓电影史上的经典巨作，其后的《大都会》则是他的未来主义代表作。为了拍摄《大都会》，他的电影公司几乎破产倒闭。德国电影既是电动诗篇，也是具有颠覆性的艺术形式，融合了各种风格，堪称唯一可与好莱坞抗衡的电影制造业。

在这个躁动不安且充满创造性的十几年里，黛德丽常常鼻梁上戴着单片镜，头上裹着穆斯林头巾，身穿狼皮袄，脖子上裹着围巾，就这样笑逐颜开地招摇过市，迷得许多陌生路人也屁颠屁颠地跟在她的身后走街串巷。她在《玛侬·莱斯科》这类次要的电影中扮演一些角色，提高自己的表演艺术，学着如何使自己举重若轻，多表现，少做

---

① 弗里茨·朗（1890—1976），出生于维也纳的德国人，知名编剧、导演。1920年代早期，他一连串出品的犯罪默片电影，开启了世界电影的新风貌。他常常与希区考克、卓别林等人并列与电影百人之列，被认为是电影史上影响最大的导演之一。

事。她在一个自助拍照亭里不断地变换姿态,以求找到自己最中意的形象。她发现了最能体现出她脸部美感的灯光,也发现了哪些电影胶片会让她的头发和眼睛变黑。

她也以男装出现在公众眼前,或者说以一个娘娘腔的少男形象示人,寻求刺激,无拘无束。在电影《口口相传》中,女同性恋舞厅歌手克莱尔·沃尔多夫教她如何准确地表达歌曲,当然也教了她很多其他方面的技巧。她不断提升自己的技能,逐渐成为情欲的化身,无论男女,来者不拒。无论在舞台上还是在现实生活中,她都对好色之徒情意绵绵,无论是演戏还是拍电影,都尽显妩媚妖娆,似乎要将自己委身于每个人,无论性别,无所谓偏好。

1929年,斯登堡第一次听到黛德丽分别用德语和英语讲话,他便知道,他需要她,当然不仅需要她出演电影《蓝天使》。他们于11月开始了长达十个星期的拍摄。开拍首日,巴斯特·基顿①顺便也来了5号舞台,一道来的还有莱因哈特、乔治·格罗兹②和谢尔盖·爱森斯坦③。爱森斯坦是前苏联的先驱导演,他正好到柏林来宣传他的电影《战舰波将金号》和《十月》(根据约翰·里德的《震撼世界的十天》改编)。当天下午,里芬斯塔尔(后来导演了声名狼藉的纳粹宣传电影)也来到了拍摄现场。黛德丽身子仰躺在一只圆桶上,穿着丝质

---

① 巴斯特·基顿(1895—1966),美国默片时代演员及导演,以"冷面笑匠"著称,主要作品有《福尔摩斯二世》和《将军号》。他同时也是特技演员,被认为是美国独立电影的先驱。巴斯特·基顿被广泛地认为是电影史上影响最大的导演之一。
② 乔治·格罗茨(1893—1959),画家,为幽默杂志画讽刺画,反映现实生活。尤其在一次大战及以后的年代,他用画笔揭露和抨击社会的丑恶,他的画形象夸张、言简意赅。1932年赴美国任教。格罗茨在美国的创作期间出现了浪漫的田园诗情趣。
③ 谢尔盖·爱森斯坦(1898—1948),苏联电影导演和电影艺术理论家,世界电影的先驱,蒙太奇风格大师,他拍摄了三部经典的影片《战舰波将金号》《亚历山大·涅夫斯基》《伊凡雷帝》,按他的电影蒙太奇观点,一些与主题无关的影像可以用来造成最大的心理效果。他将电影艺术提升到前所未有的高度,通过隐喻等手法,赋予电影全新的表现力和复杂性。

长袜,头戴高顶黑色大礼帽,嘴里唱着《再次坠入爱河》。正当她向来访者卖弄风骚时,斯登堡一声怒吼:"你这头母猪,穿上你的内裤吧。大家都能看到你的阴毛了。"

《蓝天使》以亨利希·曼①的长篇小说《垃圾教授》为蓝本改编而成。小说本来是以谴责魏玛社会风气为主题,讲述一位古板的教授爱上了一个在歌厅卖唱的风尘女子。然而,由于斯登堡与黛德丽之间的感情因素,同时也是由于反动老板阿尔弗雷德·胡根贝格的需求,他们将电影的焦点从政治转向了卖唱的歌手。歌手的年龄也变小了很多年,因为,她被改变成冷酷无情的荡妇,一而再地坠入情网。斯登堡还将她的名字也改了,将原本一本正经的罗萨·弗洛里茨改成充满暧昧色彩的劳拉·劳拉。她卖唱的歌厅名字则变为 der blae Engel——在德国俚语中意为"令人陶醉的天使"。

巴贝斯堡是世界上最古老的大型电影厂。在哈伯设计的博物馆西南面,距离博物馆有好几公里的路程,路上行人匆匆,车水马龙,电影厂的技术人员奔走于舞台与外景场地之间,运载道具的马车不断地将油漆好的道具运回拍摄地。夏季,外景场地的院子阳光明媚,绿草如茵,白桦树郁郁葱葱,男女演员在拍摄间隙,会到院子里坐在帆布躺椅上打发时间。冬天,临时演员会拥挤在食堂里,一边喝着热气腾腾的豆汤,一边在心里算着他们的加班时间。然而,在电影棚宽大的隔音门后方,永远四季如春,永远是子夜般静谧,就像战争爆发前宁静的八月夜晚。至少,在拍摄期间以及背景转换之前的确如此。女人永远年轻,男主角永远高大威猛,现实生活的各种关键时刻都在电影宏伟的叙述结构中得到清晰定义。

在5号舞台上,黛德丽在一大堆服装中挑选令人震撼的着装,透

---

① 亨利希·曼(1871—1950),二十世纪上半叶德国最杰出的批判现实主义作家之一。也是德国小说家,著名作家托马斯·曼的哥哥。因此,通常文学史研究当中也习惯将这对兄弟作家合称为"曼氏兄弟"。

第十三章 玫瑰人生

明的晨衣，破旧的和服，绸缎衣领和锦缎袖口。这些服装都是她过去演出时留下的。她甚至从一个熟识的柏林牛郎身上抢来礼帽和短裤。"我是为意象着装。"她说，意思是为幻想打扮，"我打扮，不是为了自己，也不是为大众，更不是为了赶时髦或者为了男人。"

斯登堡也渴望震撼寰宇。他想打造一个性感魅惑而又柔情缠绵的意象，同时想在有声电影的早期获得未经雕琢的原始自然声音。他要让观众陶醉于他所谓的清脆之音中，比如硬鞋跟踩在鹅卵石上的声音，狗的叫声，金丝雀的吟唱声，当然首先是黛德丽的声音。

斯登堡完全陶醉于这个女人以及这部电影。他对黛德丽的歌舞表演倾注了大量心血，长时间不间断地对它们进行拍摄。他确信，她那欲擒故纵的歌声会深深地打动观众的心扉，感动观众，让观众不能自拔，彻底地征服观众。自视甚高的埃米尔·强宁斯[1]，作为主角在剧中扮演教授，却也只能眼睁睁地看着别人把他的风头抢走。因而在拍摄他勒死歌厅女郎的镜头时，他怒火中烧，假戏真做，真的在黛德丽的脖子上留下血痕。

只有一群人不为该电影所动。电影厂的头头们，包括后来担任希特勒政权中的财政部长胡根贝格，他们对这一电影深恶痛绝。在德国新时代伊始，当权者不可能眼睁睁地看着劳拉·劳拉征服并羞辱了像教授这样一个恪尽职守、遵纪守法的模范人物。这在当时必定会造成某种后果。为了突出歌女的堕落与邪恶，同时也给国人某种激进民族主义的信号，电影的结局最终被篡改。即便如此，胡根贝格还是余怒未消，政治野心蒙蔽了他的双眼，使他未能发现黛德丽激情似火的表演所带来的作用。他终止与黛德丽签订的合同，使得黛德丽脱离了巴贝斯堡电影厂的束缚。

《蓝天使》成就了她。用小说家阿尔弗雷德·德布林的话说，它

---

[1] 埃米尔·强宁斯（1884—1950），德国电影与舞台剧演员，默片时代的巨星。以《最后命令》《肉体之道》夺得首届奥斯卡最佳男主角奖。

充分表现了"毁灭前夕的罪恶渊薮",表达了人们的激情、绝望以及是非不分。电影在库达姆大街首映时,沿着红地毯两旁,在耀眼的灯光下,柏林人忘乎所以地欢呼雀跃。黛德丽一袭白色长裙,外披狐皮外套,频频出来谢幕。尔后,她手捧一大束玫瑰,钻进早已等候多时的轿车,离开柏林,奔向美国好莱坞。

如果没有《蓝天使》,玛琳·黛德丽也许不会离开德国。她也许还会专注于舞台,与罗伯特·克莱恩同台献艺,继续从事音乐表演,甚至应邀与阿道夫·希特勒相见。希特勒这位权力日炙的新贵,对黛德丽的演技十分欣赏。没几年之后,里芬斯塔尔发现希特勒私下里在贝希特斯加登①的城堡中观赏黛德丽的电影。然而,黛德丽最终选择了离去,一同离去的还有斯登堡、朗、彼得·洛②、比利·怀尔德③、布莱希特以及魏尔。库尔特·盖瑞,这位曾在大剧院演唱过《飞刀客麦克》、主演过《迷失少女日记》的艺人,选择留在德国,最终与其他许多艺人一样惨遭杀害。

她从威尔希尔丽晶大酒店开始进军好莱坞。她就像从天而降的仙女,光华照人,神秘莫测,夺人心魄。斯登堡遗弃了自己的妻子,一心引导、打造他的明星。他给黛德丽设计减肥计划,请专人为她进行声乐训练,指导她在外形上彻底地改头换面。在加利福尼亚,黛德丽变得更加亭亭玉立,妩媚动人。她的眼睛似乎更大了,脸颊骨也向上提升,甚至她的"像鸭屁股一样的鼻子"也看起来直挺挺的。斯登堡得意洋洋地夸耀说黛德丽是他的杰作,他可以将她"像水龙头一样随

---

① 位于德国巴伐利亚州东南部的阿尔卑斯山脚下,距离奥地利萨尔茨堡20千米,人口约8千。贝希特斯加登以希特勒的"鹰巢"而闻名。
② 彼得·洛(1904—1964),常以反面杀手形象亮相。出演过《卡萨布兰卡》《姐妹情仇》《疯狂世家》等名片。
③ 比利·怀尔德(1906—2002),犹太裔,是好莱坞黄金年代最伟大的导演之一,其作品涵盖各种类型,《热情似火》被誉为喜剧片之王,《日落大道》则是所有关于好莱坞的电影中最经典的。他还是历史上第一个在同一次评选中获得三项奥斯卡奖的人。

意地关上或者打开．"黛德丽则由衷地回忆说："他总是不断地督促我思考，开动脑筋，在工作中积累经验，不要只是人云亦云、步人后尘．"他们一起合作又拍摄了六部电影，包括《金发维纳斯》《女人是魔鬼》，精雕细琢她的银幕形象，使她成为偶像明星．

在德国，约瑟夫·戈培尔[1]这个恶魔般的思想催眠者，通过胡根贝格这类人物控制了大众媒体．他派人往电影院放映室里投放臭气弹和白鼠，用这些卑鄙手段扰乱埃里希·玛利亚·雷马克[2]的反战争电影《西线无战事》的放映．他对该电影中的"不爱国"立场耿耿于怀，坚决反对，给这部电影安上"有损德国荣誉"的罪名，明令禁止放映．他使电影业处于从属地位，必须服从于新兴的独裁者，一再强调他"监督大众舆论形态"的权力．像成千上万的电影界人士一样，导演卡尔·李特尔也对此予以回应，认为戈培尔的做法是"将他自己的野心从追求感官享受和商业利益上升到为国家政治服务的高度"．那些没有逃亡或者不能逃走的导演、制片人、演员以及技术人员，或者心甘情愿成为纳粹党的帮凶，或者糊里糊涂地同流合污，或者就成为牺牲品．

黛德丽无意为戈培尔的"国家政治"服务．她一方面用自己在好莱坞挣的钱资助大批的人移居美国，另外一方面也为德国的电影基金捐款，既保护了仍然留在柏林的母亲，也算是应付纳粹党的敲诈勒索．但德国宣传部长却不肯善罢甘休，试图将她诱骗回国，否则就让她身败名裂．德国媒体对《蓝天使》肆意诋毁，讨伐它是"低级庸俗，蛊惑人心"，可与此同时戈培尔派了一名使节去会见黛德丽．这名使

---

[1] 约瑟夫·戈培尔（1897—1945），德国政治家，演说家．其担任纳粹德国时期的国民教育与宣传部部长，擅长讲演，被称为"宣传的天才""纳粹喉舌"，以铁腕捍卫希特勒政权和维持第三帝国的体制，被认为是"创造希特勒的人"．
[2] 埃里希·玛利亚·雷马克（1898—1970），德国小说家，著有《西线无战事》（1929）一书而知名．小说描写了第一次世界大战，作者以轻描淡写的语言纪录每日战争的恐怖．后被拍为同名电影．

节的身份至今未明，可能是希特勒的代表，鲁道夫·赫斯[1]，也可能是未来的财政部长阿希姆·冯·里宾特洛普[2]。不管他是谁，反正他找到了黛德丽，并且郑重其事地对她宣布："元首想要你回家。"

黛德丽这样回应道："他不断地派要员来……原因只有一个，那就是在《蓝天使》中看见了我，想要让我钻进他的裤裆。"

第二次世界大战爆发前的那个夏天，黛德丽成为美国公民。在法国的里维埃拉[3]，黛德丽除了与少年约翰·菲茨杰拉德·肯尼迪共舞之外，也陪他的父亲跳舞。肯尼迪的父亲，时任美国驻英国大使。那时的她，也从未料到，不到二十年之后，这个少年肯尼迪会拯救她挚爱的祖国，使她的祖国免遭再次奴役。为了拍摄她的第十二部好莱坞影片，她乘船穿越大西洋向西航行。途中她接受了广播采访，在采访中她说："我们德国人过去想要一位元首，我们也的确得到了一位元首，对吧？如今我们重蹈覆辙，我们也想要一位元首，那么结果呢？恶魔希特勒上台了，而且大家都说，'太好了，这才是真正的元首。有人为我们指点迷津了。'"

希特勒告诉大家攻打波兰，大家便一往无前地大开杀戒。但是，黛德丽并没有跟随大家。相反，她投靠同盟国，帮助兜售美国战争债券，并积极参与慰劳美国士兵的演出活动，鼓舞美军士气，甚至还配合奥森·威尔斯[4]，允许他在魔术表演中将自己锯成两半。

---

[1] 鲁道夫·沃尔特·理查德·赫斯（1894—1987），德国纳粹党党魁之一。

[2] 阿希姆·冯·里宾特洛普（1893—1946），纳粹德国政治人物。希特勒政府时曾任驻英国大使和外交部长等职务，对促成德日意三国同盟起过重要的作用，此外，里宾特洛普直接参与了闪击波兰，入侵捷克斯洛伐克和苏联的战争。二战后被英军抓获，1946年10月被纽伦堡国际军事法庭判处绞刑。

[3] 里维埃拉又称"蔚蓝海岸"，是世界上最著名的黄金海岸。

[4] 奥森·威尔斯（1915—1985），美国著名电影导演、演员、制片人。1931年起从事舞台剧表演。1937年创办水星剧团。1938年因播演广播剧《宇宙大战》而知名。1939年起在好莱坞拍摄影片。1941年编导和主演的《公民凯恩》，在结构、摄影、剪辑等方面均取得独创性成就。一生导演、监制十余部影片，主要作品还有《安倍逊大族》《上海小姐》《麦克佩斯》《奥赛罗》《审判》等。

第十三章 | 玫瑰人生

有一次，她眼盯着威尔斯的魔术箱，问道："奥森，这个魔术是怎么变的？"

威尔斯回答道："你就等着瞧吧。这个魔术会要了你的命。"

当美国向希特勒开战后，黛德丽与喜剧演员丹尼·托马斯联手，一起拼凑了一出闹剧。她将这出闹剧带到了北非和意大利进行巡演。在该剧中，黛德丽出尽风头，有时身穿笔挺的军装，有时身着性感的紧身长裙，吟唱她那风行一时的"看看幕后的男孩们有些什么"，还在两腿间夹着锯琴弹奏。在阿尔及尔和尼泊尔，在撒丁岛①和安齐奥②，她曾有一次让两万名士兵为之振奋。这些士兵身披雨衣，冒雨站在齐脚踝深的泥地里，倾听她的演唱，在她的歌声中心潮澎湃，勇气倍增。少数几个幸运儿还得到了她的芳体。

"如果为自己的祖国而战，奋不顾身不足为怪。"她说，但是孤独寂寞的美军"在异国他乡战斗，抛头颅，洒热血，受苦受难，仿佛是保卫自己的祖国。他们才是最勇敢的人。"

慰劳前方战士成为她第三种充满激情的工作，前两种是音乐和性爱。然而，当她为美国欢呼的同时，也在为德国哭泣。她担心她的母亲，在柏林孤苦伶仃，或许已经被炸死，炸死她母亲的，没准就是她一直在鼓励他们奋勇杀敌的同盟国空军飞行员。她曾在一个美国空军专用的电台中突然改用德语呼吁，因为她知道该电台可以在前线收听到："士兵们，别再送死了。这场战争就是狗屁，希特勒就是一个白痴！"

然后，她又用德语唱起《莉莉·玛莲》。

她乘坐道格拉斯双引擎客机在比利时和荷兰飞来飞去，露宿战场，将雪融化在头盔里，用来洗脸、洗内衣，她还感染了梅毒和肺

[209]

---

① 撒丁岛，属于靴子王国——意大利的小岛。在欧洲，它是皇室政要和明星们趋之若鹜的度假地，是块美丽而淡泊的天堂之地。
② 安齐奥，位于"古斯塔夫"防线以北100公里，罗马以南45公里的小渔港，海滩沙砾晶莹松软，四周树木繁茂。

炎。乔治·巴顿[1]将军给了她一支手柄镶嵌着珍珠的左轮手枪，以防她被俘虏。在巴黎，她和朋友欧内斯特·海明威一起起草参加她葬礼的人员名单。在亚琛港口附近，她在已成废墟的电影院里表演，而该电影院过去曾放映过《蓝天使》。一天晚上，她把自己的防寒帽给了摄影师罗伯特·卡帕[2]，第二天他却在阿登高地遇害了。在靠近贝希特斯加登的巴伐利亚，她突发奇思妙想，如果当时她接受了戈培尔的邀请，委身于希特勒，成为他虚幻的帝国王后，结果会怎样呢？"如果我可以成为世界上的这样一个人，既阻止了这场战争，又拯救了百万民众，那该多好啊。"

1945年9月，黛德丽身穿美国飞行员服装飞往柏林。威廉皇帝纪念教堂已成一片废墟。在该教堂的一侧，原本熙熙攘攘的商业大街，过去曾是女生们流连忘返之所，如今也是满目疮痍。一枚美军炸弹掉入卡迪威百货大楼，大楼内的设施顿时灰飞烟灭。黛德丽曾在这个百货大楼里买过真丝无袖衬衣和冰镇的库格香槟酒。摇摇欲坠的废墟用炸药彻底炸毁之际，柏林上空尘土飞扬，臭气熏天，声震如雷。

她母亲还活着，她陪着母亲去搜寻她们被炸毁的家。她们看到一栋楼被炸得千疮百孔，楼上的阳台悬在半空，一株血红的天竺葵就在她俩的头顶上晃来晃去。黛德丽的母亲开始在废墟里翻找。过了一会儿，她找到她女儿的青铜面具，面具居然完好无损。她将面具紧紧抱在胸前，放声大哭。一个月后，她死于心脏病突发。

战后，黛德丽回到好莱坞，又出演了电影《恶人牧场》《历劫佳

---

[1] 乔治·巴顿（1885—1945），美国陆军四星上将，是第二次世界大战中著名的美国军事统帅。乔治·巴顿作战勇猛顽强，重视坦克作用，强调快速进攻，有"热血铁胆""血胆老将"之称。巴顿不仅是将军也是文人；是一个具有政治、军事、哲学头脑的人；更是一个最具个性和人性的人。使之成为第二次世界大战中一颗耀眼军事明星。

[2] 罗伯特·卡帕（1913—1954），是匈牙利裔美籍摄影记者，二十世纪最著名的战地摄影记者之一。

第十三章｜玫瑰人生

人》，但心却萦绕于柏林，直到她重返舞台，迅速成为更加耀眼的明星。她在拉斯维加斯的撒哈拉酒店举办个人独唱演唱会。整个二十世纪五十年代，她都是世界上出场费最高的夜总会演员。她先是在美国巡演，后来又到世界各地巡演。巡演时，或者身穿一袭紧身的网格长裙，或者穿得极其暴露。演唱的歌曲有《莉莉·玛莲》《再次坠入爱河》和《花儿都在何方》。每首歌曲都让听众听得如痴如醉。其中《花儿都在何方》是伯特·巴卡拉克担任她的音乐指导后专门为她谱写的反战歌曲。后来诺埃尔·科沃德① 将她引荐到伦敦。莫里斯·切瓦利亚和让·谷克多② 也欢迎她来到巴黎。

在一次皇室御前表演中，甲壳虫乐队为她助演。她曾在波兰的华沙起义③ 纪念碑前献花。六年后，西德总理维利·勃兰特④ 在同一地点负疚下跪。二战时期，纳粹党曾围困列宁格勒，导致五十多万民众丧生。黛德丽来到列宁格勒，向观众们鞠躬致意，向诺贝尔提名作者康斯坦丁·帕乌斯托夫斯基⑤ 鞠躬致敬。肯尼思·泰南⑥ 在《戏单》中

[211]

---

① 诺埃尔·科沃德（1899—1973），英国演员、剧作家、流行音乐作曲家。因影片《与祖国同在》(*In Which We Serve*) 获得 1943 年奥斯卡荣誉奖。
② 让·谷克多（1889—1963）。1909 年发表《阿拉丁的神灯》，在文坛十分活跃。被当时评论界誉为才子。
③ 华沙起义是第二次世界大战中波兰地下军反抗德国占领军的战役。这场战役是在 1944 年 8 月 1 日开始的。波兰地下军的目的是想在苏联红军到达华沙前解放德国的占领，以避免受到苏联的控制。
④ 维利·勃兰特（1913—1992），德国政治家，1969 年 10 月 21 日—1974 年任西德总理。
⑤ 康斯坦丁·帕乌斯托夫斯基（1892—1968），俄罗斯作家。出身于莫斯科一个铁路员工家庭。从中学时代起他就醉心于文学，1912 年发表了第一个短篇小说。在十月革命和国内战争时期他比较广泛地接触俄国的社会生活，参加过红军，当过记者及报社编辑。这期间他创作了许多作品。帕乌斯托夫斯基的作品多以普通人、艺术家为主人公，突出地表现了对人类美好品质的赞颂，具有动人的抒情风格。
⑥ 肯尼思·泰南（1927—1980），是一位有影响力并经常引起争议的英国戏剧评论家和作家。尽管泰南的评论通常尖刻而富有争议，他在戏剧界（尤其是伦敦）的影响却是巨大的。

如是写道:"她知道花儿都去了何方——埋葬于帕斯尚尔战役,炸成了烟尘弥漫于日本广岛,裂成碎片洒落在越南——她通过歌喉传递了她的心声。"

黛德丽也回过德国。她到德国巡演之前接到了大量的恐吓信,德国民众甚至公开游行,抗议她的到来。充满爱国情绪的民众叫喊道:"玛琳,滚回美国去!"对这个曾冒着生命危险指责他们的女人,柏林人满腔愤怒。维也纳和埃森市都取消了她的演出。原本在柏林安排的五场演出改降为三场。她在泰坦尼亚宫电影院演出时,为了填补空荡荡的座位,只得免费发放门票。然而,演出都非常成功。她在柏林加演了十八个曲目;在慕尼黑,为了答谢观众,她六十二次出来谢幕。不过,在杜塞尔多夫演出中,一位二十岁的姑娘抓住她的衣袖,痛斥黛德丽为"叛国贼!",并且朝她脸上吐口水。她结束巡演的曲目,不是《我还有个行李在柏林》,而是《别问我为何离去》。

她从此再没返回德国。

[212]

甚至她最后一部重要的电影也只在德国放映了一个晚上。1961年12月,电影《纽伦堡的审判》在大会堂首映。这是一个现代的、似壳状的建筑,柏林人称其为"怀孕的牡蛎"。在这部演绎战犯受审的剧中,黛德丽扮演一位将军的遗孀,一个尽职守则的普鲁士人,向来循规蹈矩、逆来顺受,并且对此引以为豪。在战争罪行审判法庭上,她告诉审判员斯宾塞·曲塞,她在此次审判中的使命就是"让你们确信我们不是怪物"。然而,当审判长大声宣判其有罪时,她依然不明白自己何罪之有。

看着这个在现实生活中羞辱他们的女演员在影片中淋漓尽致地表现他们,柏林观众惊恐万状。随着片尾字幕的滚动,观众默然溜进黑夜。德国人还没有做好心理准备去正视过去的岁月,去面对一个令人羞耻的过去。他们仍然相信,用托马斯·曼的话来说,过去的"战争是德国权贵们对德国人民犯下的滔天罪行。"他们希望将其遗忘。

第十三章 | 玫瑰人生

黛德丽在将近七十岁时开始骨折：先是在威斯巴登①摔坏了肩膀，在澳大利亚摔折了两根肋骨，又在洛杉矶折断了拇指和几根脚趾。在华盛顿，她跌进乐池，摔裂了大腿。1975 年她七十三岁，最后一次在舞台上表演时，不慎滑倒，摔裂了股骨。尔后她回到巴黎潜心修养，一心退出江湖。她住在蒙田大道②旁的公寓里，与世隔绝。

两年后，德国巨资打造当时最昂贵的电影。电影讲述了一名普鲁士青年军官在第一次世界大战失利后返回柏林的故事。为了试图重新获得失去的荣誉，这名军官加入了伊甸园酒店英俊潇洒的舞男团，却在一场纳粹党与共和党的巷战中被杀。这位军官的角色拟由当时的德国公民大卫·鲍伊③出演。她也受邀出演。

电影制片人花了六个月来说服她出演舞男的女老板。每次他打电话到黛德丽的公寓，接电话的人总是捏着嗓门说："我是这里的女佣，夫人去凡尔赛用午餐了。"

当然，那位自称是女佣的人，就是黛德丽。

而当他俩真正说上话时，黛德丽则以自己忙于写回忆录、不能离开巴黎为由进行推脱。其实她心里害怕，担心自己不能重现往日的辉煌，恐怕自己早已年老色衰。然而，能在剧中演唱一首她曾在魏玛舞台唱过的歌曲的机会却实在让她心动。最终，她答应了，条件是柏林拍摄剧组都到她这边来，包括所有的剧组人员，两吨的设备，伊甸园

---

① 威斯巴登是德国中西部城市，黑森州首府。位于陶努斯山南麓，莱茵河右岸。隔河与美因茨相望。早在古罗马时代即以矿泉贵著称。周围林木葱郁，气候温和宜人，为著名疗养胜地。经常在此举行国际音乐节、芭蕾舞及戏剧会演等。

② 蒙田大道于 1723 年得名，此前大街上缤纷的树影，曾经引得不少怨妇们来此散心休闲。二十世纪下半叶，随着 Christian Dior（30 号），Valentino（17—19 号），Chanel（42 号）等一批高档奢侈品品牌入驻，蒙田大道奢侈品形象得以骤然提升。此外，位于蒙田大道的 Plaza Athene 酒店也是许多欧美贵族人士、亿万富翁、演艺明星和政府要人驻足之地。

③ 大卫·鲍伊（1947—2016），英国著名摇滚音乐家，1960 年代后期出道，是 1970 年代华丽摇滚宗师。大卫·鲍伊是英国代表性的音乐家，其音乐影响现今众多西方乐坛歌手，与披头士、皇后乐队并列为英国二十世纪最重要的摇滚明星。

酒店的全套设施等。

一个七十七岁的女人，在巴黎郊区电影棚的楼梯上拾级而上，这一画面让人们勾起了电影《上海快车》的些许回忆。她身穿粗棉布长裤套装，站在门后。剧组工作人员介绍她时，她的嘴唇不住地抖动。她拒绝摘掉墨镜。化妆人员走到她身旁，悄悄地带她进了化妆室。

[213]

自她最后一次在电影中出镜，已经过去了十六年；自从斯登堡在《蓝天使》中塑造她，已经过去了五十年。如今，她到场后两个小时再次现身，头戴一顶宽檐帽子，脸上蒙着厚厚的面纱。穿上演出服，她又开始找回自信，服装令她平静下来，进入角色。她不要别人来搀扶，自己走到布景前，款款落座后，舒展开开衩到大腿的长裙。看着剧组人员目光闪烁地偷看她那健美如初的玉腿，她的脸上掠过一丝微笑。

按照剧情，演唱前有几句台词要拍摄，黛德丽饰演女老板，招聘一名舞男，舞男由年轻的大卫·鲍伊饰演。但是鲍伊却不在片场，他甚至没在法国。他出演的部分已经在柏林拍摄完成。这两位演员只能今后在剪辑室里谋面了。导演大卫·海明斯——曾在安东尼奥尼的电影《放大》中扮演摄影师——替鲍伊站位，并时不时给黛德丽提示。

黛德丽劈头盖脸地对他喊道："你来给那个混蛋当替身，他们给你额外的钱了吗？"她不开心了。当初她答应出演这个角色，有一部分原因就是因为大卫·鲍伊。她接着说，"这都是从马克·塞内特那里学来的老把戏。"

怨气不仅没有影响她的自信，反而使她更加膨胀。她的钢琴师，雷蒙·伯纳德，也见缝插针，在拍摄间隙弹奏起歌曲《再次坠入爱河》。黛德丽站在钢琴旁，细心聆听，就像她第一次到巴贝斯堡试镜时那样。而且，她和那次一样，也怒气冲冲地让钢琴师重新弹奏。弹到第三次时，她对我说："否则你知道人们会怎么想？他们肯定会以为是我唱跑调了。"

工作人员再次检查了灯光、曝光和聚焦设备。因为，黛德丽只答

第十三章 | 玫瑰人生

应唱一次。片场配备了两台摄影机。我作为导演助理,被叫过去操作第二台阿莱弗莱克斯摄像机。我们站好位置,各就各位,等着导演的口令:"全场安静。调音,做好标记。第 503 场第 1 幕,开始!"

我通过镜头看过去,简直不敢相信自己的眼睛。我眼前站着的,根本不是什么老妇人。她脸上的面纱,柔和的聚光灯,让她完全变了副模样。主光聚焦在她的眼眸,那一刻,我又看到了《金发维纳斯》和《历劫佳人》中那位耀眼明星。她又变成了那个传奇中的黛德丽。

摄像机嗡嗡作响,胶片在暗盒和快门中滑动。她开口唱起《漂亮的舞男,可怜的小舞男》:

> 总有那么一日
> 青春年华已逝
> 到那时,人们对我作何评价?

整首歌曲持续了不到三分钟,但那熟悉的委婉歌声却余音袅袅。直到镜头停止、纳格拉录音机也不再转动,大家依然默然无语,沉浸其中。然后大家不由自主齐声欢呼,掌声雷动。黛德丽又是嫣然一笑,主动提出要为大家再次献唱,用她的母语来演唱。

[214]

接下来,摄影师继续拍摄,直到他开始身体发抖。黛德丽然后把剧组人员都叫到身边,问谁是柏林人。她问及库达姆大街、萨维尼广场、菩提树大街等,都是些柏林标志性的地点,也是大家耳熟能详的地方。她谈到了自己失去祖国的惶恐,谈到了对返回故土的恐惧。她说:"有很多人,想当然地认为我在战争期间背叛了德国。但他们忘了,我所做的一切绝非与德国过不去。我只是反对纳粹。甚至连媒体都不理解这一点。你们无法想象我的心情。你们明天就可以回祖国,但我却不能。我已经失去了我的祖国,失去我的母语。没有经历过这一切的人,根本无法体会我的感受。"

然后,她控制住自己的情感,离开拍摄现场,离开她将永远不会再登上的舞台。所有剧组人员站成一排，队伍一直延伸到门口，向她致敬，为她欢呼，为"永远的黛德丽"鼓掌喝彩。

电影《小白脸》砸锅了，因为制片人和导演只是利用黛德丽来撑台面，而剧本本身的确缺乏创新。不过，对剧组人员来说——无论是德国人还是像我一样生活、工作在柏林的外国人——我们都将这次拍摄当做工作生涯中最值得怀念的经历。我们惊艳于她的美貌，感同身受她的明星气质。通过她生命中的最后一次演出，她不仅续写了自己的传奇，而且向世人证明，对于艺术家来说，岁月的流逝并不能将他们压垮。

"要有所作为。"

在她不断成就自己的过程中，她可曾停止过改变自己的本色？弗里茨·朗认为她已经彻底改变。他相信，黛德丽是个永不停歇的悲剧性人物。他这样写道："她的一生都基于一个宏大的幻象。她将自己的想象呈献给大众。"然而，其他人，比如海明威，则认为她"一往无前，风姿绰约，忠诚不二，心地善良，不计前嫌"，并且认为她用自己的准则规范了自己，"其行为准则和礼仪风范，并不比摩西十诫更加宽松。"

[215]　这位女演员，的确将银幕角色的特性融入自身，但这是她成就自己、超越自我的方式。通过她的例子，通过她脱茧而出的传奇故事，这位魅力四射的德国女郎为西方女性树立了典范：人生要勇往直前，经历丰富。她同时向德国人表明：天无绝人之路。

14

1934年，莱尼·里芬斯塔尔于纽伦堡的路特波德竞技馆，在纳粹集会上拍摄电影《意志的胜利》。

第十四章

莱尼·里芬斯塔尔及其致命弱点
1935年,库达姆大街

荧幕中,一道光束划过天际。欢快的喇叭声响彻云霄。成群结队的年轻人,脸上的神情交织着敬畏与期待。他们瞪大黑白分明的眼睛翘首以待。他们的眼中充满期待,他们的心中满怀渴望,他们的胳膊挥动致敬。他们的救世主,昂首挺胸,大步登上高台。他以世界相许,索要他们的屈从。"我们站在这里,准备将德国带入新纪元。"灯光特写:一只雄鹰,鹰爪紧紧地攥住纳粹党党徽万字符。紧接着在一阵锣鼓轰鸣声中特写淡去。聚会的民众,来自各个行业,一起将自己托付给他们的新领袖,听凭他的意志指挥,亦步亦趋追随于他。照相机"咔嚓咔嚓"地拍摄下齐步向前的军人。"一个民族,一个帝国,一个领袖!"他们高喊的口号,震耳欲聋,他们手中的武器,在阳光下闪耀,令观众目瞪口呆。

昏暗的大厅里,莱尼·里芬斯塔尔看见那些苍白的蓝眼睛中泪花飞溅。她体会到他那不断膨胀的自豪感。她感觉这种自豪感在蔓延,从包厢传递到观众席,一排一排地传递,传遍整个UFA帕拉斯特影院,传遍柏林,蔓延至整个德意志帝国,一扫《凡尔赛条约》带来的耻辱。在她自己的内心,自豪感也油然而生,舒缓了她的身心,点燃起她内心冲动的火苗。她拍摄了一部新电影，为这个崭新的英雄时代。

[220]

在1935年接下来的三个星期里，十万多名观众将在库达姆梦想殿堂陶醉于她的作品。一年内，这部电影将在德国家喻户晓。她不再需要感觉自己是个受害人。相反，她得意洋洋，自我感觉良好，甚至在后来制片人上台给她献上一大束紫丁香花的时候，她也只是象征性地微微鞠躬致谢。阿道夫·希特勒①称赞她的电影"将我们声势浩大的运动拍出了无与伦比的美丽与荣耀"。如今，里芬斯塔尔明白了，希特勒的意志能将她推向成功，就像将德国也推向胜利一样。

她何时开启这名满天下后又声名狼藉的人生旅途？孩提时代对童话故事的迷恋吗？活泼任性的花季少女时引诱犹太银行家资助自己涉足舞蹈？在首次参演的电影《壮美之路》②中扮演一位婀娜多姿、袒胸露乳的女仆？或者，作为一名贪心不足、野心勃勃的电影明星阅读了《我的奋斗》③？

希特勒那本唯我独尊、充满种族主义气息的书，让她欣喜若狂。1931年，她在一次火车旅途中一口气将它读完，尔后又在她拍摄最新一部电影的外景时，伴着青山绿水再次阅读。她称赞它妙不可言。希特勒对解决社会问题的提议深深地打动了她。那个时候，德国失业人数高达六百万人。她依稀感觉到，希特勒能够"拯救"德国。1932年的纳粹党集会则使她更加坚信自己的直觉。希特勒在柏林体育宫的

---

① 阿道夫·希特勒（1889—1945）出生于奥地利布劳瑙，奥地利裔德国政治家、军事家，德意志第三帝国元首、总理，纳粹党党魁，第二次世界大战的发动者。
② 德国电影，尼古拉斯·考夫曼、威廉普拉格导演。
③ 《我的奋斗》是由希特勒口授，由其党徒鲁道夫·赫斯执笔撰写的，在初稿时被希特勒取名为《四年来同谎言、愚蠢和胆怯的斗争》。它影响着二战前以及二战时所有的德国年轻人，这不仅因为它是纳粹首领希特勒的著作，更是纳粹主义理论最集中的体现，也是研究希特勒法西斯思想的必读之物。《我的奋斗》系统地阐述了希特勒的"理想"："创建第三帝国"。全书充满了民族主义狂热和对马克思主义、犹太人的仇恨。他认为日耳曼人是上帝选定的"主宰民族"，宣称"新帝国必须再一次沿着古代条顿武士的道路进军，用德国的剑为德国的犁取得土地，为德国人民取得每天的面包"，夺取新的"生存空间"。

第十四章 | 莱尼·里芬斯塔尔及其致命弱点

亮相与表现,像闪电一样震撼着她。他的身上散发出一种令人失去自我的光芒,这种光芒让里芬斯塔尔感觉"好像地球表层突然在中间劈开后在我面前延伸,洪水喷涌而出,威力撼天动地,令我麻木瘫痪。"

但她显然还没有麻木到阻止自己提笔给希特勒写信的地步。她要见到这个人,这个她认为注定生而伟大的人。她希望分享他的光芒。于是,她应邀到威廉港①附近与希特勒共度下午时光。就这样,一个女演员与一名政治家,沿着沙滩悠然漫步,畅谈电影。她那时三十岁,风姿绰约,性感妖艳,一双乌黑发亮的大眼睛,瀑布般的长发,嘴唇丰润欲滴。

他时值四十三岁,八个月后主宰了德国。私底下他给她的印象是温文尔雅,"自然率真,坦诚友善"。她开始施展魅力。他说他看过她所有的电影,包括她首次执导的《蓝光》②。他尤其赞赏她在《圣山》③中的海边独舞。她在银幕上塑造的人物让他很着迷。里芬斯塔尔倾向于扮演一名形象高大的女英雄,一名普通百姓遥不可及的空想型人物。希特勒懂得神话的力量,也明白电影形象的魅力。他清楚,一味机关算尽地使用宣传有可能使民众将天堂视为地狱,或者弄巧成拙地将地狱视为天堂。他知道,民众需要一个偶像。希特勒和里芬斯塔尔都对自己的公众形象很在意。下午散步行将结束时,希特勒对她说:"一旦我们取得政权,你的电影将为我所用。"

里芬斯塔尔时时刻刻都想出名。在纽科林和勋伯格上学时,她热爱运动,不爱学习,她在游泳、滑冰、体操方面表现优异。她的父亲,

[221]

---

① 德国北海亚德湾沿岸的一个中型城市,隶属于德国第二大联邦州下萨克森,由州政府直管。
② 影片为纳粹主义极权统治而拍摄。1932 年,三十岁的里芬斯塔尔自编自导自演电影《蓝光》获得威尼斯电影节银奖,就此,里芬斯塔尔开始了电影导演生涯。美术、芭蕾舞、电影演员的经历使得她在电影这门综合艺术中如鱼得水,人们承认,她的作品激情荡漾、慑人心魄。
③ 1973 年约翰·列侬独立投资支持亚历桑德罗·佐杜洛夫斯基执导了《圣山》(1973),此片预算 150 万美元,是当时墨西哥预算最高的影片。

原先是一位整日忙碌的水管工，后来做了包工头。他不许她参加晚会，也不准她去看电影。正因为她父亲管得严，她变得性格倔强，学会了察言观色、说谎欺骗。她出众的美貌是她进入成人花花世界的入场券，而且她也总有办法摆脱家庭的管束。就在第一次世界大战行将结束的那一年，她离开了艺术学校。就在库达姆大街上枪声不断之际，她私自报名进入了格林姆舞蹈学院。在舞蹈室里，她拼命练习，常常一直训练到脚上流血。她曾替代安妮塔·波波表演独舞。安妮塔·波波是个不拘一格的舞蹈家，性格粗犷，曾在德国圣玛利亚教堂表演独舞。奥托·迪克斯曾为她画过像。波波还曾出演电影《迷失少女日记》的续集。

里芬斯塔尔从小就不是个懒散闲荡的人。她从不会一直睡到上午九点钟还打着哈欠说："为什么要起得这么早？"相反，她总是千方百计地把握机会，积极进取。毕业后，她说服一个爱慕她的有钱人资助她举办首场职业演出。演出在慕尼黑①音乐厅举办。这里离贝格勃劳凯勒啤酒屋②仅一公里之遥。就在两个星期前，希特勒在这家啤酒屋发动过"啤酒屋政变"③。演出中她穿得极其暴露，让人想入非非。演出的节目是《爱神三重舞》。

随后她又在德累斯顿、法兰克福以及其他六个城市巡演。那些评论家们争相观看后评头论足，他们的评论被里芬斯塔尔剪下来收集起来，当然，那些"有问题"或者"过于伤感"之类的字眼统统删除。《柏林日报》刊载过一篇未点名的评论，其中有段话被不断引用过："这

---

① 德国巴伐利亚州的首府。慕尼黑分为老城与新城两部分，总面积达 310 平方公里。是德国南部第一大城，全德国第三大城市（仅次于柏林和汉堡）。
② 德国慕尼黑的一个啤酒馆。"啤酒馆政变"就在此地发生。1933 年以后，每年 11 月 8 日，希特勒都在此发表纪念啤酒馆政变的演说。
③ 1923 年 11 月，希特勒和鲁登道夫等人在慕尼黑发动的法西斯未遂政变。1923 年，巴伐利亚邦长官卡尔、驻巴伐利亚德国国防军司令洛索和邦警察局长赛塞尔为首的分离主义者企图维护君主制度，对抗共和国政府。他们同希特勒及其他民族主义团体联系甚密。希特勒试图利用魏玛共和国的危机发动政变，建立民族主义的独裁统治，最终政变失败，希特勒等数位纳粹党领袖遭逮捕。

样优雅得体、相貌出众的舞者，千年不遇，是舞蹈界的荣耀。"这段话似乎说的是她。该评论结尾这样写道：很遗憾，里芬斯塔尔"外在的完美缺少内在的优雅，缺乏天才的高贵，或者说，缺少超凡的激情。"但这段话却从未在她的宣传资料中出现过。同样，对于当时柏林最敏锐的舞蹈评判家约翰·申科瓦斯基所作的评论，她也选择视而不见。申科瓦斯基评论道："总之，她具有非常强烈的艺术天性，且在这种天性的范围之内，她已做得恰如其分。但其范围极其有限，缺乏更高境界、更为重要的品质：那种源自灵魂的品质。"

尽管她因膝盖受伤结束了舞蹈生涯，"缺乏灵魂"却助推她越走越远，不断提升自我。在布拉格的舞台上，她不慎摔倒。虽然后来又有过几次蹩脚的表演，但再也无法从事职业舞蹈了。她四处找寻新目标，以实现她远大的志向，直到有一天，就像人们津津乐道的那样，她被电影《命运之山》的广告所吸引。她站在伊舍伍德设计的诺伦多夫大街地铁站那像茶壶保温盖一样的屋顶下，驻足凝视着电影宣传画，人一下子变得昏昏沉沉，仿佛进入了催眠状态。她错过了地铁，也错过了与某个医生的约定。她穿过街道走进戈培尔即将发起抗议电影《西线无战事》运动的新剧院。也就是在该剧院，大卫·鲍伊将和伊基·波普[①]于1980年在此同台献演。她走进剧院后，毫不含糊地坐下观看电影，就此开启了她的人生道路。

山峦对德国人的意义，就如同美国人眼中的好莱坞西部旷野。那高耸入云、纯洁无瑕的山峰是英雄们的命运之所。关于山峰，歌德[②]、

[①] 伊基·波普（1947— ），被认为是朋克音乐的教父，因为任何一支现在的或是过去的朋克乐队，都曾经从他在1960年代末1970年代初所建立的乐队Stooges那里有所借鉴和启发。
[②] 歌德（1749—1832），出生于美因河畔法兰克福，德国著名思想家、作家、科学家，他是魏玛的古典主义最著名的代表。而作为诗歌、戏剧和散文作品的创作者，他是最伟大的德国作家之一，也是世界文学领域的一个出类拔萃的光辉人物。他在1773年写了一部戏剧《葛兹·冯·伯利欣根》，从此蜚声德国文坛。1774年发表了《少年维特之烦恼》，更使他名声大噪。

申克尔、卡斯帕·大卫·弗里德里希[1]都创作过无数的神话与传说。攀登者们穿越庄严而又危险的领域,朝着终极目标攀登。

[223] 第一位带着手动胶片摄像机进入阿尔卑斯山的德国人,名叫阿诺德·弗兰克,一位地质工程师以及高山滑雪爱好者。弗兰克的确是位先驱性人物,他将电影棚扩展到雪山上,为观众展现了汹涌翻滚的云涛、山呼海啸般的暴风雪,以及夜间滑雪的人急速下滑时他们随身携带的镁光灯灯链。他的第一部纪录片,是在他家的厨房餐桌上剪辑完成的,还亏了本儿。阿尔卑斯山气候多变,常常让他无法按计划拍摄,制作经费也难以筹集。弗兰克自己发行电影,租下像新剧院这样的电影院向观众展示自己的作品,差点弄得自己走投无路。

里芬斯塔尔之前只在明信片上看过连绵的山峰,直至看到电影《命运山峰》,她才感觉到震撼。她未加思考就请求那位爱慕她的银行家带她到阿尔卑斯山的白云山脉。[2] 实际上,她和这位银行家四个月前刚刚分手。她说她希望在那里能遇见弗兰克,其实她内心另有所图。但当她到了那儿之后才知道,弗兰克已经返回柏林。于是她即刻追到柏林去见他,将经过自己窜改的媒体评论资料交给弗兰克。她告诉弗兰克,她想参加他的剧组,做他的演员。据她自己说,不到一个星期,弗兰克就给了她一个他自己写的剧本,"《圣山》,花了三天写成,专门为里芬斯塔尔量身定制。"弗兰克告诉她,他会把她打造成"德国最有名的女人"。里芬斯塔尔在自传里并没有提到,其实是那位银行家答应为该部电影投资。

---

[1] 德国早期浪漫主义风景画家。其作品常带冷寂虚幻的情味和神秘的宗教气息。主要作品有《山上的十字架》(1807)、《雪中的修道院废墟》(1810)、《两人观月》(1819)、《冰河中航船失事》(1822)等。
[2] 意大利阿尔卑斯山区中的山峰之一,与阿尔卑斯其他地方不同的地方就在于它的山峰由一种叫做白云石的淡粉色石灰岩构成。白云石经过常年风化形成各种突兀奇崛的造型。由于这种白云石山独特的山形,在2009年被联合国教科文组织列入世界自然遗产名单。

第十四章 | 莱尼·里芬斯塔尔及其致命弱点

这部充满惊险的传奇式电影拍摄了将近两年,其间绯闻不断,备受节外生枝的事情所困扰。里芬斯塔尔与导演、摄影师以及男主角都有染。同时,她患过冻伤,还摔折了脚踝。摄影师的脊椎受过伤,指导他们滑雪的教练摔碎了股骨。尽管历尽波折,电影票房却大获全胜,首映式安排在帕拉斯特电影院,在电影为期五周的放映期间,里芬斯塔尔每次都会在电影放映前上台亮相。

《圣山》造就了里芬斯塔尔。通过接下来的七部电影,她进一步将自己塑造成既热情奔放又孤傲冷僻的女神形象,一扫以往阿谀奉承、摇尾乞怜的模样,摇身一变成为一道充满神秘色彩的浪漫风景线,既陶醉于她的情人为她争风吃醋,又横眉冷对他们。

她后来声称导演 F·W·穆瑙曾想让她出演《浮士德》,而斯登堡差一点要让她出演《蓝天使》中的劳拉·劳拉。这些话都无从证实。但是,她一次次地出演与山有关的电影,显而易见的原因是她知道,她的银屏对手——黛德丽、嘉宝①、路易斯·布鲁克斯②、莉莲·哈维③,这些人都没有勇气徒手攀登阿尔卑斯山。连绵不绝的山峰是属于她的世界。在山峰中,她形塑了自己的身份。她是一个无所畏惧的攀登者。但是,她只是用外表的勇敢掩饰内心的怯懦。

关于山峰的电影在德国民众的心灵中激起了一种朦胧的感伤,于是,1930 年她写了一个剧本,剧本的故事剽窃于一本瑞士小说,她

[224]

---

① 葛丽泰·嘉宝(1905—1990),好莱坞默片时代的电影皇后。生于瑞典首都斯德哥尔摩,14 岁为百货商店所拍的广告短片引起喜剧导演埃立克·A·皮特斯勒注意,在《流浪汉彼得》中出演了一个小角色。代表作品《安娜·卡列尼娜》、《大饭店》、《瑞典女王》、《茶花女》。1999 年美国电影学会评其为百年来最伟大的女演员第 5 名。
② 路易斯·布鲁克斯(1906—1985),美国女影星,以在 20 世纪 20 年代的默片中轻松自如的扮演放荡堕落角色而闻名。她是默片时期最妖艳最有灵气的女孩,她著名的童花头造型成为当时少女争相模仿的时尚发型。代表作:《迷失少女日记》。后专事写作。
③ 莉莲·哈维(1906—1968),1925 年在德国登上银幕,引起好莱坞注意。作作:《交际舞会》《我是苏珊娜》。

将该剧本命名为《蓝光》。她这部关于"白云山脉传奇"的剧本,涉及一个仙女传说,情节松散,主要讲述一个美丽的山里女孩守护神秘的阿尔卑斯山蓝光。里芬斯塔尔自己扮演这个女孩。通过自我神话这种隐喻方式,白云山脉里那些头脑简单、皮肤黝黑的井底之蛙错怪了她,将她神圣的岩洞洗劫一空,逼迫她跳崖而死。

为拍摄这部电影,里芬斯塔尔再次用她的万种风情引诱了电影界的大佬。《蓝天使》的摄影师(她以前的情人)汉斯·施内贝格尔成了她的摄影师。犹太作家兼评论家贝拉·巴拉兹为她加工润饰了剧本,并与她联合执导。她后来却把他出卖给了纳粹党。但电影公司却不肯投资,认为该剧本是个徒有虚名的项目。于是里芬斯塔尔又求助于那个迷恋她的银行家,由他安排拍摄资金。甚至早就被她抛弃了的阿诺德·弗兰克也强忍悲伤,为她完成后期剪辑,并教会她如何剪辑。

《蓝光》剧组冒着酷暑在阿尔比斯山脉的南提洛尔地区拍摄了三个月。对于里芬斯塔尔而言,《蓝光》象征着一个梦寐以求却永远达不到的理想。但是,尽管她精力旺盛地投入工作并且精益求精,这部电影于1932年在柏林首映时(地点仍然在UFA帕拉斯特电影院)却也如同之前的电影一样,招致了各种各样鱼龙混杂的评论。右翼媒体对电影推崇备至,尤其是《大众评论》更是用黑体字非常醒目加以宣传:"请关注!这是部德国电影。它带你走进圣山,让你获得重生!让你真正懂得德国民族!"相反,倡导自由的报纸,比如犹太人乌尔施泰因兄弟旗下的《柏林晨报》和《柏林日报》,则为电影贴上了"内心病态"的标签。电影票房惨淡,里芬斯塔尔需要找个替罪羊。在一次媒体采访中她抱怨道:"只要犹太人是电影评论家,我绝无成功机会。"这时,她想起《我的奋斗》中的反犹太人思想,便放下狠话:"但是走着瞧吧!一旦希特勒执掌大权,一切都会改观。"

[225]

1933年早期,纳粹党就开始将犹太人清理出媒体。原先由犹太人签订的合同都被终止,协议也被撕毁。甚至许多外国电影公司都接到指令，要求立即将"所有犹太人，包括驻外代表、借用的工作人员以及部门经理"统统开除。当华纳兄弟电影公司拒绝配合时，该公司驻柏林的代理人乔·考夫曼被德国黑衣党暗杀。仅仅一年，大约2000名电影专业人士离开德国。

对于电影的宣传力量以及操控民众的能力，戈培尔一直都很痴迷。他掌控了UFA这个柏林最大的梦工厂，接管了该梦工厂旗下12个巴贝斯堡音响舞台、5000名员工和120个电影院。他投入大量的经费制作电影，而且在其有生之年监制完成了1097部震撼人心的影片。他的才华不仅在制作赤裸裸的宣传片方面十分出众，而且在兼顾大众娱乐方面也出类拔萃。在恺撒霍夫酒店的宴会厅中，他对众多电影业的老总们说："我们不指望每个人都弹奏同一种乐器，但我们希望大家服从安排。"

他通过自己的宣传部门和帝国戏剧管理办公室批准发行了许多浪漫音乐剧，史诗般的战争片，篡改了的历史剧，以及二十世纪由里芬斯塔尔执导制作的两部最伟大的影片。

他曾在自己的日记中写道："里芬斯塔尔是唯一一位与我们心息相通的明星。"随着德国逐渐进入集体疯狂的状态，里芬斯塔尔分别与戈培尔和希特勒见面。玛格达·戈培尔邀请她到他们那个可以眺望万湖的花园里游玩，花园隐荫在桦树之下。希特勒则顺路到她住的地方看望了她。在诸多公众场合，比如电影院、歌剧院或者舞会，都能看到她与纳粹党精英们谈笑风生的倩影。她运用自己的魅力步入第三帝国权力中心，即使离开柏林，她也和这些精英们联系紧密。

在格陵兰岛①拍摄《冰山求救》期间，她以冰山和峡湾为背景，翻拍她随身携带的希特勒巨幅肖像画。就在希特勒当上总理的那一晚，声势浩荡的拥护者们手持火把穿过了勃兰登堡大门，赫那

---

① 在北美洲东北，北冰洋和大西洋之间。丹麦属地。

曼·戈林①这位未来的纳粹党卫军首领即时将这一消息电话通知了身在瑞士的她。得到这一喜讯，她欣喜若狂，赤身裸体地在酒店的桑拿房外站了许久。在一面宽大的镜子前，她看见了自己的身影，她往前跨了一步，双手高举过头顶，感觉自己修长健美的身体飘飘欲仙。

戈培尔希望里芬斯塔尔拍摄一部"希特勒电影"。1933年整个夏天，她与戈培尔就此事商谈不下十二次。她曾在希特勒的总理府、住所与他讨论该项目，两人秘密前往波罗的海野炊一起讨论。她身边原来那些犹太朋友，以及反对纳粹政府的政客纷纷离家出走，逃离了德国。为了表示感激，她送给希特勒一套约翰·戈特利布·费希特②写的书，一套精装本八卷皇皇巨著。费希特是十八世纪的哲学家，曾将德国的浪漫主义与民族主义联系起来。她在书的扉页上题了字："谨以最诚挚的敬意将此书献给我亲爱的元首。"这套书的空白处有大量的记号，下划线、感叹号，还有评语。直到第二次世界大战结束，希特勒一直将这套书珍藏在他的私人藏书中。

里芬斯塔尔是一名演员，尔后又凭借一个传奇般的仙女传说华丽转身为导演，但她也明白，德国的新贵们需要编织他们自己的传说。这些新贵们知道，阿尔卑斯山脉系列电影所反映的理想主义英雄与纳粹精神极其相似。他们非常叹服《蓝光》的摄影效果，觉得一名果敢决绝的女艺术家也许能帮他们形塑偶像。里芬斯塔尔野心勃勃而又冷

---

① 赫尔曼·威廉·戈林(1893—1946)，纳粹德国的一位政军领袖，与"元首"阿道夫·希特勒的关系极为亲密，在纳粹党内有相当巨大的影响力。他担任过德国空军总司令、"盖世太保"首长、"四年计划"负责人、国会议长、冲锋队总指挥、经济部长、普鲁士邦总理等跨及党政军三部门的诸多重要职务，并曾被希特勒指定为接班人。

② 约翰·戈特利布·费希特(1762—1814)，德国哲学家、爱国主义者。作为一个哲学家，他寻求对哲学思想，特别是康德唯心主义思想的统一；作为一名爱国主义者，他试图唤醒德意志人民要求国家统一。

第十四章 | 莱尼·里芬斯塔尔及其致命弱点

漠超然，完全不受道德伦理的拘束，心甘情愿将她的才华奉献给这些新贵们。8月底，她在纽伦堡①为第三帝国开拍她的第一部电影版"纪录片"。

然而，《信仰的胜利》并非惊世骇俗之作。一方面，前期制作时间太短，另外，里芬斯塔尔用于剪辑的时间也不到三个月。不过，拍摄期间她与阿尔贝特·施佩尔成为挚友。施佩尔是制片总监，后来成为希特勒的建筑师，最后担任了军需装备部部长。

施佩尔将纽伦堡阅兵场改变成充满仪式感的圣地，巨幅旗帜飘扬，雄伟庄严的检阅台，一丝不苟程式化的纳粹党图腾——木质雄鹰。他和里芬斯塔尔相互合作，完成了电影的舞台布景、灯光和摄像定位，后来又在柏林一起搭建重拍许多镜头所需要的布景。此片描述了一个精诚团结的国家，一个没有分歧与不和的民族，众志成城。戈培尔为该电影制作了宣传单《进攻》，吹嘘该电影是"一部与时俱进的纪录片，其价值不可估量"。为了表示感谢，希特勒送给里芬斯塔尔一辆奔驰敞篷车。

然而，《信仰的胜利》对里芬斯塔尔来说仅仅是热身运动。1934年5月，她开始拍摄另一部电影，它将让德国人最终相信自己的不可战胜。她这部新作品不再是简单地让希特勒光芒四射，而是将他推上圣坛。

为了拍摄《意志的胜利》，希特勒赋予她调用各种资源的权力。整个拍摄期间，共调用了10万名士兵，整个纽伦堡城都归她使用，两架飞机空中拍摄，摄制组成员多达200人，其中包括50名摄影师。而且她还可以随时见到希特勒，并且像过去一样利用他们之间的关系来拉拢一流的合作人，比如华特·鲁特曼，电影《柏林——城市交响

[227]

---

① 纽伦堡，德国巴伐利亚州中弗兰肯行政区的中心城市，巴伐利亚州的第二大城市，仅次于首府慕尼黑。第二次世界大战结束之后曾在此举行针对纳粹德国战犯的纽伦堡审判。

曲》[1]的导演。里芬斯塔尔还要求自己全权负责构思创意,并要确保她的电影公司拥有该电影的版权。里芬斯塔尔的这部电影所得到的强大支持恐怕空前绝后。

里芬斯塔尔的拍摄计划,像集会本身一样安排得井井有条,一丝不苟。她的摄影团队都身穿浅灰色制服混在军队里,踩着滑轮板穿梭于军队行列进行拍摄。她的摄影师如影相随地跟着希特勒,在他讲话时,摄影师就蹲下身子拍摄,将他拍得更加伟岸。施佩尔在其中一根大旗杆内装了一台升降机,让里芬斯塔尔可以俯瞰整个场面。她身穿一件惹人注目的白色大衣,穿梭在高耸的纳粹党万字旗杆下,奔走于工作人员、纳粹党冲锋队员之中。这些冲锋队队员都是一种新型政治戏剧的演员而已。通常情况下,她是整个阅兵场上唯一的一名女性,指手画脚,打情骂俏,甚至在必要的时候低声啜泣,充分地展现出一种本能的创新才华。集会结束后,里芬斯塔尔返回柏林。虽然她已无法将现实与虚幻区分开来,但她丝毫不受影响,她又拍摄了许多镜头——英勇的帝国志愿者,大踏步向前的军靴,现场录制的疯狂演讲等。然后,她开始了繁重累人的长达六个月、每天工作十六个小时的剪辑工作。

[228] 1935年3月,电影在UFA帕拉斯特电影院首映。按照施佩尔的布置,影院正面悬挂着藐视一切的纳粹党雄鹰标志和旗帜。德国的新贵们都莅临此次首映。黑暗的影院里,锣鼓喧天,号角齐鸣,只见屏幕上一架飞机伴随着纳粹党党歌《旗帜高举》的悠扬旋律,直接冲向壮丽的滚滚云涛,同时屏幕上出现字幕简介,字幕全部用哥特式黑体:

---

[1] 美国纪录故事片。本片记录了1926年德国首都柏林这座充满活力的大城市从早到晚的生活情景。导演通过运动的元素,比如运转的机器、转动的车轮、匆匆赶往工厂的工人,并采用摄影与蒙太奇的拍摄手法,将它们转化成富有动感的画面,使观众感受到一种始终流动的城市生活。而后又按照配乐的原则,将其剪辑成一部"视觉的交响乐"。

第十四章 | 莱尼·里芬斯塔尔及其致命弱点

> 世界大战爆发二十年之后，
> 德国开始受难十六年之后，
> 德国开始重生十九个月之后，
> 阿道夫·希特勒飞往纽伦堡检阅他忠实的追随者。

三引擎的道尼尔轰炸机穿过层层积云缓缓降落，它投下的影子掠过中世纪建筑的屋顶和天主教教堂的尖顶。希特勒像上帝一样从飞机上走下来。民众欢呼雀跃地迎接他的降临。热情的妇女和孩子喜极而泣，高举着他们的双手向他致敬。希特勒的车队在大量面无表情的士兵目送下进入柏林，驰向欢庆的游行队伍，融入军乐之中。

德国迎来新的黎明，铅条镶嵌的窗户全部敞开，迎接崭新的一天，人们高举鲜花迎接灿烂阳光。在希特勒的青年近卫军军营里安置着一大片钟形帐篷，德国的青年才俊已经醒来，正在一边嬉耍，一边洗漱，为集会做准备。在路特珀德竞技场，鲁道夫·赫斯[①]站在大幅告示牌前宣布集会开始，并且大声高呼："你就是德国！你行动，举国行动。你的判断就是我们的判断。"这场面，让人想起兴登堡战役，想起第一次世界大战中"死难的战友"，使得德国人失去个体，步调一致效忠于希特勒。在同一个检阅台上，戈培尔同样面对照相机高喊："希望我们热情的灿烂火焰永不熄灭！它的光芒，它的温暖，赋予现代政治宣传艺术思想与力量。"

里芬斯塔尔的拍摄体现了这种现代政治宣传艺术。她拍摄了希特勒的特写：希特勒站在检阅台，鼓励千千万万的青年男女坚强起来，并做好牺牲的准备。他指示："德国的青年男女们，为了德国的未来，我们希望大家学习并吸收德国所需要的一切。"无论是在现实中的检阅台上，还是在电影里，人们都将自己毫无保留地献给了希特勒。

[①] 纳粹党副元首。

[229] 集会和电影的高潮处，满面油光的领袖走在一条宽阔的大道上，大道两旁伫立着密不透风的士兵人墙。十万士兵昂首挺胸地立正而站，希特勒将一个花环放在第一次世界大战纪念碑前。德国著名歌剧家瓦格纳①创作的电影配乐《众神黄昏》在空中回荡，民众群情激昂，忠心可鉴，高呼着"坚决服从"，等候领袖的发号施令。

赫斯宣告："纳粹党就是希特勒！希特勒就是德国，德国就是希特勒！"屏幕上，一个巨大的纳粹党万字符渐渐消失在前进的队列中。

《意志的胜利》在柏林举行首映之前，希特勒已经观看过这蛊惑人心的杰作，并予以充分肯定。宣传部长也对它赞赏有加，宣称"任何观看过该纪录片并目睹元首在《意志的胜利》中的光辉形象的人，都将永生难忘。它将日夜萦绕在每个人的心头，就像星星之火，在他们的心头燎原，照亮他们的灵魂"。

作为希特勒狼子野心的坚决拥护者，里芬斯塔尔操控了观众的情感，将那些踌躇不决的疑虑与徘徊彻底消除。她的谎言，与最初她在媒体手册中的欺骗只是在程度上有所不同，都是谎称德国已经万众一心，众志成城。通过变本加厉地放大元首的观点，她进一步助推追随者和怀疑者都心悦诚服地与希特勒的意志保持一致。她通过三十台摄影机同时聚焦，突出希特勒的意志，从而模糊了纳粹党、国家、民众之间的界限，混淆了视听。

事实上，她的纪录片就是一部戏剧，一个民间故事，只不过用电影特写技术美化了原动力，把一个野蛮凶残的政体合法化了而已。她运用震撼的画面和特殊的剪辑技巧创造出超乎伦理道德的审美旨趣。与此同时，她也将有关纳粹党的图像资料保存下来，成为柏林乃至德国发展历史中的一个片段。

---

① 瓦格纳（1813—1883），德国作曲家，著名的古典音乐大师。他是德国歌剧史上一位举足轻重的人物。前面承接莫扎特的歌剧传统，后面开启了后浪漫主义歌剧作曲潮流，理查德·施特劳斯紧随其后。同时，因为他在政治、宗教方面思想的复杂性，成为欧洲音乐史上最具争议的人物。

《意志的胜利》并非天才之作，而是坚持不懈地埋头苦干的结果。[230]它的成功，意味着里芬斯塔尔可以选择她的下一个拍摄计划。而她，作为一个永不乏野心之人，选择了奥林匹克运动会。在希特勒掌权之前，国际奥委会就将1936年的奥运会举办权交给柏林。为了充分展现德国的宣传攻势，希特勒命令建设世界上最大的体育场馆。其主馆可以同时容纳100000名观众。奥运村可以接待5000名运动员。一旦他征服欧洲，它将成为未来千年的奥运会家园。希特勒对里芬斯塔尔说："拍摄一部以奥运会为主题的纪录片，舍你其谁？"

在为奥运会准备期间，柏林城为迎接八方来客进行了全城卫生整治。流浪汉和少数民族都被迁往郊区。反犹太人的海报，比如那些画着长鼻子的强奸犯玷污日耳曼少女的海报，都被藏匿起来。就像过去不关心第一家犹太人的商店被关闭一样，里芬斯塔尔也根本不关心眼下的这类伪装。她把心思放在其他事情上。她开始游历古希腊城，寻找希腊远古的奥林匹亚宙斯神庙，拍摄纪录片所需的片头外景。她拍摄了古代的经典雕塑，这些雕塑形象将在奥运会开幕式上在裸体的运动员和跳舞者身上体现出来。神话色彩的象征性再一次令她心醉神迷，就像柏林竞赛场的选手表现优异之后的心情一样。她特别喜欢拍摄那些充满朝气的运动员胴体。她拍摄的角度多种多样，水下拍摄，将摄像头挂在马拉松运动员的脖子上，甚至将摄像头安装在飞船或者气球上。

对柏林而言，奥运会具有政治意义，是向世人展示其"新政权的壮丽宏伟，永世长存，神圣崇高。"受德国政府邀请，英国议员亨利·香农，绰号"薯条香农"作为嘉宾观看了本次奥运会。他是位日记作家，在日记中记叙了他的想法。"每当有人获胜，整个体育馆的观众都会站起来，高举右手，唱响获胜方的国歌。由于德国人频繁获胜，体育馆不断响起国歌《德国高于一切》以及霍斯特·维塞尔谱写的歌曲，即纳粹党圣歌。我个人觉得，纳粹党党歌《旗帜高举》的节奏旋律还是比较欢快的。"

[231]　在里芬斯塔尔之前，还没有哪个影片制作人想过要全程拍摄整个奥运会。拍摄当天，里芬斯塔尔身穿灰色的法兰绒裤子，头戴马术骑手戴的帽子，勇敢地接受挑战，好像她自己就是一名运动员，在赛场上风驰电掣般穿梭，抱怨裁判的干预，她捕捉到大量的群众运动画面，令人不禁想起电影《意志的胜利》。

　　里芬斯塔尔并没有讲故事的天赋，也就是说，她没有叙述的天性。因为，她缺乏同情心。但是她能通过剪辑、组合动感十足的画面，使其产生引人入胜的效果，产生意境，唤起观众的激情。她凭直觉的工作方式依赖两个方面，其一是人为的时间安排，比如说某个党派的集会计划或者运动会，另外一个方面就是依赖实实在在的山峰。为拍摄《奥林匹亚》，她用掉了将近50万米的胶片，断断续续地工作了240个小时。在7个多月的时间里，20个联合编辑帮她完成这部大作。几乎所有的声音都是在摄影棚中录制完成的。电影的配乐由柏林交响乐团一个由340人组成的合唱队合作完成。同样，电影的资金也不成问题，它由国家宣传部投资。不过，投资计划是秘密进行的，因为要给公众一种超乎政治之外的错觉。

　　1938年4月，电影的首映礼于希特勒49岁生日当天举行，其场面阵势比《意志的胜利》还要壮观气派。UFA帕拉斯特电影院的正面也再一次重新设计，悬挂着相互交织、刚劲有力的万字符旗和奥运五环旗。影院里，自信满满的纳粹名流们和来自三十六个国家的外交官、实业家相谈甚欢。盖世太保（国家秘密警察）总头目莱茵哈德·海德里希与希腊使者一一握手示意。意大利使节与戈培尔亲切交谈。戈培尔那时正在谋划"碎玻璃之夜"①事件。捷克电影明星丽达·巴洛娃刚从《赌徒的故事》片场赶来，正与拉特瑙通用电气公司

---

① 又称水晶之夜。1938年11月9日至10日凌晨，希特勒青年团、盖世太保和党卫军袭击德国和奥地利的犹太人的事件。"水晶之夜"事件标志着纳粹对犹太人有组织的屠杀的开始。

的新主管们打情骂俏。阿尔贝特·施佩尔坐在海因茨·里芬斯塔尔的旁边。海因茨·里芬斯塔尔是莱妮·里芬斯塔尔的哥哥，他父亲的卫生设备公司的继承人，很快他就会接到十二个战俘营的安装工程合同。凯特尔将军[①]——德国武装部队的首领——向希特勒致敬，那时他已经与希特勒计划好要攻占捷克斯洛伐克。影院里灯光渐渐昏暗下来，银幕上闪动着画面，就在这个黑暗的影院大厅中，里芬斯塔尔如后来十几场欧洲巡演一样，将自己精彩绝伦的撼世之作呈予世人。

"多年前元首说过，如果艺术家们知道，在未来更加美好的德国，自己担负着怎样伟大的责任，他们必将更加满怀热情地投入纳粹运动。如今，每一位艺术家都认识到，正如每一位德国公民所认识到的那样，现实已经远远超出了任何艺术家的想象力。"里芬斯塔尔在《电影——信使报》中这样写道，"一个更加伟大的德国已经成为现实。"而艺术家们正响应号召，"准备随时投身百万大军之中，以示他们对元首忠心不二，追随元首共图德国的自由、荣誉和伟大之大计。"

正着手准备与希特勒签订互不侵犯条约的斯大林，非常清楚电影具有强大的欺骗性，所以他亲笔写信给里芬斯塔尔，表达自己对她的敬佩。

十八个月后，德国国防军侵占了波兰，里芬斯塔尔身穿定制的国防军制服一同前往。她拍摄了希特勒军队攻陷华沙后游行庆祝的场面；法国失守时，她致电希特勒："我敬爱的元首，带着难以言表的喜悦、深切的感动和熊熊燃烧的感激之情，我们与您一同分享您的，同时也是德国的，最伟大胜利，将德国军队开进了巴黎。"

但是她的影片再怎么神化希特勒的行径，也无法掩饰和改变其凶残的暴行。在第二次世界大战爆发的最初几周，成千上万的市民失去

---

① 威廉·鲍德温·约翰·古斯塔夫·凯特尔（1882—1946），曾任德军最高统帅部总长；他是第二次世界大战德军资历最老的指挥官之一，战后在纽伦堡审讯被判绞刑处死。

了生命。在波兰的孔斯基小镇,这里有一座哥特式教堂和埃及人的橘园。就在这座美丽的小镇,她目睹了一次暴行。而这在愈演愈烈的大规模屠杀中只是极其微不足道的一个例子而已。那天一个德国国防军士兵恰巧带了一个照相机。他拍下了她和摄制组成员抵达小镇的画面,也拍下了她观看十几名犹太人在小镇中心地区被处决的画面。然而里芬斯塔尔却一直否认自己看到过杀戮,否认自己看到过尸横遍野。她在自己的回忆录中声称,"在波兰,我从未看见过一具尸体,无论是士兵的还是市民的,都不曾见过。"

在孔斯基小镇逗留之后,里芬斯塔尔请求准许她离开战场。这个拥有她自己挑选的摄影师和大量奔驰轿车的"里芬斯塔尔特别摄影小组"就地解散。接下来的五年里,她将精力全部投入拍摄电影《低地》,一部投资了数百万马克的电影,明星如云,还有许多罗姆人这样的土著人。她带着这些人前往奥斯维辛集中营。就在麦斯格兰"集中营"的瞭望塔下,里芬斯塔尔组织了第一次拍摄。她这部风格奇异的电影由希特勒个人资助。

[233] 考文垂①和伦敦硝烟四起,里芬斯塔尔却在兴建一个巨大的、鲜花盛开的阿尔卑斯山电影拍摄基地。德国国防军士兵在斯大林格勒忍饥挨冻、流血牺牲,她却翩翩起舞,为摄影师们跳吉普赛人的弗拉曼柯舞。苏联红军横扫东普鲁士、美国炸弹在她的家乡柏林狂轰滥炸,她却在为自己那低级庸俗的情景剧进行剪辑和配音。即使那个伟大、骄傲的城市已经被夷为平地,她依然一副舍我其谁的自负,继续完成着她的电影。她的上嘴唇常常会不自觉地抽搐,平常她想办法掩饰,但被摄影机无意间拍摄下来,她为之勃然大怒。最后,她实在无法正常工作了,便带着《低地》的电影底片南逃,躲进她的童话圣地阿尔卑斯山。在该电影制作期间,大约六千万欧洲人民被杀害。这场战争的主要战争狂,之所以在战场上如此狂热,她那两部电影巨作功不可

---

① 英国英格兰西米德兰郡城市。曾以纺织业驰名于世。

第十四章 ｜ 莱尼·里芬斯塔尔及其致命弱点

没。因为，那两部电影充满了煽动性，极其可怕地向世人鼓吹了军国主义的必然性。1945年4月30日，希特勒在柏林自杀，而里芬斯塔尔这位第三帝国神话的始作俑者，却躲在遥远的巴伐利亚。她得知希特勒自杀的消息后，内心顿时百感交集，五内俱焚，伏地痛哭。

接下来的几个月里，她开始费尽心机地为自己开脱，编造谎言。她在美国接受审问时说，她无法理解那些"与希特勒政治思想同流合污的人怎么还有勇气苟活于人世"。她声称自己从来没有"接受过任何一个纳粹党成员的邀请，而且，如果我得到邀请，我也肯定断然拒绝了"，她坚持说。拍摄《意志的胜利》完全是因为情势所逼，迫不得已，而且那部影片只是未加修饰的纪录片，只是真实地用画面再现了当时的现实。她信誓旦旦地说，《奥林匹亚》[①]没有任何政治动机。她还否认《意志的胜利》卷入了任何政治因素。直到这部失踪的影片在英国档案馆找到并大白于天下，人们才发现，这部电影歌颂了尚武好战精神，电影片尾中出现了寒光闪闪的刺刀以及战斗机在空中编队组成纳粹党党徽的万字符图案。她诅咒发誓，说戈培尔非常憎恶她，自己对集中营一无所知。后来她又说，自己按照戈培尔的命令办事，只是为了不被送到布痕瓦尔德集中营去。最后，她宣称自己只是一名艺术家，遵照上级指示，由于政治觉悟不高，未能考虑政治问题。她说："回望过去，任何一个创造了伟大艺术作品的艺术家，无论是米开朗基罗、罗丹、鲁本斯还是印象派画家，他们谁都无暇顾及政治。"

许多罪责较轻的德国人，经不起良心的折磨，一方面为了自我解脱，另外一方面也为了使国家不再重蹈覆辙，纷纷鼓足勇气坦承自己做了错事。但是里芬斯塔尔却至死都在为自己那心虚的谎言辩护。

1942年，希特勒曾告诉里芬斯塔尔："只要简单地想象一下，如果千年之后人们能看到我们这个时代所经历的一切，那将会这样？"

[①] 这部关于1936年柏林奥运会的纪录片是第一部纪录夏季奥运会的电影。有如英雄史诗般气势恢宏，从技术层面而言，堪称影片史上的经典之作。

通过面向全球的电影银幕，里芬斯塔尔永久地保存了希特勒企图征服全球的狼子野心，美化了穷凶极恶的纳粹党政体，欺骗了世人，在万千民众的残骸上手舞足蹈，招摇撞骗。或许，她真的太天真。或许，她只是如她所称为了追求真实和美丽。还或许，希特勒这位独裁者的电影女神太过任性和贪婪，因而轻而易举地出卖了自己的灵魂。

她的作品仍在流传，那些震撼人心的画面得到现代神话制造者们的关注与赞赏，比如美国著名导演乔治·卢卡斯[①]、英国电影明星米克·贾格尔[②]以及美国艺术家安迪·沃霍尔[③]等。她那蛊惑人心的手法、令人叹为观止的拍摄视角、移动拍摄技术以及充满激情的画面组合，已经影响了一代又一代的广告商，促使这些广告商不断地完善市场营销和广告运作，操控着我们的日常生活。甚至当代觊觎政治地位的人士，在蛊惑选民方面也在运用她发明的技巧与方法。然而，莱尼·里芬斯塔尔这个在她那个时代技术最为娴熟、才华出众的电影制作人，她本人必然遭到社会的唾弃。在德国民族社会主义崛起时，她是唯一一位举足轻重的女性，而且从未表现出悔恨。在她虚幻缥缈、天方夜谭的世界里，她确信自己毫无理由需要悔恨。纵观当今现代历史，很少有人像她那样恬不知耻，那样强词夺理，面对千夫所指仍然心安理得。

[235] 她生命的最后几十年，恰似落暮黄昏，光线朦胧，狼狗不分，这

---

① 乔治·卢卡斯（1944— ），美国导演、制片人、编剧。代表作：《星球大战》。其执导影片多次获得奥斯卡金项奖。2005年，卢卡斯获美国电影学会颁发的终身成就奖。
② 米克·贾格尔（1943— ）英国摇滚乐手，滚石乐队创始成员之一，1969年开始担任乐队主唱。
③ 安迪·沃霍尔（1928—1987）被誉为二十世纪艺术界最有名的人物之一，是波普艺术的倡导者和领袖，也是对波普艺术影响最大的艺术家。他大胆尝试凸版印刷、橡皮或木料拓印、金箔技术、照片投影等各种复制技法。沃霍尔除了是波普艺术的领袖人物，他还是电影制片人、作家、摇滚乐作曲者、出版商，是纽约社交界、艺术界大红大紫的明星式艺术家。

个柏林人鬼魂缠身。她当然否认被鬼魂缠身,就像她一直否认知悉究竟是什么造就了她那令人恐怖的灿烂辉煌。而当她孤身一人躲进她的地下影院里,将《蓝光》《意志的胜利》和《奥林匹亚》等电影胶片装入影像编辑软件,回味那辉煌的岁月,并得意洋洋地观看那些迷惑了整个德国的影片时,那些鬼魂便如影随形。

1937年，阿尔贝特·施佩尔的新总理府。

第十五章

阿尔贝特·施佩尔和他的日耳曼尼亚
1938年，林登大道①

施佩尔告诉聚集一堂的建筑师、设计师和绘图师："请在座的诸位想象一座城市，一座比巴黎和罗马还要伟大的城市，一座令巴比伦②和卡纳克③都黯然失色的大都市。"他一边说，一边在人群中走来走去，用目光与大家交流，鼓励他们挑战，挑战历代国王与皇帝都未能成就的事业。他的声音，低沉却饱含激情。在这个宽敞明亮的设计室，历史性的机遇就展现在眼前。高大伟岸、英俊潇洒的施佩尔歪戴着领带，置身于写字台和绘图板之间，告诉他的同事们，在场的每个人都有机会将自己的名字铭刻于这个城市，彻底改变这个城市原本混乱无序、死气沉沉的面貌，将那些毫无规划的旧场所彻底改观。他把

[239]

---

① 林登大道是由勃兰登堡大门往西延伸，长1.5公里的菩提树大街。街南有公主宫殿、王储宫殿、德意志国家歌剧院以及圣海德唯希大教堂等建筑，街北则有德意志国家图书馆、新岗哨及鸿堡大学等象征首都柏林繁荣历史的建筑物。
② 古巴比伦王国（约前3500年—前729年）位于美索不达米亚平原，大致在现在的伊拉克共和国版图内，在距今约5000年前左右，这里的人们建立了国家，到公元前十八世纪，这里出现了古巴比伦王国。与古埃及、中国、古印度并称"四大文明古国"。古巴比伦文明是两河流域文明的重要组成部分。
③ 古埃及最大的神庙所在地。在开罗以南700千米处的尼罗河东岸。

手放在年轻的斯科内克肩上，鼓励大家都去"想象一个全新的柏林城"。

从斯特凡·斯科内克记事起，他就充满想象力。还是个孩子的时候，他就已经兴奋不已地想象自己的世界——他的卧室，他父亲的建筑设计办公室——都不只是简单的由砖瓦、水泥、石膏飞檐建造而成的。他会身处一隅，想象四周的空旷，感受它，栖居于此，直到身边的空气都似乎熠熠发光。

[240] 他的家，偏居柏林西区，环境舒适。这里地势较高，土质松软，树木繁茂。拿破仑曾在这里建过军事营地，然后变成有钱人的居住区，别墅成群，绿荫成片。他常常在家里用硬纸板和玩具黏土制作他们大楼的模型，研究地面与高度，了解在有限的空间内安排不同的居室。他通常用脚步丈量地基，用米尺丈量窗户。一旦发现有漏洞或者偏差，只要他心情好，就会着手将模型重新设计，制作出一个更加高效的结构模型。有个专门做橱柜的木匠，正好在他家附近揽活，为他邻居的地下室打造橱柜，顺便将他招致麾下，让他摆弄胡桃木和枫木，培养他对木材质地和纹理的感觉。斯科内克特别喜欢在夏日阳光中坐在台阶上，一边大口地呼吸酸橙木散发出的芬芳香气，一边用不同的木匠工具为木材赋予生命。在修道院中学上学的时候，他专注于物理和数学，以优异的成绩毕业后，立志做一名建筑师。

1938年，他还是个科技大学一年级的学生，施佩尔将他和其他十名有前途的学生一起挑选出来。少年的梦想，原本想入非非的东西，似乎将变为现实。施佩尔告诉他们，他"野心勃勃，想要成就大业"，艺术家和技术人员必须行动起来，迎接灿烂的未来。他同时向他们保证，凭着他们的精湛技艺，他们完全可以用不同于士兵的方式为帝国服务。

斯科内克与他科技大学的其他同学一样，开始追随阿尔贝特·施佩尔飞黄腾达的脚步。三十二岁时，他就从一名单打独斗的个体从业人员一跃成为"联邦首都新建项目的总监"。他见证了施佩尔为纳粹党创建的第一个柏林总部，见证了他为戈培尔重建富丽堂皇的申克尔大楼。他清楚，从1933年开始，每一次纳粹党集会都由施佩尔亲自

第十五章 | 阿尔贝特·施佩尔和他的日耳曼尼亚

布置安排。他曾亲眼目睹施佩尔在滕珀尔霍夫机场悬挂起三面巨型的纳粹党旗帜,每一面旗帜都比十层楼的大厦还要高出许多;他也目睹施佩尔在纽伦堡的齐佩林广场①修建了明亮如昼的大教堂。大教堂配备有一百三十个防空探照灯。他同样见证了施佩尔帮助里芬斯塔尔用胶卷记录下标新立异的场景。但即便如此,当兴建新总理府②的任务落在施佩尔头上时,他还是感到惶恐,有点猝不及防。

斯科内克来到林登大道工地的第一个星期里,施佩尔签署了协议为希特勒兴建总理府。总理府的建筑面积涵盖了整个沃斯大街,工期却不到一年。在波茨坦广场③后面大约十六公顷的工地上,四千五百名建筑人员分成两个班次,每天轮流作业,马不停蹄地兴建这座气势恢宏的大厦。大厦将拥有四十二间房间,从威廉广场一直延伸到蒂尔加滕公园。在这座大厦中,施佩尔融入了整个伯西格宫殿的风格。伯西格宫殿建于一百年前,由当时最伟大的实业家之子在旧马歇尔宫的旧址上建造起来。马歇尔宫则是大选侯腓特烈时代的杰出建筑。

大厦正式启用前夕,斯科内克和其他员工跟在希特勒身后,穿过一扇扇青铜大门,走进荣誉大厅。他们先经过阿尔诺·布雷克④雕刻

---

① 希特勒向纳粹党徒发表演说的众多场地之一。齐佩林广场的看台,建立在一个希腊神庙的基础上,有 360 平方米,是当年希特勒检阅纳粹党徒游行的地方。该广场毗邻如今的纽伦堡贸易展览中心。
② 1938 年 7 月下旬,希特勒正式指定建筑师阿尔贝特·施佩尔建立一新总理府于沃斯大街的一侧到与威廉大街的交叉口,并要求一年内完成。新总理府在柏林战役受损严重,在战后被苏军摧毁。而其西半部则位于柏林墙的"死亡地带",在 1980 年代才有公寓建筑。
③ 最初的波茨坦广场只有一个十字路口。之后,在这里建起了波茨坦火车站,从而发展成为柏林市繁华的中心区域,发展成交通最繁华的地区之一,也成了首都生机勃勃的都市生活的代名词。但在二次大战中,广场遭到严重毁坏。由于它地处美、英、法、苏管辖区的交界处,并有柏林墙横穿广场,使这繁华一时的城市中心,在战后沦为没有人烟的隔离区。
④ 阿尔诺·布雷克(1900—1991),德国著名雕塑家。其作品以力量取代感性,坚硬取代光线中的流动为特征,在第三帝国中极具代表性。

的青铜像。这些青铜像雕刻的都是运动员，个个体型魁梧，昂首挺胸。大家从这些青铜像边上擦身而过，沿着巨大的旋梯上楼，穿过两扇六米高的大门，走进了通透明亮的镶嵌式大厅。电灯光照在如镜子般锃光瓦亮的血红色大理石上。两百个插满鲜花的花瓶整齐地摆在走廊两侧，走廊足有凡尔赛镜厅①两倍那么长。在这座举世无双、宏伟壮丽的建筑里，在这振奋人心的一刻，斯科内克情不自禁地握住秘书安玛丽·肯道夫的手，身心完全陶醉了。

这位即将改变德国未来并且再造德国的男人，站在金碧辉煌的接待厅里，其他人众星捧月般围在他的左右。希特勒欣喜之余，感慨这座总理府为"崭新而伟大的德意志帝国的首个建筑奇迹"。斯科内克注意到，施佩尔的设计没有任何曲线，都是一排排整齐的水平线，以强化秩序意识。此刻，他和众多德国青年一样，感觉一切皆有可能造就，包括重建崭新的柏林。

斯科内克在工地的任务是为这座"万寿无疆"的大都市制作图样。为了给即将要担当的角色做准备，柏林这座西方中心之城必须旧貌换新颜，现有的五万栋公寓楼必须全部拆除，然后在其空地上建筑起希特勒所说的"四千年来从未建造过的建筑"。

[242] 在这片沙地上还要修建两条宽阔宏伟、相互交叉的林荫大道。而在南北走向的林荫大道两侧，将整整齐齐地依次建造政府部门、新古典主义的剧院、高耸入云的大酒店，以及德国主要集团公司的总部，以此来展示帝国的雄心壮志和丰功伟业。在最南端，靠近滕珀尔霍夫机场的地方，一座新的火车站将问世，火车站的门口将是世界上最

---

① 又称镜廊，被视为法国路易十四国王王宫中的一件"镇宫之宝"，以17面由483块镜片组成的落地镜得名。它是法国的凡尔赛宫最奢华、最辉煌的部分，厅长76米，宽10米，高13米。镜子中反射着金碧辉煌的穹顶壁画。镜子相对视野极好的17扇拱形落地大窗，透过窗户可以将凡尔赛宫后花园的美景尽收眼底。镜厅一直以来被誉为法国王室的瑰宝，无数面巨大的铜镜反射着从后花园映进的光芒，这里是路易王朝接见各国使节时专用的宫殿。

第十五章 ｜阿尔贝特·施佩尔和他的日耳曼尼亚

大的广场。向北端 5 公里开外之处，一个庞大的大会堂将拔地而起。大会堂的大圆顶，将比圣彼得教堂的圆顶还要大 16 倍。建成之后，180000 个人可以站在厅内聆听希特勒的演讲。其前院将会有两排广阔的住房，同时还将建有镶嵌着花岗岩、大理石和青铜的新议会大厅和德国武装最高指挥部。

柏林将更名为日耳曼尼亚，成为整个德国的首都，让全体德国人感受其威力，将全体德国人都团结在柏林精神之下。胜利纪念柱将被移到东西方向的林荫大道正中位置，并且在柱子下再增加一个底座，使胜利纪念柱更加高耸入云。在柏林南部的朗斯多夫建造一个水上飞机场。柏林城四周的大片松树林将替换为香气扑鼻的树木，以完成两百多年前腓特烈大帝未完成的夙愿。希特勒说，日耳曼尼亚的塔、方尖塔以及肃穆的威严将会让世人瞠目结舌。

斯科内克放弃了自己的雄心壮志，不再梦想成为一名有个性的建筑师，心甘情愿地为最优秀的人服务。他加入了制作模型小组，全身心地投入工作，按 1：200 的比例用木材和石膏为那个异想天开的大都市制作模型。为了纵横交错的林荫大道，周边地区的建筑必须纷纷拆除。斯科内克完全沉浸于这个被设计出来的世界：他想象自己已经身临哈雷市，定制制作模型所需青铜框架，采用樱桃木做模型支柱，用花楸木来处理细节部分。他给大量的白桦树木上了色，让它们看上去像是来自瑞典的粉红色花岗岩。他用这些白桦木做地基，然后用青铜在上面制作迷你版的城市模型。他用石膏塑造"士兵大厅"，先蘸湿调色刀，勾勒出高耸的拱形屋顶以及昏暗的地下室。他非常注重平衡，让模型错综有致，该密的密，该疏的疏，什么地方门廊要厚重，什么地方的柱廊须简洁，一点也不含糊。他明白，经典的比例搭配会增强气势恢宏的感觉。他收集了枫树，酸橙树，橡树的木屑，放在不同的玻璃盒子中，将这些东西配上胶水，用以修整模型的瑕疵。

这项工程规模宏大，其设计必须由几十名建筑师共同完成。斯科内克除了要负责制作施佩尔的设计模型之外，还要负责其他设计草

[243]

图的模型制作,包括保罗·波纳茨①设计的海军最高指挥部,贝思特尔米耶②设计的市政大厅,彼得·贝伦斯③设计的德国通用公司总部。每一个模型都分别制作完成后,喷漆成白色,然后从林登大道运抵巴黎广场④。在艺术学院的私人画廊里,也就是埃尔西·赫希遇见弗雷得里克·德雷克的地方,整个模型占地长度将近三十多米。在模型周围同时按照1∶50的比例展出了摩天大楼。这些摩天大楼都安置在齐胸高的架子上。画廊内布置了多个聚光灯,以达到阳光照射的效果。希特勒还命令在总理府和艺术学院中间修建一条有棚顶的街廊。无数个夜晚,希特勒吃过晚饭后,来到这个摆放模型的大厅,凝神注视这个承载着他梦想的模型。

希特勒用浓重的奥地利口音对施佩尔说:"我很喜欢。"他从不在任何正式场合流露这种口音。

希特勒曾在《我的奋斗》中将自己描述为一个潜力无限的建筑师,但是为了政治和"民族责任"牺牲了自己的事业。他能够精确地回忆起房间的高度或者隧道的体积,也能一眼就看出门楣装饰或者建筑进度表方面的细微变化。他的床头经常放着建筑方面的书籍。他希望日耳曼尼亚可以见证绵延千秋万代的历史。它必须气势磅礴,以"恢复每个德国人的自尊",而且它还必须突出民族团结的理念。大厦的门厅,健美的男子裸体雕塑,巨型露天剧场,这些都将成为他以及北欧日耳曼民族力量的成功宣言。

---

① 保罗·波纳茨(1877—1956),德国著名建筑师,著名的汉凯酒庄就是由波纳茨设计建筑。
② 贝思特尔米耶(1874—1942),德国著名建筑家,大学讲师,曾为纳粹党建筑师。
③ 彼得·贝伦斯(1868—1940),德国现代主义设计的重要奠基人之一,著名建筑师,工业产品设计的先驱,"德国工业同盟"的首席建筑师,被誉为"第一位现代艺术设计师"。
④ 德国首都柏林市中心的一个广场,位于勃兰登堡门内,菩提树大街的西端,西面勃兰登堡门外是蒂尔加藤公园。它得名于法国首都巴黎,以纪念1814年反法同盟占领巴黎。

第十五章 ｜阿尔贝特·施佩尔和他的日耳曼尼亚

每周至少一次，施佩尔往往会在总理府（希特勒称之为"快乐总理餐厅"）吃过晚饭后返回林登大道的工地。不管施佩尔什么时候回到工地，总能见到斯科内克的身影。这个年轻人喜欢生活有规律，工作有条理，从不受某个闲暇的夜晚或周日干扰。

在那些他们于工地邂逅的日子里，施佩尔常常挨着他坐在机床上或是画架旁，跟他讲新的设计方案或者元首的餐后电影（希特勒每天晚上看两部电影，他喜欢轻松搞笑的电影，从不看情节凄婉的电影）。他还会谈到大型建筑，那种可以将人们聚拢在一起感受"欢聚一堂"的建筑。有时他还会谈到申克尔，认为申克尔生活在"建筑的最后一个黄金时代"。有天晚上，他聊到了意大利，他那时刚从西西里岛回来，目睹了锡拉库扎、塞利纳斯的遍地废墟，也聊起了他的愿望。他希望自己在柏林大展宏图后环游世界。他说他想去看看莫斯科和美国。斯科内克回答说自己想去看看罗马的万神殿。这座万神殿不仅给申克尔设计旧博物馆的圆形建筑带来灵感，而且也为施佩尔设计大会堂带来了无限灵感。

[244]

在那些日子里的一天深夜，斯科内克正忙着做一个三米高的凯旋门模型。这时，施佩尔探身过来摸了摸模型上微小的石膏板，敲了敲花楸木做的横梁，然后又检查了一番布雷克和索拉克做的精美绝伦的雕像。这座柏林凯旋门建成之后，将会非常壮观，大得足以容纳九个巴黎凯旋门。而且，它还极为庄严肃穆，足以告慰一百八十万名在第一次世界大战中战死的亡灵。它将屹立于柏林新城的正中心，永垂不朽。

施佩尔把目光从模型转移到了制作者身上。斯科内克的作品充分再现了施佩尔的设计理念。这个年轻人很懂建筑，他已经和建筑融为一体了。

"太完美了。"施佩尔说道。他的话打破了局促的沉默，"真的栩栩如生！"

在这个安静、昏暗的工作室里，这句话一下子拉近了他们彼此间的距离，一种出人意料的亲密感在他们之间油然而生。

希特勒五十岁生日前夕，施佩尔和柏林的达官显贵们恭候在勃兰登堡大门前。在他们身后聚集着黑压压的民众。在他们面前，刚刚竣工的东西方向的林荫大道一直延伸至远方。在大道两侧耸立着一排排坚实的白色圆柱，圆柱顶端点燃着火焰。三十六面纳粹党万字符旗帜在一辆四马二轮战车周围迎风招展。随着车队驰近，远处传来震耳欲聋的欢呼声。一辆深蓝色的敞篷奔驰770K飞驰过来，停在施佩尔的面前。希特勒从车上下来，紧紧握住施佩尔的双手。

施佩尔通过麦克风高呼："我敬爱的元首大人，我谨此向您汇报，柏林东西方向的林荫大道竣工。愿工程不辜负您的期望！"

沿着林荫大道，围绕着胜利纪念柱，欧洲历史上从未曾见过的阅兵队伍正在行进，步伐整齐，声势浩大，响声如雷。10万多名将士，其中包括12个军团的陆海空国防军以及党卫军和敢死队，花了4个半小时才走过阅兵台，接受2000名嘉宾的检阅。200架战斗机在空中盘旋，炮兵部队，装甲车队，以及几十辆坦克，从他们的元首面前经过，声音撼天动地，听不见说话声。然后，随着乐曲《德意志高于一切》最后响起，数百只天鹅被响彻云霄的阅兵声惊飞起来，纷纷从蒂尔加滕公园飞向天空，简直就像预先安排好了似的。在庆祝希特勒五十岁生日的广播演讲中，戈培尔宣称："德意志帝国屹立于德国人的刀光剑影之下。我们的贸易与工业，文化和民族生活在强大的军事力量保护之下繁荣昌盛……我们的元首，将想象与现实和谐统一。"

斯科内克没有加入这惊世骇俗的庆祝行列，他在忙着把凯旋门模型装上平板货车，然后将它运到新总理府的一个侧室。侧室旁是内阁会议室，里面摆满了各地官员送来的庆生礼物：白色大理石雕刻的裸体雕塑，青铜器铸件，绣着"向敬爱的元首致敬"字样的挂毯，橙红色的油画，还有一套德国品牌瓷器台灯。

午夜时分，成群结队的嘉宾们向希特勒呈上真挚的祝福。在宽敞的地坪上，觥筹交错之间，有金发碧眼者，有黑褐色人种，有身穿灰

第十五章 | 阿尔贝特·施佩尔和他的日耳曼尼亚

色和军绿色制服的国防军士兵,身穿金黄色制服的救世军①褐衫党②和政党官员,穿着朴素白衣的德国少女联盟③成员,甚至还有这些少女的母亲也身着晚礼服闪亮登场。

举杯敬酒之后,施佩尔附耳轻声告诉希特勒,还有一个特别的礼物等着他。希特勒即刻离开晚会,急匆匆赶到内阁会议室旁的侧室。在一个根据他二十岁的画像制作的实物模型后,他驻足凝视自己青春年少时的模样,沉吟良久。这个模型,也许是献给他的最充满希望的礼物。它就是一座凯旋门,但不是为了庆祝已经赢得的胜利,而是面向未来。很显然,希特勒动情了,他默默地向施佩尔伸过手去。

二战爆发之后,斯科内克便很少见到施佩尔了。1940年那个阳光明媚的夏天,他都在工作室里度过。而就在那时,十万多人,其中包括三万战俘,已经投身于日耳曼尼亚的建设。在奥地利毛特豪森集中营④,即"骨头粉碎机",关押在那里的劳力为了采集建筑"士兵大厦"所需的大量石头,并将这些石头徒手运到声名狼藉的"死亡阶梯"上,纷纷死去。在浮生堡采石场,政治犯们要每天开采带有白色斑点的花岗岩,以修建元首住宅的正门。萨克豪森的居民被强制赶到了附

[246]

---

① 是一个于1865年成立,以军队形式作为其架构和行政方针,并以基督教作为信仰基本的国际性宗教及慈善公益组织,以街头布道和慈善活动、社会服务著称。它被称为"以爱心代替枪炮的军队"。
② 德国辅助军事行动的政党。
③ 纳粹德国希特勒青年团的青年女性分支组织,成员年龄在14至18岁之间。德国少女联盟组建于1933年,为希特勒青年团的分支之一,是纳粹德国唯一的女性青年组织。根据《希特勒青年团法》,1936年12月后纳粹德国的所有符合种族标准的适龄少女均需加入德国少女联盟。10至14岁的女孩先加入青少女联盟,14岁后再升入德国少女联盟。1944年德国少女联盟成员人数达到了450万人,成为了当时世界上规模最大的青少女组织。在战时该组织成员承担了许多本应属于男性该做的工作,同时该组织也是国家社会主义妇女联盟的下属组织。纳粹德国战败后,德国少女联盟于1945年9月10日被同盟国勒令解散。
④ 毛特豪森集中营位于奥地利上奥州首府林茨附近,1938年8月至1945年5月,纳粹在这里先后囚禁过20多万人,有10余万人被夺去了生命。1945年5月5日,奥地利毛特豪森纳粹集中营里被关押的受害幸存者获得释放。

近的砖房,这是当时世界上规模最大的砖房。但是,当斯科内克骑车穿越柏林宽敞的新街道,在阳光下驻足运河边观看默默劳作的劳工,他从不询问这些劳工和建筑材料所从何来,似乎问了也是白问。后来,在林登大道,纳粹党命令他制作防空洞模型时,他同样没有提出任何疑问。

1942年施佩尔担任军需部部长。他扮演的角色,与1914年拉特瑙所扮演的角色几乎相同,主要负责筹集资金和战备物资。与此同时,建设柏林这一庞大的工程停了下来。自欺欺人的1950年竣工这一目标也就遥遥无期了。施佩尔负责的工程管理局关门歇业,斯科内克也骑着自行车打道回府,一路上崎岖不平,到处散落着挖出来的树根和被炮弹掀起的弹坑。第二天早上,他响应报效祖国的号召,投身沙场,征战于蒙特卡西诺战场,有幸得见万神殿,并且侥幸活了下来。

战争行将结束的日子里,他听说那些未受损坏的一部分模型被带进了希特勒的地下室,并从此杳无踪迹了。他也倾听了施佩尔的最后一次广播讲话。施佩尔在最后一次广播讲话中,将德国在战争中所受的毁灭性打击与欧洲三十年战争相比较。那时,施佩尔已经逃离了这个已经被封锁的城市。他是沿着自己设计建筑的东西方向大道落荒而逃的。这条大道,那时已经变成两边挂着红色灯笼的娱乐街。而原本充满梦想的胜利纪念柱也黯然失色,独自神伤。

[247]

施佩尔曾抓住机遇大肆建筑,最终成为亵渎人性尺度的闹剧。斯科内克也参与其中。但到头来施佩尔的建筑在柏林无一幸存。希特勒的总理府被夷为平地,里面的大理石被用来铺设苏维埃战争纪念碑和地铁车站。一切移花接木的希望,所有为之付出的生命,**繁华落尽**,唯一剩下的,是东西方向大道两侧的灯柱。后人将这条大道称之为"6月17日大街"。

1946年在纽伦堡的战犯审判中,这位希特勒的首席建筑师没有逃避自己的责任,对于德国普通百姓到纳粹头目所犯下的罪行供认不讳。结果，他没有被处以绞刑，而是被判了二十年有期徒刑。在施潘道监狱①里，他成为 5 号囚犯。他看书，写字，侍弄花草，同时为环游世界做准备。他估算出自己每天在监狱院子里散步时所走的距离，然后计算出柏林到海德堡的距离。一旦他觉得已经到了海德堡②，他便拓展旅行线路，再估算自己散步时所走的距离，想象自己到过那些地方旅游了。他让人偷偷地将旅游指南之类的书弄进施潘道监狱，一边更加清晰地想象自己所到的城市与海洋。很快，他穿越了莫斯科和亚洲，穿过白令海峡，然后向南进入美洲。他的旅程，他的刑期，在想象中的墨西哥之旅中结束了。

1966 年 9 月的一个晚上，施佩尔刑满释放。那时，斯科内克也五十岁了，在一个城市规划部门做职员。就在施佩尔走出监狱的那个晚上，他也毫不显眼地站在监狱外的人群中。街道上黑压压挤满了人，电视台的摄像灯将监狱大门照得雪亮。午夜时分，施佩尔走出监狱，穿过人群，上了一辆等候多时的黑色奔驰。一路上，他只稍作停留，向人群挥了挥手。斯科内克没有说话，也没有任何反应，但他脑海一直盘旋着一个疑问，一个困扰了他许多年的问题，一个他想讨教施佩尔的问题。

他们俩相处的最后那段日子里，有天晚上施佩尔让斯科内克对大会堂的模型稍作改动。这在当时只是小事一桩，对他来说不过是永无止境的工作单上又多加了个任务。然而，时间久了，他才觉得这件事的重要性。大会堂的主席台上本来是要挂一个巨大的镀金老鹰雕像，而老鹰的鹰爪要紧握纳粹党的党徽。但是，在林荫大道的工地里，施

[248]

---

① 在第一次世界大战前，施潘道是大型弹药工厂所在地，为德意志帝国军火工业的一个中心。这也是一个驻防城，城里拥有众多的军营。1920 年，施潘道被作为一个区纳入大柏林。二战后，该区为英国占领区，建于 1876 年的施潘道监狱用来收押在纽伦堡审判中判处监禁的纳粹战争罪犯。监狱的最后一个犯人鲁道夫·赫斯去世后，施潘道监狱被盟国拆除，改建为购物中心。
② 德国西南部城市。

佩尔却要斯科内克用地球仪去替换纳粹党党徽。二十多年过去了,他一直想问施佩尔这是谁的主意。它是希特勒的建议吗?或者是戈培尔的?抑或是施佩尔自作主张呢?究竟谁才是第三帝国首都的建筑大师呢?

斯科内克当然知道答案,每个德国人都知道。在浩瀚的历史长河中,斯科内克只不过是一出闹剧中的无名演员。经历了那些疯狂、鲁莽、有毒的岁月,他可以体会到答案,咀嚼出答案。

16

1931年12月19日,玛格达·科万特与约瑟夫·戈培尔在他们的婚礼现场,旁边的希特勒为证婚人。

第十六章

约瑟夫·戈培尔，成就希特勒的男人
1945年，沃斯大街

二十世纪七十年代我刚开始了解柏林的时候，普伦茨劳贝格还在苏联的管辖范围内。那时候的普伦茨劳贝格，漫天沙尘，危房遍地，到处都是灰秃秃的，令人窒息。弥漫的煤烟昏黄了路灯，淹没了嘈杂，直到整个东柏林都沉浸在黑暗、恐怖的死寂中。对于那里，我的记忆中不曾留下一丝清脆的声音，或者一缕明媚的阳光，甚至孩子们在鹅卵石街道上玩耍的情景都是那么模糊。或许，这一切都源自我只是在黄昏之后走访了那里。也许只是因为我脑海里只残留了最后一次走访的记忆。

那段时间，我常常光顾画家凯绥·珂勒惠支旧居附近一个名叫沃尔瑟艾克的酒吧。我会挑选一个安静的角落，点上一杯啤酒，观察其他顾客。没有人高声喧哗，至少我没有听见，而且几乎所有的顾客都会在七点钟的时候回家吃晚饭。极少数留下来的顾客，酒吧老板有时会给他们一份吃的，有炒鸡蛋、炸土豆以及一些油腻腻的餐点，有时候就让他们在那里耽于沉思冥想。

对我来说，这个酒吧一无是处，酸腐的空气中散发着伤感和败落。然而，有种东西却吸引着我，使我割舍不下那里孤独的醉鬼和廉价的塑料餐桌。

[254]　　有天深夜，大概是我第四次或者第五次光临那里吧，有位老汉坐在我的旁边。我之前也见过他，而且发现其他的顾客都有意回避他，就像他们回避我一样。我曾在哪本书里读到过，在东欧，话语的力量比其他地方都大，因为在那里不可以随便说话。因此，当他开始滔滔不绝地说话时，我就凝神静气地倾听。

那个男人绝望的表情，就像他身上的外套，一览无遗。他的脸，看起来皱巴巴的。酒，也可能是眼泪，似乎已经浇灭了他生命中最后一缕火花。不过与此同时，他的一举一动却敏捷而急促，好像随时准备抽身逃离。他喝了几瓶啤酒后告诉我，在二战爆发前，他逃往莫斯科去了，然后又在1945年随同其他几名"红色"德国人返回柏林。我当然不相信他的话。那些日子，没几个东柏林人敢对陌生人讲述自己的故事。然而他表现出来的坦率倒让我放松戒备。这种不期而遇的亲密十分难得，在这种时刻彼此惺惺相惜。他告诉我他叫菲利克斯。我注意到他的牙齿短小整齐，一颗颗像小珍珠。他说他以前想当一名验光师，也曾受过这方面的训练，可以不用任何仪器就辨别出不同的镜片，现在尝试重新找一份工作，但最终由于鬼魂而放弃了。

我惊讶道："鬼魂？"

他轻声说道："就在角落里，我会指给你看。"

"什么时候？"

"现在。"

那个晚上，是我最后一次光临沃尔瑟艾克酒吧。那位老汉悄无声息地领着我来到丽宫大街附近。借着星光，我瞥了一眼墙那边的万人墓。纳粹党原本打算，一旦将欧洲的犹太人全部赶尽杀绝，他们就建一个"失落民族博物馆"，而这片犹太人的古老墓地将应该成为博物馆的一部分。

菲利克斯小声地说："往这边走。"

他知道一条通往墓地的秘密小道。我弯着腰，紧随其后，钻过那堵高高的砖墙，然后沿着一条铺着鹅卵石的宽敞道路往前走。路两边种着橡树和栗树，我们拨开石碑上的常春藤，看上面的字。有一座白色大理石的方尖碑似乎在月光下闪闪发光。我看到上面用粗体写着一串德国名字，沃尔夫，福尔格，法米丽·卢森博格，还有一堆日期：1937，1939，1940，1941，1942……还有一个孩子大小的墓碑，上面只写着"为什么"。

就在这五公顷之内，埋葬着律师、议员、俾斯麦时期的银行家、像画家马克思·利伯曼[①]一样的艺术家以及出版商利奥波德·乌尔施泰因[②]。我想起来，二十世纪初，一百个富人中，有三分之一是犹太人。那时候，柏林是世界上居住着最多犹太人的城市之一。

[255]

菲利克斯突然将手臂伸在我的面前。

他缓缓蹲下身子，压低嗓门说："就在那儿。"

在高大阴森的树下，他好像觉察到有什么动静。我忐忑不安地随着他的目光看过去，却只看到了随风颤动的树叶。

"你看到了什么？"我问道。

"许多人。"他回答道，声音仍旧压得很低。"死人。"

他感觉自己看到了一群筋疲力尽的陌生人，他们穿着肮脏的破睡衣，低垂着头，在年久失修的墓碑中间晃来晃去，然后围绕着墓地移动。菲利克斯一声惊叫，用手指着一个鬼影：形容枯槁，骨瘦如柴，正拖着一条瘸腿东歪西倒地挪动。

"他必须永远这么走下去。"这个疯狂的向导告诉我。

其他的鬼魂像是他的受害者一样，他们受尽磨难，身心俱疲，在

---

① 马克思·利伯曼（1847—1935），德国画家。作品以敏锐的观察力和写实技巧直接描绘现实生活，刻画出在社会底层的劳动者形象。代表作《拔鹅毛的妇女》《养老院》《制鞋作坊》等，画面简洁洗练，人物形象生动自然，色彩清新明快，具有印象主义的艺术特点。
② 1904年创办了德国第一份以零售为主的大众报纸《柏林午间报》。

生死之间挣扎。与这些鬼魂不同，他绝不允许停下脚步。菲利克斯告诉我，这个鬼魂注定要永无止境地在这个死气沉沉的墓园中游荡。

十九世纪的犹太爱国诗人亨利希·海涅①曾如是写道，"柏林，柏林，悲惨之都。这里除了悲怆与罹难别无其他！"他的这些话似乎就来自于这些破败坍塌的墓碑。

"滚开！"菲利克斯突然咆哮起来。"滚开！"

他疯了似的撕扯墓碑上的藤蔓，将它们抛向空中，扔得到处都是。然后，他瘫倒在地。煤烟滚滚，裹卷着我们，淹没了他的呜咽，再一次将我们以及这个黑暗、支离破碎的城市融入沉寂之中。

煤气灯在窗外摇曳，昏黄的灯光透过脏兮兮的窗户照进来，戈培尔借着这昏暗的灯光在日记中草草写道：这片杂草丛生的乱坟岗，这个充斥着罪恶的粪坑，这块"海盗、鸡奸者、流氓，诸如此类"聚集的可憎之地。柏林"必须从德国的土地上消失。我不想跪在这污秽之地。"

在1926年11月那个寒冷的早上，戈培尔一瘸一拐地在安哈尔特火车站②走下火车。在纳粹党肮脏昏暗的地下办公室里，他看到了慌乱无措、心灰意冷、牢骚满腹的人们，他的心也随之一落千丈。他绝望地独自在选帝侯大道上的一家咖啡厅打发了一个下午。整个傍晚，他漫无目的地走在"肮脏污秽"的街道上，穿过了诺伦多夫大街上的"同志酒吧"，走过黛德丽最近一部近乎淫猥的讽刺剧《口口相传》的海报。到了温特菲尔德广场，一家夜店的门突然在他面前转开，随之泻出了一群人，有脂粉气十足的男人，也有半裸的女生。这群人蹦蹦

---

① 亨利希·海涅（1797—1856）海涅出生在莱茵河畔杜塞尔多夫一个破落的犹太商人家庭。

② 柏林的一个火车站，起初因其铁路线连接柏林和安哈尔特省（现为萨克森-安哈尔特州的一部分）而得名。二战时遭到毁灭性空袭，随后残破的站台和站房被彻底拆除，现只遗留原入口处的柱廊。车库及仓库等房屋如今成为德国科技博物馆的展室。

跳跳，欢声笑语，全身散发出温暖、富贵和幸运。戈培尔身体抽搐了一下，心里混杂着羡慕嫉妒恨。

共产党曾许诺，让他担任本市主要官员的职位，像是和他开了个啼笑皆非的玩笑。那时候的柏林，共产党的势力仅仅次于莫斯科。红军夸口称已经发展了25万名党员，拥有25家报社和4000个活跃的政治据点。相比较而言，纳粹党则在一次失败的游行之后被取缔了，目前在册的党员还不到200名。

然而希特勒，一个在慕尼黑出生，从小在巴伐利亚人堆里长大的奥地利人，则把"占据"柏林作为他的首要任务之一。他把这一任务派给了戈培尔。

戈培尔在踏上奔赴波茨坦之途的第二天上午这样写道："历史总是在最紧要的关头为世人创造出最伟大的人物。"在无忧宫，他伫立在腓特烈大帝的墓前。这位前辈的肖像激励了他，赋予他灵感。他拿定主意，要将这次抵达柏林作为自己人生中一次最重要的时刻。为了提升自己在偶像眼中的地位，他必须改变自己的态度。他驻足沉思，就像是一位布置场景的导演，尔后他在日记上写道："柏林乃世界之大都市，确乎众人之中心。"

保罗·约翰·戈培尔于1897年出生于莱特教区一个贫穷、虔诚的宗教家庭，属于那种多余的孩子，从小就熟悉普鲁士的骄人历史，被爱国主义思想弄得热血沸腾，只是因为年龄太小，未能在第一次世界大战中征战沙场，未酬军人壮志。1918年，德国在一战中失败，加上他一个哥哥战死战场，一个姐姐死于肺结核，彻底颠覆了他的天主教人生观。他失去了信仰，感觉怒火中烧，因而试图通过写作和学习来宣泄这种情绪。他曾写过三部戏剧和一篇小说，虽然根本没有销路。大学毕业后也求职无门。他只好怏怏地返回故乡，埋头苦读，梦想通过牺牲自我来救赎自己，救赎德国。

[257]

二十五岁时，他感觉痛苦不堪，坐在他从孩提时代就使用的书桌前宣告："我再也无法忍受这样的煎熬了！我必须通过写作来驱逐我内心的苦楚。"

他没有钱,很少出去,大部分时间都生活在遐想之中。他内心极度的挫折感催生了愤懑与仇恨。他的第一本日记本花了十亿马克。本来生活富足的那些邻居,通货膨胀将他们的积蓄蒸发一空,只能靠烧些家具来取暖,熬过漫长的寒冬。春天来临了,他们却选择在自家本来用作装饰的池塘中自沉。在附近的科隆市,肺结核每个月都要夺去100条小生命。当他亲身经历魏玛政府垮台后,他思索过魏玛政府[①]不幸命运的原因。

"我经常思考关于犹太人的问题。"他曾写道。古老的基督教偏见以及新的种族理论,促使他这只孤独的狼选中了一只替罪羊。"种族问题确实是最为深刻同时又是最为隐秘的问题。这个问题,必须在当下的大众生活中好好把握。"

戈培尔开始将"犹太人"确定为"德国民众"的敌人。他根据阿尔弗雷德·罗森伯格[②]和奥斯瓦尔德·斯宾格勒[③]主观臆测的假设来编织一个故事。他自己确信,"真正的德国人"是西方文明的创造者和守护者,相反,犹太人则是寄生虫,只会利用他人的创造力和生产力,致力于谋划掌控整个世界。他,和其他许多德国民众一样,把犹太人和布尔什维克主义联系起来,把他们和盘剥老百姓的资本主义联系在一起,甚至把一战失利都视为与犹太人有关。

他信誓旦旦地说:"我站在德国民族的立场,无论是从本能上还是出于理性,我都憎恨犹太人。我从灵魂深处憎恨他们。"

---

① 1919年至1933年期间统治德国的共和政体之历史名词。由于共和国的宪法《魏玛宪法》是在魏玛召开的国民议会上通过的,因此这个共和政府被称为魏玛共和国,政府为魏玛政府。
② 阿尔弗雷德·罗森伯格(1893—1946)纳粹党的思想领袖。
③ 奥斯瓦尔德·斯宾格勒(1880—1936),德国著名的历史家和历史哲学家。一次大战爆发时,他因健康原因未被征召入伍。战争期间,他隐居在慕尼黑的一所贫民窟里,在烛光下完成了轰动一时的《西方的没落》。

戈培尔梦想一场崭新的德国革命,将那些令人憎恨的敌人驱逐出境,以组成民族共同体,或是全民团体,从而在一个共同的民族利益基础上联合各个阶级。在未来的二十九年中,他都保持着写日记的习惯。他的日记,读起来宛如史诗,而他自己充当浪漫的旁白人。他热衷于扮演民族救世主的角色。但是,他无法忍受"这痛苦的等待"。"我的机会即将来临。我相信并且我希望!"

在平民主义这样的意识形态环境中,一位领导人的脱颖而出,似乎是大自然力量促成的。他必然具有神圣的远见卓识,能够将分散的个体凝聚为一个团结的民族,促使他们可以取得原本遥不可及的成就。他为大众提供一个理想,而且当大众依赖于他的时候,他能够为大家指明方向。

戈培尔读完《我的奋斗》后,热情洋溢地说:"我一口气读完了希特勒的书。这个人是谁?他简直是半人半神。他是耶稣基督,或者仅仅是施洗约翰?这个人完全可以当皇帝。"

戈培尔对希特勒顿生好感。他渴望他,或者渴望像他这样的领导,这种渴望也反映了德国民族的需要。他加入了鲁尔区的纳粹党,成为纳粹党的喉舌。他在公开场合发表演讲,反对犹太主义和马克思主义,为德国"真正"的自由而奔走呼号。在他看来,德国真正的自由意指"归属的自由"。

"我注意到,在我演讲过程中,坐在第一排的那个年轻人,他的眼睛一直熠熠发光。"在一次门兴格拉德巴赫[①]的集会中,他发表了演讲,对于自己找到了用武之地感到无比兴奋,对于自己可以调动听众的情感也感到极其激动。"那一刻,他内心深处的激情感染了我,使我们两个陌生人彼此心息相通。那一刻,我们的心灵似乎融合在一起了。"

从此之后,他的演讲一下子变得滔滔不绝,充满激情,既意味深

---

① 门兴格拉德巴赫市位于德国北莱茵-威斯特法伦州莱茵河以西。

长又极具煽动性,既赢得了众多拥护,也招致不少批评。

他醉心于排除异己,常常在晚上参与群殴,开始在莱茵河流域游说,在工人俱乐部和小镇会堂中演讲,然后坐在货车的车斗里,被一群兴高采烈的支持者簇拥着回家,有时就睡在晚班火车里,或者某个纳粹党党员家的地板上。他开始为刚刚诞生的纳粹党主要报纸写稿,他还写了一本小手册,《民族社会主义简介》,供初入纳粹党的党员学习。他在日记中宣告:"我要发出声音!我不再压抑自己的思想。"

他的空余时间,全部投入到撰写新闻稿、演讲稿以及其他一些狂热的政治活动中。摒弃天主教后留下的信仰真空,被政治信仰和新的救世主填补。听了希特勒的演讲之后,他这样写道:"多么感人的声音!多么丰富的手势!多么狂热的激情!他完完全全是我所期待的。我简直不能自已,我的心跳戛然而止,他的每一句话,我都铭记在心。此刻,我确信,他生为元首。我已经准备好为这个人牺牲一切。"

作为一个年轻人,希特勒并没有什么特殊的品质可以注定他做领导。像其他许多人一样,他在第一次大战中表现很勇敢,受过伤。也像其他许多人一样,因为德国的战败而痛哭流涕。他被卷入政治,因为他别无选择。1923年慕尼黑"啤酒屋事件"和柏林"红色三月"都以失败告终。他也被捕入狱。但是,愤怒已经将他锻造成一个狡猾的政治动物。公开演讲时他有能力征服听众。如今,戈培尔对他忠心耿耿,使他可以有更多的时间去干其他的事情。

1925年戈培尔在布伦瑞克[①]与希特勒初次见面后,他在日记中回忆道:"他见到我便一跃而起,紧紧地握住我的手,就像久别重逢的老友。他炯炯有神的蓝眼睛,像星星一样闪烁。一个天生的保民官。未来的独裁者。"

---

① 德国中北部城市。

希特勒非常赏识戈培尔，赏识这个年轻人激进的政治狂热。他向戈培尔许诺，要与他永葆友谊。作为回报，戈培尔调动追随者的热情，决意为希特勒攻下柏林，然后是普鲁士，最后占有整个德国。

"如果我们对崭新的德国充满信心，那我们必须先从这个破地下室里走出去。"

他的新办公室在柏林的鹿州大街，与埃尔西·赫希的"牧师监狱"相隔一条街，离传记作家玛格丽特·泊梅观察妓女行踪的地方不远。就在这新办公室里，戈培尔着手塑造纳粹党的公众形象。首先，他在很多酒馆和青年俱乐部组织了一系列的演讲，他热情洋溢、充满激情的演讲吸引了大批新党员。其次，他将无所事事的地痞流氓和种族主义分子（其实是受免费啤酒和帅气制服所诱惑）组织起来，成立纳粹党冲锋队，发起攻占柏林的斗争。他还筹划了各种争端和械斗，将纳粹党塑造成无辜受害者的形象。他派四百名救世军士兵去卡迪威的威腾伯格广场，唆使他们一路上跟共产党人和犹太人滋事、打斗，然后操控媒体，谎称"我们带着和平的意愿来到柏林。苏联红军迫使我们不得不抛头颅洒热血。从今往后，再也不许别人把我们作为二等公民对待。"

[260]

戈培尔还将施特格利茨和韦丁这两个地区的工人阶级武装起来，给他们配备左轮手枪和铁棒，挑衅苏联红军，引发武装冲突，将为此战死的纳粹分子描绘成为民族事业献身的烈士。他在《攻击日报》[①]上编造故事，极尽诽谤之能事，大肆攻击共产党、犹太人和魏玛共和国。他还聘任插图画家汉斯·施维茨[②]设计赤裸裸的宣传画，画那些神圣的雅利安战士，画脑满肠肥的资本主义银行家和淫荡的犹太奸

[①] 1927年至1935年由戈培尔创办并发行，对于其他新闻和杂志以及政党的言论战趋向白热化。他的手法是反击其他报纸的言论，还有以大级数的字体去辱骂其他报纸以动摇读者们的感情。
[②] 汉斯·施维茨（1901—1980）德国艺术家，曾受希特勒指使为纳粹党制作众多宣传海报。

商。他这样写道:"宣传……只有一个目标,在政治上,这一目标永远是征服大众。"他无所畏惧地搞运动,这种热情迷惑了大众,赢得了大量的追随者。

1928年的选举让戈培尔大失所望,纳粹党仅拥有2%的选民,然而华尔街大崩溃却改变纳粹党的前途。五十多万的柏林人没了工作。男人们终日无所事事地游荡街头,或是露宿荒凉的帐篷区,绝望地遥望苍穹;女人们则时常饿昏在街角。于是戈培尔开始紧锣密鼓地行动,利用这个城市的悲惨状况为自己造势。

他对建立第三帝国这一理想坚信不疑。他把正在崛起的纳粹党与杜撰的历史联系起来,向大众宣传充满理想主义的未来图景。

[261] 他告诉德国民众,他们有机会去创造一个崭新的国家,一个以种族为基础联合起来的新国家,一个顺应历史潮流的新国家,一个首先建立在伟大的神圣罗马帝国、其次建立在普鲁士帝国基础上的新国家。他给那些急需帮助、脆弱孤独、忍饥挨饿的人们带来希望。他打造出"自由和面包"的口号,自己则充当推行希特勒"神圣意志"的急先锋。

当然,他首先要集中力量塑造元首的形象,将希特勒这一民众领袖神圣化,赋予他近乎神秘、超越世俗的品性。于是他印制了大量的希特勒画像,画像中的希特勒呈现出各种英雄形象,有身穿救世军制服的,有挥舞拳头的。大街小巷飘荡着为希特勒歌功颂德的乐曲。随着纳粹党成员不断增加,希特勒那本充满仇恨的传记《我的奋斗》也被不断地重新印刷发行。在首次柏林集会上,戈培尔在庞大的体育竞技场上安排了十万名支持者。他让支持者等了两个小时,目的就是为了渲染气氛,增强悬念。等到希特勒终于露面,看见他的人不禁疯狂地呼喊:"来了,他来了。"希特勒这个高明的演员,大步走上舞台,他的支持者们顿时报以山呼海啸般的掌声。

希特勒咆哮道:"德国同胞们,德国正在苏醒,我们的军队已经走在前列,加入我们的军队吧!"

第十六章 | 约瑟夫·戈培尔，成就希特勒的男人

出于本能，当然也得益于古斯塔夫·勒庞[①]和爱德华·伯内斯[②]有关操控民众的理论，希特勒和戈培尔深知如何玩弄民众，如何安抚他们的沮丧和恐惧，如何引导他们炽热的、压抑许久的激情。他们的丧心病狂需要有受害人，于是戈培尔那些"勇敢的小伙子"便将犹太人推下公共汽车，对他们拳打脚踢，公然施以暴行。而戈培尔他们对年轻人的这种残暴听之任之，蓄意纵容。在街角处，在影院里，在下午三四点钟，这种仇恨随时随地都会突然爆发。阳光下闪烁着刀光剑影，库达姆大街上犹太人的商店遭遇砸抢。一位捷克外交官在格鲁内瓦尔德森林[③]中，看见三个年轻人骑着单车，边骑边唱："当复仇的时机来临，我们随时准备大屠杀。"在诺伦多夫大街的咖啡厅里，伊舍伍德无意中听到一个年轻的纳粹分子正与他的女友讨论未来。

"噢，我知道我们将赢得胜利。"男的高声叫嚷，用拳头砸着桌子。"但这远远不够！必须血流成河！"

女孩安慰性地摸了摸他的胳膊。她正试图将他哄回家。

"但这是毫无疑问的呀，亲爱的，必然要血流成河。"她柔声细气地说，"元首在我们的计划中就是这般承诺的。"

在1930年的大选中，纳粹党赢得了600万选民的支持。107位党代表身穿制服占据国会大厦中的席位。18个月后，戈培尔精心组

[①] 古斯塔夫·勒庞（1841—1931），法国社会心理学家、社会学家，群体心理学的创始人。他认为，"民族的精神"或"种族的灵魂"是整个社会生活的基础。一个民族、种族或一种文明都具有民族的精神，即共同的感情、利益和思维方式。

[②] 爱德华·伯内斯（1891—1995），公共关系学科化的先驱者。是著名心理学家弗洛伊德的外甥。1923年，出版了被称为公共关系理论发展史的"第一个里程碑"的专著——《公众舆论的形成》。1952年，他又写出了《公共关系学》教科书。在其将近80年的公关生涯中撰写的公共关系书籍达16部之多，他的主要贡献就在于，他一生都致力于公共关系学的学科化建设；他把公共关系理论从新闻传播领域中分离出来，并对公共关系的原理与方法进行较系统的研究，使之系统化、完整化，最终成为一门相对独立完整的新兴学科。

[③] 格鲁内瓦尔德区从城市火车的格鲁内瓦尔德站起，一直延伸到城市边缘。区内湖泊众多，这个靠近城市的林区被许多柏林人当作休闲和从事业余体育活动的场所。

织了"希特勒领导德国"的竞选活动,第一次用飞机搭载着领袖参加政治活动。仅仅一个月的时间,戈培尔手下的那帮惹是生非之徒就在柏林城制造了四百多次巷战,针对对手实施烧杀抢夺,将柏林推向内战的边缘。戈培尔则用自己洪亮的男中音饱含激情地一次次发表演说。他总是行色匆匆,四处奔走。他和希特勒一起来到鲁斯特花园,面对着腓特烈大帝的行宫泪流满面。就这样,他们愚弄着20万支持者,让这些支持者相信,仅凭他们的力量,就能把德国从布尔什维克的无政府主义状态中拯救出来。

戈培尔在日记中自鸣得意地写道:"我把上帝包装得越伟大,越卓越,我自己就越伟大,越卓越。"

1933年,纳粹党在选举中取得胜利,让柏林人,甚至包括那些投反对票的人,都失去了理智。希特勒当选总理的那天晚上,人们载歌载舞,手持火把穿过了勃兰登堡大门,戈培尔通过电台发表演说,盛赞"一个完整民族"的崛起,并且充满自豪地指出,工人、农民、学生、士兵以及中层阶级将组成"一个伟大的和谐国度。在这样的国度里,绝不会有人在意你是资本家还是工人,也没人会在意你是天主教徒还是新教徒。在这样的国度,人们只会问:'你从事什么职业?你参与什么活动?你是否全力以赴支持自己的国家?'"

从此,他们引以为傲的"革命",随着无中生有的谎言以及精心策划的暴力事件加快了进程。选举结束后的最初几个星期内,纳粹政府逮捕了五万名反对者,将这些人关押在"野蛮"的集中营:牢门紧锁的营房和地下室。在这些集中营里,成百上千的人活活饿死。律师和记者的下巴和鼻子被枪托打烂,然后借口"意欲逃跑"当场枪毙。

在弗里德里希大街和栗树大道①的通道附近设立拷问站。在滕珀

---

① 兴建于1802年到1804年,以取代先前此处的防御工事。大道中心的运河宽31米,深5米。两座木桥横跨运河。由于景观设计师马克西米利安·弗里德里希·魏厄的建议,沿大道种植树木,并命名为"栗树大道"。1848年,由于普鲁士国王腓特烈·威廉四世遭投掷马粪,这条大道改名为"国王大道",作为一种善意的姿态。

尔霍夫机场附近，臭名昭著的哥伦比亚豪斯监狱里，音乐震耳欲聋，淹没了受害者痛苦的尖叫声。自从《保护人民和国家法》出台后，宪法便被悬置起来，公民的各种自由便不复存在。

然而，大多数柏林人选择漠视现实中发生的一切，放眼他处，回归到第一次世界大战前的生活状态，静等动荡的终结。他们陷入沉默，工作时不再说长道短，任凭稳定和邪恶同时侵入他们的生活。当希特勒开始印刷钱币，收买人们的效忠，并投资庞大的建筑项目时，又有成千上万的人们加入了纳粹党。一年内，二十万德国人受雇修建巨大的高速公路网。啤酒消费和出生率同时剧增。为了回报那些背叛工会的人，通过"力量来自快乐"的项目奖励那些对纳粹党忠心耿耿的工人，让他们到波罗的海带薪休假。从此，整个德国再没有反抗的声音。

"今天早上，我正沿布劳大街走着，看到纳粹分子正在袭击一个主张自由与反战的小出版商的房子。"伊舍伍德在他逗留柏林的最后几天里这样写道：

> 他们开来了卡车，将出版商的书装上车。卡车司机带着嘲讽的口吻向围观的群众大声念书名。"不再战争！"他叫道，手里捏着一本书的封面角，一脸恶心的样子，好像他正捏着令人恶心的爬行动物。周围的人哄堂大笑。
>
> "不再战争！"一位打扮入时的胖妇重复了一遍书名，随即带着轻蔑的笑声继续说道，"多么古怪的想法啊！"

在未来的十几年里，德国将成为欧洲最强大的国家，而柏林则成为最大的武器制造地。

作为民族启蒙与宣传部的部长，戈培尔所扮演的角色就是引导公众舆论。他从不认为宣传是一种价值不大的东西。在一次针对电台总裁们的演讲中，他狂妄地宣称："如果过去我们没有成为伟大的宣传能手，今天我们就不可能占有这么多的议会席位。宣传的目的必须机智巧妙地掩饰起来，让那些被宣传的对象浑然不觉地被洗脑。"

[264]

为了左右民思民想，戈培尔充分运用烘托气氛、重复灌输等手段来达到目的。他命令每个城镇都要举办火把游行。每家每户的窗户上都要悬挂纳粹党旗帜。他不断地重复向民众灌输纳粹思想，虽然形式多样，但总的指导思想永远一致。其他的纳粹党成员，谁也没有他说得那么多，谁也没有他写得那么多。这位"大众启蒙者"控制了所有的报纸和杂志，要求大街小巷的广播，甚至所有餐馆的广播都要反复播放他的演讲。无线广播电台的头头们只能唯命是从，坚决执行这种律法一样的要求。他每天都要主持召开两三次媒体会议，告诉他们什么该说，什么不该说。他还通过德国文化部对文艺实施高压政策，扼杀文艺自由，用无病呻吟替代冷嘲热讽，用唯命是从替代言论自由。

"如今，公众本身充当评判家，通过公众的参与或抵制，清楚地表达了公众对诗人、画家、作曲家和演员的判断。"戈培尔信口雌黄道。事实上，在新的德国，哪些人可以写作，哪些人可以绘画，哪些人可以作曲，哪些人可以表演，这一切都取决于戈培尔本人。

戈培尔坚信自己是在净化社会，摆脱弗洛伊德、托马斯·曼等思想家流毒的影响，肃清珂勒惠支、保罗·克莱、格罗兹一类画家的"堕落艺术"。机缘巧合的是，他从弗洛伊德的外甥，爱德华·伯内斯的学说中，学会了如何控制大众愤怒的情绪，学会了如何投大众所好来组织民众，使大众万众一心。他胁迫大众接受他对某些事件的看法，并信以为真。通过不断地将纳粹主义神圣化，戈培尔创造了一种宗教替代品，给纳粹主义蒙上了宗教色彩，使之也具备宗教般的仪规，用对人民的信仰替换了对基督宗教信条的膜拜。

1936年，在庆祝戈培尔担任柏林行政长官十年的庆祝活动中，希特勒向他这位忠诚的同谋致意，他高举手臂，大声疾呼："向戈培尔博士致敬！"

在民族社会主义国家，妇女的工作就是为国家多生孩子。妇女必

第十六章 | 约瑟夫·戈培尔，成就希特勒的男人

须"认识到，战争是一切之父。"戈培尔颁布命令，在提升母亲身份的同时，也使母亲身份黑白颠倒。"她们在战场上怀孕，对孩子加以保护。她们必须生命不休，战斗不止。"

无论是在新闻影片还是在杂志图片上，戈培尔和妻子玛格达[①]——一个离过婚但依然野心勃勃的女人，曾经颇受希特勒青睐——扮演着第一模范家庭的角色，尤其在希特勒还是单身的时候。因此，在元首送给这对夫妻的施瓦能岛上的别墅里，他们向世人尽情展示如何抚养孩子，为孩子庆生，享受为人父母的喜悦与职责。他们的花园可以俯瞰万湖，离腓特烈大帝的无忧宫不远。在花园里，孩子们并未采摘雏菊，而是围聚到一个留声机旁，唱着："父亲是我最好的伙伴。"

他们当年的婚礼，朴素自然，别具一格。希特勒以及那位动用军费为纳粹党收买人心的自由军团将军弗朗茨·冯·埃普[②]见证了他们的婚礼。戈培尔在日记中写道："我倍感幸福。希特勒深情地拥抱了我。玛格达献吻给他。他眼中噙满泪水。"然而，不久之后，玛格达就和国务卿卡尔·汉克有了婚外情，而戈培尔也坠入与捷克演员丽达·巴洛娃[③]的爱河。坠入爱河的戈培尔甚至有过疯狂的念头：放弃自己的野心，抛妻别子，抛弃自己的奋斗，与她厮守一生。他的一本正经，他严于律己的自制力，渐渐消失。他终日与她缠绵，在爱河中迷失了自我。他当然还有别的情人，权力即催情剂。然而，当巴洛娃

[265]

[①] 玛格达·戈培尔（1901—1945），纳粹德国宣传部长约瑟夫·戈培尔的妻子。她是纳粹党的重要成员，也是阿道夫·希特勒的亲密盟友和政治上的支持者。二战末期柏林即将被苏军攻占时，玛格达与丈夫戈培尔先是毒杀了他们的六个孩子，然后双双自杀。

[②] 弗朗茨·冯·埃普（1868—1947），二十世纪早期德国帝国军队的军官，后成为巴伐利亚的州长，独断专权，受命于纳粹党。

[③] 丽达·巴洛娃（1914—2000），1930年代捷克和德国电影界最耀眼的明星。因长相酷似希特勒死去的侄女兼情人盖丽，希特勒想方设法追求巴洛娃，遭到婉拒。宣传部部长约瑟夫·戈培尔与其有一段婚外情。之后为了维持德国第一家庭的形象，这段情缘被希特勒下令斩断。

笑靥如花，在湖边为他献舞，当寂寞的深夜充满欢声笑语，他无力抗拒她的美丽。

他开始过双重生活，常常逃离工作前往博登湖①边与情人幽会，也很少回家。随着有关他双重不忠的谣言在帝国流传，玛格达主动求见巴洛娃，提出与她共享戈培尔的要求。她对这位貌美如花的少妇说道："你知道，他是个天才。为了他，我们都必须不离不弃，彼此都要相伴其左右。"

然而戈培尔只想要他的"女神"，宣称自己宁愿去日本卖领带也不愿放弃巴洛娃。玛格达失去了耐心。随着飞短流长开始动摇官方体面的时候，玛格达开始向希特勒求救。元首命令他们夫妻重归于好，要求戈培尔立即终止婚外情。

这位宣传部长最终放弃美人，追随领袖。他无法忍受失去希特勒的宠幸。于是，丈夫、妻子和他们敬爱的领袖——三个共同参与了这段爱情纠葛的当事人——在贝希特斯加登和孩子们拍摄了全家福。在一张让人印象深刻的照片中，戈培尔眼神空洞无光，下巴瘦削，瘦长的手指捏住他儿子的手。他的几个女儿，身穿白色衣裙，踮着脚尖伴其左右。照片中看不到他的畸形脚。

戈培尔陷入痛苦沮丧之中，又回到了孤独的深渊。他在日记中写道："如今又开始新的生活：艰难，残酷，只有恪尽职守的服从。青春已结束。"

他变得越来越忧郁。尽管他的演讲依旧热情奔放，却听起来尖声刺耳，似乎已经丧失了真情实感。

"无论元首给我什么命令，我都坚决服从。"他高喊。他极不光彩的成功之路，对希特勒宠爱的迫切需要，使他身不由己，罪不可赦，灵魂已经彻底被放逐于冷酷无情的荒野。

戈培尔从来不对自己的种族主义思想产生丝毫困惑，也无需任何

---

① 位于瑞士、奥地利和德国三国交界处，由三国共同管理，湖区景色优美，风景迷人。

鼓励就会攻击犹太人，时不时地还会怂恿希特勒实施惨绝人寰的种族灭绝行动。他担任部长后的首次演说就开始疯狂地攻击犹太人。他说:"你们（犹太人）无权代表德国人民在舞台上、电影里或者报纸上侃侃而谈。你们无权代表德国。"1933年，他领导了全国范围的抵制犹太商店运动，并称此次运动为"一次伟大的道德胜利"。1938年，他"煽动民众的怒气"。就在制造了"碎玻璃之夜"行动的那天晚上，他命令所有警察不得"妨碍自发的公众游行"。将近破晓时分，四分之一的男性犹太人被捕。柏林几十家犹太人经营的百货商店，餐馆酒店，包括威尔森大酒店、杜布林咖啡厅、维也纳咖啡厅等，都被群情激昂的群众无情摧毁。戈培尔在日记中自鸣得意地写道："太好了，正中要害。"

戈培尔想肃清德国所有的犹太人。他建议在公众场合犹太人应该在衣服上别上一颗黄色小星。所有的犹太人，男的应该叫"以色列"，女的就叫"撒拉"。他还及时让人拍摄偏激的、反犹太主义的电影，如《永恒的犹太人》，居心叵测地将波兰犹太社区中饿殍遍野、狂欢作乐、聚众淫乱的场面搬上银幕。还有一部臭名昭著、极具煽动力的古装戏《犹太人苏斯》，戏中一个恶毒的犹太人强奸了一位天真纯洁的雅利安女孩。女孩不堪羞耻，投河自尽。电影放映后的三年里，观众人数达到两千多万，成为纳粹党制作的票房最佳的电影。纳粹党二号人物希姆莱[①]还将该电影定为党卫军和警察必须观看的电影。电影放映多次后，成群结队的年轻人开始到大街上袭击犹太人。

戈培尔走的每一步邪恶之路，都将德国民众拖下水，使德国大众成为他的同路人。有关达豪集中营和奥兰宁堡的文章，附上插画后

[①] 海因里希·鲁伊特伯德·希姆莱(1900—1945)。是纳粹德国的一名法西斯战犯，历任纳粹党卫队队长、党卫队帝国长官、纳粹德国秘密警察（音译为盖世太保）首脑、警察总监、内政部长等要职，先后兼任德国预备集团军司令、上莱茵集团军群司令和维斯杜拉集团军群司令。是对欧洲600万犹太人、同性恋者、共产党人和20万至50万罗姆人的大屠杀以及德国对苏联的东方总计划的倡导者和鼓动者。

登载在各类通俗杂志上。路边标语俯拾皆是,上面写着:"我们不希望犹太人住在这里。"在每个城市里,犹太人的财产被公然洗劫一空,忠于纳粹党的党员迅速搬进犹太人空出来的房子里,政府的卡车将从犹太人那里抢劫来的一箱箱字画、家具拉走。勾心斗角的官僚们开始明争暗斗,争相攀比谁更激进,谁更彻头彻尾地种族主义,由此来赢得纳粹党大佬们的青睐。

戈培尔宣称:"我们大众的未来取决于如何解决犹太人问题。"希特勒则在帝国国民议会上叫嚷,任何一场战争都将导致欧洲的犹太民族灭亡。

谁都不会对纳粹政府所要前进的方向熟视无睹。

希特勒将战火烧到欧洲的时候,戈培尔加倍努力地进行宣传攻势,再次向大众灌输老掉牙的谎言:德国正在自我防卫。戈培尔从萨克森豪森集中营弄来六具尸体,给他们穿上波兰士兵的制服,然后把他们扔到德国的边境,作为波兰攻击德国的证据。日耳曼民族的平民被割掉鼻子、锯断胳膊的一组照片进一步激怒了柏林人,没有人怀疑这一切伤残行为都是德国宣传部官员一手策划的。作为报复,德国派了国防军的60个师、2750辆坦克和2315架飞机侵入波兰。

5个星期之后,6万6千名波兰士兵阵亡。10万市民被驱逐出波兰,这片"曾属于德国的土地如今又要接纳德国人民来定居了"。原本属于日耳曼人的马尔堡①和克拉科夫②也重回德国怀抱。里芬斯塔尔在华沙拍摄了希特勒获胜军队的游行活动,在镜头里,兴高采烈的德国人正在庆祝波兰的灭亡。

每周一期的《新闻周报》成了戈培尔最尖锐的武器。一千个摄影

---

① 位于德国黑森州的中部。
② 克拉科夫省首府,直辖市。它位于维斯瓦河上游两岸。建于700年前后,是中欧最古老的城市之一,为维斯瓦族的故乡。1320—1609年为波兰首都。克拉科夫历来是波兰学术的主要中心之一,文化和艺术生活,是波兰最重要的经济中心之一。被认为是欧洲最美丽的城市之一。

师将定期给德国每一个电影院提供实况报道影片。那些在戈培尔的监控下编辑、撰写、配乐的新闻片,使德国民众觉得大家正与自己的儿子、兄弟、丈夫并肩抗战。

"我们的面前就是马其诺防线。"新闻片的旁白掷地有声、振聋发聩,激荡着观众与前线士兵一起奋勇向前,怂恿他们积极参与暴力事件。"我们面前是凡尔登……很快,斯特拉斯堡①,这座古老的城市将回到德国的怀抱,不再受法国奴役。在法国梅茨,那些流芳百世的德国艺术品又被德国士兵们重新夺回。"

《新闻周报》同时也对外进行恐吓。希特勒的战争机器,伴着军乐,耀武扬威地所向披靡,令荷兰和比利时大惊失色。在阿登高地②,上万名法国士兵不发一枪就缴械投降。敦刻尔克③被德军攻陷后,英国远征军被赶进英吉利海峡,柏林教堂的钟声连续响了三天,欢庆胜利。

戈培尔的摄影师们拍摄了法国军队在贡比涅投降的画面。画面中的法国士兵投降后,登上了一辆货运火车。1918年签署令德国人痛恨的停战协议,就在这辆货运火车上。这些摄影师们同样拍摄下希特勒和施佩尔站在埃菲尔铁塔下的身影,拍摄下他们站在拿破仑墓旁的身影。他们向世人展示这位新的独裁者朗读老皇帝的贺电。1940年7月,戈培尔告诉朋友们:"先生们,可以肯定,战争结束了。"

对于信心满满的纳粹党高层而言,英国对最初的闪电战反应似乎

---

① 法国东北部城市,阿尔萨斯大区的首府和下莱茵省的省会,也是法国第七大城市和最大的边境城市。市区位于莱茵河西岸,东侧与德国巴登-符腾堡州隔河相望,西侧则为孚日山区。历史上,斯特拉斯堡处于多个民族活动范围的重合地带。从最初的凯尔特,再到高卢、日耳曼以及后来的法兰克、查理曼,这些民族都在斯特拉斯堡留下了足迹。十九时期中期开始则逐渐成为了德法长期争夺的焦点。
② 位于比利时东南、卢森堡北部和法国东北部的森林台地。
③ 法国东北部靠近比利时边境的港口城市,敦刻尔克以二战中1940年发生在这里的敦刻尔克战役和英法军队大撤退而闻名。

太懦弱。在一项试图将已经获得的成果合法化的提议中,希特勒信誓旦旦地叫嚷,他根本看不出"有什么令人信服的理由可以迫使战争继续下去。"

[269] 德国已经收回失地,巩固了德意志帝国,获得了足够的生存空间。此刻,希特勒和戈培尔希望丘吉尔能够为了求得和平让德国保留胜利果实。但是丘吉尔拒绝了,于是希特勒向英国发动空袭,先是轰炸了英国的机场,尔后又轰炸英国的主要城市。许多德国人受戈培尔的宣传所迷惑,不明白为什么英国会反对德国的"自卫"防御战争。戈培尔在日记中写道,德国将通过空袭将英国夷为平地。他还记下了每天他们在伦敦、利物浦、布里斯托尔①和朴茨茅斯②投放的炸弹吨数。德国开始狂轰滥炸了十天后,英国派出了皇家空军向柏林出击。

反思起来,希特勒犯了两次错误,致使他输掉了战争。首先,他一直拖到1940年年底才对英国进行空袭,为后来同盟军在欧洲大陆反击德军保留了英国这个基地;其次,他决定转战苏联。这一决定在当时似乎合情合理。对苏联发动闪电式攻击可以使德国确保得到石油以及其他战备物资,以便与英国和美国进行长期战争。

"如果对苏联的打击成功了,而且肯定会成功,那么我们就将获得首次的高枕无忧。因为,一旦苏联都完蛋了,英国还有什么理由继续战斗下去呢?"戈培尔寻思道。

多年来,在他阴暗的心里,他从不把犹太人和斯拉夫人当人看。

---

① 英国英格兰西南区域的名誉郡、单一管理区、城市,建市于1542年,是英格兰八大核心城市之一。布里斯托尔西临爱尔兰海,是英国西南部的最大城市,自中世纪起已是一个重要的商业港口,地位一度仅次于伦敦,直到1780年代才被利物浦、曼彻斯特、伯明翰超过。
② 英格兰西南端的一座港口城市,位于伦敦西南70英里。1415年,英王亨利五世在此创建海军时,朴次茅斯还只不过是个小港口,但此后经过不断扩建,朴次茅斯成为英国海军基地和造船所。

第十六章 | 约瑟夫·戈培尔，成就希特勒的男人

在他眼里，帝国的敌人都是畜生。他们的生命不值一钱。德国实施巴巴罗萨计划①的两周之内，苏联就有 50 万的士兵阵亡。红军节节败退，缴械投降者不计其数。在明斯克②，75 万苏联人被关押起来，其中 90% 的人在钢丝网围成的监狱高墙内活活饿死。被送往德国强迫做劳力的苏维埃将士，也有一半人相继死去。仅柏林一个地方，就有 15 万的俘虏在兵工厂中被虐待致死。德国近卫军在进犯苏联的途中一路上烧杀掠夺，根本不讲什么行为道德。希特勒把对苏战争称作"一次灭绝战"，指示他的将士胡作非为，彻底抛弃怜悯之心。戈培尔咆哮道："克林姆林宫里那些虚伪的布尔什维克头头们，都是犹太人，他们正在拖延战争，必须不惜一切代价将他们彻底清除。"

到秋季时期，德国军队已经攻入莫斯科市郊。列宁格勒③被围困，市民忍饥挨饿了将近 872 天。在柏林亚历山大广场和库达姆大街，军事胜利的消息通过高音喇叭广为传播。乌克兰的基辅市和奥德萨市④被攻克的消息传来，德国举国欢腾，人们自发地沿街高唱"德

---

① 巴巴罗萨计划是纳粹德国在第二次世界大战中发起侵苏行动的代号。该计划由时任德国陆军总参谋部第 1 军需部长保卢斯起草和指导，1940 年 8 月底制定完毕。原名为"奥托"计划，后于 1940 年 12 月改为"巴巴罗萨"。整场作战于 1941 年 6 月 22 日展开。计划为快速攻克苏联北至阿尔汉格尔斯克、南至阿斯特拉罕的苏联西部领土。在作战的最初数个月里，德军沿用之前在西欧大获全胜的闪击战术，横扫了大半个东欧平原、歼灭数百万计战术不佳的苏联红军，展现出辉煌无比的战争艺术，但最后仍在莫斯科战役中受阻，导致巴巴罗萨计划的失败。该计划开启了长达数年的东方战线，成为人类历史上最血腥的战争之一，数千万人因此罹难。
② 白俄罗斯首都，是白俄罗斯的政治、经济、科技和文化中心，明斯克州首府，也是独联体总部所在地。还是苏联宣布解体的地方。
③ 圣彼得堡，位于俄罗斯西北部，波罗的海沿岸，是俄罗斯的中央直辖市，列宁格勒州的首府，俄罗斯西北地区中心城市，全俄重要的水陆交通枢纽，是世界上人口超过百万的城市中位置最北的一个，又被称为俄罗斯的"北方首都"。1924 年列宁逝世后，为了纪念列宁，城市改名为列宁格勒，"格勒"在俄语中为城市的意思。
④ 奥德萨是座被誉为"黑海明珠"的港口城市，是黑海沿岸最大的港口城市和工业、科学、文化以及旅游中心，亦是为乌克兰各种物资集散地的重要贸易港口。

意志高于一切",再现了 1914 年的欢庆场面。戈培尔通过面向大众的《每周日报》,及时向民众预告重大的胜利。报纸头版头条刊载"伟大的时刻到来了!"后来,寒冬来临,大雪纷飞,苏维埃军队重新整编,拿破仑大军的幽灵再现于暴风雪中。

在苏德战争中牺牲的 325 万德国士兵中,有 10 万人是被冻死的。一个士兵这样写道:"寒冷让我们几乎丧失理智,一切都被冰封雪冻。如果我们要吃面包,就得用钢锯把它锯开,然后放在裤兜里让它解冻。为了消灭虱子,我们在灌木丛中生火,然后脱下衣服放在烟雾上烤。那是种什么滋味?天寒地冻,气温都在冰点之下。那种感觉真的很难描述。"

1941 年 11 月,气温降到零下 40 度,红军首次击败战线拉得过长的德国国防军。身穿雪白冬季制服的 40 个师的西伯利亚士兵和一千辆 T-34 坦克挫败德军主力,随后将惊慌失措的德军打得四处逃窜。次年,希特勒引以为傲的第六集团军将近 25 万士兵被围困于斯大林格勒,其中仅有 5 千名士兵从战场上、从斯大林的古拉格群岛劳改营侥幸逃生。然而戈培尔则欺骗大众,发布消息祝贺"被围困在斯大林格勒的战士们为德国英勇牺牲"。战士们"并肩作战,直至弹尽粮绝,为了德国的生存献出了宝贵的生命"。事实上,德国国防军从此一蹶不振,再也未能从重创中恢复元气。德军开始节节败退,元气大伤,希特勒神话开始褪去光环。

戈培尔在一次孤注一掷的演讲中,继续歇斯底里地煽动民众做垂死挣扎。1943 年 2 月在体育宫,他要求道:"你们想要比我们今天所能想象的还更全面、激进的战争吗?"

此次演讲他排练了 24 次。每一句话,每一个手势都经过预先设计。他的 12 名优秀摄影师拍摄下了这一壮观场面,记录下那些对纳粹党忠心耿耿的党员在回答他的提问时发出的咆哮声。

你们会加入圣战来保护欧洲不被布尔什维克党那群亚洲禽兽侵犯吗?

"对！"

你们将为了不让德国陷入无政府主义而奋战吗？

"对！"

你们坚决支持彻底消灭犹太人吗？

"对！"

你们要全面战争吗？

"要！"

于是人群中一片沸腾，他们跺着脚高呼："德国男人扛枪打仗！德国女人投入生产！"

戈培尔声音洪亮高亢，压抑的情绪使声音有些颤抖："现在，大家振作起来，释放你们无穷的力量吧！"这是他的演讲生涯中最伟大的一次表演，他鼓动了一百多万名德国人民去战场送死。

柏林人响应了全面抗战的号召，一部分原因在于大多数柏林人已经和无恶不作的纳粹党沉瀣一气了（也许是逆来顺受了）：因此，他们印发枪毙逃跑市民的命令，散发印着"吉卜赛儿童乃人渣"的传单。1942年6月22日，德国纳粹政府禁止犹太人购买鸡蛋，1942年10月9日，又禁止犹太人购买书籍，对此大多数柏林人也不反对，仍旧悠闲自在地享用咖啡与蛋糕，眼睁睁地看着犹太人运往奥斯维辛集中营，将从犹太人嘴里撬下来的金牙在普鲁士政府造币厂里融化掉。一个在勋伯格任职的警察在他的办公桌上写了一张便签给一名妇女，这名妇女的丈夫因为养了一只金丝雀被抓，那时候已经有犹太人不能养宠物的禁令。在便签中他指示该妇女上交三马克来拿回她丈夫的骨灰。柏林人已经身负重孽，已经在欧洲血债累累，他们只有垂死挣扎。

戈培尔纵然知道战争已经输了，也已经毫无退路。"全面战争"的演讲标志着他已经回天乏术，只能求助于妖言惑众。他一手打造的希特勒缩进地堡时，戈培尔将自己打扮成国内战场的"精神领袖"，满怀热情地扮演"柏林守护神"的角色，整日穿梭于空袭后弹坑累累的街道，聆听民众的困苦与呼吁，加深大家对他的依赖与忠诚。在战争

[272]

最后两年期间，一万五千多栋大楼被英美的炮弹炸毁。

两百万人无家可归。一个秋夜，空气格外温暖，戈培尔在危险警报拉响之前，站在宣传部大楼的房顶，眺望那条波光粼粼的河水潺潺流经韦黑姆大街，穿过那已经被炸毁的俾斯麦故居，环绕于已经起火的新总理府。民众已经乱成一团，就像那凋落的树叶，凄凄遑遑地各自逃命。他看见一个奔跑的女人，胸前紧紧抱着一个包袱，或许抱着她的孩子。她的头发和衣服都着火了。这时，戈培尔突然想起了他的"女神"巴洛娃，想起了她修长的小麦色大腿。他记得，她的腿，除了膝盖背面凹进去的部分是白色的以外，其他都是小麦色的。

戈培尔的意志毫不动摇，而且与此同时还继续迫害蹂躏犹太人。就在红军攻占柏林的几个星期之前，他将最后一批犹太人赶出柏林。1945年3月，他在日记中写道："只要我们有这个能力，就要像杀老鼠一样将犹太人赶尽杀绝。谢天谢地，我们已经尽力而为了。"

诺曼底登陆和巴黎解放之后，他的周六新闻短片，画面变得更加丧心病狂，也更加明目张胆。残留的摄像机拍摄了枪杀敌人的画面，胡子拉碴的抵抗者，以及为了惩罚犹太人的罪行而用枪托痛打他们的画面。在他最后一次通过电台发表新年祝词中，戈培尔警告德国民众，如果同盟军获胜，"酒气熏天的黑鬼和那帮絮叨的英美闹事者"将会奴役德国，将德国民众沦为中世纪的农奴。

[273] 随着苏联占据了德意志帝国的大片东面领土，戈培尔将成千上万的青壮年和年迈力衰的老人统统卷入战火，甚至连伤员也从病床上被拽起来重返前线充当炮灰。在柏林那坑坑洼洼的街道上，他那无耻的"恶狼纠察队"将那些不愿做殊死抵抗的逃兵和"失败主义者"全部处死。他叫嚷："我曾经征服了红色柏林，我将保卫柏林不受红军的侵犯，直至生命最后一刻。"

在战争的最后关头，每当在巷战中苏联红军暂时撤退的时候，顽抗到底的纳粹分子就会冲进那些悬挂白床单投降的家里，将里面的人拉出来处死。

第十六章 | 约瑟夫·戈培尔，成就希特勒的男人

戈培尔通过各种宣传工具塑造的图像，给纳粹打了强心剂，使得纳粹苟延残喘。他鼓吹德意志民族的种族优越论，迷惑了民众，使民众为之疯狂。他培养了群体性的歇斯底里，从而导致了第三帝国灭绝人性的种种行径。他助长了希特勒的种族灭绝行动，将整个欧洲大陆推入白色恐怖之中。

在死气沉沉的元首地堡①里，戈培尔和希特勒凝视着腓特烈大帝的肖像。然后，戈培尔捧起托马斯·克莱尔②的传记。传记记叙了1762年拯救国王的奇迹。戈培尔大声念道："……伟大的国王走投无路，漫无目的。他不清楚，为什么他的将军和部长们都相信他的倒台已经近在眼前？为什么敌人已经认定普鲁士帝国灰飞烟灭？他的前途会是怎样的暗淡无光？……勇敢的国王！"接下来，戈培尔照着克莱尔写的继续念道，"你只需稍等片刻，你的好运和光辉岁月就隐藏在乌云后面，并且很快就会拨云见日，展现在你的面前。"

俄国女沙皇死后，继位者命令沙俄军队掉头返回。勃兰登堡王室的这一奇迹③拯救了普鲁士帝国。

---

① 是纳粹德国柏林的总理府庭院的地下掩体。元首地堡又因建立时间不同被分作新旧两个部分。希特勒自1945年1月在此生活到4月30日自杀。在1945年至1949年苏军占领期间，新旧总理府残迹被夷平，但地堡大致保存。虽然一些部分遭受水淹。1959年东德政府曾试图将其炸毁，但并不成功。因地堡自身构造的复杂而仍保存着。德国统一后，该地区地上物重建，地堡大部分被毁。
② 托马斯·克莱尔（1795—1881）是苏格兰评论家、讽刺作家、历史学家。他的作品在维多利亚时代甚具影响力。
③ 勃兰登堡王室的奇迹所指的是俄罗斯帝国女皇伊丽莎白一世在1762年的年初过世。在七年战争的第六年，普鲁士的军队被大大的削弱，并且被俄国夺去位于波罗的海的重要港口科沃布热格。腓特烈大帝当时认为自己即将失败并且要在失败时自杀。但在1月5日伊丽莎白一世过世并且由她的侄子彼得三世继位。由于彼得三世是出了名的亲普鲁士，在他继位后，便停止了于俄国有利的七年战争，而与普鲁士王腓特烈立攻守同盟。不仅不进攻普鲁士，反过来命令年前攻占柏林的切尔尼谢夫将军率领2万俄军援助普鲁士。在二战即将结束时，柏林再次被俄国军队包围。希特勒希望能像两世纪前一样有意外的事件来帮助德国，如罗斯福的死亡与其将导致丘吉尔和斯大林的分歧。

戈培尔朗读完,"元首的眼泪夺眶而出"。几天后,美国总统富兰克林·罗斯福的死讯传来,躲藏在沃斯大街地堡下的帝国头头们顿时"感觉到历史中的天使之翼从身边掠过"。

[274]

然而命运并没有因此改变,阿道夫·希特勒的帝国并没有出现奇迹。憔悴不堪的宣传部长在最后一次广播演说中谈到将地球上最灿烂文化毁于一旦的魔鬼力量。"将来历史谈起这个时刻,它绝不可能会说,一个民族弃他的领袖而去,或者领袖弃他的人民而去。"他脸色苍白地向着黑暗呼号,毒药瓶放在他胸口的口袋里。"这就是胜利!"

此刻,就在他们的头顶,柏林已然一片废墟,满目疮痍。柏林的守护者,毁掉了柏林。希特勒自杀了,戈培尔和他妻子玛格达将他们的六个孩子也带入混凝土坟墓。玛格达先是给六个孩子吃伴有安眠药的巧克力,等到孩子们睡着了,再将装有氰化物的胶囊塞进他们的嘴里。一个接一个,玛格达敲碎了孩子们牙齿间的氰化物胶囊。这个时候已经被任命为帝国总理的戈培尔,与他的妻子一起自杀。在这出可憎的魔鬼闹剧行将结尾之时,戈培尔还满心期待着每个忠心耿耿的德国人都能步他和元首的后尘。

1945年，俄国的宣传海报上写着："让我们在柏林升起胜利的旗帜吧！"，[276]
海报设计者是 Viktor Semenovich Ivanov。

第十七章

迪特尔·沃纳，修建柏林墙的人
1961年，贝瑙尔大街①

战争荒凉了柏林。欧洲英勇善战的巨人被打得卑躬屈膝，任凭冒犯与蹂躏。1945年4月，250万苏联红军包围了柏林，将其50万抵抗者全部围困在城内。

苏联第5突击集团军从城市东南方向进攻，在泰尔托运河切断了柏林市中心与郊区之间的防御线。近卫第8和第1集团坦克军从南面的郊区进攻，占领了滕珀尔霍夫机场。近卫第3集团军从北方进攻，对柏林城进行不间断的炮轰。在最后两周的决战中，苏联红军向柏林投放的炸弹，相当于英国和美国前四年里投放的炸弹。

柏林市民们有的蜷缩在防空洞里，有的在大街上气喘吁吁地尖叫着四处乱窜，被炮弹声和伤员的叫喊声吓得魂飞胆丧，晕头转向。德军的"坦克猎人"隐蔽在地道里，等到苏联坦克从头顶碾压之后，他们便用反坦克的火箭筒从后面偷袭。一两天后，苏联坦克兵便学会了用坦克在地

---

① 贝瑙尔大街位于格森不鲁能和米特区中间，柏林墙将贝瑙尔大街一分为二，贝瑙尔大街属于西柏林，而大街东面的楼房属于东柏林，东西柏林边界封锁期间，很多德国人从东柏林公寓的窗户跳到贝瑙尔大街逃往西柏林，贝瑙尔大街的逃亡景象在当时甚是轰动。

道上来回旋转，压垮地道，将那些抵抗者，通常是男孩子，碾成肉浆。

[278]　　苏联红军的5支部队联合夹击，德军节节败退，撤到了赫尔曼广场、蒂尔加滕公园和亚历山大广场附近的防御点。这些防御点也被攻破之后，他们又退到了哈弗尔桥和市府区域。苏联红军以50人为一个单位，从已经遭到破坏的区域开始，继续进行拉网式推进。到了威廉大道和总理府附近，德军已经无力反抗，苏联人决意予以凶狠的复仇。90门重型大炮对准国会大厦开炮，光这一次炮轰就夺去了5千条生命。大约10万名市民死于防空洞或者大街上。约100万名德军被赶往西伯利亚的古拉格集中营。柏林战役成为历史上最血腥的战役之一。战争结束后，市中心90%的地方都变成一片废墟。7千万立方米的碎石，瘫痪了街道。残垣断壁之下，尸体血肉模糊。有的倒在炸碎了的墙砖之下；有的炸死在过道里；有的炸飞到树上，尸体像玩具一样挂在树枝上；铁路隧道的积水中，五具尸体冲洗到一处，身体相互缠绕在一起。肥头大耳的苍蝇爬满了一摊摊暗红色的血污。一个寡妇和她的女儿相拥死在地下室里，她们的住处已经夷为平地，只剩下炸断的楼梯和残砖乱瓦面向天空。路边的灯柱上悬挂着德国逃兵的尸体。没有电，没有干净的水，也几乎没有食物。骨瘦如柴的逃难者以马的尸体和野草来维持生命。支离破碎的房屋之间，已经瘫痪的坦克和电车在那里静静地冒着黑烟。

　　德国战败后，柏林沦为苏联的管辖区，城市的钟表都被调成莫斯科时间，幸存者被迫投入拆卸德意志帝国的工作。一个月内，整个德国以及首都被瓜分为四个部分。在还没瓜分之前，对苏联充满信任的其他西方同盟军在离开柏林西面一百五十公里的易北河附近驻扎待命，等待其他国家军队的到来。但是，等到美英法三国的部队抵达柏林时，苏联红军已经将柏林所有的工厂和实验室洗劫一空。

[279]　　拉特瑙通用公司、西门子公司以及柏西格公司①，这些公司里凡

---

①　主要生产武器和弹药。

第十七章 迪特尔·沃纳，修建柏林墙的人

是能正常运转的机器设备全部都运往苏联国内。生产精神性毒药化学剂的法本公司里的设备全部拆除毁坏。戈培尔领导的帝国宣传机构中的档案、哈伯的研究所里的仪器设备以及完整的德国火箭研制工厂，全部装上一辆三十节车厢的火车运往苏联。此后，铁轨也一并拆除运往苏联。

除了军事和工业物质，"战利品搜刮队"还洗劫了帕加马祭坛①，掠夺走成百上千的古代经典雕塑、成千上万的油画以及700万册书籍，包括一卷羊皮纸文稿。该文稿极其珍贵，是从中世纪流传下来的，但此后再无人得见。大约2389公斤的黄金，其中大部分也是纳粹党从其他国家偷来的，也从帝国银行的金库取出来，运往克里姆林宫。

苏联将士将其他战利品据为己有。柏林的女人，无论是妙龄少女还是已为人母的妇女，甚至包括已经做了外婆的老妇，都在楼道里、在焚毁的卧室里或者在枪口下惨遭奸淫。凡是敢于挺身出来保护自己母亲的儿子都被枪毙。而这些女人的丈夫，因战败惊魂未散，只能躲在橱柜下忍辱观看。一时间，轮奸普遍，成千上万的妇女自愿委身于苏联军官，以求保护。对此暴行，斯大林一笑而过，轻描淡写地说："跨越千山万水、穿过枪林弹雨的将士，和女人找点乐子，轻松一下，难道你们也不能理解吗？"德国战败后的几周里，大约十万名女性遭到奸淫，许多人死于体内大出血，不少人因感染性病不治而亡。有人发觉自己怀孕后选择自杀。一位不愿公开姓名的妇女在日记中回忆道，一个士兵强奸了她之后，还朝她张开的嘴里撒尿。

柏林被苏联占领后，红旗替换了纳粹党党旗。柏林人再一次开始调整自我，去适应一个新的政权。正如伊舍伍德在他的《告别柏林》一书所言：他们就像是动物，为了过冬，必须换上抗寒的绒毛。"成

---

① 帕加马祭坛，又称宙斯祭坛，建于公元前180—公元前160年，这个祭坛是希腊古代建筑艺术典范之一。由国王欧迈尼斯二世兴建，用以纪念对高卢人的胜利，因其规模宏大和艺术水平之高而被称为古代世界七大奇迹之一。

千上万的市民都必须学会察言观色，乱世求生。毕竟，不管哪个政权上台，他们都注定生活在这个城市。"

[280] 　　迪特尔·沃纳脑海中对往事的最早记忆与声音有关：木质鞋底踏在地板上发出的"咯噔咯噔"的声音，手推车的"吱吱呀呀"声，微风细雨拍打玻璃碎片的声音。母亲在他耳旁轻声呢喃时的温暖，让他感觉不到外面妇女的哭叫声。他记得母亲头上裹着紧绷绷的头巾，饥肠辘辘地跟随外婆一起清除柏林城内的砖瓦碎片。这些清除砖瓦碎石的妇女，都弯着腰，排成长长的队伍蜿蜒在这堆积如山的残垣断壁之中，清理坍塌的建筑瓦砾，将完好无损的砖头整整齐齐地摞成堆，每堆1000块砖头。她们干活时，他听见锤子敲打砖块的叮当声，铁铲铲起碎石时发出的吱吱声。在废墟中，他母亲发现了令人恐怖的东西：还未爆炸的炮弹，被丢弃的纳粹党卫军军装，被压扁的儿童尸体。他曾听说，英国在柏林投放了123种炸弹，有98种不同的引爆方式，因此，它们爆炸时，有时不仅会将拆弹专家一同炸飞，已经弹痕累累的墙壁也会随着一声巨响顿时倒塌。他母亲总是泪流满面，外婆常常派他出去寻找荨麻草，或是排队领定量供应的面包。他逐渐长大起来，想要和母亲待在一起，保护母亲免遭伤害，使她不再害怕。但是，他的外婆却执意要做他们母子的保护伞。

　　迪特尔出生在一个地道里，那时空袭正酣。他从一个黑暗的世界滑入了另一个黑暗世界，从温馨的子宫进入了一个被狂轰滥炸的嘈杂世界。轰炸常常导致早产。他来到这个令人沮丧的世界后，看到的第一张脸，是她外婆的脸。在烛光中，外婆将他引入这个令人胆寒的世界。他的父亲身在千里之外，或许被围困在斯大林格勒，或许已经阵亡。没有人知道他的命运。因为，纳粹党谎称每个国防军都倒在战场上。为了使这个谎言言之凿凿，希特勒命令所有士兵的最后一封家书全部秘密烧毁。迪特尔的母亲也对他隐瞒真相，将他关在黑暗之中，保护他免遭战火和羞辱。

　　迪特尔经历了"全民战争"和举国战败，没穿过一双鞋子，也没

第十七章 迪特尔·沃纳，修建柏林墙的人

吃过一顿早餐。在静谧的废墟中找寻可用的金属片，收集摔碎了的吊灯上那晶莹剔透的水晶，躲避梦游一般的难民。这些梦游般的难民总是在附近乱转，找寻他们失去的亲人。

有一次他找到三支香烟，外婆用它换来了针和羊毛。还有一次，她用6块煤换来了一颗卷心菜。1945年的圣诞节早晨，他母亲在餐桌上留了个空位，然后将迪特尔抱在怀里，给他唱最缠绵、最奇妙的圣诞颂歌，直到外婆从外面取水回来，轻声让她安静，又将餐桌上额外的餐具收走。

他家附近，说不出的惝惶，住户大部分都是女的。战争后期，超过一千五百万的德国男人从德国消失，或死在战场，或被关进集中营。但迪特尔不敢进入那条宽阔的波恩瑙大街上的嘈杂混乱世界。波恩瑙大街上，苏联红军的卡车轰隆隆地来回穿梭。柏林被瓜分，他一无所知；斯大林率领西方同盟军封锁柏林，他一无所知；远方空运飞机的轰鸣声，他一无所知。他也不可能知道，苏联红军又重新开放了布痕瓦尔德和萨克森豪森这两个集中营，将成千上万反对共产国际的柏林人关押进去。他没有看见，苏联克格勃特别行动小组将反对者从街上抓走；他没有看见，苏联克格勃特别行动小组在光天化日之下将电影院外的一对夫妻枪毙。他不会理解，终结了的战争为什么永无尽头。他只知道，苏联军人军装整洁，走在大街上趾高气扬，开着车在街上横冲直撞。这些苏联人也分点汤汤水水给受苦受难的柏林人，而且保护那些忠于苏联的市民不受坏人伤害。这些坏人被称作特务和恐怖分子，至少迪特尔在托儿所时是这样听说的。

在他十二岁前，他只离开过普伦茨劳贝格一次。那是1950年8月一个暖洋洋的上午，他和六万名东柏林的孩子向西柏林行进。那时候柏林墙还没有修筑，东柏林"救世主"夺取西柏林的想法还准备不足。孩子们打算蜂拥越过边境线，占领了主要建筑，然后叫来德国武装警察保护他们。

迪特尔和一群少年一起，扛着红旗，敲着锣鼓，嘴里高喊着：

"为了和平与社会主义，我们已做好准备。"他戴着红领巾。年纪大一点的男孩还吹着喇叭。他喜欢激昂奋进的工人歌曲，也总喜欢和年龄比他大的人在一起，和大家在一起，他感到安全。

[282]　　然而，在波茨坦广场，人民武装警察出面阻止了集会，将"自由德国青年联盟"的组织者拉到一边，让其他孩子回家去。那时，美国军队已经处于紧急战备状态，苏联也高度警觉，担心"救世主"行动有可能会引起军事冲突。

迪特尔一群人乘乱跨过了边境线，也可能是因为他们的锣鼓声太响，没有听到命令。十五分钟后，他们发现自己走到了选帝侯大街。就在十年前，为了给施佩尔的日耳曼尼亚计划腾地方，选帝侯大街差点拆除。星期六出来购物的顾客，眼睁睁地看着这群敲锣打鼓的孩子一窝蜂地趴到商店门口的大玻璃上往里瞧。接下来，队伍中十几个孩子溜进沃尔沃思大卖场，情形开始乱起来，人们开始大呼小叫。街上一名商贩不由自主地开始给这些孩子分发香肠，杂货店则拿出糖果来给"儿童十字军"的孩子们。迪特尔跟着人数越来越少的队伍继续前行。一群目瞪口呆的柏林大学的学生，挤在一家咖啡店门口的台阶上看热闹。就在这家咖啡店，玛格丽特·泊梅和戈培尔都曾在这儿度过一个下午。迪特尔他们从这家咖啡店门口经过，眼睛左顾右盼，看霓虹灯，看高楼大厦，就这样来到了威腾伯格广场。到了那里，迪特尔和其他孩子跌跌撞撞地走进了卡迪威百货大楼。这栋经历了轰炸的大楼，前两层在一个月之前才重新开放，里面摆满了让他们眼花缭乱的奢侈品：锃亮的皮鞋，法国香水，洗衣机。这帮"十字军"小孩，最后只剩下三个男孩，来到色彩鲜艳的新鲜巧克力销售处前停了下来。一个保安拉起他们的手，塞给他们几杯可口可乐。谁也没有想起来要报警。

东德的形势每况愈下，食品越来越短缺，限制也越来越苛刻，成千上万的东德市民像这群孩子一样越过开放了的边境线，申请做难民，加入了西德民主共和国。年轻的迪特尔和他的家人没有加入他们的行列。他已经高高兴兴地回到安静的阿尔克纳广场。当然他也略有不满,因为他外婆从他口袋里掏出了黏腻的橡皮糖,警告他这些糖可能有毒,随即把糖扔进火里。他母亲也不愿离开普伦茨劳贝格,因为如果她们走了,万一她丈夫回来将找不到他们。

他外婆尽管相信自己的女婿已经死了,但也不愿意去流浪。她已经历经太多的变故。而迪特尔则感觉他父亲已经抛弃他们,背叛了他们。他觉得,如果父亲还活着,那么,要么身在监狱,要么已经身在西德,和其他所有纳粹分子一样。他告诉自己,同时也告诉他的老师,父亲对他来说毫无意义。

迪特尔十二岁的时候,就和其他男孩一起制造自己的玩具武器:木质衣架做的手枪,伞架做的弓箭,竹子做的笛子。上学后他了解到纳粹主义是一种资本主义形式。希特勒不过是个傀儡,是被通用电气公司、西门子公司和德雷斯德纳银行推上台的。这些"西方"公司和英国的垄断资本家一起发动了战争,以满足他们对原材料和新市场的贪婪之心。迪特尔得知,在很早的时候,东德就开始斗争,想要摧毁纳粹独裁。共产主义组织已经活跃在各地、各个工厂。德国共产主义斗士已经号召德国士兵停止无谓的抵抗,向他们真正的同志——苏维埃红军投降。对热爱自由的社会主义人民来说,斯大林格勒战役是一次伟大的胜利。迪特尔崭新的、用布裹着的历史书中丝毫没有提及诺曼底登陆日、北极护航舰队[1]、租借法案[2]或是马歇

---

[1] 北极护航战是指第二次世界大战中,盟军为支持苏联红军抵抗德国的进攻,在北冰洋开辟出的一条航线,从1941年到1944年,盟军通过此航线,给苏联运去大量的武器弹药,给苏联的反法西斯战争以最大的支持。而德国也派出U型潜艇和纳粹空军对盟军的船队进行持续轰炸。100多艘舰艇被击沉,近3000多名海军士兵失去了生命。英国前首相丘吉尔曾称这条航线为"世界上最糟糕的旅程"。

[2] 美国国会在第二次世界大战初期通过的一项法案,目的是在美国不卷入战争的同时,为盟国提供战争物资,但前提条件是盟国必须使用它们自己的货船来运输这些战争物资,以避免可能对美国商船造成的攻击。

尔计划①。相反，迪特尔只从书本中了解到，西方同盟军抛弃了斯大林，红军解放了东欧，充满爱国主义的东德人民和苏维埃政府一道与法西斯和背信弃义的资本家作斗争。这个身在贫穷落后、政治灰暗的国家里的孩子，接受了这些新的谎言，相信自己与父辈的罪孽毫无关系。

迪特尔用幻想粉饰虚假的谎言。在"公民学"的课堂上，他写了一篇关于马克思和列宁突然拜访贝尔瑙尔大道的文章。文中他充满自豪地领着两位共产主义导师参观了他的家园，让他们确信共产主义理想已经在德国民主共和国变成现实：免费抚养孩子、全民卫生保健、食物价格稳定。他还告诉他们，东德没有资本主义，所有的纳粹党成员都被驱逐、关押或铲除。

在厨房餐桌上，马克思和列宁一边享用着摆满一桌的香肠和面包，一边追忆着他们曾经在柏林度过的往昔，（1837年到1841年，马克思在柏林上大学，列宁在1895年和1917年两度途径柏林）。他们谈到了这么多年来所取得的成就，也指出未来的道路还很长，还有许多工作要做。马克思把手搭在迪特尔的肩上，用不容置疑的口吻对他说，共产主义一定会实现。

这篇文章后来被刊登在《先锋丛报》上。两年后，在迪特尔的成人礼上，当地一位共产党领导问道："你们要竭尽全力地和所有爱好和平的人民一起为和平而战，为了捍卫和平不惜牺牲生命。你们准备好了吗？"

"是的，我们宣誓！"迪特尔和其他十二名十四岁的青年，身穿白色衬衣和马甲，满怀壮志地喊道。

---

① 第二次世界大战结束后美国对被战争破坏的西欧各国进行经济援助、协助重建的计划，对欧洲国家的发展和世界政治格局产生了深远的影响。该计划于1947年7月正式启动，并整整持续了4个财政年度之久。在这段时期内，西欧各国通过参加经济合作发展组织（OECD）总共接受了美国包括金融、技术、设备等各种形式的援助合计130亿美元。

第十七章 | 迪特尔·沃纳，修建柏林墙的人

"你们要竭尽全力地与所有爱国者一起，为了一个和平、统一、民主、独立的德国而战斗。你们准备好了吗？"

"是的，我们宣誓！"这些少年队员们高喊道，声音洪亮，吐字清晰，满怀激情。

迪特尔拿到身份证时，他母亲兴奋地摩挲着他的头发，他外婆第一次非常正式地喊了他的名字。一名共产党党员同志握着他的手，问他毕业后有何打算。

他回答道："我要保卫社会主义。"

那个人赞许地点点头，说："很多年轻人都想成为电台记者。你应该考虑一下参军。"

那年秋天，迪特尔被任命为班级代表，或者称集体委员会主席。他第一次在学校演讲时，把牛奶短缺归因于空瓶子的大量囤积。第二次演讲中，他警告人们，美国特务通过将马铃薯瓢虫输入东德来破坏东德的庄稼收成。暑假期间，他参加了在萨克森①举办的少先队员夏令营。在夏令营里，他参加军演，用砖头修建坚固的战壕，同时在心里暗暗发誓要消灭军国主义。十八岁生日那天，他加入了共产党。他加入党，是因为他认为共产党是正确的，而不是因为有利可图。

他坚信个人的生活应该服从于集体。他和工人、农民、共产党员肩并肩地高唱："共产党，共产党永远是正确的。"他情绪高涨地跑回丽宫大街，下决心要为建设斯大林麾下的德国贡献一份力量。快到家时，他已经做出决定，要自愿加入人民军。于是，他健步如飞地跑上黑乎乎的楼道，想把自己的决定立即告诉母亲，迎头却碰到了一个幽灵。

[285]

迪特尔的生活，一直笼罩着父亲的阴影——母亲的回忆，相框中

---

① 德意志联邦共和国的一个联邦州，建立于1990年，位于德国东部。北部是勃兰登堡州，西北是萨克森-安哈尔特州，西部是图林根州和巴伐利亚州。南方有捷克共和国，东方是波兰。首府为德累斯顿。

被剪去纳粹制服只留下一个脑袋的照片，外婆索性避而不谈这个女婿。在这个家里，父亲无处不在，又长期缺席。他像一个往昔岁月挥之不去的幽灵，或许是萦绕于德国的幽灵。如今，他就坐在厨房餐桌旁，形容憔悴，骨瘦如柴，几乎已经认不出来了。他的一只手摊在桌子上，任由母亲伏在上面哭泣，另一只则轻如游丝般摩挲着母亲的头发。他的脸上有几处伤口，两颗门牙也掉了，身上还穿着那身破烂不堪、臭气熏天的军大衣。

十八年前，踌躇满志的青年军官为了消灭布尔什维克一路向东前进。1958年，他失魂落魄地返回家中，形容枯槁，年老体迈，行囊空空。

迪特尔的母亲抬起头，告诉儿子："你父亲回来了。"

在东德，那些曾经为人父、为人子、为人兄弟的男子，若参与二战并沦为战犯被关押，那么，对于他们的家庭来说，都是见不得人的耻辱。战争结束后的那些年里，成千上万的德国战俘死于苏联的劳改营。迪特尔的父亲，与其他八万五千名战俘一道，是最后一批释放的战犯。他花了十八个月才从西伯利亚走回家，路上再次被捕，作为"不良分子"被送到了艾尔格博格山的维斯玛特矿山上劳动。这个地方离他儿子的少先队员夏令营不远。整整一年的时间，他都站在没到膝盖的、有辐射性的烂泥里，和当地人一起做苦力，很多人都死于肺结核和白血病。他们的工作是开采原矿石，这些矿石可以加工成具有杀伤性的铀，供苏联制作炸弹使用。当他终于被释放并回到柏林后，他对迪特尔的社会主义天堂已然感觉不到一丝热情。

迪特尔坐在母亲身旁，她紧紧地抓着丈夫和儿子的手。迪特尔感觉到她的眼泪落在自己的脸颊上。他父亲一直不说话，而且一直都面无表情。而迪特尔却感觉自己被眼前的这个男人所吸引，好像有一种磁铁般的吸引力在牵引着他。但与此同时他又有抵触心理，觉得眼前的这个男人打乱了他们原本平静的生活。那天晚上，自从父亲回来就一言不发的外婆走进迪特尔的卧室。在黑暗中，他和外婆听到了父母房间传来压抑的争吵声和哭泣声,然后,便是床晃动的声音。

第二天早晨,迪特尔领着父亲去附近走走。他们沿着灰蒙蒙的迪米特大街一直走到了列宁大道,一路上两人没话找话,希望相互增进了解。但是,每句话都显得那么空洞乏味,就像路边时不时出现的空地,都会使父亲停下脚步,沉默良久。他曾经宣誓效忠的阅兵场,已经不在了;他自己的父亲曾经工作过的家具厂也不复存在。很多街道都改了名字,让他恍如隔世。在他那个年代,列宁大街叫做奥特兰兹伯格。曾经的艾莎瑟大街,如今是威尔哈姆大街。到了这里,他们停下脚步,看着一个工人正在从一个石鹰爪子里面凿出剩下的最后一个纳粹党万字符。迪特尔的父亲想起来,眼前这座建筑曾是希特勒青年团的总部。如今,它已经成了共产党的办公大楼。

他对儿子说:"我很怀念那些树。"在战后的第一个寒冬,柏林城市里的每棵树都被砍掉用作柴火。在东柏林,被砍掉树木的地方依然是光秃秃的。"我常常在梦里闻到酸橙的花香。"

迪特尔冷冷地答道:"列宁大街从来就没有种过树。"

在重新被命名后的马克思-恩格斯广场,他们停下来吃了点香肠。几百年来,这里曾经宫墙林立,但后来都被视为法西斯主义的象征而炸毁掉了。迪特尔父亲举到嘴边的手颤抖着,眼泪滚落脸颊。他对儿子承认:"我从没有想到自己还能活着回来。"

他们相对无语地在杂乱的鹅卵石地面上坐了 20 分钟。然后,迪特尔的父亲说,他和他父亲曾在这个广场听过希特勒演讲。他带迪特尔去了当年他们曾站着的地方。那是柏林旧博物馆的台阶。

[287]

父亲的情绪突然激动起来,显得语无伦次。"你爷爷曾让我坐在他的肩上。"他谈起了当年的群情激昂,谈起了当年大家追求共同目标的狂热和喜悦心情。等到情绪稍微平静点后,他又补充了一句:"你都没见过你爷爷。"

迪特尔的生活中,从未有人敢于承认自己参加过当年希特勒的集会。1945 年之后,希特勒这位独裁者被描述成恶魔的化身,是过去资本主义势力的魔鬼爪牙。"那是战争年代，如今是和平时期。"这是隐晦的托词，其实是表达了这样的意思：大多数柏林人觉得自己不应该对当年的罪恶承担责任。听到父亲曾注视着希特勒、被当时的场面所感动，而且父亲说这话时毫无愧疚之感，迪特尔既惊又惧。

战后，人们还制造了一个历史性谎言，编织出战时反法西斯抵抗运动，促使那些回国的战俘声明自己曾是地下共产党。他们可以否认自己曾经对纳粹党的狂热，坚持说纳粹的失败才使他们得以展示对社会主义的激情。然而，迪特尔的父亲却不愿意接受这一编织出来的谎言。

在博物馆的台阶上，迪特尔问父亲有没有听过瓦尔特·乌布利希[1]这个人。他是战时住在苏联的德国共产党领袖。他曾在斯大林格勒号召国防军投降。他在战壕中用喇叭高呼的照片被印在了东德的教科书上。

而他的父亲只是苦笑一声，没有回答。

那天晚上，大家平静地吃过晚饭后，迪特尔的父母又吵了起来。在饭桌旁，他们彼此话不投机，似乎说的不是同一种语言。像"希特勒法西斯主义"和"苏维埃解放者"这些很平常的话，却让这个苍老的男人极其害怕。他一声不吭地从墙上撕下了珂勒惠支的印刷画《卡尔·李卜克内西[2]纪念画》。这张画是母亲廉价买回来的。

之后，他们又开始了一番争吵。透过卧室的墙，迪特尔偶尔听到了几个词：无耻，娼妓，叛徒。

迪特尔的心绪很乱，在他混乱的内心中，父亲又成了敌人。纳粹

---

[1] 瓦尔特·乌布利希（1893—1973），德国和国际共产主义运动活动家。德国统一社会党主席（1971—1973），德意志民主共和国国务委员会主席（1960—1973）。
[2] 卡尔·李卜克内西（1871—1919），德国社会民主党和第二国际左派领袖，德国共产党创始人之一，德国青年运动的领袖，著名的无产阶级革命家，国际共产主义运动中著名的宣传鼓动家和组织家。李卜克内西诞生于德国莱比锡一个革命家庭，他的父亲是德国和国际工人运动的著名活动家威廉·李卜克内西。

分子都是恶棍，既然父亲毫无悔恨，因此就不能逃脱战争的罪责。他们的军国主义，与俾斯麦、普鲁士侵略，以及腓特烈大帝都紧密相连，一脉相承。迪特尔向往的新生活，欣欣向荣的新世界，与家里的这个父亲格格不入。父亲是个累赘，是个不受欢迎的难民。而母亲却需要从他身上寻求保护。

迪特尔在他的小床上辗转反侧的时候，外婆却对他那狂乱的内心无动于衷，并没有加以抚慰。她知道迪特尔只是女儿和这个男人私通的结果。她女儿的这个情人一直让她担惊害怕。她也希望这个男人从她们的生活中消失。

两天后，迪特尔的父亲真的消失了。他突如其来地消失，正如他突如其来地出现。迪特尔告诉自己，父亲尽管留下了空空的行囊，人却已经越过边界，投奔西德去了。在他的内心，在他母亲的眼泪中，他隐隐感到了一种别样的事实，但他不予追问。

他母亲央求他去寻找父亲，去马林菲尔德难民营打听消息，但迪特尔却不愿再冒险前往充满复仇主义思想的西柏林。他很多朋友都曾搭乘两站路的火车奔赴自由，再没有回来。他本可以找他们帮忙，但他却不愿意和那些叛国者联系。他的拒绝让母亲无言以对。沉默灰暗的生活又恢复了，而他倒很喜欢这种平静的日子。

一周后，迪特尔加入了人民军。他在德累斯顿附近和华沙条约组织[①]一起训练打仗，誓死捍卫和平，捍卫社会主义。"五一"劳动节游行时，他戴着国家人民军上尉军衔的红边肩章，参加阅兵方阵。他们的队伍昂首挺胸地从领导人身边走过，领导人都高举右手向他们致意

[①] 简称华约组织或华约，是为对抗北大西洋公约组织而成立的政治军事同盟，成立于 1955 年 5 月 14 日。1955 年德意志联邦共和国（西德）加入北约后，欧洲社会主义阵营国家（包括德意志民主共和国即东德）签署了《华沙公约》，全称《阿尔巴尼亚人民共和国、保加利亚人民共和国、匈牙利人民共和国、德意志民主共和国、波兰人民共和国、罗马尼亚人民共和国、苏维埃社会主义共和国联盟、捷克斯洛伐克共和国友好合作互助条约》。1991 年 7 月 1 日，华沙条约组织正式解散。

问候。他身穿灰色的制服，齐脖的黑色高领，和二十年前他父亲曾经穿过的制服几乎一模一样。

夏天的酷暑袭卷柏林，空气干燥，大街小巷尘土飞扬。在战后前十年里，大约有300万东德人——将近总人口的18%——逃往了西德。最初，那些越境的人都是些有专业特长的，4000名医生和护士、2000名科学家，甚至包括莱比锡大学①的整个法律系教员。东德共产党政府宣布取消了飞往西德的航班，而且为了彻底杜绝叛逃事件，东德的《新德意志报》还捏造信息，说资本主义地区盛行小儿麻痹症。但是，仅1961年7月就又有来自各行各业的30415个东德人涌入西德。在8月份的第一周，有两万多市民步其后尘。迪特尔心目中的天堂正在被它的人民抛弃。

8月12日，星期六的午夜时分，迪特尔在图霍尔斯基营房里睡梦正酣。周日他放假，准备下午回家看看。但是突如其来的紧急命令将他从美梦中惊醒。他眨巴眨巴眼睛醒过来，浏览了一下写着命令的文件。从冗长的序文中，他了解到西德的极端主义领导人想要颠覆战争的胜利成果，意欲再次将德意志帝国主义推向整个欧洲。为了达到目的，北大西洋公约组织策划了臭名昭著的DECO Ⅱ战争计划，目前正计划攻打民主东德。因此，迪特尔和他的战友们要建筑一堵墙来保护他们的半壁江山。

一个小时内，在这令人瞠目结舌的"自卫"行动中，4万名武装战士将西柏林围了个水泄不通。东德的工人掀开路面，铺设上带刺的钢线网。迪特尔和工人阶级战斗队一起冒雨在波恩瑙大街的最西头竖起围墙。他帮着将木桩用榔头敲进地里；指挥大家要把墙砌整齐；命令将北火车站的大门封闭。从此之后二十年里，再没有火车在此停留。在他身后，大批东德秘密警察人民军战士严阵以待。收音机里，

---

① 位于德国萨克森州的莱比锡，创立于1409年，是欧洲最古老的大学之一，1953年至1991年间，莱比锡大学曾名为"莱比锡卡尔·马克思大学"。

第十七章｜迪特尔·沃纳，修建柏林墙的人

一名新闻发言人正在读一份拟好的新闻稿，向大家解释为什么东德有必要确保自己不受北大西洋公约组织、外国情报局以及贪婪的西德商业大佬的伤害。

黎明时分，成千上万名准备逃亡的人，与到西德周末打工的人一道返回了新建的"反法西斯"保护墙。

在贝格施特拉瑟大道，一名妇女央求迪特尔放她越过边境，去和在柏林墙另外一侧的丈夫和孩子汇合。迪特尔认出了她。她在第六市场上班，迪特尔的母亲曾在她的柜台上买过卷心菜。但是他必须执行命令。就在同时，在波茨坦广场，在最繁忙的东德西德交汇处，以及在英沃林登大道和弗里德里西大道上的火车站，上千名男男女女手提肩扛着行李，拖儿带女，一个个瘫倒在地，伤心地啜泣。他们的逃生途径被关闭了整整一代。

[290]

最初几周，东德这边弥漫着恐惧的气氛，害怕美英军界会对这种无端地分割城市的做法予以反击。迪特尔倒是盼着英美军队开着吉普车越过边境来。但是，西方却毫无反应，使得东德政府备受鼓舞。于是到了秋天，钢丝网换成了石头，后来又用水泥浇筑加固，建成有史以来分离人民的最大建筑体。沿着通了电的铁丝网，又建了几百个瞭望所。因为贝瑙尔大街一侧属于西柏林，另一侧属于东柏林，因此沿线的建筑本身就变成边境堡垒。迪特尔负责监督这些大楼的住户将门窗用砖头砌掉。他不希望这些住户一不小心就向对面张望。

在东德共产党的宣传资料上，柏林西部变成了"西柏林"，柏林东部变成了柏林——民主德国的首都。地铁在一个个戒备森严的"幽灵车站"里挪行。全副武装的人民警察封锁了少数几个过境站。广告牌大小的百叶门竖起来，防止亲人间彼此挥手致意。几十名试图越过封锁线的人都惨遭杀害：十八岁的皮特·费克特，被东德守卫边境的士兵开枪击中后，倒在血泊里，流血身亡；一位名字叫冈特·利特费的裁缝，在图谋游过施普雷河的途中被击毙；一位上了年纪的老处女艾达·施科曼从三层楼的窗户跳下摔死。然而，在官方正式地图上，这片被包围的领土并不存在,作为一片无人区出现于德意志共和国中心。

柏林被隔离开后的第一个圣诞夜前夕,正值迪特尔值班。法西斯分子沿着漫长的柏林墙边竖立了一千棵圣诞树。五千个彩色小灯在铁丝网上尽情闪烁。几天前,他们的市长维利·勃兰特①发表演讲,声称东柏林人并"没有被生活在自由国度的我们忘记"。他的演说是恶意挑衅,是往边境守卫兵身上吐毒液,同时也证明了极端分子一伙不能接受"北大西洋公约组织"入侵计划的失败。东德政府则通过高音喇叭播放了高昂激越的军乐作为回应,将来自西柏林的圣诞圣歌淹没下去。

为了驱赶严寒,迪特尔不停地跺着脚,雪地里映出他穿着靴子和宽松裤子瑟瑟发抖的剪影。噪音太大,他脑子一片空白,连身后的脚步声都听不见。当他感觉有人拍他肩膀时,他吓得几乎失声尖叫。

他母亲站在他身旁的阴影里。探照灯一闪而过,她脸上映射出恐怖的苍白。她瘦骨嶙峋的身上披着一件厚重的大衣,怀里紧紧抱着父亲那分文不值的行李箱。她说:"帮帮我。"

迪特尔顾不得看看后面有没有人,就把母亲推进了新哥德式的过道。他摸出通道的钥匙,打开锁,推开了沉重的木门。震天动地的音乐声淹没门的铰链碰撞声。在已被玷污了的教堂里,在黑暗中他母亲对他说,她必须找到自己的丈夫,否则她根本活不下去。

听到母亲的声音之后的惊吓,远处高音喇叭的噪音,让迪特尔心

---

① 维利·勃兰特(1913—1992),德国政治家,1969年—1974年任西德总理,在1974年5月6日他因为东德间谍入侵事件曝光被迫下台,1974年5月16日,西德财政部长海尔穆特-施密特被议会任命为总理,接替了维利·勃兰特的职务。下台后维利·勃兰特更被报料就任总理时的性丑闻。尽管如此,他依然被视为德国最杰出的总理之一。1970年在华沙的华沙之跪引起全球瞩目。为此他在1971年成为诺贝尔和平奖获得者。2005年11月28日,德国电视二台投票评选最伟大的德国人,勃兰特名列第5位。

慌意乱。圣诞圣歌也以一种难以名状的方式影响着他。他抓着母亲的手,带她来到昏暗的走廊,绕过教堂里一排排长椅,到了小教堂的尽头。被拆毁前,这个和谐复圣教堂横跨"无人区"。如今,它的尖塔已经成了瞭望所。迪特尔小时候常常在它的公墓里玩耍。

他打开手电筒晃了一下又关上,领着母亲走进了一个壁龛。然后再一次摸出把钥匙,摸索着找到钥匙孔,"咔哒"一声打开了第二道锁。黑暗中,母亲摸着他的脸颊,轻声地说:"等我找到他就给你写信。"

整个逃跑过程不到一分钟。迪特尔并没有目送母亲消失在西柏林的黑夜里。他迅速关上门,看着自己急促的呼吸在寒冷的空气中形成袅袅白烟。他心情忧郁,四周的孤寂像毯子一般包围着他,让他几乎喘不过气来,一时间怀疑自己是不是在做梦。他从教堂中殿穿过往回走,悄无声息地穿过了门廊,看到边境警察已经在贝瑙尔大街等着他。

[292]

多年前的圣诞节,那个帮助修建柏林墙的男人,在惊恐之中被逮捕,投入监狱。他被剥夺一切头衔,被柏林抛弃,流放到维斯玛特矿山上当劳工,不过待遇上比奴隶强点儿。此事也牵涉到他的外婆。尽管外婆及时与他断绝关系,但家里的房子还是被没收了。

二十世纪七十年代,他母亲终于从西德给他来信,尽管这封信辗转了两年才送达他手里。从信里他得知,母亲没有找到父亲。她将永远找不到自己的丈夫,也再也见不到自己的儿子。

几十年后,迪特尔·沃纳摇了摇头,无奈地告诉我说:"她死得太早了。我的家庭,我的国家,就像是一出希腊悲剧。这么多年我一直问自己,为什么她以及他们会这样对待我们?为什么这样对待自己的女儿?为什么会这样对待我。"他叹了口气,说不出的伤心。"最后你不得不怀疑,她是否真的爱过我们?还是她一生都在自欺欺人?"

东德秘密警察是东德共产党的"盾和剑",由苏联克格勃负责训练培养。在它的权力处于巅峰时期,曾雇佣了无数个线人。它的总部占地面积很大,整个柏林-利希滕贝格街区,即10365街区,都归属于它，里面戒备森严，建有营房、武器库、间谍培训基地、拘留所，甚至还有专门的训练场所和职工医院。在其38栋建筑里，1万5千名职员通过一个秘密电话网络联结起来，彼此都是单线联系，互不知情。该总部管辖着东柏林1700万市民，这些市民的档案堆放在档案室中，如果将这些档案铺开，其长度可达160公里。档案里的内容五花八门，里面有偷来的情书，餐厅里的谈话记录，秘密告发信，否认受过高等教育的相关证明，"秘密监控他人"的授权书，还有入侵西德的详细计划。这些记载着人们日常琐碎的档案，使得东德整整一代人都生活在恐慌的阴霾之下。

[293]　　对大多数人来说，第二次世界大战并没有在1945年终结，第一次世界大战也并非只持续了4年。始于1914年的二十世纪大战，使得曾经的帝国分崩离析，葬送了亿万生灵，分裂了德国，导致几十年的经济萧条。没有哪个城市像柏林一样背负了75年的厄运。1989年，柏林墙终于推倒！

第十七章 ｜ 迪特尔·沃纳，修建柏林墙的人　　　　313

18

1961年8月13日，东柏林的孩子们在克罗伊茨贝格的新划分的瓦尔登大道。　　[296]

第十八章

比尔·哈维与柏林隧道

1955年，卢多①

窗外的世界黑沉沉的。黑暗蔓延至遥远的地平线，四周漆黑一片。没有了与地面联系的参照物，四引擎飞机似乎悬在半空，悬于起点与终点，悬于天地之间，悬于昨日与今天。飞机引擎轰鸣，气流沿着机身呼啸而过，机内的乘客似乎都被困锁于座位上，悬挂于一个黑漆漆毫无变化的场所。那个坐在第一排A座的男子，前额贴在冰冷的有机玻璃上，伸着粗壮的脖子，凝视着窗外的黑夜。

"您可以跟我来一下吗？"空姐问道。他放下饮料杯，跟在这位身穿蓝衣灰裙的空姐身后，来到驾驶舱门前，舱门随即打开。

"您不必拘束。"机长很随意地说道，带着中西部的口音。机长身穿美元标志形状$的背带裤，指了指旁边的折叠座椅。在法兰克福②，飞机起飞期间乘客必须将座位前的小桌板收起来。在二十世纪五十年代，这也算不上非分要求。

---

① 卢多区，位于西柏林。
② 正式全名为：美因河畔法兰克福，以便与位于德国东部的奥得河畔法兰克福相区别。是德国第五大城市，德国乃至欧洲重要工商业、金融和交通中心，位于德国西部的黑森州境内，处在莱茵河中部支流美因河的下游。

飞行员转过脸，问他："第一次去柏林？"显然他想和这个男人攀谈。

这个男乘客，块头很大，动作举止却显得畏畏缩缩。他只简短地嘟囔了一声算作回答。在旅途之初，他喜欢保持安静，让沉默引出别人的话。

过了一会儿，飞行员进一步试探着问："出差？还是有什么军事目的？"

男乘客一脸阴郁地回答道："贺卡，我是卖贺卡的。"

1952年，美国与苏联正在交战。

七年前，美国的"小男孩"[①]原子弹落在日本广岛。此后，苏联的"第一闪电"[②]原子弹也问世了。美国迅速研制出地对地洲际导弹，苏联也不甘落后，研制出 RDS-3 放射性核武器还以颜色。在军备竞赛不断升级过程中，成千上万的弹道导弹、远程炸弹和潜艇发射相继问世，目标都针对欧洲、美国和亚洲的各大城市。每一枚导弹的威力，都要比摧毁日本的那些导弹威力方面至少强十二倍。

确保毁灭对方，以及自杀式的威慑力，即使同归于尽也再所不惜的军事策略，虽然得不偿失，却正在弥漫。只要轻轻地按下按钮，地球上的所有生灵都会顷刻灭绝。于是东西方的政府都陷入极度恐慌，疯狂地搜罗情报，各自都想第一时间掌握对方情况，求得自身的生存。柏林是间谍活动中心，到这里去兜售贺卡不合常理。

飞行员不信男乘客的话，说道："飞机上有不少人从事军事活

---

① "小男孩"（Little Boy）是人类历史上首次使用的核武器。另一枚人类使用的核武器为投掷在长崎的钚原子弹"胖子"。它是第二次世界大战时美国在日本广岛投掷首枚原子弹的名称。1945年8月6日由保罗·提贝兹驾驶的B-29超级空中保垒轰炸机"艾诺拉·盖"在广岛上空三万一千英尺（9000米）投下。小男孩在广岛上空引爆，产生巨大的蕈状云。小男孩长10英尺（3米），宽28英寸（71厘米），重8900磅（4000公斤）。使用枪式设计，将一块低于临界质量的铀-235以炸药射向三个同样处于低临界的环形铀-235，造成整块超临界质量的铀，引发核子连锁反应。

② 二战时，前苏联在哈萨克东部草原上成功引爆了第一颗名为"第一闪电"的核弹，形成巨大的蘑菇云。

第十八章 ｜ 比尔·哈维与柏林隧道

动。"见对方没反应，他便继续说，"你知道的，有时我在夜间飞这条航线时我会想象，如果发生战乱会是什么个样子——苏联的图波列夫战机在地平线上集结飞起，超级轰炸机在空中留下一条条尾烟，'诚实约翰'火箭划过天际，一片蘑菇云在西柏林上空缓缓升腾。"他摇摇头，"简直就像一场电影。"

一旁的另一个飞行员接着他的话说："人类文明史上最后一次空前绝后的烟火表演，贺卡可最终也派不上用场。"

男乘客摸摸嘴边纤细的灰胡子，咕哝道："话不能这么说。"

接下来的五分钟，大家都不言语，飞机继续飞行，但在茫茫黑夜中，飞机似乎并没有往前推进。最终，飞机飞抵光秃秃的普鲁士平原，天色渐亮。灯火通明的柏林在远处闪耀。随后，来自密歇根的那位飞行员便沿着狭窄的空中走廊① 减缓速度，将这架泛美航空公司② 的 DC-4 飞机从万米高空降落，朝着目的地慢慢靠近。

飞机飞过东德领地时，男乘客回到自己的座位。窗外，库达姆大街的影院和咖啡厅灯火通明。一千个崭新的路灯将康德大街③ 映照得璀璨多姿。飞机下方，自以为是、外强中干的西方民主国家在一片共产主义国家的包围下战栗闪烁。

两年半后，1955 年的春天，一副美军莱茨双筒望远镜在阳光中闪烁。在美国驻地边境的一个隐蔽岗哨里，一个士兵眨了下眼睛，喊

---

① 主权国家规定的国外飞机得以飞跃该国领空的空中领域。
② 自 1930 年代至 1991 年倒闭前，一直是美国的主要航空公司。最初于佛罗里达州基韦斯特提供水上飞机服务，慢慢发展成一家世界知名的航空公司。泛美为航空业带来很多革新，包括大量使用喷射客机，珍宝客机和电脑化订位系统，更成为二十世纪的文化象征。
③ 德国首都柏林的一条主干道，位于柏林夏洛滕堡 - 威尔默斯多夫区的夏洛滕堡分区，东起布赖特施德广场，西至苏亚雷斯街（Suarezstraße）。从 1887 年 2 月 23 日起，此街便以德国哲学家伊曼努尔·康德命名。作为一条进出城市的干道，康德大街和与之相接的新康德大街（Neue Kantstraße）一起，将柏林内城的威廉皇帝纪念教堂和外缘的柏林无线电塔（Berliner Funkturm）以及会展中心（Messegelände [Berlin]）连结在一起，沿街布满大小商铺和住宅楼。

道,"混蛋!"

边境五百米开外,一组红军护卫队正沿着夜幕笼罩的乡间公路隆隆前行。

哨兵立即在座椅上转过身,拿起电话,吼道:"注意,发现苏联红军,从右向左,三辆卡车,一辆吉普,两辆T-34坦克,妈的!还有坦克!"

在哨兵的脚下,一条用钢筋水泥构筑的地下隧道已经在苏联红军防区下延伸了一英里,隧道里二十多名美军技术人员正在为隧道灌制沙土。一辆无声的电动铲车贴着隧道的木质地面往前拖运设备。铲车前,在离地面不到一米的坑道里,英国坑道工兵正用钻机试探着开凿松软的沙土。英美合作的地下作业团队已经开挖了十八个星期,现在离目的地已经不远了。

突然,管道里的灯光由白转红交替闪烁。英国工程兵从耳机里听到了哨兵的警告。哨兵就是他们的眼睛和耳朵,指挥着他们的地下作业。

此刻,他尖利的声音在耳机里回响:"出来!你们能出来吗?"

工兵正在木头支架上,头上顶着钻机。他们就在苏联红军前进的路下,已经深入苏联防区,而他们现在的位置离隧道地面出口又有相当的距离。他们进退两难。一旦暴露就意味着被捕和枪毙,或许还会引起战争。在此进退维谷的时刻,他们只能等待,静静地、满怀希望地等待。

队长约翰·威克第一个听到卡车轮胎摩擦地面的声音。当隧道墙面松动时,他开始用自己的身体顶住墙体,沙土在强大的压力下纷纷坠落。耳机里,哨兵正汇报着地面情况:"第一辆卡车……第二辆卡车……第一辆坦克……"车辆、坦克的轰鸣声在这狭小的坑道里回荡。T-34坦克开过时,似乎要把他们头顶的路面碾塌。探照灯从苏军基地照射过来,肆无忌惮地照射着他们的防区,整个地面似乎都在呻吟。

随着车辆碾过头顶,隧道中尘土飞扬。待在主隧道里的人都被呛得不停地咳嗽,也顾不得遵守绝对保持安静的规定,朝坑道里的工程

第十八章 | 比尔·哈维与柏林隧道

兵喊道:"先生们,你们还好吗?"

英国皇家工程兵们抹去脸上的砂砾。虽然隧道没有坍塌,但就在他们头顶,坑道的工作面却已经出现裂痕,从上面悬挂下来三根很粗的军事通讯电缆。这些埋在地下的电缆将盘踞在汉诺威附近的苏联红军总部与柏林和莫斯科连接起来。坦克把还没来得及开凿的地面碾松了,将这些挖隧道的人想要得到的东西露了出来。

"你这让人胆战心惊但又美妙绝伦的声音啊。"威克小声说道,同时伸手摸了摸那秘密的黑色电缆线。这可是他们的战利品。"我们成功了!我们他妈的真的成功了。"

二战结束后,斯大林试图将柏林,甚至整个德国并入共产主义的阵营。他曾命令政治局:"整个德国都必须属于我们,即属于苏维埃,属于共产主义。"

为了达到这一目的,他有必要拥有原子弹。他从自己的情报人员那里得知,苏联的研制项目远远落后于美国的曼哈顿项目。[①] 美国已经制造出了第一枚原子弹。他同时获悉,在威廉大帝研究所,在哈伯和爱因斯坦都曾用过的实验室里,德国的放射化学家们已经解开了核裂变之谜。

1945 年,苏联国家安全委员会[②]小组遵照斯大林指示,已经获取了柏林原子弹研究的成果。他们把偷来的铀用作第一个核反应堆的燃料。几十名德国顶级科学家被送往莫斯科,在这些科学家的帮助下,再加上其他关键性的情报工作取得成功,莫斯科终于在 1949 年建造

[①] 二战期间,美国陆军自 1942 年起开发核武器计划的代号。
[②] 1954 年 3 月 13 日至 1991 年 11 月 6 日期间苏联的情报机构,以实力和高明而著称于世。前身为捷尔任斯基创立的"契卡",前苏联早期的情报机构契卡将总部设在彼得格勒(圣彼得堡)霍瓦亚大街 2 号;1918 年苏俄政府迁都莫斯科,契卡总部也在 1920 年迁至莫斯科克里姆林宫附近的卢比扬卡广场 11 号。1991 年苏联解体后,改制为俄罗斯联邦安全局;其第一总局另外成立俄罗斯对外情报局,与英国军情六处、美国中央情报局和以色列摩萨德一起并称为"世界四大情报组织"。

并引爆了属于自己国家的原子弹。

斯大林生性好战,再加上波兰、捷克斯洛伐克和匈牙利等国的共产党成功地发动政变,夺取了这些国家的政权,使得美国政府相信,一场突如其来的战争在所难免。美国人对核战争的恐惧并非空穴来风,而要想在这场灾难性的战争中获胜,必须依赖于精确的情报。要预先了解,苏联红军什么时候发射导弹?他们的目标是谁?他们的装甲部队从西德的哪个方位突破?

时任美国陆军参谋总长,后来又相继出任国防部长和国务卿的乔治·马歇尔[1]下达命令:"我不管中央情报局做什么,我只需要他们二十四小时监督苏联的袭击。"美军建立情报局的初衷就在于提前得知敌军的任何行动。然而由于苏联的边境封锁,那时候还没有发明监控卫星,而且大部分的西方情报员被声名狼藉的剑桥间谍组织成员费尔比[2]、伯吉斯[3]、麦克林[4]等人背叛,美军不得不另辟蹊径,以便预先获悉第三次世界大战的爆发。

1952年末,那位沉默寡言、长相猥琐的美国男乘客从停靠在柏林滕珀尔霍夫机场的DC-4飞机上走出来,他站在飞机旋梯上手握扶手,点燃了一支烟。他宽大的夹克下面藏着一把手柄镶着珍珠的左轮手枪,腰带上也别了一把。

"大个子比尔"哈维并非贺卡销售员,他是美国情报局派到柏林情报站的新任站长。他身体臃肿,走起路来像鸭子一样,既有点步履蹒跚,又有点趾高气扬,这让他看起来不像个地下工作者。但是实际

---

[1] 乔治·马歇尔(1880—1959),美国军事家、政治家、外交家,陆军五星上将。在第二次世界大战中,他帮助罗斯福出谋划策,坚持先攻纳粹德国再攻日本帝国,为美国在二战的胜利作了不可磨灭的贡献。1945年退役。后出任美国国务卿和国防部长,以出台马歇尔计划闻名,1953年获诺贝尔和平奖。
[2] 费尔比(1912—1988),记者,军情六处探员。
[3] 伯吉斯(1910—1963)BBC播音员,军情六处探员,先后担任英国外交部副部长和部长秘书。
[4] 麦克林(1915—1983),英国驻巴黎、华盛顿、开罗等国的外交官员。

上，他阴险狡诈，说话粗暴无礼，细小的棕色眼睛释放着某种兽性。在华盛顿，他似乎是只靠马丁尼酒过活。不过，他能力超凡，适应性很强，能够不露声色地迅速融入周围环境。当然，他的一举一动，都在上司的掌控之中。

他拥有敏锐的直觉和过目不忘的记忆力，这些能力使他成为美国情报局有关苏联情报的首席专家。他是个精力充沛、精明谨慎的重量级间谍，安插到冷战前线来联络情报员，雇佣告密人员，最重要的是，盗取敌军的通讯内容。

自1949年以来，英国情报局就开始在维也纳地下挖掘临时的间谍隧道。当时，维也纳和柏林一样被分裂，被占领。他们安排懂俄语的官兵在四个不同的地方窃听苏联的军用电话，并用过时的安迪生蜡笔记录下重要的通话内容，如果窃取的谈话内容明显很重要，就采用新式的盘式录音机录制下来。美国情报局得知英军的维也纳地下隧道后，就想分享成果，拓展他们在柏林的情报工作。

三十六岁的哈维抵达柏林之后，在卢多租了两英亩的土地，这里人口稀少，毗邻人民公园地段，离难民们用乱石修建的简陋窝棚也很近。他和一个德国建筑商签了合同，让他在靠近苏联驻军防线附近修建三座大仓库。这些仓库称作"紧急装备储藏基地"，而且还挖了几个大地窖。他在房顶上安置了一组制作精良的无线电接收天线，让人一看就知道是个秘密的雷达监听站。在边境巡逻的东德人民警察，举着望远镜察看那些惹人注目的高频监测接收器的天线。这些天线都朝着附近的"美人园"，即后来改建为费尔德机场的地方。他们想都没想要低头看看脚下。

"黄金行动"① 的成功取决于它的绝对保密。一旦信息泄露，无数

[302]

---

① 二十世纪五十年代美国中央情报局和英国秘密情报局共同发起的对驻东德苏联军队的窃听行动。但由于潜伏在英国政府内的苏联间谍乔治·布莱克事先已经警告了苏联政府，这使得这场行动没有什么效果。

地下工作者将陷入生命危险，而且还会引发政治局势紧张，更会促使苏联用虚假情报误导同盟军。在伦敦举行的两次会议中，与会代表同意分担责任，共享胜利成果。美国主动要求挖掘这条漫长的地下隧道，英国的坑道工兵具有在维也纳积累的经验，可以在头顶上作业，从地底下往上面开凿。待到隧道完成，监听人员就可以驻扎在隧道里，及时将苏联红军的进攻消息传递出来。相关的信息记录，包括声带和数据盘，每周都将送抵英国和美国总部。

在一个可以瞭望圣詹姆斯公园①的会议室中，哈维此前已经对越来越多的英国双重间谍开始怀疑，此刻他大声地说，他不希望那些背叛间谍组织的人员在大楼里存在（1954年费尔比已经受到怀疑，但还没有暴露出"第三人"的身份）。为了让哈维放心，秘密情报局的头目，后来成为军情六处②副主管的苏格兰人乔治·扬摇摇头，开玩笑地说："我们可不想再次被捕，让别人把我们苏格兰的裙裤再次撩起来了。"

伦敦会议是秘密进行的，会议讨论的气氛很融洽，达成了许多一致性的意见。会议内容由大家信赖的乔治·布莱克③记录下来。布莱克也是某个情报站的负责人。遵照指示，布莱克将记录下来的内容打印了很多份，分别发给哈维、扬以及其他几个重要成员。但是，他多打印了一份。一个星期后，他像往常一样离开办公室，在伦敦索霍区

---

① 面对白金汉宫的圣詹姆斯公园，原本是圣詹姆斯宫的鹿园，十七世纪时查理二世聘请法国景观设计师重新造景，十九世纪初在英国著名建筑师纳许进一步美化之下，至今成为伦敦市中心最美丽的公园，是市民与游客最佳小憩休闲之地，处处可见晒太阳、散步、野餐客。

② 军情六局全称是英国陆军情报六局，又称秘密情报局，缩写为SIS（SIS=Secret Intelligence Service）代号MI6。对外又称"政府电信局"或"英国外交部常务次官办事处"，西方情报界把MI6看成是英国情报机关的"开山祖师"。从伊丽莎白开创初期至今，它和它的前身都是严格保密的，也称秘密情报处，原为英国情报机构海外谍报系统。

③ 乔治·布莱克（1922— ），曾是英国秘密情报局的叛逃者、克格勃的间谍明星，获得过苏联列宁勋章和红旗勋章。继菲尔比之后创造世界谍报史又一个奇迹。

徘徊，后来又在牛津街上喝了杯茶，消磨了一段时间，然后坐上一趟北线火车来到白赛姿公园，确定没人跟踪以后，他又迅速跳上了一辆双层公交车。在几乎空荡荡的二层车厢上，他将挖掘隧道的完整计划书偷偷地塞进苏联国家安全委员会头目的手中。

哈维设想的隧道于 1954 年 9 月开始挖掘。一个由四十名美军工程兵组成的小组，身穿通信兵制服，首先在仓库地面上垂直挖下去一个大坑。为了测量隧道的精确角度和长度，必须将一个可以观察到的物体放置于具体目标地。随后组织了一场垒球比赛。工程师中最好的击球手将球扔过了边境线，落到苏联驻军防线内。但是，还没等他们用隐藏的经纬仪将距离测量出来，一个德国人民警察就将球扔了回来。于是，哈维只好派了一辆车前往东柏林，故意让车在苏联驻军埋有电缆的地面上抛锚。司机换轮胎的时候，在路面上放了一面小小的反射镜，最终测量出隧道的水平距离是 1476 英尺长。

美军十个人一班，一天二十四小时不停歇地在这个动荡不安的世界地下秘密地开凿着隧道。工地上不许喝酒，也不准带进女人。

在地底下说话也都要轻声细语。他们用一个直径有六英尺的圆柱形地盾在地底下推进，工程兵就站在这圆柱形的地盾内，在可移动的垂直平板之间不断挖掘。每挖进三英寸，沙土就要被从圆柱内部清走，然后用钢圈加固挖出来的空地，再将地盾往前推进，挖出来的泥浆用袋子装好运出去，堆在仓库下面巨大的地窖里。一次，他们挖穿了一条地下水管，水汹涌而来，几乎将他们淹死。接下来他们又挖穿了一个旧粪池，那气味差点没把他们熏死。通道里的红色警示灯每天至少要闪十几次，红灯一闪，这些挖掘的人就要赶紧拿起耳机，听哨兵描述人民警察的巡逻或者有哪个苏联军官有所警觉地正站在他们头顶三米高的地面上。

[304]

就在美军在地底下不断向东德领土推进，并每隔几英尺就做定位检查时，英国的坑道工兵已经可以技术娴熟地固定坑道。曾经参与挖掘维也纳地下隧道的约翰·威克亲自设计断面掘进机，将它设计成一个无底的钢盒子状,顶部设计成软百叶帘,百叶帘可以同时打开或关闭,这样皇家工程师们就可以将头顶的泥土清出去,然后一英尺一英尺地向前掘进,这样就可以确保隧道不会坍塌。他们挖了五个月后,英国小组开始飞往柏林加图飞机场,他们也穿着美军制服,每个人都剪成了美军发型,然后被送往挖掘隧道的工地。他们和美国工程兵一样,活动范围只限于仓库之中,每天吃富含蛋白质的牛排,更不准到柏林城里去。

那年的冬天,尤其寒冷漫长。1955年3月初,威克带领的1号专家小组接手了美军的任务。一天早晨,雾气弥漫,他们已经开始向上挖掘隧道。因为隧道拥挤,工程兵的体温导致隧道变得越来越暖和,致使隧道地表上的积霜渐渐融化,整条隧道的地面上形成了一条十分显眼的路线,一直穿过边境线蜿蜒至苏联红军驻地。一个巡逻小分队碰巧经过这条路线,还停下来跺脚取暖。不过,巡逻小分队和苏联军的哨兵都没有向地面上看。幸亏此时地面雾气缭绕,再加上及时往隧道里灌进刺骨的寒风,才使得这次作业没有暴露。

比尔·哈维对地下世界的迷恋,几近病态。对于基督徒而言,地下世界是一个不为人知的、与死神共舞的地方。他在印第安纳的一个小镇上长大,自小就喜欢在他家房后的树林里挖秘密小洞,把死去的宠物藏进洞里。在柏林的时候,他发现了希特勒曾经于沃斯大街旁建造的地堡入口,使他得以进入那个位于滕珀尔霍夫机场地底下巨大的隐蔽世界。德国的梅塞施米特式战斗机[1]就是在这一机场集结出发的。他还曾爬进过位于格森布鲁能火车站[2]地下那湿冷幽闭的防空洞

---

[1] 梅塞施米特主持设计的诸多名机中,最具代表性且最值得一提的是Me-109(也称Bfl09)。这是因为该机是法西斯德国专门为发动战争设计的,且在整个二战中充当了德国空军主力。Me-109从战争爆发一直使用到战争结束,从欧洲打到非洲,参加了德国空军进行的几乎所有空中战役。该机是德国在战争中生产数量最多的一种战斗机,也是第二次世界大战中生产量名列前茅的机种之一(列第二位)。

[2] 是柏林北部的火车总站。地铁和轻轨的中转站。

第十八章 | 比尔·哈维与柏林隧道

中。如今,他每隔一晚就会让人开车带他去隧道一次。为了避人耳目,他每次都坐不同的车,然后乘坐一辆封闭式货车抵达隧道口,以防敌军有所察觉。他喜欢顺梯而下,感受周身被冷空气包围,同时他也洋洋得意,因为他自己所做的,常春藤联盟那些趾高气扬的同僚们却力所不能。他也喜欢这种绝处逢生、自谋生路的感觉。

他在华盛顿的时候,一直缠着上司们,消除他们的顾虑,说服他们实施黄金计划。中央情报局局长艾伦·杜勒斯同意了他的开支预算,拨给他六百万美元(相当于现在的五千五百万),但前提是尽可能不要让该计划诉诸文字。他同时提醒哈维:"比尔,要确保别弄出人命来。"

晚上如果不去隧道,他就待在美国情报站办公室里,运筹帷幄东部间谍网,组建跟踪小组,将一摞摞面值二十美元的钞票分发给那些告密人员,让他们尝到告密的甜头。他总是忙忙碌碌,每天只能睡三四个小时。有时候他也会参加鸡尾酒会,或者光临某个舞会。不过,无论舞会上多么暖和,他都不会脱下夹克衫。他会轻声地对舞会主人说:"不能脱。"同时将藏在汗涔涔腋下的几把左轮手枪露给主人看。

他时不时地会去一座荒废已久的大楼内游荡。大楼如今已经人去楼空,一片废墟,楼顶早已经被炸飞。他会久久地凝视小院子内那棵老橡树。在高墙内,他看着这棵老橡树在秋风中树叶凋落,到了春天又萌发出绿芽。每当这种时候,他都会莫名其妙地惆怅,感觉自己就是那棵老橡树。在他眼里,柏林其他地方的树木都太嫩小。

哈维有时也会回家去看看妻子。他妻子是柏林基地里的管家婆,名字叫克拉拉·格蕾斯,为人性格开朗,滴酒不沾。她是美军首位女少校。他们的家很宽敞,也很凌乱,位于米林诺维斯基大街,房子边也有一个"汤姆叔叔的小屋"(这个奇怪的名字要么来自一部美国小说,要么就是因为酒馆老板在自己的酒窖里建了一座小屋)。他就在自己的家里举行家宴,而且每次都自己亲自调制酒,他会将松子酒与

[306]

威士忌酒混合起来。宴请的人员中有大使，有支持美国的商人，也有相信自己是为了理想而战斗的士兵。为了增加大家的谈兴，他会请来宾先一口干掉第一杯马爹利。然后请他们慢慢地品尝第二杯，以便他们深思熟虑，形成自己的观点，同时也让戒备心一点一点地融化。接下来，他就会提议干掉第三杯，加深感情，让大家敞开心扉，畅所欲言，而哈维自己则在一旁观察、倾听，很少插嘴。再接下来，醉醺醺的美国佬就会一本正经地将空酒杯搁放到咖啡桌上，然后跟跟跄跄离去睡大觉。这个时候，哈维通常就会返回办公室继续工作。

柏林情报站的同事就像他的家人一样，即使是他和格蕾斯领养了个孩子之后，依然如此。收养的孩子，本来是被人放在另外一个情报站官员的家门口。

第一眼看到孩子时，格蕾斯就惊呼：“看啊，这是上帝赐给我们的！”她满心欢喜，因为他们两人一直没能怀上自己的孩子。孩子的生母是一位东德人。据夹带在孩子襁褓中的字条说，生母想让这个孩子生活在一个自由的世界。格蕾斯说：“我一夜之间就做了母亲，事先毫不知情，这种感觉真是太奇妙了。”

"这个城市向来生机勃勃。"哈维嘟囔道，淡化了媒体的注意力。

后来，他的同事问道："孩子身上装了天线吗？"他们戏称这个小女婴是苏联派来的终极间谍。

英国工兵们花了四个星期终于挖到那三股用黑橡胶护套包着的电缆线。自从上次苏联护卫队从地面经过，差点压塌隧道暴露目标，该隧道就用水泥将隧道内部四周加固了。他们将二十多根铬质钢管安置进地面，使隧道顶牢固。然后，用液压机将电缆拽进隧道。英国邮局特别调查小组的两名"接线员"已经从伦敦飞抵此地。这两名"接线员"都曾参加秘密情报处组织的维也纳地下行动。就在苏联驻军地下这个狭窄的隧道里，他们耗时四小时，终于完成了对电缆的连接处理。

1955年5月11日，监听系统正式运行。苏联驻军的一千两百个

第十八章 ｜ 比尔·哈维与柏林隧道

通信电路都被一个拦截电缆线拦截到一个先期处理室。这是一个隐蔽之所，里面安装着十二台先进的英国电子设备。在这里，微弱的信号得到强化，而后沿隧道传输至主要的信号录制点。为了使窃听不被发觉，一些特殊的设备用于调整窃听线路的阻抗。为了使窃听器和设备防潮，信号中转室后面用防潮膜密封。尽管大家都知道这次行动只限于少数人参与，但哈维还是命令进入口用俄语和德语贴了张告示："严禁入内。"

哈维用低沉沙哑的声音对威克说："红军就像心理学家巴甫洛夫①实验用的狗，已经完全没有反抗意识了。"他相信只要得到命令，这些战士立刻就会放下武器。"我贴的那个门禁标志必要时会拖延他们一两个小时。"

在信号覆盖站，一百五十个全新的摄像录音机开始运行。六名英国语言学家戴上耳机，监听关键的军事通讯线路。仓库中的气氛一下子变得凝重，工作人员都屏气凝神，全神贯注。他们第一天就录制了一英里长的胶卷。当天晚上，所有录制的声音和电传打字机卷都用迷彩布打包起来，装进盒子，运到集结地点，而后由专机运往伦敦和华盛顿。

窃听计划为英美提供了大量情报。在伦敦的切斯特联排公寓里，秘密情报处雇佣了300名翻译和誊写员来处理每周运来的1000卷磁带。大西洋彼岸，350位俄语和德语专家，按照50人一组，轮流在铜墙铁壁般的华盛顿总部大楼忙于处理大量语言信息。在此次行动的全部过程中，他们记录了5万个磁带，有43万次对话被翻译过来，1750条情报送达美国总统和英国首相的手中，同时还传给了整个西方情报网。所有窃听的情报也没有泄露出去，没有在新闻媒体中引起轩然大波。隧道的工作人员不仅监听到赫鲁晓夫对斯大林的批判，而

---

① 伊万·巴甫洛夫（1849—1936），苏联生理学家，提出了条件反射的概念，并以此出名，因对消化生理的研究而获1904年诺贝尔生理学医学奖金。

且还监听到苏联钚炸弹研制进展、秘密的原子弹研究所动态以及柏林城周围的图波列夫轰炸机数量成倍增加等信息。虽然情报没有什么实质性的军事内容,然而,这些普通的情报倒让同盟军颇为欣慰,因为起码在短期内苏联不会向他们发起袭击。

[308] 窃听隧道正式运作的那天,乔治·布莱克这个一年多以前就叛变投靠了苏联国家安全委员会的情报人员出现在柏林。他那时已经气急败坏,惶惶不可终日。他不明白苏联为什么不采取行动。间谍不是神父,也不是圣人或者殉道者。就像小说家约翰·勒卡雷[①]后来写的,"间谍其实是被虚荣心冲昏了头脑的蠢货,是叛国贼、同性恋、虐待狂、酒鬼,是一些为了自己的堕落生活而扮演牛仔或是印第安人的混蛋。"也许,他这话就是针对出生于荷兰的布莱克。(在电影《柏林谍影》中扮演反面角色的阿列克·利马斯也来自荷兰)。

布莱克曾在五年前的朝鲜战争中被俘,关进监狱。在监狱中,他开始信仰共产主义。但他获释回国后,英国视他为英雄,张开怀抱,热烈欢迎他的归来。英国政府媒体对他大肆宣扬,在报纸头版上刊登了一张他身穿厚厚的大衣、瘦骨嶙峋、满脸胡须的照片。秘密情报处也对他恩宠有加,不仅对他的遭遇深表同情,而且让他带薪休假,休假后又晋升了他的职位,委以重任。不过他却恩将仇报,出卖了大量英国间谍,这些间谍后来都被苏联谋害了。

1955年4月,布莱克被派到西柏林,住在了梧桐树林荫大道上的一幢大楼顶层房间。这里离施佩尔过去的林登纳勒厂区仅隔着一条街。而他的办公室在奥林匹克体育场附近,离住的地方走路大约需要十分钟。他很喜欢步行去上班。具有讽刺意味的是,他这次的任务就是策反苏联安全委员会的人做双重间谍,一旦策反成功,他又反过来

---

① 约翰·勒卡雷(1931—),英国著名间谍作家。18岁便被英国军方情报单位招募,担任对东柏林的间谍工作;退役后在牛津大学攻读现代语言,之后于伊顿公学教授法文与德文。1959年进入英国外交部,同时开始写作。代表作有《柏林谍影》、《德国小镇》、《神秘朝圣者》、《永恒的园丁》、《挚友》等。

第十八章 | 比尔·哈维与柏林隧道

将这些人的名字告诉苏联方面。为了确保他不被英国方面怀疑，苏联安全委员会故意让他策反了几名不重要的苏联间谍。布莱克的双重身份扮演得顺风顺水，但却在摧毁军情六处的东欧行动中栽了跟头。

布莱克在柏林很容易见到自己的上线，用不着偷偷摸摸地在摄政公园①的男厕所里碰头，也不必秘密地前往荷兰见面，他只需买一艘小帆船，在哈弗尔河上荡舟就能见面了。孔雀岛离边境很近，戈培尔过去的别墅就在附近。布莱克在孔雀岛②上见到了克格勃负责人，并要求他解释为什么苏联对隧道一事坐视不理。他歇斯底里地尖叫道："我曾经亲眼所见的。但却毫无反应。毫无行动。"

布莱克看上去已经吓破了胆，反正情报圈里是这么说的。他害怕自己的代号被窃听了，暴露了自己的身份。但是他的上线却信誓旦旦地对他说，莫斯科之所以对隧道计划不采取行动，完全是为了保护他，因为他才是苏联方面最有价值的谍报人员。背叛者却成了守护者。然而，这种解释只道出了一半实情。

柏林的天空昏暗低沉，大雨将至。雾蒙蒙的春天让哈维心情沮丧。很快，大雨如注，雨点拍打着办公室窗户，他把玩着手里的Zipp打火机，弹开盖子，关上，再弹开，再关上。大批间谍纷至沓来，遍布柏林，身份各异，各显神通。哈维的办公桌上放着叶维基尼·皮托拉诺夫的卷宗。他曾是哈维在东柏林的搭档。通过窃听到的谈话记录，这位克格勃的许多信息都已经被收集到了：他是一名战士，一个专业间谍，一个冷酷无情的"问题解决者"。他一来到柏林就建立了

[309]

---

① 摄政公园是一座十九世纪风格的大花园，因此亦是伦敦最新、最堂皇，也最多风貌的公园，这一片占地五百多英亩的绿地，于1812年围起成为公园，原先的构想是要建立一座供摄政王休闲娱乐的行宫，计划中包括至少五十六栋古典式别墅、摄政王夏日别馆、供奉英格兰的伟人祠等，想建造一个完美的花园都市景观，但最后受限于经费只盖了8栋别墅并无行宫，且直到1838年才对外开放。
② 哈弗尔河上的一座岛屿。岛屿本身属于柏林波兹坦世界遗产群，也是柏林市民一日游的目的地之一。除此以外，孔雀岛也是野生鸟类的自然保护区。

斯塔西情报服务中心。他和哈维一样喜欢枪，尽管俄罗斯人在晚上更喜欢用红外线步枪猎杀野猪。如果有苏联人了解隧道的情况，那个人必定是皮托拉诺夫。因此，哈维全力以赴关注他的言谈举止。

4月初，冰冷的雨水肆虐卢多的街道，到处都是水汪汪的。整个城市的电话线都陷入瘫痪。在温斯多夫，驻扎在卢多的红军技术人员开始排查短路电话线。哈维也被叫到驻地。倾盆大雨击落在房顶上，他得知苏联人已命令东德邮局帮他们修复线路故障，修理车已经在驻地到处巡查。

哈维钻到隧道里，摇晃着他那分外显眼的大块头身体朝隧道顶端走去。他试图安慰自己，这场洪灾不会成为暴露隧道行动的理由。但线路故障面积太大，反而不会引起怀疑。不过，他还是隐隐约约感觉事态不妙。他习惯性将左轮手枪上了膛。窃听室里似乎一切完好。他走出门后将门锁上，回到西柏林。

1956年4月22日，窃听正式开始十一个月零十一天后，东德人开始挖掘苏联驻地的道路。突然，铲子碰到了地底下的一个耳机，发出沉闷的响声。

一个电话技师打开隧道里的窃听室，惊讶地说："这个盒子竟然掉到大坑里了。"

在边境的另一边，哈维已经命令所有人员撤离隧道，此刻他正和翻译一起听着耳机里传来的声音。然而，东德的人和苏联人似乎都没有意识到他们发现的东西究竟是什么。

"埋在路下的电缆。"一名苏联士兵报告说。

哈维从耳机里听到许多人跳进了通讯信号增强室，感觉到他们的呼吸急促沉重起来。尔后便是片刻的沉默无声。

然后传来一个技师带有柏林地方口音的感慨声："哎呀，这不是盒子，这是一套完整的装备，一部电话交换机。"

另一位技师对设备惊叹不已。"天哪，这得花多少钱啊！"

前面那位柏林口音的人又说道："它还挺干净整洁。"随后，他们

第十八章 | 比尔·哈维与柏林隧道

向着无边的黑暗喊道。"嘿,里面有人吗?"

哈维曾在仓库中提出炸毁隧道。由于爆炸可能会引起苏联士兵的伤亡,驻柏林的美方负责人拒绝了他的要求,告诉他说:"我可不想引发第三次世界大战。"因此,哈维指示在隧道的交界处安置了一些沙包和带刺钢丝,边上又插了块牌子,上面写着:"你正跨入美军防区。"他还亲自在牌子后几米远的地方放置了一个口径30毫米的重型机关枪。当他从耳机里听到脚步声越来越近时,他便扣动扳机,隧道里随之响起机关枪"哒哒哒"的回荡声。脚步声停止了,然后就听见他们慢慢地撤回东德境内。

机关枪里并没有安放子弹。

二十分钟后,窃听电话被切断,耳机也没了声响。磁带里最后一句话是一位美国语言学家对同事说的话:"约翰,它消失了。"

西柏林再一次成为充满危险的地方。苏联红军加强了对柏林这块"孤岛"的布防。苏联方面的意图也不再有人知晓。柏林居民人人自危。明亮刺眼的探照灯在这个城市上空扫射,大家都纷纷开始寻找出逃的路线。哈维在自己办公室的保险箱里安置了一个铝制燃烧弹,一旦有人侵入,即刻引爆。黛德丽的老歌《我还有一个行李在柏林》被赋予了双重含义:同盟军对柏林耿耿于怀,而柏林人却将行李塞在床下,随时准备逃命。可是,世界行将灭亡,又有何处可以安身?

1961年,赫鲁晓夫在维也纳峰会上羞辱美国新任总统约翰·肯尼迪。赫鲁晓夫继续施行斯大林那种横行霸道、投机取巧的外交政策,一心想贬低这位新任总统。他将柏林称作"西方的睾丸",后来又吹嘘道:"每次我想让西德尖叫,我只要挤压一下柏林就行了。"

赫鲁晓夫要求美国军队从柏林撤离,并威胁要与东德签订"安全保护条约",封锁西方的介入。当肯尼迪毫不示弱时,赫鲁晓夫告诉他:"那就用武力见高低。如果美国想发动战争,那是它自己的问题。但是,签署一项和平保护条约,这是毫无疑问的,不可改变的。"

肯尼迪则回答说:"那么,主席先生,战争在所难免。那必将是个漫长的寒冬。"

随着成千上万的东德人（包括迪特尔·沃纳的那些同学）纷纷逃往西德，肯尼迪怒气未消，对和平也失去信心，着手筹备核战争。他给国防开支预算增加了十几亿美金。他一再重申，对西柏林的进攻就是对美国的进攻。柏林墙的修建带给他一丝安慰。因为，在肯尼迪看来，柏林墙的修建，表明赫鲁晓夫已经找到了一条途径，既阻止东德人逃往西德，又不触犯盟国的利益。这种既保全面子又令人发指的妥协，缓冲了全球动荡倾轧的危机。

赫鲁晓夫对他的助手们说："修建柏林墙的确不是什么万全之策，但怎么说也比发动战争要好。"

但是，西方媒体普遍认为此举乃是共产国际社会的溃败。当然，肯尼迪也备受指责，认为他姑息养奸。众多已经逃出东德的自由民众感到流离失所，开始在报纸上大声疾呼。西柏林人涌向街头，手中高举标语牌。标语牌写着："美国人在哪里？""慕尼黑1938——柏林1961"。大学生们给肯尼迪邮去了一把黑伞。这把黑伞与当年张伯伦在慕尼黑会见希特勒时撑的那把伞极其相似。西柏林的市长威利·勃兰特，顾不得繁文缛节，直接给白宫写信，警告说，如果西方强国继续麻木不仁，一味防御，势必导致严重的"信任危机"。

为了表明美国政府不会对柏林城的另外一半坐视不管，同时为了提高自己的公众形象，肯尼迪派遣副总统约翰逊和空战英雄卢修斯·D·克莱将军前往柏林。他自己也随后抵达柏林，登上一个木质看台，眺望将柏林城隔开的柏林墙。在他身后，大量的西德居民欢呼雀跃，欢迎他的来访。而在他的眼前，几十名东德人远远地站在东德边境，默默地向他致意。这些人的勇气触碰到了肯尼迪的内心深处，或者可以说彻底改变了他的想法。在他的车队开往舍恩贝格市政厅的途中，他临时修改了提前写好的发言稿。他让翻译告诉他如何用德语说"我是柏林人"，并将其发音写在稿纸上。

肯尼迪在市政厅外面的演讲台上宣称，通往自由的道路充满艰难

第十八章 | 比尔·哈维与柏林隧道

险阻，而民主也并非十全十美。"但是，我们绝无必要筑起一堵墙来禁锢我们的人民。"

宽阔的广场四周，五十万柏林民众挤在楼顶或者阳台上，为肯尼迪喝彩。肯尼迪的演讲深入他们的心扉，调动起他们的情绪。

"世界上很多人并不真正理解，或者说他们根本不理解，自由世界与另一边的世界之间存在什么根本的分歧。那么，就让他们到柏林来看看吧！如果不理解，或者说不知道自由国度和另一边的国度之间的大事究竟是什么，让他们来柏林看看就知道了。"肯尼迪充满感情地说道，根本不看讲稿，将精心准备的演讲词弃之脑后。

"有人说，共产主义是未来的必然趋势。那么，让他们来柏林看看吧。"他继续说道，声音愈加激昂。6月的暖风，轻轻地吹拂他的头发。城市的旗帜，民族的旗帜，联合国的旗子，在微风中迎风招展。

"也有人说，无论在欧洲还是其他地方，我们都可以和共产主义和平共处。让这些人来柏林看看吧。"这时他的声音已经变得抑扬顿挫。

"当然，还有人说，的确，共产主义让我们的经济进步。"他大声说道，铿锵有力地表达出自己的观点。"让他们来柏林看看吧。"

最后，肯尼迪大声疾呼："所有自由的人民，无论身在何方，都是柏林的市民。因此，作为一名自由人，我以'我是柏林人'为傲！"

人群沸腾了，大家高声欢呼，热泪盈眶。这个漂浮在"受保护的自由孤岛"之上、被二十几个苏维埃共同体包围的柏林，开始重新审视自己。柏林的身份，曾经被纳粹党销毁，曾经靠空运接济维持，然后又依赖柏林墙维持，见证了从恶棍到受害者的变迁。如今，肯尼迪告诉柏林人，总有一天，他们的城市会重新统一，将会是一个和平的世界，充满希望的世界。到了那个时候，西德的人民将可以问心无愧，而且倍感欣慰，因为，几十年来，他们一直坚持在捍卫自由的最前沿。

他的演讲，其意义超出了冷战时期的任何一个重要事件。它标志着延续几百年的普鲁士勇士文化告一段落，不再适用于一个受美国霸

[313]

权政策保护和安定的西方欧洲。

五个月后,肯尼迪遭遇暗杀。但是,在前往达拉斯并遭遇暗杀之前,他在白宫会见了比尔·哈维。这个长相难看的爱国者如今已经成了中央情报局重量级的谍报人员。作为隧道计划实施中的英雄,苏联安全委员会的主要敌人,假意投靠苏联人员的招募者(他了解李·哈维·奥斯沃德),以及秘密授予的情报奖章得主,他注定要在情报局身居高位。

哈维被带往美国总统办公室时,空军准将、肯尼迪任期内负责古巴事务的爱德华·兰斯代尔①问他:"你没带枪,对吧?"

哈维回答道:"当然带了。"说着从口袋里掏出一把左轮手枪。

兰斯代尔轻声说道:"你把这该死的玩意藏到内裤里。"说完,他四处张望了一下,想找个人来替哈维保管武器。最后找来了一名特工,将枪收走了。兰斯代尔摆了一下头,再次将手伸向门把手。哈维则在后面清了清嗓子。

"抱歉!"哈维说道,好像为自己的疏忽道歉。他将手伸进宽大的夹克衫后面,打开皮套,又掏出一把0.38口径的特别侦探型左轮手枪,然后交给了目瞪口呆的特工,并说道。"我把这个忘了。"

他们俩一走进办公室,肯尼迪总统便起身迎接。

"总统阁下,请允许我向您介绍美国的詹姆斯·邦德。"兰斯代尔说。

大约在同一个时间,乔治·布莱克身份曝光,锒铛入狱,被英国刑事法庭判处四十二年的有期徒刑。这是在那个时候英国法庭作出的最长期限判决。布莱克的供词招致许多人谴责隧道计划,因为苏联曾利用隧道让盟军获取了虚假情报。事实上,如果考虑到监听、录制

---

① 爱德华·兰斯代尔(1908—1987),美国空军军官,情报官员,美国中央情报局在东南亚的实力人物,1963年获得服役优异勋章。他是美国在冷战中采取强硬行动的早期建议者。

第十八章 | 比尔·哈维与柏林隧道

互相参照的通话数量之巨大，这一骗术不太可能实施。然而苏联安全委员会——包括叶伟基尼·皮托拉诺夫——自始至终都知道隧道的存在。他们发现隧道的那天晚上，两名苏联士兵的谈话被窃听并录制下来："我们知道目前的情况，所以说话必须得小心点。"

那么苏联为什么不采取行动呢？

首先，国家安全委员会需要保护布莱克。如果隧道过早暴露，那么英美两国肯定会怀疑他们军中有内奸。

其次，黄金计划已经窃听了军用通讯线路。苏联红军的内情局负责军事安全。而安全委员会和内情局是竞争对手，类似于英国中央情报局与美国联邦调查局的关系。为了确保入侵的信息只有自己知道，同时把自己的一些棘手问题转给他人，苏联安全委员会便争取将最大程度的尴尬留给内情局。

最后，也是最重要的一点，苏联不行动是为了争取时间。在二十世纪五十年代，美国已经拥有了更强大的武器。苏联还没有能力主动发起进攻。因此，美国暗地里自鸣得意之时，会放松警惕，苏联正好有机会建造自己的核武器兵工厂。

隧道计划曝光后，"大个子比尔"旋即离开柏林，再也没有回来。等到他死于酒精引发的并发症时，通讯技术的发展已突飞猛进，像u-2侦察机和卫星侦察机之类的技术相继诞生，终结了人工窃听电话之举。人们还在柏林松软的沙土下发现了其他隧道。从1962年到1982年，七十一个地下隧道使得两百多名东柏林人从地下穿过柏林墙逃往自由国度。然而，哈维的隧道，有助于阻止世界末日的到来，因此被认为是冷战期间最重要，也是最有想象力的盟军情报计划。

然而，它能担此殊荣吗？

多年后，约翰·勒卡雷——其真名叫大卫·康沃尔——回忆起1961年他首次前往柏林的情景。那时他在伯恩的英国大使馆担任二等秘书。他看到柏林墙之后，心生厌恶，愤恨不已，这也激发他在后来紧张而短暂的五个星期里写出了他的经典之作。柏林已经深入到他的灵魂中去：它那黑色的冬季运河，它那浓重的黑影，"那些鬼鬼祟祟的脸庞，这些人都参与了克林姆林宫最新战役，而且都被洗过脑了。"两年后，他的书《柏林谍影》出版，改变了柏林城的形象，将其错综复杂的历史与其传奇故事编织在一起，在人们脑海中勾勒出了一个危机重重而又神秘莫测的地方，也将那一抹灰色从它古老的黑白色小镇风景中抹去。

勒卡雷曾对我说："从英美军第一铲子挖进地下的时候起，柏林的隧道就注定完蛋。它并非成功之作，那只是个幌子。"他这一句话，就将美国联邦调查局和英国中央情报局投入了几百万美元携手打造的撼世之作一笔勾销。

19

1963年6月26日,约翰·F·肯尼迪在西柏林的市政厅做《我是柏林人》的演讲。

第十九章

约翰·F·肯尼迪,政治如戏

1963年,市政厅,勋伯格

6月26日,星期三

第一幕
第一场　西柏林,泰格尔机场

约翰·F·肯尼迪总统和卢修斯·克莱将军登场。肯尼迪四十六岁,棕色的头发和眼睛,眼神仿佛洞穿未来。克莱六十六岁,已退休的空军英雄,体格健壮,令人望而生畏。他有个绰号叫"恺撒"。

舞台之外,空军一号机的引擎渐渐熄灭。

肯尼迪和克莱从波音707的舷梯上走下。接待委员会成员已经等候在他们面前:德国政客站在舞台右方,盟军将领站在舞台左方。军乐奏起《向首领致敬》之歌。

肯尼迪与他们握手后，登上检阅台，开始了他在西柏林为时8小时的访问。

肯尼迪：西柏林人民的士气与精神已经名扬四海，闻名遐迩。但这不足为奇。因为，纵观历史，那些生活于最危险之境的人，那些生活于最靠近敌人的人，那些时刻守卫家园之门的人，总是比那些生活于偏安一隅的人更加自豪，更加充满勇气，也更加充满活力。

掌声雷动。肯尼迪检阅了美、英、法联合仪仗队和西柏林警察小分队。舞台外传来汽车发动的声音。

肯尼迪、克莱及所有随从下。

第二场　乱石岗上

十五年前，成百上千名衣衫褴褛、饥肠辘辘的孩子聚在破砖烂瓦堆成的小山上，观看美国的满载救援物的飞机将食物投放到这个被围困的城市。斯大林封锁了西柏林，试图将美国赶出欧洲。盟军却不断地向柏林空运物资，以此来报复斯大林。

年轻的克莱和弗兰克·豪利[①]上校上场。

克莱：我们为何来到欧洲？我们已经失去了捷克斯洛伐克。我们已经失去了芬兰。挪威也受到威胁……如果我们意在团结欧洲来对抗

[①]　在柏林的美国占领区的首脑。

第十九章 | 约翰·F·肯尼迪，政治如戏

共产主义，我们就绝不能退却。如果美国还没意识到这一点，还不相信事态已很紧急，那它将永不会成为世界霸主，而共产主义则将席卷全球。

克莱和豪利凝望舞台上方的天空布景。布景上的天空，引导飞机着陆的航灯一排排如那珍珠，亮彻天际。11个月来，在历史上最大规模的空运行动中，英美的飞机一共向西柏林飞了27万次，运送了232.5万吨的食物、燃料、医药及生活用具。苏联飞机则不停地干扰毫无战斗装备的道格拉斯C-47s、DC-47s、DC-3s和阿夫罗·约克斯（英国飞机品牌），突袭鼻子扁平的牦牛战斗机，用探照灯干扰飞行员的视线，同时还干扰盟军的信号射频。一百多名机组人员丧生于此次行动。最后，颜面丢尽的苏军被迫让步，斯大林同意德国不在共产主义的旗帜下联合。在这个历史转折时期，西德和美国这两个曾经的敌手化干戈为玉帛，结为盟友。

豪利：我们不会离开柏林。美国人们不会袖手旁观，坐视不管，任凭德国人民忍冻挨饿。 [321]

巧克力棒和花生酱杯从手帕大小的降落伞下洒落舞台，这是美国飞行员投放给柏林那些兴奋地尖叫着的孩子们的。

克莱和豪利退场。

第三场 在西柏林的总统车队

肯尼迪和克莱登场。肯尼迪偕同西德总理康拉德·阿登

纳①（八十七岁）和西柏林市长维利·勃兰特（四十九岁）一同登上一辆蓝色林肯敞篷车。克莱坐在第二辆车里。车队由三十八辆车组成，包括十二辆坐满了记者的巴士。

车队从机场开到了沙恩韦勃街上。突然，一群欢呼雀跃、热情澎湃的柏林群众将车队重重围住。随后五彩缤纷的彩带、气球和彩纸纷纷落在车上。肯尼迪的司机用雨刮清理视线，辨别前面的道路。五十公里的道路两侧挤满了一百多万名民众，人们载歌载舞，挥手致意，抛洒鲜花。

人群：肯尼迪！肯尼迪！

肯尼迪、阿登纳、勃兰特和克莱站立着向人群挥手，陶醉于群情激昂之中。在德国历史上，对于外国访问者，从来没有，甚至将来也不再会有如此场面宏大、自发自愿的欢迎仪式了。

第四场 选帝侯大街

五十名警察身着白色警服，头戴白色警盔，骑着摩托引领车队经过了克朗兹勒咖啡馆，绕过威廉大帝纪念教堂②的

---

① 康拉德·阿登纳（1876—1967），一位跨世纪的人物，他经历了德意志帝国、魏玛共和国、第三帝国和联邦德国等四个重大历史时期。在他的领导之下，德国在政治上从一个二战战败国到重新获得主权，进而成为西方国家的一个平等伙伴；经济上医治了战争的创伤，并通过实施社会市场经济，创造了德国的"经济奇迹"。作为德国公认最杰出的总理，他在德国现代史上已深深地打上了阿登纳的印记。他的影响至今仍到处可见。为此，人们把这一时期称之为"阿登纳时代"。
② 十九世纪末，德意志帝国皇帝威廉二世下令在柏林建造一座教堂，以纪念他的祖父、德意志帝国的第一个皇帝威廉一世，并命名为"威廉皇帝纪念教堂"。

废墟，驰向西柏林城市中心。途中没人提及第二次世界大战，大家的话题都集中在冷战和柏林墙上。也没有人关注肯尼迪曾经两次来访柏林：1939年8月，二十二岁的他在此地为父亲搜集到了德国即将攻打波兰的秘密情报。1945年，他作为《赫斯特报》的战地记者来到这个满目疮痍的城市。

人群：肯尼迪！肯尼迪！

车队穿过了蒂尔加滕公园，环绕着胜利纪念柱和镀金的维多利亚女神像行驶。没人提及1945年飞扬在纪念柱上的法国三色旗，也没人谈及他们曾经为了报仇试图推倒胜利纪念柱的提议。

第五场　国会大厅

肯尼迪和工会组织者乔治·莱伯及随从们上场。

柏林是一个政治舞台，在这里，德国和美国紧密相连。屹立于约翰·福斯特·杜勒斯大道上的国会大厅是美国送给柏林的礼物。这个会议和文化中心建在一块人造高地上，毗邻边境。因此，东柏林人可以从对岸看到这里。它的附近是阿尔瓦·阿尔托[①]、柯布西埃[②]、沃尔特·格罗

[①] 阿尔瓦·阿尔托（1898—1976）是芬兰现代建筑师，人情化建筑理论的倡导者，同时也是一位设计大师及艺术家。
[②] 柯布西埃（1887—1965），被誉为开创现代主义建筑的鼻祖、二十世纪最富激情的建筑师。他和沃尔特·格罗皮乌斯、密斯·凡·德罗并称为现代建筑派或国际形式建筑派的主要代表。他一生致力于现代高层建筑的设计，留下了众多的经典传世之作。

皮乌斯①及其他建筑师设计建造的新颖建筑。

莱伯向肯尼迪献上了那天上午刚从东柏林采摘的鲜花。

肯尼迪（引用了本杰明·富兰克林的话）：上帝不仅恩准我们热爱自由，而且恩准我们彻底地了解人权，恩准自由和人权遍及地球上的每一个国家，因而一个人驻足任何地方都可以宣告："这是我的国家"。

肯尼迪是首位在德国工会演讲的西方领导人。

肯尼迪：西柏林是我的国家。

掌声如雷。肯尼迪挥手致意并退场，访问国会大厅时长二十五分钟。

第二幕
第一场　勃兰登堡大门

舞台一片安静，肯尼迪登场。他登上了木质观望台，柏林墙矗立在他眼前，墙后面是勃兰登堡大门。门柱间，鲜红旗帜迎风招展。这些旗帜由东柏林人悬挂，目的明显是为了挡住他的视线，不让他看到菩提树大道。

---

① 沃尔特·格罗皮乌斯(1883—1969)，德国现代建筑师和建筑教育家，现代主义建筑学派的倡导人和奠基人之一。格罗皮乌斯积极提倡建筑设计与工艺的统一，艺术与技术的结合，讲究功能、技术和经济效益。1945年同他人合作创办协和建筑师事务所，发展成为美国最大的以建筑师为主的设计事务所。第二次世界大战后，他的建筑理论和实践为各国建筑界所推崇。

电视摄像机聚焦肯尼迪。成群结队的记者举着话筒，竖耳倾听，然而肯尼迪一言不发。此刻，无声胜似有声，讲话反而有损演讲。他的沉默却胜似千言万语。现场只能听见照相机的快门声和摄像机的转动声。

肯尼迪此次来访柏林，目睹了许多，也备受关注。他的每一次停留，每一件服装，每一个举止都精心安排，力求达到最大效果。面对一千五百名资深记者，他凝望分割柏林的混泥土墙。他看着这面墙，世界则注视着他的目光。他的此次来访由德国两个主要电台联合转播：德国第一电台和第二电台实时播报。

肯尼迪走下观望台，下场。

第二场　查理检查站（东西柏林过境检查站）

肯尼迪偕同阿登纳及勃兰特乘坐在林肯敞篷车内。不过，他们乘坐的车辆并非车队的第一辆。在他们的前面行驶着一辆蓝色的福特牌货车，车厢里摆放了一排排凳子，几十名摄影师就乘坐在这辆货车中。他们手中的镜头都对准肯尼迪，捕捉下他每一个手势和表情。他们也和总统一样，心情激动，也不停地向人群挥手致意，也被他人拍摄下来。他们既是观众，也是演员。

[324]

在东西柏林的主要过境处，查理检查站，苏联和美国的坦克于十八个月之前还针锋相对，稍有不慎便可能引发一场核战争。

肯尼迪上场。美国将军詹姆斯·波尔克领着总统和随从登上另一个观礼台。可以听见低语声，但是，耳机再一次不准靠近观礼台，无法记录下声音。肯尼迪再一次沉默了，再一次运用沉默来强化即将开始演讲的影响力。肯尼迪遥望东德，那里就是他的讲稿。他的思想发生了变化。他的一举一动都饱含感情。当随从们都退下时，他还是在深情遥望，而且在他自己从观礼台下来时依然回望，脸色极其凝重，没有一丝笑容。

穿过分割东西柏林的林登大街，一小群东柏林人向他热情欢呼。

时间是中午十二点整。

第三场　在总统的林肯车里

肯尼迪、阿登纳和勃兰特坐进林肯敞篷车。总理和市长正在和总统讲话（勃兰特充当翻译）。但是肯尼迪心不在焉，即使是车子经过了滕珀尔霍夫机场的空运纪念柱时，他也没怎么注意看。他一直在摩挲装在胸前口袋里的演讲稿，那张精心准备的演讲稿。在远方，四十五万柏林人正在市政厅外等待他的到来。

第三幕
第一场　市政厅前

肯尼迪登场，人群中随之爆发出雷鸣般的掌声。在勃兰特的办公室里，肯尼迪和他的讲稿撰写人特德·索伦勒及翻译坐在一起，他们正在往索引卡片上写注释，卡片上印着他的演讲内容。此刻他站在舞台左边，手背在后面，阿登纳正在向群众介绍他。

阿登纳：亲爱的朋友们，有请肯尼迪总统为我们演讲……

欢声雷动。肯尼迪穿过狭窄的站台，走上了演讲席。他从口袋里掏出卡片，面带微笑，双手倒腾卡片，等着欣喜若狂的欢呼声安静下来。

肯尼迪：今天能和我的同伴，克莱将军一起来这里，我倍感骄傲。在这个城市的危急存亡之秋，克莱将军曾经来过，如果还有需要，他将再度来临。

克莱从舞台右边登场，他刚才和西德政客们站在一起。克莱感谢大家的厚爱，并且向大家重申美国对西柏林的使命。他和肯尼迪握了手之后，便退了下去。

肯尼迪：两千年以前，世界以罗马人为骄傲。今天，在这个自由的世界，最令人引以为豪的，则是"我是柏林人"。

肯尼迪的演讲是经过了几个月的不断修改后定稿的，一方面以免激怒苏联，另外一方面也不能让德国人失望。在演讲中他回忆了战后的几桩大事：空运、1953年东柏林起义、赫鲁晓夫的威胁、柏林墙的修筑。他试图向民众推广全新的安抚政策，促成东西柏林和平共存。

肯尼迪：我不知道还有哪个城市和西柏林一样，被围困了十八年之久，依然生机勃勃，依然精力旺盛，依然充满希望，依然信念坚定。

[326]　　此刻，肯尼迪站在演讲席上，似乎已经将精心准备的讲稿大部分弃之不顾，开始随意发挥，发自内心地回应听众的激情。

肯尼迪：自由不易，民主有弊。但是，我们从未筑墙隔离封锁人民，使人民远离我们。

他的声音，透过扬声器，在广场和全球回响。他将柏林墙看作对历史的亵渎，对人性的冒犯。因为，柏林墙导致人们妻离子散，骨肉分离，让一个盼望团圆的民族隔墙相望。

肯尼迪：在我的演讲即将结束之时，我恳请你们睁大眼睛，将目光越过今天的艰难险阻，放眼明天的希望；请别再拘泥于柏林的自由，或者你们国家的自由，更要放眼世界各地之自由进程；我恳请你们超越柏林墙，放眼于正义与和平来临的日子；超越你我，放眼全人类。

人群雀跃，满怀轻松自由的心情，好像肯尼迪总统使他们远离了噩梦般的纳粹统治，远离了共产主义，远离了民族主义，并且远离古老的陋习。就这样，肯尼迪将西柏林的身份与美国的神话联系起来。

肯尼迪：自由不可分割，只要还有一个人被奴役，众生就不可能真正自由。等到众生真正自由了，我们就可以期待这一天的到来：在和平安宁、充满希望的地球之上，柏林将获得统一，这个国家，甚至整个欧洲大陆都将获得统一。等到这一天最终来临，因为它必将来临，西柏林人民将倍感欣慰，因为，在过去的二十多年中，他们始终站在捍卫自由与民主的最前线。

他不时的停顿，让译员替他翻译每一句话。

肯尼迪：所有自由的人民，无论他们身在何处，都是柏林的市民。因此，作为一个自由人，我为"我是柏林人"感到骄傲。

演讲结束，肯尼迪这位该剧主演将几张演讲稿卡片塞进了上衣口袋。那句"我是柏林人"并没有打印在卡片上，他只是在一张卡片背面写了"我是柏林人"的音标注音而已。

[327]

当"自由之钟"（由美国民众捐款赞助建造后捐赠给西柏林，上面有1600万美国民众的签名。）鸣响时，柏林人低头祈祷，希望总统意义非凡的八小时来访能保住他们城市的自由。肯尼迪已然栩栩如生地描述了一个新的政治前景，与此同时，柏林人的热情也帮助重塑了国际政治。他转过脸，对着演讲稿起草人特德·索伦勒低声说道：

肯尼迪：我们有生之年再也不会有今天这样的经历了。

演员退场。

20

1978 年，大卫·鲍伊在《小白脸》中的场景，他们当时是在奥特·圣马修士公墓，在胜利纪念碑的雕刻家弗雷德里克·德雷克和格林姆兄弟的墓碑旁。

第二十章

大卫·鲍伊和他的专辑《英雄》

1973年，科腾内街

春光明媚，十来只白鸽在头顶上空盘旋，鸽胸脯雪白耀眼。骑车人缩头弯腰如鸭子行走般从鸽子编成的圈中骑过，轻盈地驰离豪普特街，转进绿树成荫的小巷。暖风轻抚他的发梢，车胎在鹅卵石上欢跳。他骑过伊舍伍德和里芬斯塔尔曾经居住过的建筑。在一家廉价咖啡屋，一群身披巴基斯坦解放组织围巾的学生，面色苍白，正将目光从克尔凯郭尔①的书上移开，各自再要了一杯浓咖啡。他们身后有一幢小房子，墙上涂写着"美军滚回老家去"。不远处，一个玻利维亚的街头艺人正吹着排笛。一位老妇人骑车迎面过来。她的脸颊上结满了红色老年斑，淡紫色的帽子上刺着一朵黑色的丝绢花。她一边骑车一边抽着雪茄，车篮里蹲着一只墨西哥小狗——吉

---

① 索伦·克尔凯郭尔(1813—1855)，丹麦宗教哲学心理学家、诗人，现代存在主义哲学的创始人，后现代主义的先驱，也是现代人本心理学的先驱。曾就读于哥本哈根大学。后继承巨额遗产，终身隐居哥本哈根，以事著述，多以自费出版。他的思想成为存在主义的理论根据之一，一般被视为存在主义之父。认为哲学研究的不是客观存在而是个人的"存在"，哲学的起点是个人，终点是上帝，人生的道路也就是天路历程。

娃娃。

来到那片遭受过空袭的布莱希特故居地,在斯皮希尔街他向北骑去。布莱希特生前每天都沿着这条路线步行到罗曼斯特咖啡屋。骑车人从书中获知,布莱希特和格罗兹曾于品咖啡、对弈之中倡导过一种新艺术,并将其传播于全世界。

有些上午,骑车人会向左转弯,朝南骑到恩斯特·基希纳曾经的画室。每次穿梭过科纳街,都会让骑车人联想起凯尔希纳如何挣扎摆脱根深蒂固的清规戒律。凯尔希纳曾在过去与现在之间搭建起一座桥梁——桥社①——但是纳粹却斩断了这座桥,毁掉了凯尔希纳六百幅画,致使凯尔希纳饮恨自杀身亡。

罗利车载着骑车人穿过了许多物是人非、阴魂不散之处,空旷的燃料库,坍塌的体育馆(戈培尔曾在此发动全面战争),人民法院(意欲刺杀希特勒的刺客在此被判死刑)。他曾驻足滕珀尔霍夫机场宽阔的抵达大厅,任凭冰冷的石鹰展翅身后。经过波茨坦大道时,他屏气凝神——多年以前,迪特尔·沃纳的儿童十字军在此消亡,了无踪迹。

每次骑车穿越这座被人为隔离开的城市,他都极其强烈地感觉到,这座城市其实是个整体。每一次登踏自行车脚踏,他都有穿越时空的感觉,都令他追思过去,展望未来。岁月悠悠,无论过去与将来,柏林似乎都身处欧洲的焦点。自行车给他带来无比的欢乐,令他心神愉悦,让他在继父家中安身立命却又自由洒脱。

他曾在日记中写道:"我真的拿定主意。我将我行我素,我将梦想成真。"

---

① 德国表现主义美术社团。1905 年成立于德累斯顿。"桥社"一词的含义是团结所有德国艺术家,共同起来反对腐败的学院派绘画和雕塑,建立一种新的同日耳曼传统有联系的而又充满现代情感和形式的美学,从而在艺术家和切实有力的精神源泉之间建立一座"桥梁"。

第二十章 | 大卫·鲍伊和他的专辑《英雄》

密斯·凡·德·罗[①]的新国立美术馆,建在施佩尔负责建造的日耳曼帝国废墟之上。他到了这里后,便右转沿着运河骑行。岸边,一群喝得酩酊大醉的家伙,身子都站不稳了,却还在斗殴。他从他们身边飞驰而过,进入到科腾内街,规避掉有轨电车的轨道(这些轨道上已经没有电车运行了),朝柏林墙滑行。来到一个人迹罕至的地方,他滑停了下来,然后推着车子进入了汉萨录音棚。

才满九岁,大卫·鲍伊就义无反顾地投身音乐。父亲为他买了一款新的留声机和一大堆唱片,唱片有经久不衰的情歌组合,月之城爵士乐,以及奥尔良流行歌手法兹·多米诺[②]和美国流行歌手小理查德[③]的唱片。小鲍伊第一次听到《百果糖》这首歌时,高兴得心都几乎要跳了出来。

大卫·鲍伊原名叫大卫·琼斯,出生于遭受过空袭的伦敦南部,成长于布罗姆利[④]一幢联排别墅中。从小不太安分,蠢蠢欲动想要逃离安逸的郊区生活。父亲买的唱片,母亲随着无线广播播放的恩尼斯特·洛[⑤]的《赞美鸽翼》的哼唱,这些音乐使外面那宽广奔放的世界向他扑面而来。

[333]

[①] 密斯·凡·德·罗(1886—1969),德国建筑师,也是最著名的现代主义建筑大师之一,与赖特,勒·柯布西耶,格罗皮乌斯齐名。密斯坚持"少就是多"的建筑设计哲学,在处理手法上主张流动空间的新概念。
[②] 法兹·多米诺(1928—),新奥尔良最流行的乐手,他的曲风慵懒随意,声音温暖而滋润。他的音乐从 50 年代中期到 60 年代初都很受欢迎。多米诺的第一首单曲《The Fat Man》于 1949 年发行。
[③] 小理查德(1935—),二十世纪五十年代摇滚乐中的主角。而且还为六十年代涌现出来的美国摇滚艺人起了最基本的激励作用。作为摇滚世界的历史缔造者之一。在 1956 年到 1957 年短短一年中,他完成了几乎全部代表作,并卖出了 1800 万张。
[④] 布罗姆利区是英国英格兰大伦敦外伦敦的自治市。
[⑤] 恩尼斯特·洛(1911—2000)美国男高音,曾演唱过著名的《赞美鸽翼》,这一唱片是 1927 年唱片店的畅销作品。

他的首次演出,是在怀特岛①与布罗姆利几个小伙子一起演奏了噪音爵士乐②。他同母异父的哥哥,特里,为他介绍了披头士乐队,使他得以知道了罗尼·多内甘③。他哥哥还让他读凯鲁亚克④的故事集,先锋爵士乐队的地下室令他兴奋不已。于是,鲍伊开始学习弹吉他和钢琴,并参加了取名为"乔治和龙"的校乐队。他父亲给他买了中音萨克斯管,他自己则用双卡录音机和磁带在卧室里建了个简易的录音棚。他还成立了"孔拉德乐队",后来又成立了"蜂王乐队",其风格从现代到摇滚不断变换,他把自己设想成英国的小理查德。他的早期乐队成员大卫·哈德菲尔德回忆说,大卫的脑子里总是装满了奇思妙想,"每天都有新花样,比如改变我们名字的拼写,改变形象,或者改变服装……他还为乐队搞了许多广告策划。"鲍伊将自身和他的音乐都印染成蝘蜓星座般色彩艳丽。

十七岁那年,他学业还未结束,就开始驾驶一辆旧的救护车出外巡演。为了塑造自己的舞台形象,他研究米克·贾格尔⑤及波·迪德里⑥的表演风格。为了某一造型,他在卡纳比街上的垃圾桶里收集别人丢弃的衣服。后来,一个叫戴维·琼斯的歌手加入了"门基乐

---

① 英国南部岛屿。英格兰的一个郡。岛上的城市中心纽波特文化悠久,有不少青铜时期遗迹。
② 又称民歌爵士乐,是一种流行音乐,受到爵士、蓝调、民间音乐、乡村音乐的影响,常常使用自制或临时拼凑的乐器,比较注重即兴演出。
③ 罗尼·多内甘(1931—2002),奎斯·巴博尔((Chris Barber))乐队的首要代表,是一名传统的爵士布鲁斯艺人,在音乐领域取得卓越的成绩。
④ 杰克·凯鲁亚克(1922—1969),是美国"垮掉的一代"的代表人物。他的主要作品有自传体小说《在路上》、《达摩流浪者》、《荒凉天使》、《孤独旅者》等。他以离经叛道、惊世骇俗的生活方式与文学主张,震撼了二十世纪五六十年代美国主流文化的价值观与社会观。凯鲁亚克在小说中创造了一种全新的自动写作手法——"狂野散文",他的"生活实录"小说往往带有一种漫无情节的随意性和挑衅性,颠覆了传统的写作风格。其疏狂漫游、沉思顿悟的人生成为"垮掉的一代"的一种理想。
⑤ 米克·贾格尔(1943—),摇滚乐手,滚石乐队创始成员之一,1969年开始担任乐队主唱。作品主要有《She's the Boss》《Primitive Cool》《Wandering Spirit》等。
⑥ 波·迪德里(1928—2008),美国黑人音乐家,摇滚乐的先驱。

队"①，他便将自己的名字改为了大卫·鲍伊。他曾动手剪辑了自己的一首重要独唱歌曲《不禁想起自己》，并亲手呈送到保罗·麦卡特尼②的录音棚。然而，披头士乐队却毫无反应。失望之余，鲍伊爬到自家房顶，将自己所有的录音集都抛弃了。

鲍伊在博格诺和伯恩茅斯演出时，吸引了当地大批的忠实粉丝。他不惧怕打破常规，敢于挑战主流。以往遭遇的挫折，促使他渴望理解大众的需求，并将他推入艺术世界和文学世界。他开始如饥似渴地读布莱希特、巴勒斯③、加缪④、卡夫卡⑤的著作。

尤其是卡夫卡的《变形记》，令他震撼，时常萦绕心头挥之不去。因为，这个变形故事由另一个充满好奇和想象的心灵编织而成。卡夫卡通过《变形记》创造了另外一个自我。他在柏林也生活过一段时日。

鲍伊曾与哑剧演员林赛·肯普⑥一道在英国同台巡演。肯普时常鼓励他，演出时要有个性。鲍伊也曾将法国戏剧导演安托南·阿尔

---

① 门基乐队是一支美国本土乐队，由四人组成，于二十世纪六十年代兴起。
② 保罗·麦卡特尼（1942—　），英国音乐家、创作歌手及作曲家，披头士乐队成员之一。2010年12月5日，获得第33届"肯尼迪终身荣誉奖"。
③ 威廉·S·巴勒斯（1914—1997）美国作家，与艾伦·金斯伯格及杰克·凯鲁亚克同为"垮掉的一代"文学运动的创始者。伯勒斯的晚年主要和金斯伯格在演艺界玩耍捣乱，创作了不少通俗歌曲，甚至被一些年轻人奉为朋克摇滚宗师。巴勒斯晚年还演过电影，作画出售，并且为耐克运动鞋在电视上做广告，几乎无所不为。在金斯伯格逝世后的4个月，巴勒斯心脏病发，离开人世。
④ 阿尔贝·加缪（1913—1960），法国声名卓著的小说家、散文家和剧作家，"存在主义"文学的大师。1957年因"热情而冷静地阐明了当代向人类良知提出的种种问题"而获诺贝尔文学奖。代表作：《鼠疫》《局外人》。
⑤ 弗朗茨·卡夫卡（1883—1924），二十世纪奥地利德语小说家，犹太人。生于捷克首府布拉格，爱好文学、戏剧，十八岁进入布拉格大学，初习化学、文学，后习法律，获博士学位。1904年开始发表小说，早期的作品颇受表现主义的影响。代表作：《变形记》。
⑥ 林赛·肯普（1938—　），著名的英国舞蹈家，演员和默剧艺术家。

托①的理论在舞台上付诸实践。阿尔托希望观众能够成为"演出"中心,这样他们才会融入演出。通过切身体验,鲍伊逐渐发现,观众在剧场不应该与演出相隔离,而应该积极参与,因为艺术本来就是冒险的器具。他同时发现,表演既展示生活又升华生活,再现心灵震颤的体验。后来他涉足音乐剧,开设艺术中心,还尝试过拍电影。他将叙事、哑剧、杂耍糅合起来,为自己的音乐加入新的元素,塑造出了一个生气勃勃的个人神话。

二十一岁那年,鲍伊写了《太空星尘》。然而,唱片公司对这首歌都不感兴趣。披头士的音乐制作人乔治·马丁也将其否决。生于布鲁克林的托尼·维斯孔蒂②——之后会为鲍伊灌制大量唱片专辑——也将其看作是骗人的玩意。但是,这首歌讲述了一个天真无邪却滑稽可笑的故事,汤姆上校漫游太空。汤姆上校既是航天英雄,又是一个生性脆弱、与生活格格不入的普通人。美国人登上月球那年,这首歌终于发行,成为鲍伊的成名曲。

后来五年中,鲍伊一跃成为伦敦、纽约和洛杉矶首位后现代流行音乐巨星。他头发火红,着装绚烂多彩,创造了双性人"星尘齐格"③,将自己的生命融入光怪陆离的概念之中。

将自己迷失于音乐舞台的个性后,他宣称:"离开了舞台,我就是个机器人。只有在舞台上,我才获得血肉情感。这也许就是我为什么喜欢将活生生的大卫打扮成 Ziggy 一样的漫画式人物形象。"

后来,他放弃了异类的摇滚乐,创造了歌曲《清醒的阿拉丁》,

---

① 安托南·阿尔托(1896—1948),法国演员、诗人、戏剧理论家。二十世纪二十年代曾一度与超现实评论合作,并写出和演出超现实主义作品。后受象征主义和东方戏剧中非语言成分的影响,形成了"残忍戏剧"的理论,并发表了演员、诗人、戏剧理论家(1932)。主张把戏剧比作瘟疫,经受它的残忍之后,观众得以超越于它。其见解对热内、尤奈斯库等人的荒诞派戏剧有重大影响。
② 托尼·维斯孔蒂(1944—),著名音乐制作人。
③ "星尘齐格",也就是大卫·鲍伊,他性别模糊,宣称自己是双性人,他有自己的妻子,却同时与其他男性有暧昧关系。

第二十章 | 大卫·鲍伊和他的专辑《英雄》

尔后又在幡然大悟后从华丽摇滚风格的《钻石狗》(这首歌得益于弗里茨·朗的《都市》)变成衣冠楚楚的《美国少年》,将自己摇身转型为冷冰冰的《瘦白公爵》①。自我挑战促使他的演出风格不断变换,使他的音乐之路不断开阔。他不时地将先锋音乐与主流流行乐连结起来,却又持续地保留先锋派那充满颠覆性和释放性的力量。然而,每一次转型都使他越来越难以从自己的舞台形象中走出来。这一点,伊舍伍德和黛德丽早就注意到了。他曾将自己的职业生涯描述为一幕戏:"一切都出毛病的时候,我的个性完全被影响了。整日危机四伏。我真的怀疑自己是不是精神失常了。"

无休止的创作欲望,以及大剂量的可卡因,促使鲍伊不断地创造音乐。他几乎毫不在乎自身的价值。他觉得工作是唯一的价值所在。他生活在一种狂热的创作中,巡演时尤其如此:他读书、聊天、听新潮的电子乐、写歌、表演后思考新的表演方式。他经常熬夜,很少吃饭,体重降到了八十磅。他怀疑自己的经纪人坑骗了自己几百万。他沉迷于奥秘之中,有时连续七八天不睡觉,耽于奇思妙想的虚幻世界,幻想即将到来的厄运和古埃及的神秘世界。某些早晨,他的助手科克·施瓦布来到他租来的房车里,总会看到他像死人一样躺在一个干涸的澡池旁,澡池盆底有他烧掉的恶魔照片。助手会拿一面镜子在他鼻子下晃一晃,看他是否还活着。

离开了舞台,他总是闷闷不乐。他自己也承认,那种时候看起来就像死尸还魂。他不仅要逃离洛杉矶名人圈,还要从自己的舞台角色中逃出来。似乎为了回应布莱切和格罗兹的召唤,他说:"我自己也明白,我所作所为都是实验。发现新的写作形式,事实上,开创新的音乐语言。这就是我着手要做的事情。这也是我为何要回归欧洲。"

1976年,光彩夺目的摇滚巨星降落柏林。恩格尔伍德②演唱会之

[335]

---

① 瘦白公爵是鲍伊的另一个经典形象。
② 美国新泽西州伯根县的一座城市。

后，鲍伊曾在加利福尼亚与伊舍伍德谋面，与平易近人的王后以及厚颜无耻的新国王聊了一个小时。伊舍伍德在《告别柏林》中写道："柏林是一副在寒冷中煎熬的残骸，那是我自己的残骸在煎熬。"鲍伊看过他的书，也观赏过卡巴莱歌舞表演。他希望伊舍伍德替他为残骸着装。他请求伊舍伍德告诉他——就像一个说书人为另外的说书人讲述一般，讲述柏林的神秘而又富有创造力的隐秘世界。六个月后，他身心几近崩溃之时，搬到了重生后的柏林城。

[336]　　肯尼迪来访后的十年里，柏林既有所改变也有所保留。柏林墙外，25 万红军仍然包围着城市。而在围墙内，12500 名美英法联军守卫着这里的自由。然而西柏林人早已习惯了封锁，他们还在墙边种上了铁线莲和灌木丛，把墙壁当做一张一百五十五公里长的油画布，在上面涂鸦写字，只见墙上写着：改变生活，享受和平，不甘平庸。

为了重建他们满目疮痍的生活，大多数德国老兵对于自己在纳粹时期的顺从选择了遗忘。曾经流传这样一个故事：一个名字叫吉扎克·本-阿瑞的奥地利犹太人，1938 年乘火车来到关押着他父亲的达豪集中营。到了车站后，他曾询问去集中营的路，当地人笑眯眯地告诉他关押犹太人的所在地。然而战后，本-阿瑞作为以色列使节再次来到德国，来到鞑巢，这个集中营却不知怎么地已经从人们的记忆中抹去，似乎无人能为他指路了。

这种遗忘，在二十世纪六十年代又重被拾起。对于新生代来说，西德的经济腾飞并非建立于创新与勤劳，而是建立于一个谎言。他们认为，父辈们对希特勒的盲目顺从导致了大屠杀。普鲁士人对独裁权威的奴性忠诚，几乎毁灭了这个国家。结果，年轻的德国人，尤其是年轻的柏林人，几百年来首次抵制长辈的权威。他们选择从受害者的视角，而不是选择从犯罪人的角度反思历史。

1946 以来，西柏林通过大量的现金资助变得生机盎然。凡是迁往柏林的西德人，减免纳税，搬家费得到补偿，男性居民免除军役。

因此，成千上万的年轻人涌向柏林。很快他们便开始反抗权威。纳粹残余，共产主义思潮的明显消退，人们普遍对美国发动越南战争表示愤慨，这些因素使年轻人相信，西方资本主义不过是第三帝国的化身。为了减轻他们从父辈那里得来的负罪感，他们加入合作组织，积极投身静坐示威，反对结盟，烧毁美国国旗，游行示威支持越共，在美国领事馆门口高呼的不是"肯尼迪"，而是"胡志明"。

1967年，伊朗国王访问德国。大多数民众坚信伊朗国王有美国中央情报局撑腰，因而导致了激烈的巷战，巷战中死了一位抗议者，进而加剧了柏林的学生运动。游行队伍涌入街头，要求推翻执政政府。其中一个年轻领导人宣称："这个法西斯政府会将我们全部歼灭，我们的组织必须抵抗，以暴制暴。纳粹集中营阴魂不散！"

暴乱很快从柏林蔓延至巴黎和布拉格。在法国，学生和工人们忙着铺设路障。一些理想主义者宣告："我们将建立一个全新的世界。"然而，他们的乐观情绪很快被政治极端分子以及萨特①和福柯②的说教引入歧途。1968年8月，华沙盟军入侵捷克斯洛伐克，柏林陷入一片混战和恐惧。从血腥屠杀中侥幸逃脱的捷克难民，满脸狐疑地看着西方激进分子高举起他们力争推倒的红旗。成千上万的难民跪在威廉大帝纪念教堂，在它那温暖柔和的蓝光中默默祈祷，惊恐万分地等待着苏联坦克驶入库达姆大街。

---

① 萨特（1905—1980），二十世纪法国著名的文学家、哲学家和政治评论家，法国无神论存在主义的主要代表人物，同时也是优秀的文学家、戏剧家、和社会活动家。
② 米歇尔·福柯（1926—1984），法国哲学家、社会思想家和"思想系统的历史学家"。他对文学评论及其理论、哲学（尤其在法语国家中）、批评理论、历史学、科学史（尤其医学史）、批评教育学和知识社会学有很大的影响。他被认为是一个后现代主义者和后结构主义者，但也有人认为他的早期作品，尤其是《词与物》还是结构主义的。他本人对这个分类并不欣赏，他认为自己是继承了现代主义的传统。他认为后现代主义这个词本身就非常的含糊。

的确，许多进步的思想团体，如巴德尔·迈因霍夫帮，[1]仍然纠结于对他们父辈的憎恨，对于苏联的威胁熟视无睹。在迷乱困惑中，他们热衷于时不时地对"纳粹联邦共和国"采取暴力行为。在莫阿比特，迈因霍夫头戴假发，公文包里放着手枪，将她的同伙安德烈亚斯·巴德尔救出监狱，并杀了一名目击者。

二十世纪七十年代，与苏联红军和皇家空军都保持暧昧关系的"赤军帮"，无恶不作——炸毁百货大楼，劫持人质，滥杀无辜。该团体旨在促使政府剑走偏锋，从而激起民愤，引发内战。西德的部分年轻人对该团体颇为同情。迈因霍夫被捕后，在监狱中自缢身亡，四千名哀悼者前往玛琳道夫公墓参加她的葬礼。

历经惊慌恐惧、信仰迷失和暴力行动之后，德国的年轻人在1968年这一关键时刻转身投入美国人的怀抱，一反常态地将自身托付给美国人，告别暴力的过去，将自己从几百年的历史恐慌中解放出来，彻底改造德国。

沿着笔直的小路，自行车穿越了树林，车轮在石沙路上抖动。一排排树木成扇形向外延伸，树叶茂密，将天空挡在外面，但树丛中光线充足。路面越来越潮湿，车轮的痕迹也愈加清晰，自行车依然沿着道路平稳地前行，只是方向渐渐西转，来到一片郁郁葱葱的绿地。伊基·波普[2]骑着一辆带豹纹的黄色车子。他的一个邻居搬走了，走前将这辆自行车送给了他。鲍伊骑在前面，重心不稳，左摆右晃，此刻

---

[1] 德国臭名昭著的恐怖组织"红军支队"。巴德尔和迈因霍夫是这个组织的两个头领的名字。"红军支队"是一个德国的无政府主义组织，从1972年至今一直从事极左的恐怖活动，宣称为了革命而进行恐怖活动，但它更像是以恐怖为目的而非将恐怖活动作为其实现革命目标的战略的组织。

[2] 伊基·波普（1947—   ），被认为是朋克音乐的教父，因为任何一支现在的或是过去的朋克乐队，都曾经从他在六十年代末七十年代初所建立的乐队Stooges那里有所借鉴和启发。

第二十章 | 大卫·鲍伊和他的专辑《英雄》

已经停了下来,坐在自行车上朝他叫喊。这种自由放松的感觉让他很陶醉。他感觉他们好像可以骑车离开这个"孤岛",穿过柏林墙,一路骑到英吉利海峡。

1976年末,他和波普刚搬到西柏林时,旧习难改。他们经常开着曾属于塞拉利昂①总统的奔驰敞篷车在柏林这个孤岛上穿梭,在乔的啤酒屋里喝美味咖啡,在贫民窟里游荡,混迹于异性打扮的人群,在密林或无厘头的酒吧中聚会狂欢。在葛如思酒店自己的房间里,他们一边吸毒,一边观看电影《境界双雄》《情难自己》,或者阅读《流浪者之歌》《柏林谍影》等书籍。

波普曾说:"一周七天里,两天狂欢,两天恢复体力,三天参加其他活动。"波普曾是傀儡乐队的主唱,后来成为朋克摇滚乐的教父。他已经吸毒太深偏离了正道。他自己也想浪子回头,却又无法不放纵自己。

有天深夜——他们自己也记不清是在柏林还是洛杉矶——波普坐在副驾驶座位上,鲍伊则开着车子一遍一遍地猛撞他们经纪人的车子,疯狂地撞了五分钟。然后,鲍伊将车开到酒店地下车库,时速一百码在车库里飙车,在尖利的刹车声和自己的尖叫声中,他恨不得一头撞上混凝土墙一了百了。一直开到车子没油了,大家才从歇斯底里中颓然崩溃。

为了击败内心蠢蠢欲动的恶念,鲍伊需要属于自己的天地,需要稳定的环境。他的妻子安吉,已经与他貌合神离,渐行渐远,不能再为他提供他所需要的一切。她大部分时间都待在伦敦或瑞典,让他们的儿子卓威(后改为乔伊,之后又改为邓肯·琼斯)疏离父亲。因此,他的助手,科克,在舍恩伯格的新艺术派大楼里租下了整个楼面,替他安置了一个不错的居所。这里离朗根沙伊特布鲁克和勋伯格不远。在朗根沙伊特布鲁克,黛德丽曾在蒸汽火车袅袅飘扬的烟雾之上敞开衣裙。为了迎合鲍伊的想入非非,科克将房间的墙刷成白色,作鲍伊

[339]

---

① 塞拉利昂共和国位于西非大西洋岸,现为全世界最贫穷的国家之一。

的私人画廊。她订购了新的画布和油彩，为鲍伊收拾乱扔的衣服和凌乱的油画。鲍伊曾经浓墨重彩地画过一幅日本作家三岛由纪夫的肖像画，科克有时就在这幅肖像旁为他读尼采的书。除了这些以外，科克还陪鲍伊去布鲁克博物馆，全神贯注地欣赏基希纳、珂勒惠支、埃里希·黑克尔[①]的作品。黑克尔作品中的罗奎洛赤裸裸地描述了精神失常，后来波普在书籍《白痴》的封面上摆出痛苦造型，就是受该书的启发。表现主义艺术家粗犷大胆的画风，以及充满忧郁的气息，充分捕捉到了生命短促的体验，契合了鲍伊的想象。格罗兹的画所表现的力度与狂野，让他陶醉。埃贡·席勒[②]那扭曲而瘦骨嶙峋的肖像画也让他心醉神迷。他曾盯着奥托·穆勒[③]的《院墙里的情人们》看了将近一个小时。这幅画表现了一战时期生离死别的场景，让人情不自禁地联想到后来更为残酷的战争，同时让人们对柏林墙唏嘘不已。

在汉萨录音棚，鲍伊录制合成了《祸不单行》。这首歌，歌词凄凉单调，体现了他对自己屡想改变却屡遭失败的绝望，同时也体现了积极进取却持续停滞不前的绝望。正如歌中所唱，他总是开着同一辆车四处碰壁。

[①] 埃里希·黑克尔（1883—1970）德国表现主义艺术家。德累斯顿理工学院建筑系毕业，1911年定居柏林专事绘画。早期油画采用印象主义技法，色调明亮、鲜艳。以后受立体主义影响，形象结构显示出几何形的变化。成熟期的作品则强调色彩对比，并且喜用急速运转的大笔触勾画形象，产生一种粗犷、有力的艺术效果。1936年他被纳粹政府列入颓废画家名单，遭到迫害，约700件作品被没收或封存，其中一部分被毁坏。晚年在卡尔鲁厄学院任教。

[②] 埃贡·席勒（1890—1918）奥地利绘画巨子，师承古斯塔夫·克里姆特，维也纳分离派重要代表，是二十世纪初期一位重要的表现主义画家。席勒受到弗洛伊德、巴尔等人的思想影响，其作品特色是表现力强烈，描绘扭曲的人物和肢体，且主题多是自画像和肖像。在席勒的肖像作品中人物多是痛苦、无助、不解的受害者，神经质的线条和对比强烈的色彩营造出的诡异而激烈的画面令人震撼，体现出一战前人们在意识到末日降至时对自身的不惑与痛苦的挣扎情感。

[③] 奥托·穆勒（1874—1930），画家。他早期的作品，受新艺术影响，装饰风格浓厚。其后又受 Wilhelm Lehmbruck 的影响，画中的人物优雅、古典。接触到表现主义后，穆勒的画风发生了明显的变化，形式更宽广，轮廓线更加鲜明。

事实上，他正在努力远离毒品，摆脱迷乱，从放纵的生活中走出来，重新成为一个正常的普通人，成为二十世纪最伟大的艺术家。他开始衣冠不整，休闲随意，享受无人关注的生活。柏林人不再对他感兴趣，走在街上也无人骚扰。有天晚上，他心血来潮，跑到了一个卡巴莱舞台上演唱了几首辛纳特拉的歌，当地观众纷纷喝倒彩，把他轰下台，因为他的表演不合他们的口味。远离了舞台灯光后，鲍伊开始作曲，画画，并于多年来第一次感受到了生活的乐趣，精神放松，身心愉悦。对他来说，柏林真是一个太容易"迷失自我"的城市，同时又是一个可以"找回自我"的地方。

[340]

鲍伊清楚，他的目标并非简单地找到新的音乐创作方法，而是要重塑自我，回归本真。他不再需要为了迎合观众而唱歌。他已经有勇气丢弃演出道具和服装，不再需要舞台布景。

他在柏林发布了首张专辑《低迷》。这张专辑，他在巴黎附近的夏图埃鲁维尔就开始录制了。专辑既描绘了黑暗，也讲述他从黑暗中得到的洗礼。通过这张专辑，鲍伊把他自己伤痕累累的情感与东欧的动荡不安联系在一起，描述了处于边缘的生活境遇。专辑中的那首《艺术十年》讲述的就是西柏林。它与世隔绝，艺术与文化濒临消亡，无望复苏。而《地下工作者》则使人唤起身陷困境的东柏林精神，其中若有若无的萨克斯音乐勾起往昔的记忆。《华沙》这首歌让人们联想到共产主义国家波兰的首都，其怪异的单调曲风在他虚构的斯拉夫语歌声的衬托下更显突出。

《低迷》是精神宣泄之作。鲍伊与导演托尼·维斯孔蒂、吉他手卡洛斯·阿洛玛以及英国新生代音乐人布莱恩·伊诺携手完成。伊诺被称为"流行音乐的爱因斯坦"。在谈及为什么需要创作音乐时，他曾说他感觉世界本来就有音乐的一席之地……音乐扎根于世界，适得其所。

在 1970 年，年轻率性的鲍伊对《旋律制造者》感慨道："我所有的歌曲都相当个性化。我极度张扬个性，以便将其意义清晰地传达给听众。"

[341] 在此期间的数年里,鲍伊改进了工作方式。先将音乐在录音棚里录制完备。三、四个音乐人互相竞争,完成音乐的旋律基调,一切都尽量做得自然而然。鲍伊在寻找合作伙伴方面很挑剔,总是挑选那些声音和音调与自己相匹配的音乐人,有时也会根据他的作品需要来挑选符合气质的人。不管他选择了谁,他都让他们充分发挥,吉他手阿德里安·贝鲁说,鲍伊鼓励他们"自行加入很多色彩和声音,既保留了各自的特色又融入音乐的整体之中。"

音乐的旋律定了以后,鲍伊便放慢节奏,反复弹奏,再三斟酌,然后才创建原声带。当他需要做出重大调整的时候,可卡因便派上了用场,它会帮他梳理出新的吉他弹法,清楚应该在哪里加入萨克斯或钢琴,使他一直到第二天黎明甚至上午都保持头脑清醒,思路活跃。其秘密在于,事情一旦开了头,就停不下来,只有一直工作下去。音乐旋律最终定型后,他便开始着手填写歌词。

约翰·列侬①在一次采访中感慨道:"他往往即兴填写歌词。他进入录音棚时脑子里只有几个词,也不多带人。一旦开始填写歌词,他便心无旁骛。他就是这样在录音棚里即兴创作歌词的。"

波普的工作方式,大胆而且冒险,但对鲍伊影响很深。他曾目睹波普站在麦克风前即兴为《中国姑娘》填写歌词。他开始模仿这种方法,并将其与威廉·S·巴勒斯的碎片化技巧相结合。灵感来时,他通常会草草写下一两行字,音乐响起时再加以修改。歌词历来都是产生于音乐之后;因此音乐绝不只是歌词意义的简单共鸣。

卡洛斯·阿洛玛说过,汉萨让人感觉阴森忧郁。"并非预示着什么凶险,只是空气中弥漫着浓重的压抑感……德国人、纳粹党、柏林

---

① 约翰·温斯顿·列侬(1940—1980),英国摇滚乐队"披头士"成员,摇滚音乐家,诗人,社会活动家。

墙、压迫感。"战争期间，音乐会大厅被盖世太保①改作舞厅，戈培尔和施佩尔经常在里面跳舞。如今，全副武装的边境警察们都在贝瑙尔大街尽头的无人区处巡逻呢。

1977年的夏天，鲍伊、伊诺和维斯孔蒂达到了创作高峰。维斯孔蒂带着新的效果处理器——"黄昏协调者"来到第2录音棚。这种新的音乐效果处理器，"可以让人产生时间错乱感。"伊诺也从英国带来了自己的音乐合成器。他们和其他关键性的音乐人——阿洛玛、乔治·莫瑞、克里姆森国王乐队的吉他手罗伯特·弗里普以及鼓手丹尼斯·戴维斯——一起开始制作新的专辑。

维斯孔蒂总是将排练音乐录制下来。因为排练的音乐常常可以用作节奏音轨。伊诺则将音乐稍作改进和改编，他的"策略"卡片常常让同伴们惊喜不已并冒出许多新想法，卡片上写着：混淆时间，发现程式，或者，将之抛弃，最简洁的方法是什么？他和鲍伊都带着狂热的精力工作，还时常用喜剧演员皮特·库克和达德利·摩尔的方式称呼对方，看起来就像是一对古怪的教授，他们两人也常常被自己逗得咯咯笑。鲍伊很少吃东西，经常和伊诺在黎明时分才回家。鲍伊会吃个生鸡蛋然后睡几个小时，起来后再去录音棚。维斯孔蒂负责编辑原初状态的演奏，将音乐录进磁带，使之初步成形。

音乐被录制、剪辑并加入效果之后，鲍伊便把注意力转移到歌词上来。那年夏天先录制的几首歌中，有一首歌直到制作的末尾都是保持着一个音轨。于是鲍伊开始独自一人在钢琴边为这首歌写词，使其成为主打歌，后来取名叫《英雄》。

维斯孔蒂装配了三个装有电子"闸口"的麦克风。第一个麦克离鲍伊只有二十厘米，第二个放在六米开外，第三个距离十五米远，横

---

① 盖世太保是德语"国家秘密警察"的缩写，Gestapo的音译，由党卫队控制。它在成立之初是一个秘密警察组织，后加入大量党卫队人员，一起实施"最终解决方案"，屠杀无辜。随着纳粹政权的需要盖世太保发展成为无所不在、无所不为的恐怖统治机构。纳粹通过盖世太保来实现对德国及被占领国家的控制。

跨黑暗的大厅。这些"闸口"都有特定装置，鲍伊只有唱到设定音量时，才会打开，这就迫使鲍伊要将声音从轻声细语提高到尖声高喊，充分利用录音棚里的自然回声。维斯孔蒂调整音准时，鲍伊就写歌词。他时而才情喷涌，时而沉思默想。歌词刚写了一半，他便让其他人都离开，让他自己伴随着钢琴思绪飞扬。维斯孔蒂离开录音棚后，沿着科腾内街去见和声歌手安东尼娅·马斯。她是维斯孔蒂的情人，鲍伊曾透过录音棚操控室的窗户，看见他们靠在柏林墙旁相拥接吻。

[343] 两个小时后，歌词全部完成。鲍伊和维斯孔蒂又添加和音背景。《英雄》——歌曲讲述了一个边境守卫从一对年轻夫妇头顶射击的故事——成了柏林的摇滚圣歌，其单调低沉而又充满勇气的音墙，加之深沉的情感和响亮的金属声音，使其更显热情奔放，这一金属声有一部分是维斯孔蒂敲打录音棚的烟灰缸的声音。鲍伊将这一专辑以及他在柏林发的三张专辑称为自己的基因。不久的将来，它将成为流行音乐最伟大、最原始的单曲之一。这首歌甚至可能帮助推翻柏林墙。

很多人前往柏林，为了寻找，而且通常为了寻找自我。在柏林，鲍伊找回了自己。他挣脱了毒瘾，回归本真，与那些仍然沉浸在自我构建的神话世界里的前辈们截然不同。

逗留于柏林的最后岁月里，他的声音饱满，充满温情，体重也回到130磅。他说："我是来自布里顿的大卫·琼斯，只想做点有艺术价值的事情。过去我一直没有勇气以自我面对观众。坦然面对崇拜和压力，这些真的需要巨大的勇气。"

这个城市改变了他。他没有变成一个怪异的超级明星，似乎回归本真：一个具有叛逆精神的人，天资聪颖，追求心智健全的未来。

柏林同时还教会他记载重要事情。他在二战的阴影中成长，布里顿和布罗姆利都遭受过空袭。他父亲曾在北非战场上抗击过隆美尔军队。他母亲则从德国空军的轰炸中死里逃生。他和众多同龄人一样，对纳粹党也心驰神往。尽管关于鲍伊的有些评论考虑不周，但是，让鲍伊心动的并非纳粹的意识形态，而是它们的煽动性。他看过里芬斯塔尔的电影，研究过戈培尔制造的神话。他还根据戈培尔的生活构思了一首歌。他在"瘦白公爵"巡演时，布置了众多灯光将舞台照得光辉闪耀，令人们想起施佩尔的光明大教堂。最初他对纳粹的痴迷还有些天真无邪的元素。然而，他身边到处是受害者以及作恶多端的纳粹恶魔，于是他及时调整了自己与这个新时代的定位。他把握住了时代脉搏，为那些对理想失去希望的迷茫一代代言。

1977年的某个星期日下午，就在他录制了《英雄》的五个月后，我目睹鲍伊在汉萨创作了一首新歌。在那间离柏林墙不远的音乐会大厅里，他若有所思地坐到钢琴旁边时，不到一个小时后，他便有如神助地即兴谱写了一首曲子。

［344］

见到鲍伊之前，我当然对他的流言蜚语有所耳闻，诸如他偏执狂妄，瘦弱苍白，是个与法西斯和超自然主义都有染的歌坛白人领袖。然而，在我和他相处的数月中，我看到的却是一个彬彬有礼、口齿清晰、和蔼可亲的男子。他幽默风趣而又谦逊温和，孜孜以求真实的自我。在位于商业大街的家中，他会为我和其他人播放唱片，向我解释音乐人以及乐队如何合作，而后又如何为了追求各自的目标分道扬镳。他把这一过程比作这二十世纪早期的"桥社"艺术家：甲克虫乐队和列侬，洛克西音乐团，布莱恩·伊诺，德国的蓝骑士艺术团和康定斯基。一天早晨，我和大卫·海明斯导演花了一夜时间重做了《小白脸》的对白，然后我敲了敲他房车的门，把新的对白让他记住，他扫了一下粉色的纸张，淡淡一笑，说："现在我可以搞定旋律了……"

鲍伊与海明斯等合伙人一起，再加上一些孩子以及像我这样的临时帮忙者，共同欢度圣诞。在格鲁尼沃尔德一个不引人注目的饭馆里，我们胡吃海喝，鲍伊还给了我一本弗里茨·朗的传记。在那个幸福夜晚行将结束的时候，我跟着鲍伊下楼走进了宽敞的、铺着瓷砖的浴室，我们边撒尿边一起唱着巴迪·霍利①的歌（或者说，至少唱了一句或是一半《善良的戈利想念默里》）。

对我而言，音乐妙不可言。迷人的旋律，悠扬的节奏，随心所欲的歌词，这一切都令人慨叹。与其他任何一种艺术相比，音乐更加神秘幽深，变幻莫测。它在空中激荡，令人为之心动。同一首音乐，每一次演奏都会因心情、乐器甚至天气的不同而迥然有异。

我终于明白，申克尔是如何将自己对意大利的研究再现于柏林旧博物馆的。我也终于理解，珂勒惠支如何将丈夫那些哭泣的病人转换成令人难忘的雕塑。我可以想象，德国导演维姆·文德斯如何设置电影角色，让他们从另外一个世界说话。我可以看到，赫尔曼·黑塞②如何妙笔生花，让歌尔德蒙寻求拥抱此生皆已消亡的一切。然而，贝多芬如何能谱写出《欢乐颂》？或者说，小理查德又如何能谱写出《百果糖》呢？

11月周日那天，鲍伊在汉萨录制《革命歌曲》，但并没有录制完，也没有正式发行。然而，它的艺术价值却非同小可，促使我一而再地播放聆听。随着磁带的转动，那个清晰曼妙的声音渐行渐远，消失如烟，宛如失落的梦想，我情不自禁全身战栗悸动。

我最后一次见到鲍伊是在纽约的百老汇。他在改编后的舞台剧《象人》中出演主角，演出结束后，我设法与他见面。那时，我和朋友们暂住在西72街上。就在之前的晚上，我在朋友的地下室里看书，听到了类似汽车回火的声音，三次，四次，或许是五次。我继续看书，直到感觉事情不对头，便出去了。街道对面，在达科他那里聚集

---

① 巴迪·霍利（1936—1959），绰号甜心霍利，美国当代著名摇滚乐歌星、摇滚乐坛最早的"青春偶像"之一。

② 赫尔曼·黑塞（1877—1962），德国作家。1946年获诺贝尔文学奖。爱好音乐与绘画，黑塞的诗有很多充满了浪漫气息，从他的最初诗集《浪漫之歌》的书名，也可以看出他深受德国浪漫主义诗人的影响，以致后来被人称为"德国浪漫派最后的一个骑士"。

了许多人,警察正在设置路障。约翰·列侬被枪杀了。

但是,那天夜里,音乐并没有死去。因为,虽然艺术家的肉体死了,但他们的生命,将在他们的作品中得以继续,在他们的歌中,在他们的画布上。第二天晚上,12月的寒风肆虐,鲍伊没有戴面具,只是围了一条腰布,登台为观众带来他职业生涯中最震撼的一次演出。演出结束后,他匆匆地谢了一次幕。于是,我明白他当时并不想见我,不想见任何人,除了科克。我在后台的门边找到了科克,她像是一夜没睡,我将一束白玫瑰给了她,请她转送给鲍伊,并请她转达我对鲍伊的敬意。我刚转身又停了下来,对她说,"请你向他说声谢谢。告诉他,谢谢他的礼物。"

离开柏林十年后,距离《象人》演出七年后,鲍伊再一次回到了这个东西隔墙相望的城市。1987年6月,司机载着他穿过了古老的商业大街公寓,经过布鲁克博物馆和汉萨录音棚,来到国会大厦前的舞台。夜幕降临,他为七万名粉丝演出,粉丝挥舞的烟花棒和蜡烛在共和广场上熠熠生辉。演出接近尾声时,他用德语大声叫喊道:"我们诚挚地问候柏林墙另一边的朋友。"之后,他便开始唱响《英雄》。

[346]

在柏林墙的另一侧,成千上万东柏林青年也在费力地倾听着音乐会的回荡声。他们看见舞台灯光闪耀在千疮百孔的柏林墙上空。他们听见了鲍伊对他们的问候。他们倾听他的歌。那是他们的歌,也是柏林人的歌。

"众人皆可成英雄,为只为,那一天!"他的歌声,充满勇气,出人意料地唱响了对隔墙相望的世界以及他自己往昔的挽歌。每个人都可以成为英雄,成为自己的英雄。爱终将战胜一切,哪怕一天也好,哪怕一切皆为神话。

当《英雄》唱到高潮时,东德的一些人已经按捺不住,纷纷涌向勃兰登堡大门,尖叫声、口号声,此起彼伏,汇集成一声高喊:"推倒柏林墙!"他们辱骂警察,往他们身上扔瓶子,万众一心奋力抗议。舞台上的鲍伊听到了从墙的另一边传来的呼喊声。他潸然泪下。

后来他回忆说:"那是我最情真意切的一次演唱,令我撕心裂肺。我此生从未如此演唱过,将来也不会再有……演出的那个小镇正是谱写歌曲的地方,此情此景,正是歌曲所唱述的。真的不同凡响,无与伦比。"

因此,正是不甘现状、积极进取的精神改变了世界。这种精神,经由诗人、画家和作词家之努力,促使世界发生改变。富有天赋的艺术家为了这种精神的传播不懈努力。他们的努力造福于我们众生,唤醒我们每个人施展才华、扬帆梦想。通过他们神奇的艺术作品,比如《五年》《灰飞烟灭》《告诉我花儿在哪里》,艺术家们将生活中最宝贵的东西奉献给我们,苍茫的白霜,香甜的苹果,爱人的欢笑和曼妙的乐章。

在柏林,申克尔为实现自己的理想而努力,珂勒惠支为了再现世人的恐惧而奋斗,伊舍伍德——靠着导师津贴过活——让人们重新认识现实。而鲍伊呢,经历了滥用毒品到独步歌坛的蜕变,经历了偏执于盛名到素面朝天的转型。他成了上帝的信使。他告诉我们大家,无论是养尊处优之辈还是默默无闻的小人物,他告诉一切梦想平等、渴望新世界的人们,我们生性高贵。

21

1971年,越南一位母亲和她的孩子。

第二十一章

刘疯哈和他的枪

1986年，舍内菲尔德

多少时间过去了，哈不得而知。

连续几个小时，他透过汽车后视镜盯视着游走公寓旁的影子。他看见电视发出的蓝光摇曳在透明的薄窗帘上。他就这样静静地看着，等待着。走亲访友的来了，又走了。公寓里的住户已经纷纷关灯休息。几只公猫在垃圾箱后来回踱步，一只狐狸轻灵地穿过一片冰冷的地段。一对小情侣在家门口徘徊，互道晚安，两人呼出的热气在寒风中幽灵般交织融合。看着两人终于分别，哈的内心燃起一阵伤感。

然后，二楼窗户映出一个身影，哈再一次满腔怒火。那个男人手里拿着一个晶莹剔透的玻璃杯，杯子里肯定盛满了红酒。他一边吸烟，一边歪着脑袋打电话。哈几乎按捺不住地想抓住时机，让事情就此了结。然而，窗户上那个剪影似曾相识，倒让哈感到莫名其妙的困惑。

哈的车，就停在一排低矮房屋后面。车顶上树荫浓密，光线很暗。这里是策伦多夫，靠近格鲁内瓦尔德，离柏林很远。

雪朦胧了挡风玻璃，蒙住了声音。松树的气味从敞开的车窗中溜进来。夜空下万籁俱寂，他不敢发动引擎，不敢开暖气，哪怕一小会儿也不敢。他向来不适应寒冷天气。但他自己也颇感困惑：无论天气如何，他手中的枪却始终感觉很温暖。他裹紧身上皮革夹克，瑟瑟发抖。

那个在窗户上的男人剪影，让他想起了自己的家，非常非常遥远的家。在他出生的那个村庄，他母亲在地上铺上竹席，而那时的他，也就三四岁，头枕在母亲的大腿上，静听蝉鸣鸽叫。母亲通常将竹席铺在河边的藤蔓花花下。他母亲喜爱那种花，种了一大簇，还为它们搭了竹架。哈儿时最初的活儿就是给花儿浇水除草。他的记忆中充满了那些金黄色花朵散发出的浓郁香气。他甚至还记得花朵融化在稻田蟹汤里的味道。

越南南部落入胡志明领导的人民军队手中后，哈的父亲举家搬离了湄公河三角洲，一路北上到了永福省[①]。他父亲以为到了那儿会更安全，还可以开辟一片种植园。那次搬迁，虽然逃避了劳教营的折磨，但付出了沉重的代价。咖啡树枯萎凋零，企业倒闭。山上贫瘠的土地也不适合栽种藤蔓花，很多年之后，母亲才设法养出一架藤蔓花来。山里没有稻田蟹，藤蔓花只能和野猪肉一起炖。实际上，父母根本买不起野猪肉。他父亲劈柴，母亲将劈好的木柴拿到集市上换取大米，他们就这样勉强度日。父母经常争吵，她母亲要回越南南部去，回到泰索恩低地的家乡去。家徒四壁的房间里经常回荡着父亲的骂声，脏话连篇。每当这种时候，哈就会跑开，躲到房檐下，双手捂住耳朵，或是抱紧剧烈疼痛的头，全身气得发抖。

雨季绵绵的六月，有一天乌云密布，父亲步行去了镇里，再也没有回来。过了一阵子，一群身着制服的人前来询问父亲的下落，母亲却无言以对。于是，他们便命令母亲拔掉藤蔓花，改种白薯。母亲不肯，挨了一顿毒打。可怜的母亲，远离家乡，身边又没有男人保护，于是也一病不起。

[①] 永福省为越南北部的一个省，区属东北。

第二十一章 刘疯哈和他的枪

一天下午,他母亲死了。死的时候,遍布乱石的高地上木棉花开得鲜红欲滴。

十七岁那年,哈乘坐飞机来到柏林。有生以来,他第一次感到如此地寒冷。在山上,在孤儿院,甚至在中国北方边境受训的时候,他也从未感到如此地寒冷。即使坐进巴士,他也没有感到些许温暖。天气寒冷,也没有暖人心窝的欢迎。除了几个从越南首都河内①来的少男少女之外,也没人说越南语。德语就更没人说。在眼前,没有灯光的鹅卵石公路蜿蜒进入树林。每到一个山顶,哈都会在椅子上坐直,眺望远方,想亲眼看看欧洲,但四周漆黑一片。

哈在家时志愿加入了一个国外的社会主义互助合作企业。那是一个东德的特殊技工交流项目,六万多名越南人参与了该项目,大部分人的合同期和哈一样都是五年。这些人,有的在茨维考②的特拉贝特汽车制造厂做劳工,有的在蔡司光学仪器公司担任工程师,有的在爱尔福特③和马格德堡④的水泥厂工作。他们薪资的12%上交给越南政府,另外还有一部分就以日用消费品发给他们:糖、香皂、缝纫机或者自行车。他们都必须加入德国工会联盟。他们必须缴纳社会保险,但却不能享受社会保障。他们本来有四百马克的工资,但真正能拿到手的现金却微乎其微。

哈在新勃兰登堡的宿舍就像个营房。语言老师住在上铺,越南人住在下铺。他们一天上八小时的课,课后还有作业。在那里他们只能讲德语,也不允许和营房外的当地人有所联系。怀孕的越南女人都得被迫流产。吃饭就在乱糟糟的食堂,整整三个月都没供应过米饭。夜晚,安全灯将天花板照得亮如白昼。他环顾管制严格的教室,打量着

---

① 河内是越南社会主义共和国的首都,也是全国第二大城市及政治中心。是越南历史上著名的城市。
② 德国中东部城市。。
③ 原民主德国西南部的专区。
④ 德国城市,位于易北河畔。

外面的操场，再看看四周布满带刺钢丝的围墙，不禁自问："我是在坐牢吗？"

然而，和那些蒙混功课的官二代不同，哈学习刻苦认真。他知道自己必须在这个冷酷的新地方出人头地。除了那些悲伤的记忆，越南什么也没有留给他。

毕业后，哈分配到柏林利希滕贝格的一个服装合作企业。一个晨雾缭绕的早晨，哈在工厂门口排队进厂时，抬眼看了看灰蒙蒙的厂房，心想莫斯科是否也和东柏林一样。泡沫一般的刺鼻浓烟，从一个烟囱口翻滚而出，烟囱顶部画着两把交叉的锤子。烟囱下，无精打采的工人拖着沉重的步伐，从昏黄的灯光下走过，经过一扇布满尘垢的玻璃通道，进入工厂集合大厅。在哈的眼里，德国工人显得疲惫不堪，他们的肤色黯淡蜡黄，只有在喝酒之后，脸上才能露出一抹红润。但是，在一排排挂着涤纶裤子的架子之间，在一长排缝纫机前，坐着来自越南的女缝纫工，这些年轻的女缝纫工，身穿白色衬衣和蓝色工作服，青春欢快。哈和她们一起干活，负责将做好的服装搬走，发放预先切割好的布料。有时他甚至亲自上缝纫机上操作，因为他的手指也很灵巧。在社会党领袖埃里希·昂内克的肖像画下面，他也帮着为即将到来的国际劳动节缝制皮大衣、制服和红旗。

工厂的经理助理是个赫蒙族人，少校军衔，曾参加过中越战争，素有凌云壮志。哈的勤劳朴实，他看在眼里。于是就竭力想让哈相信，相比起合作企业来说，为私人老板卖命好处更多。他说："聪明人必须口袋里有钱，有钱买手表，有钱找女人，有钱在周六晚上耍钱。"他一边说，一边享用食堂供应的血肠。他的声音，掷地有声，不容置疑，俨然已经习惯于发号施令。

这位满怀豪情的少校，认为目前的这份工作有损人格，对不起自己的家族血统。为了弥补缺憾，他命令手下的女缝纫工私下做定制的牛仔裤，从而赚取大笔利润。为了赚取更大利润，他想到了一个好点子，从西方的卡尔斯特达百货店买来名牌牛仔裤，然后按照标准尺寸

第二十一章 刘疯哈和他的枪

大规模的复制生产。每一件成品牛仔裤在东德的售价可以超出成本十倍,而在西德甚至可以赚取二十倍的差价。

后来,持越南护照的人也可以前往西柏林。这个时候,哈已经可以讲一口流利的德语,言谈举止也已经充满活力。现在他已经成为少校的得力助手,负责与交易方谈判并发货。少校心里清楚,一旦这种非法交易东窗事发,必须有个替罪羊。毕竟,哈在这世上举目无亲。

[355]

哈有生以来第一次感到自己有钱了,第一次体会到自由。他喜欢这种感觉。他的眼睛变得神采奕奕。一天,在荒凉黑暗的火车站外面的大街上,他看见一位妇女在卖金鱼花,一株只要一个东德马克。他一口气为女裁缝们买了十株,付了五个西德新马克硬币。他并不知道,这样的买卖是违法行为。那个老女人缠上了他,一路追着他,满脸堆笑地让哈买下了所有剩余的花。

随着他们的非法交易如火如荼地进行,少校让哈不必按时到合作企业点卯了,但合作企业的工资照样给他。这就像俗话说的,一个愿打,一个愿挨,大家都相互糊弄。

接下来,少校指示哈去买台电脑。当时,为了维持共产主义科技优越性的幻象,东德禁止西方电器流入境内。然而很多政府官员和卡尔·马克思大学的人都乐意高价购买进口电器。于是,少校集结了哈和几个越南朋友,凑了三万东德马克,然后从一个黎巴嫩的社会主义兄弟会成员那里兑换了三千西德马克。随后,哈用这些钱在西柏林的康德大街买了一台美国国际商用的平板电脑(采用的是最新的 3.0 磁盘操作的存储系统),然后放在一个臭气熏天的榴莲箱里走私越过边境。少校通过地下交易,将电脑卖了十二万东德马克,一下子就赚取了四倍的利润。

于是,哈彻底告别服装交易,全身心地投入到电脑走私上,成功地交易了很多特殊订单,如戴尔的涡轮增压手提电脑,休利特佩克德的热感式印刷机,ARM 处理器。频繁地生意往来,使他得以熟门熟路地出入边境,边防哨兵往往只是敷衍了事地检查一番便让他开着借来的车通过关卡。渐渐地，他开始麻痹大意起来。他年富力强，充满自信，以为自己做事周密，无懈可击，甚至认为自己"刀枪不入"，根本没有在意少校的应急计划。

[356]　哈完全醉心于从真皮钱包里掏钱消费，毫无节制地纸醉金迷，在卡迪威百货买了一枚金戒指，经常参与赌博，纵情声色。在西柏林的俱乐部里，他哈哈大笑着将纸币塞进舞女的三角内裤里。十八个月来，他从西德走私了八十多台电脑。但是，有一天，少校消失了，杳无踪迹，而斯塔西安全局的人破门闯进哈的宿舍。

审问官问道："1988年10月7日你卖的一台IBM3090所得赃款哪去了？1989年2月12日你非法进口了编号为C6330ROM0001AP的苹果电脑，所得赃款哪里去了？"

在审问室里，哈得知安全局已经掌握了他们每一笔交易的详细情况。他们没收了他费尽心机、辛辛苦苦赚来的存款，没收了他的电脑，其中一些电脑，虽然还残留着榴莲的臭气，很可能已经摆放到安全局总部的办公室桌子上了。在等候引渡的牢犯中，哈通过打听才得知，自己和少校实际上被当局利用了。在费尔德机场，在他登上飞往河内的飞机前，哈请求去趟厕所。在厕所里，他见到了事先安排在此等候的少校。哈与少校换了大衣，堂而皇之地从卫兵面前走过。这些卫兵，和大多数德国人一样，根本无法辨别亚洲人的长相。随后哈踏上一辆轻轨，返回了东柏林。

三个月后，柏林墙被推倒。哈结束了东躲西藏的日子，穿过了敞开的边境线。就在肯尼迪总统的车队转弯驰往勃兰登堡大门所经过的那个街角处的克朗兹勒咖啡厅，他为自己点了一杯啤酒，和一群同样来自越南南部的人一道庆祝。

越南战争后的十年里，由于共产党的忠实追随者们开始飞往东德这一兄弟国度，大约一百五十万曾反对过共产主义政党的越南人乘船逃窜。他们成群结队向海外漂流，多达二十万逃窜者死于海难，葬身大海。那些有幸逃到国际领域，或者说西方自由世界的人，有三千八百人被西德接纳,大多数在西柏林定居下来。因此,在1989年11月,他们和自己先前的敌人面对面地一起生活着。

在克兰茨勒咖啡厅的狂欢中,起初无人提及那悲惨的几十年。哈和其他人开怀欢笑,共同分享关于稻田蟹和藤蔓花的美好记忆。他那刺耳的北方口音,和其他人那轻松自在、音韵优美的南方口音格格不入。而且,他们之间的其他差异也很快显现出来。哈,作为一个曾经历尽磨难与惊险在东柏林幸存下来的人,对他们来说,胆子实在太大。和哈不同,这些来自越南南部的平头百姓,害怕逃跑带来的可怕折磨,只想过平静的太平生活,有一份稳定的工作,有政府保障,时常喝点小酒。那些曾经千辛万苦逃离了共产主义的人,如今又拥抱了社会主义,这真是天大的讽刺。在这个险象环生的世界里,他们只想偏安一隅。夜深了,大家谈兴阑珊,渐渐沉默下来,尤其是哈提到了他母亲的村名后,大家更是无语了。

在东德垮落的几个星期里,哈既失去了工作,也没有居住权,其他客籍工人也是一样的命运。那些从莫桑比克①、古巴②和安哥拉③来的客籍工人,都拿着政府给的三千德国马克返乡了。但是哈决定留下来,即使那时候仿造牛仔裤和走私电器都已经无利可图。有段时间他搞了一些盗版磁带,但是回报颇微。之后,他从一个在茨肖保工厂上班的朋友那里走后门批量进购了一些摩托车。那时候,等候买摩托车

---

① 莫桑比克是非洲南部国家,以葡萄牙语作为官方语言,1975年脱离葡萄牙殖民地而独立。作为与英国并无宪制关系的国家,在1995年以特殊例子加入英联邦。莫桑比克的前身,就是葡属东非洲,它是在1498年3月,被葡萄牙航海家达伽马所率领的船队发现,当时就有阿拉伯的贸易站在沿海一带设立。
② 古巴是北美洲加勒比海北部的群岛国家,哈瓦那是古巴的经济、政治中心和首都。古巴是现存世界为数不多的五个社会主义国家(中国、朝鲜、古巴、越南、老挝)之一,而且是美洲唯一的社会主义国家。在历史上以上世纪六十年代的猪湾事件和古巴导弹危机闻名。
③ 安哥拉位于非洲西南部,首都罗安达,西滨大西洋,北及东北邻刚果民主共和国,南邻纳米比亚,东南邻赞比亚,另有一块外飞地卡宾达省与刚果共和国、刚果民主共和国相邻。

的人排成了长队,他也乘机捞了一票。可好景不长,大家很快就垂青于铃木摩托车。这时,少校也结束了东躲西藏的逃亡生涯,找到了哈,并请他帮卡尔斯霍斯特营房的前苏联军官打理生意。

那时候,驻扎在东德这个已经消亡的国家里的苏联士兵,仍然可以无限量地买到折扣很大的香烟。为了收益快,少校从苏联军官那里订了两百条烟,但是苏联军官以为他想要两千条。在交易现场,哈同意以赊账的方式买下额外的一千八百条,然后以正常税后价的半价全部处理掉了。不到一个星期,他又找到苏联军官,订了四千条万宝路和美国黄金牌香烟。十天后他又订了五千条。第二个周末,他买了一辆二手的奔驰车。不到一个月,他赚的钱就足够支付在克罗伊茨贝格购买一间小公寓的首付款。于是,他把三个女裁缝接过来和他一起住在那里。那三个女孩是他从破败的马尔占员工宿舍里救回来的。他给她们买来了新衣服,女孩们大呼小叫地趴在地上试穿这些五颜六色的新衣服。哈志得意满地在一旁观看她们裸露的棕色皮肤和闪闪发光的长发。

哈喜欢钱的味道,喜欢花钱带来的快感。钱让他有安全感。尤其是从德国人身上赚来的钱,他更是感觉自己了不起。他把钱用垃圾袋包好藏进一个冷藏柜。每次他从冷藏柜里拿出一沓钱来,那些冰冷的纸币都似乎要在他的手指间融化了。

很快,以哈为首的越南街头贩子游走在超市外面,成群结队地拥挤在卡尔·马克思大道①,聚集在亚历山大广场上。生意像滚雪球一样地发展,再加上像哈这类人的精明和野心,甚至将克格勃官员也拉下了水,形成了巨大的货运组织,开始用军用卡车和飞机向柏林运送货物。整个苏联军队都助推这场贸易。据未公开数据显示,贸易鼎盛时期,驻扎在东德的三十五万俄罗斯将士似乎每天都要吸三条烟(也就是六百根)。德国政府对这种贸易采取容忍的态度,尽管税收损失

---

① 曾是东柏林的心脏,每次的阅兵都会在这条大道上进行。

第二十一章 | 刘疯哈和他的枪

很大,却让这些困在军营里的士兵有了发泄精力的机会,可以让他们分心,不再惹是生非。

1944年红军从德国撤军,这种便利的供货源断了。于是,大的贸易商开始改变策略,从白俄罗斯的"皮包"公司订购集装箱,再从鹿特丹①运往明斯克②。货车经过德国时,就会被拦截下来抢劫一空。如果司机也是串通一气的,他们会将同样重量的砖装进集装箱内,重新封装好后运到边境的过磅站,最后驰离德国。后来,走私贩在农用大卡车车底焊接假的底座,将成千上万的免税香烟从波兰、立陶宛③和斯洛文尼亚④运进德国。

哈不再享受这种交易,因为交易时间都是在深夜,交易地点则是包围着柏林的绵绵森林。他和十几个司机每月都要接应一辆七吨半的货车,并在几分钟内将车上的货物转移到他们的车上,然后再把一袋袋用垃圾袋装好的纸币交出去。越南人数钱比谁都快。哈的手下,个个精力充沛旺盛,干活卖力,他们会在两个小时内将烟发送到街头小贩手里,然后在黎明前返回国王俱乐部休息。

少校曾指示过,要他们每次在森林里接头都必须事先安排好两条逃跑路线。哈只有一次没有安排妥当。那时正是盛夏,月影朦胧,天色渐暗,哈和波兰的供应商接上了头。这次的交易是他有史以来最大的一笔交易,但他们花了不到二十分钟就将四万八千条香烟卸载完毕。正当哈举起装满伏特加酒的酒杯要庆祝他们兄弟情深的时候,

[359]

---

① 鹿特丹是荷兰第二大城市,长期为欧洲最大的海港,以集装箱运量计算,1980年代曾是世界上第一大港口,在2010年为世界第10。
② 白俄罗斯首都,是白俄罗斯的政治、经济、科技和文化中心,明斯克州首府,也是独联体总部所在地。还是苏联宣布解体的地方。
③ 立陶宛是一个拥有辉煌文明的历史古国,与俄罗斯一直在北欧及东欧争雄,曾先后遭到俄罗斯帝国与苏联的吞并,1990年立陶宛宣布脱离苏联独立。1991年9月6日,苏联正式承认立陶宛的独立,后加入欧盟和北约。
④ 斯洛文尼亚是欧洲的一个发达国家,是欧盟成员国、北约(NATO)成员国。该国位于阿尔卑斯山脉南麓,西邻意大利,东北邻匈牙利,北邻奥地利。

一百米开外的出口被严密封锁了。全副武装的苏联人包围了越南护卫队,命令所有越南人从车上下来,将他们赶进黑乎乎的密林,然后朝空中放枪,越南人都四散逃命。哈头顶的一棵树被击中,残枝败叶掉落一地。于是,苏联人连车带钱一同收入囊中,所有的香烟,包括波兰货车,都落入苏联人之手。

贪婪之心和丰厚利润已经使生意面目全非。在苏联人卷进来之前,越南人内部已经出现暴力,某人因为受惩罚在住处遭到毒打,某人在卡拉OK包房里被谋杀。对此,德国警察置若罔闻,听之任之。但是,随着从基辅[①]和莫斯科来的大玩家进入柏林,惨绝人寰的事件不断发生,海洛因之类的毒品也开始泛滥,并且还将走私香烟的生意归入到他们已经利润丰厚的贩卖人口的行列中去。德国当局再也无法坐视不管。为了争夺地盘,对手们竞相贿赂当地政府官员,将乌克兰女人贩卖为性奴,将一名塞尔维亚竞争对手埋入土中,只露出头部,然后用镰刀将其头割掉。柏林城变成了毒品和女人的交易地,并再一次成为野蛮之地。

哈的手下,男人以及他们的妻子,开始担心风险,担心遭报应。有些人,已经失去了朋友,就开始给朋友的亡魂献上贡品进行祭祀,为魂灵泼洒米酒,祈祷保佑。到了1998年,大部分人都改邪归正,走上正道,将股份转换成现金,并用这些现金开设了亚洲食品批发店或者寿司店。哈却执迷不悟,还买了把枪。这个刀枪不入的男人,有生以来第三次由盛转衰,酷似二十世纪柏林的命运。苏联抢走了他所有的钱,他心中充满仇恨。他咒天骂地,惋惜自己一去不复返的岁月,怀念在越南的童年时光。在他心里,世上只有两类人:野蛮人或文明人,士兵或平民。不管哪一类人,都为了一己私利相互残杀。这种想法,和三十年战争时期科林·奥尔巴尼的想法极其相似,与德国

[①] 乌克兰首都,地处乌克兰中北部,第聂伯河中游两岸,及其最大支流普里皮亚季河与杰斯纳河汇合处附近。是乌克兰经济、文化、政治的中心。

第二十一章 ｜刘疯哈和他的枪

化学家弗里茨·哈伯的妻子以及1945年迪特尔·沃纳的父亲的想法也颇为一致。

哈必须东山再起。他将目光瞄准了电脑，不过已经不是像以前那样穿越边境走私硬件。他看准了软件设计和新式因特网的大好未来。他相信，柏林是开办这类公司的理想场所，因为这里的房租低廉，拥有年富力强的劳动力。资金支出也不会太多。那时候英语已经被广泛使用，美国那些网上赌博和房地产销售的网站都可以复制过来。他的目的是扰乱德国市场，并在未来几年内使德国贸易崩溃。

为了筹集资金，哈求助于那些生活在原本属于西德地区的越南人。这些越南人都处事谨慎，胆小怕事。这么多年过去了，越南人与当地人的敌对情绪已经化解，其中很大一部分原因是因为通婚。原先漂洋过海来到东德的越南人，大部分都是男的，而越南女人，就像那些曾在利希滕贝格服装合作企业工作过的女缝纫工一样，都需要成为正式市民留在德国。所以，无论男的女的，都与本地的人结婚了，和平共处。于是，哈通过之前一起工作过的同事，来到策伦多夫富人居住区。

一天晚上，哈向一群老相识讲述了自己创办公司的规划后，其中一位妇女把他叫到一边，问他母亲的老家是不是叫泰冲。"因为我的邻居说他是在那里出生的。"她说。

哈便问那个人的名字。

"他叫刘疯狂。但是他好像没空见你。"

"刘"在越南不是个常见的姓氏，尤其是和"疯狂"这样的名字连在一起。不过，哈的父亲的确叫"疯狂"。但是，人们一直以为，哈的父亲早已经在越南南方病死了。

"我们的邻居是一个单身汉。我还以为你小时候认识他呢。他也谈起过湄公河两岸的藤蔓花，"妇人停顿了一下，接着说道，"不过他的口音不太对。听口音他是个越南北方人。"

他盯视着那个在公寓房窗后移动的身影。那横亘在东西柏林、南

[360]

[361]

北越南的可恶分割线,那条被肯尼迪称作从柏林延伸至越南西贡的"伟大半圆线",曾经弄得多少家庭为之骨肉分离、兄弟相争,为之心碎。冷战,柏林墙,南北越南,对哈来说,常常恍如远古的历史。然而他知道,这是他所亲身经历的历史。他也知道,除非他对历史的背叛者复仇,否则他就永远无法前行,永远不可能踏入现代世界。当他在漫漫黑夜中等待观望的时候,他感到手中的枪不再冰冷。

多少时间过去了,他不得而知。

22

恋人们锁在奥伯鲍姆桥上的挂锁。

第二十二章

人民,让我们跳舞吧!

2011年,动物园

她没有名字。至少,男孩醒来时不再记得她的名字。男孩只记得,她的父亲是个俄罗斯的犹太人。柏林墙推倒没几天,他就来到柏林。这个老男人先学会用越南话打招呼,之后才学会德语。他数月来靠贩卖汽车和蒸粗麦粉过活,并暂住在马尔占的一个外国人之家。就在他被正式接纳为难民的那个晚上,他喝了一瓶半伏特加酒。随后,他来到珂勒惠支广场的一家朋克俱乐部里跳舞。跳着跳着,他在舞池里倒在她母亲的怀里。

她母亲是个美国人,比父亲早几年来柏林。她曾在纽约做过销售员,后来在电影《欲望之翼》[①]剧组里寻了份工作,懵懵懂懂地陷入情网,怀了孕,最后被男友甩了。她本来计划留在柏林。然而就在女儿六岁生日那天她又独自回到美国,在美国影业公司"梦工厂"里从事梦寐以求的工作。她又再婚了,而她的女儿将近四年没见过她。

这个女孩,她是个柏林人,土生土长的柏林人。她和父亲一起生

[①] 又名《柏林苍穹下》,导演文德斯凭此影片获得第40届戛纳电影节最佳导演奖。

活在柏林的奥特-莫阿比特（这里曾是腓特烈大帝种植皇家土豆的地方，也是第一家工厂开设地），为父亲那些疯狂的朋友跳俄罗斯民间舞，上学前帮他们清理酒瓶和烟蒂。

她自学音乐，把父亲收集的老唱片都据为己有，聆听美国歌手卢·里德、胡安·阿特金斯和德国歌手尼娜·哈根和艾伦·阿利安的歌曲。十六岁的时候，她录制合成了自己第一首单曲。十八岁那年，她在克纳克的一家酒吧谋得一份职业，结识了一批音乐人。这些音乐人，都是演出后来俱乐部寻欢作乐的。在这个梦想者之都，她也怀揣着一个梦想。她希望在自己歌声的伴奏下翩翩起舞。音乐是她生命的全部，就像奥莲说的，是她的"精神食粮"，让她倾注全部身心，让她流汗，让她陶醉，直到四周都沉浸于音乐，直到整个世界都属于舞蹈。

他也认为自己是柏林人，只不过从斯图加特①和伦敦辗转而来。他和女孩一样都是二十一岁。他出生于柏林的沙里特综合医院，随后便和父母移居到了西方。他喜欢建筑，曾在建筑协会接受培训，想当一名建筑师。他的第一份工作是在"米拉股份有限公司"。该公司计划建筑一个新的王宫广场纪念碑，名为"运动中的市民"。一艘精致的雕塑帆船，游客趴在船沿上就可以让它移动运行起来。寓意很明显，只要大家齐心合力，就能改变世界。

他自童年离开柏林后首次返回这个城市。就在昨天夜里，他在舞池中遇见了这个女孩。当时她正随着唱机翩翩起舞。他目不转睛地盯视她的眼睛。现在，她那双绿色的眼睛依然历历在目。他当时对她说，你的眼睛像翡翠般翠绿。

然而，她却笑盈盈地回答道："我更喜欢女孩。"

---

① 位于德国西南部的巴登-符腾堡州中部内卡河谷地，靠近黑森林和士瓦本。不仅是该州的州首府，也是州级管辖区及斯图加特地区首府和该州的第一大城市。

第二十二章 | 人民,让我们跳舞吧!

女孩的母亲没有投票选举过美国的里根①总统。她曾对女儿说过,她既没选他做州长,也没选他做总统,甚至都没投票让他做环卫工人。1987年,母亲曾走在两万四千人的队伍前列,反对里根来访柏林,反对美国霸权,反对星球大战,甚至反对在德国建迪士尼乐园。那个年代,她对于世界应该怎样有自己的看法,至少坚信世界不应该这样。她本可以参加美国大使馆为柏林举办的生日盛宴——滕珀尔霍夫机场到处是蛋糕和气球,庆祝柏林城诞生七百五十年——然而她却选择与德国绿党、无政府主义者以及类似的匿名组织团体为伍。

他们沿着库达姆大街浩浩荡荡地游行示威,两边站着身穿防暴装备的警察。他们向商店窗户上扔瓶子,将众多车辆点燃。里根这位曾经当过演员的总统,如今任期将满,却官司缠身,正步履艰难地行将退休。然而就在这种时候,他站在哈维、肯尼迪和鲍伊曾站过的勃兰登堡大门前,充满激情地高呼:"戈尔巴乔夫先生,请将柏林墙推倒,地球上只有一个柏林!"她虽然不想承认,但是,她满脸的泪水的确不是因为催泪弹的缘故。

东德人民旋即寻求到一条逃离乌托邦囚禁的道路,纷纷经由自由的匈牙利涌入西德。1989年,前苏联领袖米哈伊尔·戈尔巴乔夫②拒绝动用红军去制止逃离行动,东德政府顿时一片混乱,很快就带着耻辱崩塌了。柏林人神采奕奕地涌向不受管辖的边境区,一遍一遍地振臂高呼:"我们是统一的民族!我们是一个民族!"一束束鲜花将警车的挡风玻璃遮挡得严严实实。在波茨坦广场上,英国小伙子为群情激昂的人群端上热气腾腾的茶水,人群中就有这个男孩的父母。他们手挽着手,一遍遍将目光洒向混凝土建成的柏林墙,几乎不敢相信自己

---

① 罗纳德·威尔逊·里根(1911—2004),美国杰出的右翼政治家,第40任美国总统,历任总统中,他就职年龄最大,也是唯一一位演员出身的总统。
② 米哈伊尔·戈尔巴乔夫(1931—),苏联最后一任总书记、总统。

终于自由了。申克尔设计建造的新岗哨上,原本昂首挺胸的政府军士兵,如今已经被换成形单影只的警察。列宁的半身像被三聚氰胺的盒子盖着,拖出了苏联大使馆。这个被一分为二的国家重新统一了。德国人称此次改变为历史转折点。

在那个意义非凡的冬季,女孩的母亲经常在废弃的瞭望塔之间穿梭,穿过一块块砖头砌成的地下军用基地入口,进入到一个被人遗忘的钢筋混凝土建成的银行金库房。特莱索——德语的意思是安全保险——是东西柏林统一之后第一个舞蹈俱乐部。在这个重新统一的城市里,寻欢作乐之辈聚集在这块曾经将东西分割开的死亡地带下。

早在十年前,卢·里德就已经行走于野性与疯狂之中了。他的一曲摇滚哀歌——《柏林》——席卷了克罗伊茨贝格①和勋伯格,给人们带来了莫西干发型。鲍伊和波普也开了一家名字叫 S036 的音乐俱乐部。澳大利亚歌手尼克·凯夫也搬到了奥仁尼恩大街,常常在德国歌手毕丽霞经营的"风险"酒吧游荡。

他们一起在柏林昏暗狂欢的舞池中播撒坏种子乐队的歌曲。格莱克斯成为柏林第一家夜总会,雷默酒店成为嫖娼窝点。像夜猫子一样的寻欢作乐之徒穿梭于这些地方。在特拉施这个由"地狱天使"经营的柏林电子舞厅里,随着涅槃乐队的歌曲——《少年心气》——从扬声器里"嗡嗡"响起,人们从二楼窗户凝望楼下每年一度庆祝"五一国际劳动节"的骚动人群。

跳舞的人,从未停下舞步。

柏林墙倒塌之后,柏林东区的三分之一建筑空空荡荡。爱好高科

---

① 德国首都柏林的一个著名区域,位于米特区以南,2001 年以后成为弗里德里希斯海因-克罗伊茨贝格区的一部分。克罗伊茨贝格经常被分为两部分来描述:拥有许多移民和激进分子的"SO 36",和较为中产阶级化的"SW 61"。在 1970 年代后期,克罗伊茨贝格作为西柏林被孤立的部分,曾是柏林最穷的区之一,现在位于重新统一的柏林的中心,又成为该市的文化中心之一。

第二十二章　人民，让我们跳舞吧！

技的人开始将娱乐场所迁到奥斯克罗茨和弗里德里希。他们将那些废弃的地下室、仓库、燃料库改造一番，临时搭起一家又一家俱乐部。他们使用的音乐，原产地在美国的汽车城底特律，不过在柏林城重新获得活力。这些音乐席卷柏林，奏出了奔向未来的新旋律。

寻欢作乐的人，永远不会知道夜有多长，路有多宽，不知道接下来会在哪里狂欢。这种快乐无常的感觉，弥漫于柏林的夜生活，平添了几分神秘感。然而，地下的夜总会特莱索一如既往，它那钢铁筑成的拱门就像柏林墙一样，诱惑着跳舞的人，让他们不能自拔，让他们尽情释放。每隔几个星期，它的博施牌扬声器就会发出震耳欲聋的轰鸣，将酒吧的玻璃震碎。在这个曾经闻名遐迩的分界地带，共产主义的东德和资本主义的西德交界地，曾经的极权主义完全被寻欢作乐所替代，女孩的母亲也夜夜笙歌，直到有一天，柏林市政府将这片土地卖给开发商，而她也听到了"梦工厂"的召唤。

辛辣刺鼻的空气中烟雾缭绕，五彩缤纷的灯光掠过袒胸露背的人群。采光灯的圆点从半裸的人群中扫过。镁光灯摇曳闪烁，不断地定格住跳舞者的舞姿。金属的楼梯在烟雾中若隐若现，伸向一个超现实的迷宫，一个暗藏了许多酒吧的迷宫，将阳台和昏暗拥挤的房内隔开。

一个长相凶狠、一脸流氓相的壮汉，全身刺满文身，站在俱乐部的门口，就像来自地狱的卫士。他先是挡住了年轻建筑师的去路，不放他进去，然后又侧身领他进入这黑乎乎的世界。在一个钢筋水泥筑成的房间里——正好位于画家彼得·内森的壁画《消失的礼仪》的下方——这个年轻建筑师全身被搜查了一遍，又在夹克衫上做了标记，然后才让他自由走动。此刻，富有节奏的音乐，震耳欲聋般在他身边环绕，低沉的节拍一下一下地叩击着他的胸膛，像海浪般推搡、击荡着他，以至于当音乐戛然停止，他感觉自己如那一粒尘埃，飘然飞向敞开的房门，袅袅升上了十八米高的房顶。

波海恩夜总会并不是什么秘密之地。这个由发电站改建而来的地方,可以容纳一千五百位舞者,装饰得不仅妖艳华丽,而且直截了当,照顾到各种人群的品位。终有一天,他会鼓足勇气光顾熙熙攘攘的夜总会,那里有轻松舒缓的室内音乐,有偌大的圆弧黑色皮革吧台。他会栖息于渍迹斑斑的沙发,紧挨着其他顾客的台子,融身于一根根闪闪发光的钢筋混凝土立柱之间。

但是在此之前,他只专心跳舞。

他眼前晃动着几个体格健美、身穿无袖短衫的男孩子和青春洋溢、婀娜多姿的女孩。还有一个跳舞的人,理着板刷头,忸怩作态,脚蹬厚靴,身背一个玲珑小巧的"Hello Kitty"牌双肩包。有个男的,眼睛上戴了一副埃尔维斯·科斯特洛[①]款眼镜,坐在一个残疾人轮椅上,边上聚了一圈袒胸露臂的残疾人,大家都笑逐颜开。在这里,对于大部分人来说,着装的标准是越露越好,尽量身穿黑色,或者穿得破破烂烂,像个无产阶级。不过,舞蹈王后除外。舞蹈王后一袭白色婚纱,头戴花冠,鹤立鸡群地站在一个高出地面的站台上,用手中的小棒轻拂眼前的烟雾。正对着他的一架音箱上,一对情侣衣服裤子也不脱就在那里做爱,甚至连裤子衣裙的拉链都不用拉开。一个高挑的美人笑盈盈地走过来拍了拍他的胳膊,结果却发现这个美人根本不是女的。

这个时候,他看到了她,看见她正在一群扭臀摆尾的人群中独自跳舞。他拨开人群,来到她的身旁。她毫不抵触,很快,两人就一起跳起舞来,跳舞动作彼此映衬。有些时候,她的舞姿轻盈曼妙,宛如清风,脚不点地。

一番寒暄后,他提出请她喝点东西。她领他到了楼上的酒吧。

---

① 埃尔维斯·科斯特洛(1954—),欧美歌手。他的音乐吸收了更多其他音乐的元素,包括摇滚、乡村音乐、叮砰巷风格(Tin Pan Alley)、瑞格舞(reggae)等。他的歌词非常大胆,有时比他的音乐本身还受人关注。有评论说,科斯特洛是继鲍勃·迪伦(Bob Dylan)之后最有才华、影响力最大的创作歌手之一。

第二十二章　人民，让我们跳舞吧！

她上身穿着宽松衬衣，下身是黑色的紧身弹力裤。她点了一杯比奥纳德。嘈杂之中他也没记住她的名字。他们的话题一直围绕着俱乐部。谈着谈着，她的唇凑到他的耳旁，他顿时心旌摇荡，如被电流击中。她告诉他，她喜欢加拿大歌手瑞奇·哈汀，认为他是音乐界的先驱。她对艾伦·阿利安这个俱乐部的音乐技师也敬慕不已，因为他将音乐和时尚完美结合起来：阿利安的运动套衫上印着高举双手的图像，或者印着隐身于烟雾缭绕的窗户帘后的一个舞者。为了让他听清楚，她大声喊叫道："如果一名音乐技师漠视人们所需要的，那么他根本不可能感同身受地融入这个群体，他会将舞池里的人都赶跑的。而且，他还必须察言观色。"她告诉他，她也想标新立异，包装自己。就像阿利安那样，她也把自己看作是柏林这个城市土生土长的孩子。

后来他们又返回了舞池，那里摩肩接踵、亲昵暧昧的气氛，一下子又调动起原本隐藏在身体内某个角落的原始冲动。湿淋淋的水泥墙，似乎也助推了人们的享乐和肉欲。她的手在他胳膊上游走；他的手搂住了她的细腰。黎明的光辉渗入夜总会那格子窗户时，他再次告诉她，他已经无法将目光从她的眼睛上移开了。她哈哈大笑，抓起他的双手，说道："让我们顺其自然吧。"

[370]

他们随后相继离开这俱乐部，离开这个光怪陆离的场所，沐浴在清风吹拂的阳光之中，来到柏林东站附近的一家咖啡店，他为她买了杯咖啡。在咖啡店角落的一张桌子旁坐着一名年轻男子，骨瘦如柴，双手紧抱在胸前，两腿交叉，正不停地咳嗽，看上去就像一个由血和骨头构成的谜团。

在回酒店的路上，出租车途经王宫广场。申克尔的雕塑曾在此屹立。如果设计师、建筑师和规划者能够统一思想，联合行动，如果那些考古学家们会不再在此挖掘中世纪的坟墓，那么"运动中的市民"纪念碑也将会在此成型。在重新建造的腓特烈王宫前，透过敞开的出租车车窗,他嗡嗡作响的耳朵仿佛又听到空中悠扬的笛声。

突然,女孩一下子横过身子扑在他身上,紧紧地压住他,用手指着曾经拍摄电影《欲望之翼》的地方。

《欲望之翼》是一部电影,一部和《大都会》《蓝天使》以及法斯宾德[①]执导的《柏林亚历山大广场》相似的柏林电影。女孩滔滔不绝地讲述着导演维姆·文德斯的事迹,讲述作家彼得·汉德克[②]写的有关她母亲的故事,回忆着一个又一个的镜头。她说,就在那儿,三角铁路站,电影拍摄组负责艺术场景部门仿制了柏林墙的一部分,尽管真的柏林墙就立在十五米远的地方。就在这个小巷里,电影中的天使听到了孤独寂寞、满心创伤的柏林人内心深处的恐惧和欲望。

女孩的母亲曾在哈弗尔摄影棚帮着画《弗里德里希·德雷克之胜利》的石膏复制品,这一雕塑屹立于胜利纪念柱之上,柏林人还称它为"金埃尔西"。为何叫这一名字,人们也记不得了。电影中,天使的角色只是"证明并保存现实",不必再现真实,也无需为之所动,直到布鲁诺·甘茨饰演的带有翅膀的丹米尔决定放弃永恒,变成终有一死的凡人。

男孩对这部电影很了解。他甚至记得女孩母亲的音容笑貌——一个年轻的美国女人,站在片场后面,而正式的工作人员正和穿着纳粹制服的演员们在片场中玩弹球游戏。他记得电影里变幻莫测的天空、云彩,记得高速公路上的隔离带,记得在这个被隔离开的城市上空飘

[①] 法斯宾德(1945—1982),被称为"新德国电影运动的心脏""'新德国电影'最有成果的天才""德国电影的神童""德国的巴尔扎克""德国的安迪·沃荷""与戈达尔和帕索里尼比肩的电影巨人""当代西欧最有吸引力、最有才华、最具独特风格和独创性的青年导演"。代表作:《莉莉玛莲》《玛丽娅·布劳恩的婚姻》。

[②] 彼得·汉德克(1942—),奥地利著名小说家、剧作家。当代德语文学最重要的作家之一,也是最具争议的作家之一。1973年获毕希纳奖,2009年获卡夫卡文学奖,2014年获得国际易卜生奖。近年来一直是诺贝尔文学奖的热门人选之一。

第二十二章 人民，让我们跳舞吧！

荡的呐喊声，成千上万个孤独心灵中发出的呐喊声。但最重要的，是他认为这部电影揭示了柏林真正的空洞：被夷为平地的房屋，被空袭后的街道，安哈尔特火车站后面弹坑累累的废墟，还有那个脸色坚毅凝重却又茫然无措的老人。这个老人由科特·博伊斯饰演，他小心谨慎地穿过汉萨设计的"柏林墙边的大会堂"后面的草地，心里惴惴不安，不知道城里的芸芸众生已经怎么样了？马车如今安在？他年轻时常去的乔思提咖啡厅是否依旧还在？他望天哭喊："我找不到波茨坦广场了。这儿——这不可能是波茨坦广场啊！"

柏林墙拆除后，柏林迎来了新的关键时刻。柏林人空洞的心灵里激荡着各种各样关于未来的憧憬。起重机推倒了柏林墙的混凝土墙壁，石板被卖到了洛杉矶、芝加哥和新加坡。其中还有一部分墙壁截面则被肯尼迪和里根的总统图书馆收藏。绑带带刺钢丝的风滚草球也被拿到其他国家的边境使用。顶端橘黄色的木桩开始点缀于被推土机平整过的地面上。一条条塑胶带拦出即将建造的商场、办公楼、五星级宾馆和娱乐场的方位。硕果仅存的那座哨塔，留存下来用于展览。艺术家汉斯·哈克在这座哨塔上安置了一个带有奔驰标志的霓虹灯，以此来提醒东德人民，在资本主义社会里，自由不是无限的，而是取决于个人财富的多少。

统一后的德国人将原本空荡荡的波茨坦广场改建成了欧洲最大的建筑群，旨在将新式玻璃墙面建筑群与厚重的传统文化相结合，打造美丽的柏林。反传统文化的势力，齐心协力，试图阻止柏林滑入养尊处优的安逸状态。无论是处于饥寒交迫的贫民区，还是在舒适的政府大楼内，人们都在争论柏林的未来。一场新的战役在无供暖设备的小角落和供暖过足的大庭院里悄然上演。无处安身的无政府主义者，将一次性的烧烤器具放进外来有钱人家的保时捷汽车后备箱里，希望借此回到加利福尼亚或者德国科隆。

一些柏林人甚至逐渐将柏林本身视为动感十足的艺术作品。在市区，里伯斯金①设想建造犹太人博物馆。奇普菲尔德重新设计了柏林新博物馆。一些被废弃的建筑被当作"安居工程"重新开放，比如艺术家聚集的塔赫勒斯艺术中心，城市海滨酒吧，以及破败肮脏的地下室等。

然而，柏林的一些前辈们却对这种大胆的尝试极力反对。城市设计师们，处心积虑地用奇形怪状的公园和一些不会引人注意的美国时尚将柏林墙的痕迹几乎悉数掩盖。他们将查理检查站变成了旅游集散地，着手复活腓特烈大帝的庞大城堡。该城堡于1950年被当作令人憎恶的普鲁士帝国主义象征被共产主义者摧毁。塔赫勒斯艺术中心改建为银行，蹲伏在那里的最后一批艺术家们被赶跑了。究竟该不该保持民族差异性？究竟该实现社区化还是合作化？究竟该催人奋进还是遏制创新？随着这类问题争论的进行，年轻一代的建筑师开始在行业中崭露头角。设计空中楼阁总是轻而易举的事情，只要按照城市空想家简·雅各布斯所写的照葫芦画瓢就可以了。但是，要重建一个生机勃勃的真实城市，却需要无限的遐想。

在柏林动物园附近的酒店里，女孩辗转反侧。她无法入睡。而且她自己也说不想睡。他从小冰柜里拿出一瓶塞克特红酒。他们一边喝着酒，一边眺望窗外逐渐苏醒的城市。他亲吻了她的脖子，尝到了她跳舞出的汗变干之后咸咸的味道。浓密的栗子树树枝在微风中轻轻摇摆。

女孩又说："我不累。"她背依在窗户上，开始比较她母亲那个时代与现在的音乐和俱乐部，谈到了歌曲《Ostgut》和《Bang Bang》，并说卡米纳的俄罗斯迪斯科舞厅像个装满残羹冷炙的垃圾袋。

她的手机响了，她用手指划了一下手机平面，电话接通，传来对

---

① 丹尼尔·里伯斯金（1946—　），出生于波兰的一个纳粹大屠杀幸存者的犹太人家庭。他的双亲以及十名兄弟姐妹都经历过奥斯维辛集中营的迫害，最后只有其父和一个姑妈熬过了苦难。他移民美国学习建筑，现已成为全球顶尖的建筑师。其作品包括柏林犹太人博物馆、美国旧金山犹太人博物馆。

方的声音："米莎吗？请米莎接电话。"

她回答道："你拨错电话了，别再打我手机了。"她的英语夹杂着美式英语和俄语的口音。

她"咔嗒"一下合上手机，等了一会儿，手机又响了，她便切换到了语音信箱，然后晃了下头发说："我想洗个澡，我可以冲洗一下吗？"

他开始为她打开热水龙头，取出宾馆里的白色浴袍。随着蒸汽开始在浴室里弥漫，他替她关上了门。尔后，他拉上房间里的窗帘，打开床头灯，然后躺在铺着羽绒被的床面上，静听等候。女孩在里面唱着歌，歌声轻柔，他听不清歌词。此刻，麻雀在屋檐下叽叽喳喳地叫着。淡淡的晨曦透过窗帘的缝隙溜进房间，照射在天花板上，慢慢移动，就像照射在日晷上一般。

她关上冷热混合水龙头时，他脑海里浮现出淋蓬头滴下的小水珠，落在她胴体上的景象。他喜欢女人洗完澡后在浴室里逗留的最后那一刻静谧时光，她们会整理一下头发，俯身向前看着镜子，看见眼角又出现一条新的皱纹。

随后女孩穿上浴袍，爬到黄铜雕饰的床上，背靠着床头，双手抱膝，问道："你有烟吗？"

他没有。

她说："我嫉妒我的母亲，对于是非曲直，她总是清清楚楚。"

他接口道："那是因为她生活在一个是非曲直都确定的年代，就像天使萦绕于柏林墙周围一样。"

她继续说道："但是，我母亲，还有我父亲，总是有自己的信仰，比如共产主义，资本主义，不管什么主义。而我们有什么可信仰的呢？生态学？我们自己？或者是一部新苹果手机？"她边问边晃动身子，像个孩子一样。

他拿起红酒瓶往她杯子里添了一点。"我们有音乐？"他试探性地问道,"我们拥有彼此?"

于是她转过脸看着他,然后舒展开身体躺在床上,把被子都弄皱了。

她说,"我在舞池的时候,总是充满激情。我享受那一刻,那一刻,我就是我。但是,我内心小小的渴望有那么重要吗?我们难道没有迷失什么,比如更重要的东西吗?"

他伸手轻抚着她的发丝。

她问他:"能抱抱我吗?我感到冷。我不累但就是冷。"

于是他便揽她入怀,亲吻着她。女孩的手搭在他的手背上,以放慢它进一步的举动。

"先抱紧我吧。"

他拿过来一个枕头,垫在两人的头下,又拉过羽绒被给她盖上。他平躺着,眼睛盯着天花板看。烟雾报警器上的二极管在暗光中微微闪烁着。他自从下了飞机后还没合过眼呢。他累了。

她问道:"你知道大卫·鲍伊的歌吗?知道他的《永不变老》吗?"他摇摇头,她便接着说,"他的歌里有一种东西,似乎紧紧抓住了这一刻,可实际上却又失去了。当电影进入高潮,他的歌声却变得越来越低沉。我母亲十分迷恋他。"

然后,她谈起了自己的音乐,又变得兴奋起来。她说她会有自己的标志。确立一个自己的标志,推广自己的品位,提升自己的形象,这对于女人来说很重要。他把酒杯递给她,她喝了几口,鼻子上沾上了酒的泡沫。她放声大笑,她的腿在鸭绒被子下撞到了他的腿。

她说:"我小时候,父母经常给我讲故事,让我了解这个世界。那些故事都很棒,如梦如幻。在这些故事中,一旦我如愿以偿,梦想成真,我就功成名就,我就会成为真正的自我。这就是他们告诉我的。"

"这是一种理想,一种感受和思考的方式。"他说完,又开始谈论公司计划建筑的王宫广场项目,然后又回到她的问题上,"对于我能够成就的事情,我们可以充满信心。雕塑并非仅仅是被用来观赏的物件,雕塑里面嵌入了人的思想,通过赋予它思想,使它充满活力,使它不再呆板静止。"他又补充道,同时有意识地将自己与她靠得更近。"想象一下,一位建筑师和一名舞者结合起来会怎样?""运动中的市民"纪念碑就是由米拉股份有限公司老板和编舞者萨沙·瓦尔茨共同设计完成的。

女孩带着一串笑声溜到床的另一头去了,就势将盖在身上的被子弄得乱七八糟。她弄走其中的三个枕头,把它们堆起来以支撑后背,然后在他身边安顿下来,手就搁在他的膝盖上。

"你听说克努特北极熊要被死神博士展示吗?"为了暂时缓和一下气氛,她突然嘲弄起他的一本正经来。

他回答说,"那只是玩笑话。"

"不,是真的,我在新闻上看到了。"

据谣言说,冈瑟·冯·海根斯,这个《人体世界》杂志极具争议的解剖学家,准备解剖柏林动物园最受喜爱的北极熊。这头北极熊最近死了。他准备先将北极熊的皮剥下来,用树脂将其肢体覆盖,以便展示它的肌肉,神经,以及筋腱。

他说:"这太荒谬了。"说完,摇了摇头。

女孩继续说道:"他还要把自己的遗体也保存下来呢。"

"谁?死神博士?"

"他说自己得了病,我想应该是帕金森症,他死后,妻子会想办法将其尸体保存下来。"她身子颤抖了一下,拉过鸭绒被裹紧自己。"他在柏林的最后一次展览就展出了一对夫妻,是一对没有皮肤的尸体,他们紧紧贴在一起,在做爱。"

这时,他哈哈大笑起来。

女孩瞧了瞧房间四周,看见了白色的墙壁,桌子上的一摞书,房间角落里扔着还没打开过的背包。她将头发往身后甩了甩,银色的阳光洒落在她的头发上，闪闪发光。他注意到，她没有戴什么珠宝首饰，只有一个小巧的圆耳环，耳环的颜色绚丽斑斓。他开始摩挲她的脚，温柔而缓慢，她也慢慢闭上了眼睛。

他倾身过去吻了她，解开她身上的白色浴袍，呼吸一下子急促起来，感觉到她的温暖像电流一样传遍了全身。彼此侧身躺在柔软的鸭绒被上，扭动身躯。渐渐地，他和她之间的隔膜似乎融化了，变得越来越身心交融。

过了很长时间，的确很长时间，他倾听着她躺在枕头上的呼吸声，说道："我听见你在浴室唱歌了。"

她一下子睁开眼睛，好像自己的隐私被侵犯了，不过，她又开始柔声细气地唱起来："伦纳公园、维伦泳池和动物园里的小熊。"①

他说："别再想那个北极熊了。"

她又唱道："我还有个箱子在柏林，因此我最近还要去那里。"

黛德丽曾经录过这首歌，后来，希尔德加德·内夫和林登堡也都演唱过它。1987年，里根在柏林墙前的演讲中也运用了其歌名。此刻，这个女孩唱着这伤感且陈腐的歌词——关于巴黎的美艳，罗马的奇景，柏林特有的美丽——就像唱一首摇篮曲似的。"往昔的欢乐还装在我的小行李箱里。"

"这是一首老人的歌。"男孩低声说道。

女孩摇摇头，继续唱着，年轻的建筑师用胳膊将她抱得越来越紧。她唱完之后，两人都不吭声，任凭歌词和音乐在这间小屋的空中飘荡。毕竟，这首歌唱的都是一些陈年往事，泛黄的书页，陈腐的诗作，艳俗的色彩。我们曾抵达一个风景胜地，一个让我们感到无比亲切的地方，在那里经历了短暂的甜蜜爱情。但是，一旦我们想要永久将其握在手中，它却杳无踪迹了。

---

① 玛琳·黛德丽的歌曲《我还有一个行李在柏林》中的歌词。

第二十二章 人民，让我们跳舞吧！

远处，教堂的钟声敲响，一辆飞机从空中飞过。

女孩若有所思地说道："我母亲病了之后便开始录电视节目，录了许多许多，多得她离开尘世之前都看不完。那是她延续生命的方式，或者至少是她的生活理想。"

"我不知道……"

"那都是将近四年前的事情了。"她说完，停顿了一下，又接着说，"我要做的事情还有很多。"

睡觉并非许多柏林人奢望的事情。但是，在半明半暗的小房间中，这对年轻人合上了眼睛。他们的呼吸渐渐舒缓，四肢也松弛下来。他们相伴而眠，进入梦乡。他们梦见自己并肩坐在阳光明媚的广场上，广场上到处都是人，而且都和他们俩一样做着同样的梦。他们的手一直相挽着。

突然，就在这张宾馆的床上，女孩开始剧烈地扭动身子，在睡梦中挥舞着拳头。被子从他们身上滑落床下时，她的嘴里喊出一个人的名字。

男孩猛然惊醒，差点被她吓死。他赶紧曲身过去将她揽入怀中，抚弄她的眉毛。就在这时，女孩的手机响了。她摸索到手机，用手指划开，想也不想就说道："别再给我打电话了。"尔后将手机往空中一抛，转身趴伏在他身边。两人头靠着头，彼此的肢体和呼吸缠绕。她的心怦然跳动，身体滚烫。她说："我不想死。"

他再次醒过来时，已是孤身一人。她的包已不在桌子底下，挂在椅背上的上衣也不见了，白色的浴袍蒙在电视机上。他掀起身上盖的东西，希望找到她的一些痕迹，他们同枕共衾的痕迹，却什么也没找到，毫无痕迹证明她曾闯入他的生活。他们彼此相守仅有一夜。但是，他感觉自己将会永远铭记这一夜，并且想办法将其外化成形。

他坐在床沿上，用力呼吸身边的空气，想象自己闻到了一丝她的香水味道。他站起身，拉开窗帘。透过窗户，那个灰蒙蒙的城市现在似乎已经色彩斑斓。他意识到,每个来到柏林的人,来了就都想尽办法成就自己,或者找回自己,用他们的创造力改变这个城市,使自己成为这个城市的一部分,也使这个城市融入他们自身,最终使自己成为柏林人。这是一个充满想象力的城市,这里的人民创造了柏林神话,拥抱了柏林神话。至少在他们心中塑造了一种感觉,一种充满民族凝聚力的感觉,一种和谐统一的感觉,一种充满生活目的的感觉。

年轻的建筑师步入浴室,打开水龙头。当房间里蒸汽缭绕时,他转身面对镜子。镜子玻璃上,用口红赫然写着一行曾经铭刻在柏林墙上的标语:"万事都有一个尽头。唯有香肠独具两端。"

23

2013年，在柏林的维尔默斯多夫，Gieselerstraße 路上的"绊脚石"墓碑。

第二十三章

伊尔丝·菲利普斯,在另一个柏林
2013年,杰斯勒大街

一幢高楼的月牙形窗户正对着林登大道两旁的树木。午后的阳光洒落在舞厅的木质地板上。这间舞厅明亮高雅,屋顶高悬,双门屹立。我将书桌安置在舞池后面,心情激动,已经急不可耐地想去跳舞。

我现在已经身在柏林。为了写这本书,我用英国乡村一块0.25英亩的荒地换来了柏林市中心这片精心培植的橡树地,回到了柏林。既然书已完稿,我决定再逗留一段时间,或者说,至少尽可能待久一点。夏日傍晚,我喜欢凭窗而坐,眺望窗外的街景,看那彻夜灯火通明的酒吧,看那带阳台的厚重门帘,看那肩扛手提吉他之类乐器、表现欲极强的游客,看那对面身穿和服的女郎洗瀑布般的长发。

我来这儿约一年后,窗户下传来锤子的"叮叮当当"敲打声,工人们在重新铺设鹅卵石路面街道,我下楼去一探究竟,却被一个铜碑发出的亮光吸引住了目光。我随即驻足,和其他十几个路人一样看起铜碑上的文字:

[382] 弗洛拉·菲利普斯之墓
生于 1896 年
1943 年 3 月 2 日死于奥斯维辛集中营

这个铜碑的旁边还有铜皮包裹着顶部的石碑，上面写着其他七个犹太居民的名字。这些人都曾生活在这个树荫浓密、平静安详的地方，却祸从天降，被人从家里抓走，在集中营惨遭杀害。他们分别是弗洛拉的丈夫雨果·菲利普斯，以及他们的邻居里吉纳·埃德尔，塞尔玛·施内，多丽丝·沃沃，库尔特·雅各布松博士和他的妻子利斯贝特，还有年仅六岁就被毒气熏死的汉斯·阿道夫。

1939 年，菲利普斯夫妇的女儿伊尔丝，年仅十六岁，从家里离开，登上开往伦敦的运送儿童专列。她能从德国纳粹手中幸免于难，完全归功于威尔弗雷德·伊斯雷尔①。伊斯雷尔是爱因斯坦和拉特瑙的朋友，伊舍伍德曾在《告别柏林》中描述过他。伊尔丝走的那天，菲利普斯夫妇把她送到火车站，挥手道别。战争结束后，伊尔丝得知父母和邻居都惨遭杀害，发誓永不再返回柏林。然而，就在我看到白玫瑰和铜质"绊脚石"纪念碑②的六个月之后，她回来了。

一个春光明媚的上午，伊尔丝站在故居的门廊上。七十二年前，她就是从这里最后一次穿过。楼里的居民们满含热泪地欢迎她，欢迎随她一同前来的全家。她现在的家在英国，已经四代同堂。这些柏林人纷纷用英语或者德语谈及她的父母，说她的父母为人坦荡，对邻居都很友好，他们说起这些的时候，口气中满含愧疚。大家表达了有必要"纪念我们同胞的所遭受的非人命运"。他们说，人们遇到这类铜碑停下来看的时候，必须脱帽致哀，以示尊重这些惨遭无

---

① 纳粹期间英国发起的拯救犹太儿童的行动，威尔弗雷德·伊斯雷尔是组织拯救犹太人的重要人物。
② 德国人昆特·德姆尼发明的纪念碑，用以纪念纳粹统治期间，在家门口被枪杀或从家中被押走的受害者们。

第二十三章 | 伊尔丝·菲利普斯，在另一个柏林

辜杀害的人。这些现在住在这里的人，战争期间都不在这里住。他们挨个地诵读这些犹太遇难者的姓名、遇难时间和地点。他们诵读的声音，充满感情，回荡于这条死者生前曾经漫步、畅谈、欢笑以及哭泣过的街道上空。

接下来轮到伊尔丝的家人表态了。她的女儿米里亚姆告诉在场的各位，她的外公外婆都是普普通通的德国人，只不过他们恰巧是犹太人。外公还在第一次世界大战中为德意志帝国征战沙场。其实，外公外婆的祖先已经在德国生活了几百年。她还说，在外公外婆生命的最后几年中，他们的唯一愿望就是挽救孩子们的生命——伊尔丝的弟弟也被送往异地了。说完这些，米里亚姆挽起母亲的手，男人们戴上祈祷时戴的无檐帽子，全家人一起诵唱犹太教圣歌。最后，白发苍苍的伊尔丝弯下腰，默默地在"绊脚石"纪念碑上放了两块洁白的卵石。

[383]

那天晚些时候，在伊尔丝家人曾经住过的房间里，米里亚姆告诉我，她母亲读了我写的关于"绊脚石"纪念碑的博客后，就决定返回柏林。因为，作为那个冷酷、腐朽柏林的最后一批见证人之一，她一直想成为缅怀死难者的一分子。米里亚姆说，"我们终于了却了一桩心愿。"

我们正聊着时，一个陌生男子也加入到我们的谈话中来。他自我介绍说是这里的居民，告诉我说他是一位艺术家，一位画家。他刚才听我们谈起纪念活动，听我们谈到柏林的历史以及我为什么选择住在这个群魔乱舞、躁动不安却又缺少温暖的城市。我们当然谈论了历史，因为，人们不能逃避柏林的历史。我们当然也谈论到必要的、真诚的缅怀活动。

画家的眼睛直视着伊尔丝，说道："我不想说，他们，我指的是那些纳粹党卫军、集中营的看守，甚至包括那些看守柏林墙的卫兵，与我们是一样的。如果真的不同，我想那才是更糟糕的。如果我们是他们，身处他们的时代，我们不会与他们有什么不同。我的意思并不

是说我认为德国人有可能再度成为纳粹或者共产主义者。如今的德国已经和从前大不一样了,它的身份已经被那些灾难深重的事件永远重塑了。但是,这些在今天看来如此恐怖的事件,我们,他们,我,都有可能成为其中的一员。"

现代德国正以一种勇敢、谦卑、感人的方式对自身进行民族心理剖析。这一痛苦的进程在德国显而易见,我们可以从柏林的大屠杀纪念碑,犹太人博物馆,斯塔西先前的霍恩施豪森监狱以及威廉大帝纪念教堂的焦黑墙壁——教堂于1943年被盟军的炸弹摧毁——体会到这一进程。

[384]

最明显的例子就体现于"绊脚石"纪念碑上。"绊脚石"纪念碑或许是德国历史上数量最多的纪念碑。大约有四万个铜质的"绊脚石"纪念碑分布在五百座城镇的大石块中。这些纪念碑上镌刻着纳粹期间受害者的名字。每一块铜碑都以同一句话开头:此地长眠着……,接下来写着遇难者的姓名,出生日期,死亡日期,所在的集中营名字及被处死的地点名称。几乎每一块铜碑都是由如今住在遇难者旧居里的居民们出资镌刻制造的。

此次进程的核心思想是弗洛伊德的观点:所有被抑制的(或者至少没有说出来的)情感,除非将其公之于众,否则将会像毒疮一样溃烂。以往只有犹太人坚持缅怀受难者,如今,整个西方都参与其中。人们坚信,为了社会的心理健康,同时也为了个人的心理健康,过去的残暴行径必须公之于众,必须承认并忏悔。这是痊愈的首要条件。

我问那个年轻的德国画家:"那么,究竟是什么让一个人随波逐流而另一个人却固执己见呢?"

他沉思了片刻,回答道:"我现在只能说,即使是现在,即使时间过去了那么多年,我们仍然不相信我们自己。自1945年以来的每一届德国领导人,由于他们自己在战争中的切身体验,都对自己的国民谨慎提防。或许,这种做法使我们免遭灭亡,但与此同时也导致我

第二十三章 | 伊尔丝·菲利普斯，在另一个柏林

们难以融入整个欧洲。"

"但是，现在大多数的政客都是战后才出生的。"我说道。

画家摇了摇头，说道："因此他们并没有亲身体会。因此他们现在只能随大流，听从流行观念。歌德曾经写过这样的话：'德国整体什么都不是，但是每个德国人却思想活跃。遗憾的是，德国人却想象倒过来说才是真实的。'我们的历史中，我们常常屈从于大众。有多少次都屈服于某个大团体。因此，究竟是什么让一个人随波逐流而另一个人却固执己见呢，我希望大家都清楚。"

我们聊天的时候，我想起自己四十年前第一次游历西德的经历。那是一个星期六的早晨，我急匆匆出门买面包。人行道上人来人往，我和其他行人一起等着穿过主街道。等了一会儿，我看看左边，又看看右边。主街道上已经没有了车辆，我试图用目光寻个路人问个究竟，却没人搭理我。所以我就问身边的男子："你为啥还等？"

"因为是红灯。"

"可是路上已经没车了啊。"

"因为是红灯。"

我觉得自己心里有底了，于是便大踏步地穿过了空荡荡的街道。

接下来，令人震惊的一幕出现了。

在街道对面的人行道上，一小群行人也正等着。我走近他们时，他们自发地相互靠紧身子，挡住了我的去路。他们当中谁也没说过一句话，完全是出于本能的集体反应。我呆呆地站在他们面前，惊讶于他们的行为，真的想放声大笑。他们不仅像训练有素的小绵羊一样谨遵一盏灯的指挥，竟然还反对我的特立独行。他们就这样让我尴尬地站在街道上，骑虎难下。而且现在问题来了，因为车辆正快速驰近路口。

我往左走，他们也向左走，我往右移，他们也跟着我往右移。我已没时间辩论，也来不及退回原路。简单地说吧，因为我特立独行，我已经陷入随时被车辆撞飞的境地。

奥地利作家斯蒂芬·茨威格①在其自传《昨日的世界》中曾描述过德国人，说他们可以容忍战败，忍受贫穷，忍受一无所有，但却不能容忍无序。我那次闯红灯，无疑是对其他行人谨遵秩序的嘲弄。作为回应，他们似乎心安理得地看着我像只莽撞的臭虫一样面临被来往的车辆碾得粉碎的危险。

在早些日子，我总是自问，柏林是否缺失了最根本的东西？是否缺失了那种五百多年来形塑了这个城市以及这个城市市民的东西？这种缺失了的东西，帮助我理解了他们对规则的迷恋，对一致性的渴望，以及为何嗜杀成性。那就是缺乏同情心。

同情心是人性的核心品质。没有它，或者没有诸如此类的品质，社会终将会自我毁灭。我告诉幼稚的自我，为了弥补这种缺失，德国人发展出严格的法律来珍惜对同胞的尊重。他们遵守交通灯指挥。他们步调一致。他们遵守社会秩序。

[386]

然而，世界并不像一个天真幼稚的十九岁男孩看起来那么简单。距离苏联红军在德国杀出一条条血路才仅仅过去了三十年；距离最后一名德国战俘历经沧桑从西伯利亚的古拉格集中营返回到家乡的咖啡厅、满含热泪地喝上第一杯咖啡也才不到二十年。随着我对柏林的了解逐渐加深，我开始明白，柏林并非缺失同情心，而是心灵上遭受了重创。它的集体记忆承载着历史苦难，情感上伤痕累累，以至于柏林人和所有德国人一样，构建出规则来进行防范。

规则有助于克服不安全感，为共同的贫困、痛苦记忆提供应对方式，并且有助于形塑集体主义身份。当我深入了解了十七世纪的

---

① 斯蒂芬·茨威格（1881—1942），奥地利著名作家、小说家、传记作家，擅长写小说、人物传记，也写诗歌戏剧、散文特写和翻译作品。以描摹人性化的内心冲动，比如骄傲、虚荣、妒忌、仇恨等朴素情感著称，煽情功力十足。他的小说多写人的下意识活动和人在激情驱使下的命运遭际。他的作品以人物的性格塑造及心理刻画见长，他比较喜欢某种戏剧性的情节。但他不是企图以情节的曲折、离奇去吸引读者，而是在生活的平淡中烘托出使人流连忘返的人和事。

第二十三章 ｜伊尔丝·菲利普斯，在另一个柏林

"三十年战争"，深入了解霍亨索伦（普鲁士王室家族）如何在混乱中角逐，我开始充分认识集体主义的种种好处。我意识到，与创伤相对应的是一种复原力，对秩序和效率的迷恋使他们创造了经济奇迹。我也认识到，集体的反思已经及时地引发出人性中某种最为动人的公众表达，对过往历史的公开承认与反思。遍布柏林的纪念碑和各种具有象征意义的标志，向世人证明，德国人具有深刻的、感同身受的情感。

自然而然，一个遵纪守法的社会也会产生激进的思想。反叛滋生于陈规，相生相长，彼此关联。柏林的基础，建基于世代的辛勤劳作，建基于对承担责任的内心恐惧，建基于勤劳的市民，这样的基础并不牢靠稳固。因此，自由的思想家、改革家、无政府主义者和艺术家们猛烈抨击现状，促使那些墨守成规、遵纪守法的人去质疑和重新思考，并形成独立见解。

纵观柏林残酷的历史，这种彼此对立的势力，已经植入市井百姓的灵魂深处，培植了一个错综复杂的社会，矛盾重重——忐忑不安却沾沾自喜，提倡禁欲主义的同时又醉生梦死，富有活力又不堪一击，俯首帖耳又离经叛道。在这种社会里，一贯我行我素的流氓阿飞也会在空荡荡的路口遵守交通灯的指挥，凶手的孩子们也会面对死于父母之手的遇难者俯身道歉。

再回到我住的那条街道。当我向米里亚姆、她母亲以及那个画家道别时，我搜肠刮肚寻找适当的道别词。我不可能感谢伊尔丝返回柏林，不可能谈及他们失去家人的痛楚，也不可能提到柏林新生代的勇气，这些柏林新生代正勇敢地面对过去的黑暗。我不必问谁将在另一块"绊脚石"纪念碑上放置石头。我们都知道，在伊斯雷尔纪念犹太人惨遭大屠杀的纪念馆里寻找幸存亲人已经徒劳无功。我们只能期待将来的史学家讲出他们的名字，确定他们还活在人们的记忆中，活在人们的想象之中。此时此刻，我只能充满感情地对伊尔丝家人说："在柏林见到你们真好。"

尾声

想象柏林

想象柏林。想象一个支离破碎、孤魂野鬼的城市。想象一个激励了无数的艺术家、见证过不计其数谋杀的大都会。想象一个思想的实验室,人类历史上最血腥的百年中,最充满光明的设想,最邪恶黑暗的伎俩都来自这里。想象这个欧洲最狂妄自大的首都,这里曾被盟国的炸弹肆虐,这里曾被分裂。想象它重新合二为一,重生成为世界创新都市之一。

在我的生命中,我知道三个柏林:西柏林,即我和大卫·鲍威一起拍电影的地方;东柏林,我为自己的第一本书做调研的地方;以及东德和西德再度统一之后的首都,柏林。多年来,我经常光临这个城市,以至于今天,只要我想,我可以在这个城市的任何一个角落找到年轻时的我。

如果我在柏林火车站长久驻足,我便能看见十九岁的自己跳下一趟从荷兰开来的火车,投进来接站人的怀抱。如果夜晚漫步于萨维尼广场,我能看见二十三岁的自己全身湿透,骑着车子飞奔在夏季雨中,我和同伴都甩掉了衣服,衬衫扔在了蒂尔加藤公园,裙子则丢在了狂欢之所。

如果沿着弗里德里希大道散步,我能看见三十岁的自己,那时已经是1989年,头上开始脱发,奔波于东德各个政府部门,申请准许去一个可能即将不复存在的国家。(当时那些当官的谁也不会想到。）

　　接下来我将要流连于格鲁内瓦尔德。这里地处柏林城区西面，树木繁茂。我会看见自己手握笔记本向树林的墓地鞠躬。在我脚下这片黑土地里埋葬着无数死难者，但墓碑上面却刻着：无名氏男人，无名氏女人，或者无名氏。很多受害者被盟军的炸弹炸得血肉模糊，连性别也难以确认。

　　今天，我终于发现自己迷失于缅怀，缅怀二战无辜惨死的犹太人。连绵起伏的混凝土柱基，宛如迷宫，在眼前升起，又轰然消失于格特鲁德-科尔马大街的黑暗之中。我踽踽于无所适从的乱坟岗，这些就建在纳粹地下燃料库上面。乱坟岗中，凄厉的呼号，影影绰绰的幽灵，让我胆战心惊；孩子们的哭喊和脚步声，让我为之动容。

　　与其他众人一样，我住在柏林，柏林也住在我心里。

　　我们的记忆并非固定不变，也并非需要重新拼凑的无序碎片，更不是图书馆中积满灰尘的书籍。相反，记忆促使我们不断地在过去与现在之间对话。我们的整个历史记忆，个人的或是集体的，都在想象中得以重新构建，成为不断延伸发展的故事。通过这些故事，我们得以理解眼前纷繁嘈杂的新生事件。

　　同样，柏林的身份并不是建立于石头，也不是建立于砖瓦。它的故事仍在传诵。这个城市一次又一次地重塑自己。在它神话般的沾沾自喜中，融合着苦涩、血腥与好战的历史。随着德国变成了欧洲的财主，柏林的城堡再次高耸入云。梅尔·布鲁克斯的《制片人》在海军总部隆重上映，颂歌《希特勒的春天》在元首曾拥有私人包厢的大剧院响起。每次演奏完冷战歌曲《地平线后方》，观众们沿着曾经的死亡地带纷纷离场，用口哨吹着《东柏林的女孩》。

　　克努特北极熊虽然没有被死亡博士彻底肢解，但也已经被剥了皮，肌肉外露，神经和肌腱以树脂覆盖，毛皮在自然历史博物馆里展出。在勃兰登堡大门的阴影里，一群失业演员身穿中国制造的东德军服在贩卖假的东区通行证。胖轮胎自行车公司则为游人提供一小时的

[393]

纳粹或红军游。就在不久前，一名游客甚至还这样问导游："你能告诉我怎么去第三帝国吗？"

导游回答道："只要沿着这条街一直走，到了1933向右转。"

随着"大转变"，柏林人终于能够与他们的历史相安无事，才能够再一次去相信某些事物。在曾经是艾伯特·爱因斯坦科学公园的波茨坦气候研究所里，环境工程领域的先驱约翰·舍恩胡贝尔谈及为了明天而接受责任的问题，是与最为黑暗的记忆彻底划清界限。他说："当我们面对错误的事态发展结果，我们再也不想左顾右盼。我们在责任方面已经经历了百年考验。"

互联网改革者布尔克哈特·博内洛推动柏林城成为欧洲的新起之秀，他在自己优雅的威尔明尼车间里构建了众多虚幻的世界。作为新一代的企业家，他像声云（网上音频分享平台）的亚历山大·鲁格一样，为二十一世纪创造了巨大的财富。一百年前，柏西格和拉特瑙这些工业家也为德国创造了巨大的财富。博内洛说："今天，大幕徐徐开启，就像电力时代早期一样。似乎一切皆有可能。"

政治家，企业家们云集总理府，为德意志银行行长庆祝他的六十岁生日。来宾中有电信公司、保险公司以及汽车集团公司的老总。这些"贪得无厌的西德商业精英"对迪尔·沃纳都趋之若鹜，战战兢兢。然而在总理府外面，在一排排防弹奔驰车旁，一群社会活动分子正试图破坏此次聚会，破旧立新，并用"大数据"揭露权利与特权的滥用（如2011年揭露国防部长卡尔－西奥多·楚·古滕贝格博士论文的剽窃行为。）

与此同时，那些蜂拥而至的、充满叛逆的游客们也粉墨登场，各自代表自己的政党，登上现代柏林这个大舞台，像电影中的群众演员一般，改变自我，或者正被改变，拥抱神话。而这一切在柏林已经司空见惯，习以为常。

在这个伤痕累累的城市，每一个市民，不论是完美主义者还是充满革命情怀的人，不论是趣味相投者还是各持异议的人，不论是居民还是游客，都敢于想象一个地方，一个只属于自己的地方。这里的诗人、科学家、表演艺术家、政客，以及无数土生土长的柏林人，都会勾勒宛如现实般栩栩如生的图景。如今，邪恶的理念已然淡散，代之以各种飞扬的理想，从柏林中心蜿蜒扩散，穿过大街小巷，拾遗补缺，创造一个这样的城市：在其不断形塑的进程中，理想与现实携手向前。

尽管柏林充满魑魅魍魉、阴魂不散，但是它仍然是个充满生机的城市。它生机盎然、青葱翠绿，不仅因为它有山川河流，更因为它总是在不断重塑自身，不断地超越自身。作家卡尔·舍夫勒曾在一个多世纪前写道："这是一个注定要永远变化的城市，一个绝不可能停滞不前的城市。"在它的大街小巷，在胜利纪念柱之顶，生者与死者同行，铭记该牢记的，忘却该遗忘的，然后共同想象一个崭新的世界。

后记与参考文献

柏林是一座令人充满想象的城市。对它的描述,如果希望洞悉它的本性,就需要让创造与现实结合,让虚幻与事实并置同行,再现它的大街小巷,了解它的芸芸众生。为了讲述柏林故事,为了反映它的创造性,为了同时再现它的可见与不可见,我在这部作品的写作过程中运用了一些小说的创作技巧。我从历史资料中找到一些人物角色,对他们的人生经历加以筛选和加工,重新处理了他们的所作所为,从而使这部作品的框架和内容更加充实。我的目的,无非是想使柏林这座城市以及它的历史更加生动迷人,更加触手可及,从而再现这个城市永恒的再创造本质。

曾经为王公贵族歌功颂德的历史,如今已经更加个性化,更加关注凡夫俗子的繁琐人生。这种关注历史的视角的改变,或许是因为集体忠诚的衰落以及个人主义的崛起。但无论如何都使得历史更加具有主观的色彩。在这个敬畏之心式微的年代,在那些娓娓道来推演事实真相的自传中,作家和读者向传统的客观主义宣称发起挑战,更有甚者认为纪实文学或许本身就是一个神话传说。

"所有的艺术都是捉摸不定的。"大卫·鲍伊曾经说过,"艺术的意义并不见得只是由创作者赋予。意义并非确定。没有什么意义是言之凿凿的。同样的艺术可以有不同的解读。"个人的经验背景不同,他们对于文学和其他艺术的阐释,甚至对于科学的阐释,都会绽放出不同的光芒,都会不可避免地在他们的阐释中融入主观性。换言之,正是在柏林,爱因斯坦着手修订他的理论,认识到现实并非固定不变,提出了他的相对论。

以下列出的一些参考文献,可以让感兴趣的读者知晓本书的资料来源,并且在某种程度上,去拆分那些为了构成作品主体而拼凑在一起的故事。

　　史料中没有关于康拉德·冯·科林的记载。有关他的故事以及柏林人的反抗或是市民反抗的其他故事都源于十四世纪的《马奈斯手抄本》《柏林城市账簿》和《柏林圣玛利亚教堂里的死亡之舞》(译自雷娜塔·赫尔曼·温特尔写的《低地德文》)。使我能够描述中世纪故事的一些现代资料包括：舒尔茨·哈尔文写的《宫廷诗人逸闻》(1889)、H·F·M·普莱斯考特写的《耶路撒冷之旅：十五世纪圣地朝圣之旅》(1954)，玛格丽特·阿斯顿写的《十五世纪：欧洲的前程》(1979)、奥利弗赛斯写的《中世纪德国的抒情诗：欧洲背景下的德国抒情诗的发展、主题和形式》(1982)、布罗尼斯瓦夫·盖莱梅克写的《中世纪晚期巴黎社会的边缘》(1987)、克里斯托弗·佩奇写的《中世纪的音乐和乐器》(1987)、罗纳德·泰勒写的《柏林及其文化：历史描述》(1997)亚历桑德拉写的《浮士德的大都市：柏林史》(1998)、卡尔·赖歇尔写的《交口相传的史诗：表演和音乐》(2000)以及莱尼·赫尔马尔写的《中世纪的柏林：德国考古学》(2012)。

[396]

　　有关科林·奥尔巴尼战时的遭遇源于《痴儿西木传》。这是一部关于"三十年战争"的伟大史诗。我非常自由地借用了其中的事件和语言，目的就是让本书的叙述栩栩如生，言之凿凿。我在泰勒的作品《柏林和它的文化》中首次读到约翰·斯宾塞和他在各地巡演的英国剧院。我也参考了一些其他的作品，比如高塔·亚瑟西斯的《东方彗星》(1619)、丹尼尔·笛福的《瘟疫年纪事》(1722)、席勒的《三十年战争史》(1789)以及理卡达·胡赫的《德意志兰的格罗斯战争》(1914)。

　　十八世纪的文字记载不可胜数。此外我还可以参观腓特烈大帝曾经再熟悉不过地方，可以站在他曾经和伏尔泰争论不休的房间里，可以漫步在他曾经牵着灰狗一起散步的小道，也可以感受这个世界高低起伏的地势。腓特烈的故事源于他自己写的作品和纳撒尼尔·威廉·瓦拉索写的《柏林法院回忆录》、《华沙和维也纳：1777—

[397]

1779》(1806)、托马斯·卡莱尔写的《腓特烈二世史记》(1899)、伊迪斯·卡瑟尔写的《腓特烈大帝和他的苏格兰朋友》(1915)和南希·米特福德写的《腓特烈大帝》(1970)。曾目睹过东德人民军合并成国防军的哈索·弗雷埃·冯·乌斯拉尔·格莱哼将军,让我对普鲁士的军事传统有了初步的了解。我对他充满感激。同时我还要感谢普鲁士广场和勃兰登堡管理基金会。

申克尔的传记以及关于他无尽的想象的故事源于浩瀚无穷的文学作品。在英国就有这样一本关于他的书——《卡尔·弗里德里希·申克尔:一个全能的男人》(1991年,迈克尔·思诺丁编著)。我参考的其他书目有:阿尔弗雷德·冯·沃尔索根的《申克尔箴言录》(1862,1863)以及约翰·斯宾塞1922年写的一篇散文《申克尔的伟大功绩》。在赫尔穆特·波尔斯基博士和大卫·科波菲尔——此人曾再现了弗里德里希·奥古斯特·施蒂勒设计的新博物馆——的帮助下,我更深刻地体会到压在申克尔心头上的种种压力——来自现实的压力、政治上的压力和审美上的压力——以及这些压力对他工作的影响。

同康拉德·冯·科林一样,史料中也没有关于莉莉·诺伊斯的记载。她只是千千万万移民中的一员罢了,他们的故事早已被世人淡忘。如今我们只能想象他们的生活。她的故事,是我一个住在旧莫阿比街的朋友对我提起的。当时我们正在讨论她的舅舅。她舅舅曾经和阿尔伯特·施佩尔一起工作过。要是没有德国鲍登大学的吉尔·苏珊·史密斯教授和我分享他的作品《阅读禁区:柏林妓女的社会文化语境(1880—1933)》(2004)以及她尚未出版的手稿《柏林的风月女子:妓女和新时代的德国妇女(1890—1933)》(2014),埃尔西·赫希的故事将不可能在本书中叙述。我也仔细地阅读过玛格丽特·泊梅的《迷失少女日记》(1905),获取了许多新资料。此外我还要感谢安德里亚·克劳森和安吉莉卡·措尔莫·丹尼尔。

对我了解艾米丽和瓦尔特·拉特瑙的一生具有重要意义的作品有:哈里·凯斯勒的《瓦尔特·拉特瑙:他的生活和工作》

(1928)、大卫·菲利克斯的《瓦尔特·拉特瑙和魏玛共和国》(1971)、D·G·威廉姆森的《瓦尔特·拉特瑙》(1971)、佐拉·斯坦纳的《衰落之光：欧洲国际史(1919—1933)》(2005)，以及瓦尔特自己写的一些著作和德国通用电气公司的官方记载。关于德国发动战争的经济动因，主要的参考书目有：弗里茨·费舍尔的《通往世界强国之路：德帝国战时政策的目标(1914—1918)》(1961)和《世界霸权或没落：德国一战目的之论战》(1974)。关于奥托·冯·俾斯麦的生活细节主要参考了泰勒的作品《俾斯麦：一个男人和政治家》(1955)。

对弗里茨·哈伯和凯绥·珂勒惠支的描述，我主要查阅另外两部关于第一次世界大战的传记。有关哈勃的研究，我参考了夏洛特·哈伯的作品《弗里茨·哈伯的一生》(1970)、戴特丽的《弗里茨·哈伯》(1998)、丹尼尔·查尔斯的《天才和种族灭绝之间：弗里茨·哈伯的悲剧和化学战争之父》(2005)、G·W·弗雷泽的英国广播电台四幕剧之《从空气中制造出面包，从海水中提取黄金》(2001)，以及布热季斯拉夫·弗里德里希的《弗里茨·哈伯》(2005)。有关珂勒惠支的叙述，主要提炼于她的日记和书信(不包括她情人雨果·海勒写给她的书信，她临终前将这些信件全部焚毁)，以及卡恩斯·玛莎的作品《凯绥·珂勒惠支：女人和艺术家》(1976)、伊丽莎白·普瑞林格的《反思珂勒惠支》(1992)和阿莱桑德拉·科明尼的《特定时代的珂勒惠支》(1992)。对于再现当年情景画面具有重大意义的作品还有埃里希·玛利亚·雷马克的《西线无战事》(1929)和汉斯·加茨克的《德国西进之旅》(1950)。

二十世纪二十年代，克里斯托弗·伊舍伍德构思了他心目中的柏林。他的构思，有一部分融入了他的作品之中。我对他的描写，参考了他的作品《告别柏林》(1937)，以及一些相关的故事，比如，《凯瑟琳和黛德丽》(1971)、《克里斯托弗和他的同类》(1976)。其他的参考书目有康诺利·西里尔的《诺言之敌》(1937)、乔纳森·福莱尔的《伊舍伍德》(1977)、爱德华·奥普瓦德的《克里斯托弗·伊舍伍德：纪念友谊笔记》(1996)、诺曼·佩吉的《奥登和伊舍伍德：柏林岁月》(1998)以及彼得·帕克的《伊舍伍德的一生》(2004)。我也要感谢金赛研究所，感谢该研究所提供了有关马格纳斯·赫希菲尔德建立的性科学机构的简史。

对很多人来说，贝尔托·布莱希特的《三便士歌剧》在1928年的首映，无疑成为二十世纪歌剧史上最伟大的十年里最璀璨的一夜。此歌剧在司琪福保尔达姆剧院上映了两年之久，在随后的几十年里，它被翻译成十八种语言，在全球上演了一万多次。布莱希特去世后，柏林的形象（一个无政府主义的、缺乏道德的、思维自由的城市）以及布莱希特的声望都随之得到提升。在他死后，东德将布莱希特的形象从捣蛋鬼提升为歌剧天才，西德的知识分子为"布莱希特产业"奠定了根基。因此，本书已经几乎无法再提供原创性的材料。为了重新塑造他，我在读了一个匿名同行（1952年于Theaterarbeit）写的《布莱希特解析》、瓦尔特·本雅明写的《解读布莱希特》(1983)以及罗纳德·黑曼写的《布莱希特传记》(1983)之后，创造出了一个诚挚的平凡叙述人。无论好坏，布莱希特都是德国歌剧发展史上最具影响力或者说无法逾越的人物之一。

对玛琳·黛德丽的描述，主要源自我读了以下书籍后所做的笔记：1977年8月上映的《小白脸》，亚历山大·沃克的《黛德丽》(1984)，斯蒂文·巴赫的《玛琳·黛德丽：传奇人生》(1992)以及同年黛德丽的女儿玛利亚·丽娃所著的传记。其他资源还包括1905年海因里希·曼的《垃圾教授》，1929年约瑟夫·冯·斯登堡的《蓝天使》剧本和他在1955年《电影文化》上发表的《在电影和剧院表演》，还有1976年洛特·艾斯纳的《弗里茨·朗》以及肯尼思·泰南1961年写的《窗帘》和1989年写的《档案》。

有关民主社会主义岁月的文献，包括数以百计的书籍和电影，主要包括：——关于莱尼·里芬斯塔尔：苏珊·桑塔格的《迷人的法西斯》(1975)，雷·穆勒的纪录片《莱尼·里芬斯塔尔美妙而又恐怖的人生》(1994)，克莱夫·詹姆斯的《纳粹的挥霍》(2007)，苏珊·泰格尔的《纳粹和电影院》(2007)，斯蒂文·巴赫的《莱尼：莱尼·里芬斯塔尔的生活和作品》(2007)以及里芬斯塔尔的自传《回忆录》(1987)。还有电影《壮美之路》(1925)，《圣山》(1926)，《帕鲁峰的白色地狱》(1929)，《蓝光》(1932)，《信念的胜利》(1933)，《意志的胜利》(1935)，《奥林匹亚》(1938)。

关于阿尔伯特·施佩尔：他写的回忆录《第三帝国内幕》(1970)和《施潘道：秘密日记》(1976)，约阿希姆·费斯特的传记(1999)和吉塔·塞里尼的传记(1995)，其他的还有罗伯特·罗斯泰勒的《石头上的文字：建筑学在纳粹主义意识形态中的角色》(1974)，莱昂·克里尔的《阿尔伯特·施佩尔：1932—1942的建筑》(1985)，斯蒂芬·赫尔墨的《希特勒的柏林：施佩尔重建中心城市的计划》(1985)以及斯蒂芬·斯科内克侄女的回忆录。

关于约瑟夫·戈培尔：他本人的日记(1923—1945)，安德莉亚·摩根泰勒的《德国第一电台纪录片约瑟夫·戈培尔》(2008)，艾丽卡·卡特的《黛德丽的阴魂：第三帝国电影的高尚与美丽》(2008)，托比·查克的《约瑟夫·戈培尔：生与死》(2009)以及2010年乔格·伯尼歇发表于《明镜周刊》上的《坏小子》(2010)。

关于第三帝国，还有其他一般性的读物，包括：克劳斯·曼的《梅菲斯特》(1936)，威廉·席勒的《第三帝国的兴起与灭亡》(1960)，A·J·P·泰勒的《第二次世界大战的起源》(1961)，雷娜塔·斯蒂和弗里德·施诺克合著的《纪念之场：巴伐利亚纪念碑》(1993)。伊恩·科索的《希特勒传》(1999，2000)，迈克尔·伯利的《第三帝国：一段新的历史》(2001)，赛巴斯提安·哈夫纳的《反抗希特勒》(2002)，玛塔·赫勒的《一个女人在柏林》(1954，2002)，索尔·弗里德兰德的《种族灭绝的年代》(2007)以及安东尼·比弗的《柏林：

[400]

垮台》(2007)。

　　对东德以及迪特尔·沃纳的描绘，基于本人二十世纪七十年代到八十年代间对那个已经消亡国度的游历以及在那里的访谈。有关那段灰色年代的书籍，数不胜数，就我所读过的，其中包括：汉斯·李珂哈德的《废墟上的醉鬼：1945年柏林重生》(1987)，安娜·芳德的《柏林后面的故事》(2003)，以及以下作者的作品：提摩西·加顿·阿什、托马斯·布鲁希、罗伯特·库伯、约翰·刘易斯·加迪斯、约瑟夫·约菲、罗伯特·卡根、唐·奥伯多夫、贾柏雷尔·帕托斯、约瑟夫·罗斯柴尔德、安格斯·罗克斯伯勒、本哈德·施林克，殷格·舒兹，和克里斯塔·沃尔夫。迪特尔·沃纳只是一个化名。

　　1984年我开始写《比尔·哈维和隧道》的时候，当年的参与者，很多都还健在。英国隧道团队的队长约翰·怀克成了我的朋友，并且在伦敦和华盛顿向我提供了一些介绍。通过他们的介绍，再加上我在国会图书馆接触到的解密文件（包括国家安全局的报告，中央情报局的考评语，地下间谍史料——柏林隧道计划1952—1956）。随后，我参考了大卫·马丁的《镜像荒原：冷战时期最重要的两名间谍受骗毁灭秘史》(1980)，大卫·斯坦福德的《柏林地下间谍》(2002)，妮可·罗曼和艾博哈德·埃尔佛特的《城下城》(2006)，以及贝亚德·斯托克顿的《有缺陷的爱国者：中央情报局传奇人物比尔·哈维浮沉录》(2006)。最近，约翰·勒卡雷也慷慨地提供了有关隧道行动的新见解。

　　对约翰·肯尼迪的描述，基于我在波士顿的约翰·肯尼迪总统图书馆和柏林的同盟军博物馆的调查研究，安德烈亚斯·W·多姆写的《肯尼迪在柏林》(2003，2008)一书，使我受益良多。从这本书中，我获知了"我是柏林人"这句话的来源。冷战时期的那次重要演讲，其样板是一年前在新奥尔良的一次简短致辞。在那次简短的致辞中，肯尼迪引用了罗马演说家西塞罗的话来表达他对那个城市和他的国家的自豪之情。他说："两千年以前，人们最引以为傲的话是'我是罗马公民'，在1962年的今天，我相信，人们最引以为傲的话是'我是美国公民'。"

我在1977年至1980年期间写的日记，为我写大卫·鲍伊那一章节提供了核心信息。当然，他的柏林友人的回忆，也为我提供了大量参考资料。这些回忆诉诸以下文字书籍：凯文·卡恩的《大卫·鲍伊：编年历》(1983)，大卫·巴克利的《奇特的魅力：大卫·鲍伊实录》(1999)，乔·安布罗斯的《赐我艰险：伊基·波普的故事》(2002)，托拜厄斯·路德的《英雄们：大卫·鲍伊和柏林》(2008)，托马斯·杰罗姆·西布鲁克的《鲍伊在柏林：新的城镇，新的事业》(2008)，皮特·道吉特的《出卖世界的男人：大卫·鲍伊和二十世纪七十年代》(2011)。我参考的众多文章包括：威廉·柏洛兹的《滚石乐队专访》(1974)，史蒂夫·特纳的《"瘦白公爵"的伟大出逃》(1991)，以及托斯顿·哈姆佩尔2009年在《柏林镜报》上发表的《被遗忘的英雄》。维多利亚阿尔伯特博物馆的维多利亚·布罗克斯十分友善地让我读了她写的《重塑大卫·鲍伊》的草稿，并与我分享了几页鲍伊1976年写的日记。

最后，刘疯哈的故事进入我的视野，是在克里斯托弗·戈什通伊的引导下，我结识了柏林两个越南人社区的成员。故事并非完全都是事实，但其真实性，却由作者和译者阮玉碧核查过。我能描绘出二十一世纪柏林城的情景，要归功于和以下这些人所做的彻夜促膝长谈：波海恩旗下的出版人本·克罗克，巴尔干半岛口技乐队的神童单特尔，以及奥利弗·舒尔茨教授。感谢他们之余，我同样要感谢艾伦·阿利安、巴斯·波特希尔、马丁·达曼、玛丽安娜·菲斯福尔、海蒂·卢迪、马克·汤姆森等人合著的《自由的限度：双心城艺术》(1990)，感谢相关的机构与部门。我也十分感激出生于菲律宾的埃尔斯·牛顿，感谢米里亚姆和托尼·布克，感谢他们允许我向大家讲述他们的故事。

[402]

其他我还未提及的图书馆包括：柏林国家图书馆，柏林国家博物馆，柏林墙纪念馆，联邦档案馆和大英图书馆。

历史研究和实地探访无疑极为关键，但我真正的旅行却是在我的书桌前穿梭，在浩瀚的书籍中旅行，从中过滤我所需要的史料。通过书本，我才能真正地理解我所描述的人物。毋庸置疑，通过让读者对这些人物的生活经历感同身受，我希望我们可以更好地认识他们，更好地认识我们自己，并且从中体会到事物的真实含义。

致　谢

为了本书的完成，数以百计的人耐心而且诚恳地奉献出他们宝贵的时间和渊博的知识。

在柏林，我非常感激布克哈特·博内洛，科琳娜·布鲁歇，莫莉，马克，亨利和奥斯卡·布朗夫妇，托马斯和凯瑟琳·布鲁西克夫妇，简和施特菲·布尔迪克夫妇，詹斯·卡斯帕，大卫·奇普菲尔德，苏帕尔纳·乔赫利，凯蒂·德比什尔，克里斯蒂娜·冯·艾克，克里斯托弗·戈什通伊，马赛厄斯和康斯特，夏尔曼·洛夫格罗夫，珀西·麦克莱恩法官阁下，阿克塞尔·蒙娜斯，戴纳·蒙泽尔，爱丽娜，马瑞恩·尼迈耶尔，柏林墙纪念馆的玛利亚·努克博士，娜丁·伦纳特，尼克·罗曼，克莱门斯·谢弗尔，安妮-玛丽·威仕特。感谢他们的洞见，感谢他们的专业知识，感谢他们无私的友情。同时，我还要感谢画家马丁·达曼，感谢他的清新画笔。我感谢威尔弗里德·罗佳史，感谢他鼓励我重新认识威廉二世。

普鲁尼·安东尼，格雷格·巴克斯特和瑞秋·希尔，以及先前提到过的本·克罗克和奥利弗·舒尔茨教授，他们引领我走近柏林，了解柏林的享乐主义。而安德烈亚斯·乌索夫向我描述了二十世纪八十年代的酒吧情形。感谢普拉克西女士和前英国驻柏林大使迈克尔·阿瑟先生，感谢他们在我穷困潦倒的写作初期照料我，使我衣食无忧。同时感谢理查德·怀德斯，感谢他在他们离开后继续关心、照料我。

在英国，我衷心感谢黛德丽·巴雷特，马丁·邦德，大卫·查特，大卫和简·康沃尔夫妇，皮特·道吉特，玛莲和迈克尔·费伦奇博士，克里斯汀·盖廷斯，姆瓦佩·威尔·戈布尔，罗西·戈德史密斯，托比·拉塔，杰奎琳·普理查德，空运飞行员保罗·男森·萨皮斯特因，萨拉·史潘克，克里斯多夫·桑希尔，科林·休布伦，洛

[404] 德·韦登费尔德，还有大卫·汤姆森及其他所在的著名现代冲突档案馆，尤其要感谢提摩西·普鲁斯和艾德·琼斯。在巴黎，德米特里·德·克拉克和索菲·肖肯斯让我更进一步了解了莱尼·里芬斯塔尔。感谢阮玉碧和佩内洛普。感谢华盛顿的亚历克斯·普力威特拉。感谢洛杉矶温德博物馆的贾斯汀·杨普尔与我分享了难忘的照片及观点。

我要诚挚地感谢歌德学院，尤其要感谢伊丽莎白帕罗丝，克劳迪娅和萨宾·亨兹施，感谢他们陪伴走过这五年的旅程。我十分感激他们。当然，我也要感谢作家基金会和皇家文学基金对我的大力支持。

碧·赫敏一直是个充满梦想的编辑，待人体贴，行事严谨，直觉敏锐；皮特·施特劳斯无怨无悔地奉献出他持之以恒的支持。他们直言不讳，充满热情，精力充沛，追求卓越，令我备受感动。我的妻子，凯特琳，一如既往地陪伴我左右。二十年悠悠岁月，成就了我十部著作。在此期间，她一直支持我，鼓励我，容忍我笔耕不辍，为我取得的成就欢呼喝彩。倘若没有他们，何来此书的写就？

译后记

历时一年多，今天终于可以舒口气，从心底冒出一句："终于完成了！"这种如释重负的感觉，唯有亲身体验过承担翻译任务的人方能体会。翻译不像创作，可以凭借自己的兴趣肆意妄为，兴之所至，笔之所书。写不下去了，还可以推倒重来，重新挖掘素材，重新构思。译者受着原文的约束，受着出版单位的催促，受着译文读者以及翻译批评家的期待和监督，总是如履薄冰，战战兢兢却又硬着头皮前行。鲁迅在谈及翻译之苦恼时感慨道："比如一个名词或动词，写不出，创作时可以回避，翻译却不成，也还得想，一直弄到头昏眼花，好像在脑子里面摸一个要开箱子的钥匙，却没有。"相信这种感觉，凡是认真做过翻译的人，都有。

到底是什么驱使人们甘愿这样"弄到头昏眼花"？有人把翻译当成是谋生的手段。这种话，用在完成翻译任务上，我总觉得是不适合的。翻译稿酬的低廉，使我们很难以此安身立命，这是目前我国译界普遍现象。如果为了赚钱，我决计不会承担这样吃力不讨好的翻译任务。但是，作为一个从事翻译教学和研究的教师，还带着翻译专业的研究生，如果不做点翻译，总也觉得对不起自己这份职业。其实说到翻译这份职业，我甚至都觉得有点脸红。因为，翻译根本算不上什么职业。试想，凡能懂两门语言的人，都可以从事翻译。这样的工作还能称得上是职业吗？过去有人说译者是"仆人"，而且是"一仆二主"或者"一仆多主"，也有人说译者是"媒婆"。我不知道"仆人"或者"媒婆"是不是职业。不过，想当"仆人"或者"媒婆"的人还是大有人在的。但是，即使当了"仆人"的，甘愿一辈子当"仆人"，这种人大概不多。许多情况下，"仆人"总是希望摇身一变成为"主人"。这也算是"跳槽"？或许吧。但如果译者蠢蠢欲动地想成为原创者，大概会招来劈头盖脸的一顿谩骂。看来,译者如果要做"仆人"也不易,必定要做忠心耿耿的"仆人"才行,而且要八面玲珑,否则吃苦头是免不了的。这样做"仆人"的工作算不算职业?现在大家都在谈翻译的职业化问题。我想,职业化的翻译只能是应用翻译,至于文学翻译,定然职业不了的。至少在当下还无法职业。

现在,能够从事翻译的人,比比皆是,翻译研究也是人人可为。因此,当下翻译研究队伍庞大,凡是与翻译沾点边的,都要对翻译说三道四。"直译、意译"、"异化、归化",不一而足。坦率地说,我在做翻译的时候,真正依据翻译理论而行的时候,并不会很多。大部分时候,我只想对得起原文作者,对得起译文读者,对得起出版社的托付。这是我尽力而为却又力所不及时考虑最多的问题。但是如果说翻译实践不需要翻译理论的指导,或者说翻译理论对翻译实践没有指导意义。这也是我不能苟同的。我相信,凡是做过翻译实践同时从事过翻译理论研究的人,必然会感谢翻译理论为翻译实践所带来的诸多益处。因为翻译中困难比比皆是,面对这些困难如何处置?这种时候,有没有理论来支撑,是大不一样的。缺乏理论的,往往会随性,把握不好翻译度,甚至会胡译,处理不好翻译涉及的各种关系。有人说,翻译是婚姻,是两相妥协的艺术。我总觉得翻译不仅仅是两相妥协,而是多方面的妥协,说八面玲珑也不过分。因此,如果真的要将翻译比作婚姻,这样的婚姻大概只有在一夫多妻,或者一妻多夫的制度下,才能得到。因为,除了要对得起以上的对象,我也总不想亏待自己。总想在译文中表现出我的个性,赋予译文我的感情,用我的语言向读者表达我对原文的理解。对原文的理解,当然也只能基于我的智识。因此,就我的翻译态度而言,我比较欣赏前苏联学者卡什金的观点:"翻译绝不是战斗,而是一种挑战,一种竞争,一种斗争,对象是令人棘手的材料,目的并不是制服对方,也不是消灭自身,翻译是为维护原作而斗争,是同原作竞赛,同原作媲美。"

虽然我有心将自己的译文与原作比一比,但我不得不承认,我的

译后记

译文绝对无法与原作媲美。面对罗里·麦克林这样阅历丰富、饱读史书的作家，很多时候我只能说书到用时方恨少。从他所用的文字来看，除了英语，他至少还懂得法语和德语。法语我学过，因此还比较好办，但是对于德语，我是门外汉。而他在提及柏林的地名和人名时，就常常用德语，有些地名还很生僻，一般的词典还查找不到。这种时候我只能求助于学德语的人。但有些词，也超出了学德语的人的知识范围。我也只能按照大致的读音译出。更加使我头疼的还不是这些生僻词，而是一些看似非常普通，但却难以界定其含义的词和短语。比如在第十四章中有一段话："A mass of young faces gazed in adoration, in hope, in black and white."一开始，我将该句译为："一群年轻人，肤色有黑有白，脸上洋溢着敬畏和希望，凝神眺望。"当时也没有多想，觉得这样的翻译基本表达了原文的意思。后来校阅的时候也没有发现问题。可是有一天，我再读这段译文，却发现自己犯了一个大错。因为这里的"in black and white"肯定不可能是"肤色有黑有白"。因为，希特勒纳粹时期，德国视其他民族都为劣等民族，不可能有黑人追随希特勒左右。因此，这个短语只能表示"黑白分明"这一基本含义。那么，什么东西黑白分明呢？既然 in black and white 是修饰 gaze 的，那么"gazed in black and white"究竟表示什么意思呢？最后，我经过思考，依据当时描述的一部黑白电影的场景，将其译为"一大群年轻人，脸上洋溢着敬畏和希望，瞪着黑白分明的眼睛凝神眺望。"词本无义，义随文生。但文字却是具有模糊性和欺骗性。有些时候，作者究竟用这个词表达什么意思，只有作者自己知道，不是谁都可以理解的。比如在第八章中有这么一段话："Not much goes on in this God-forsaken hole. It's desperately dull. If a carriage drives through the street, everyone rushes to the windows."这里的"hole"究竟指什么？根据上下文，这里根本没有"洞"之类地方，其实就是指作者所谈的那个地方。但为什么作者要突兀地用"hole"呢？如果我按照字面意思译为"洞穴"，无疑会给译文读者错误的信息。因此，我只能让作者的意思隐藏起来，根据语境译为"地方"。

　　本书的翻译，是我迄今为止感觉最为吃力的一次译著过程。作者那闪片式的语言以及所运用资料的丰富，自不待言，让我费劲的还有其中的德语以及柏林历史本身的复杂。关于这一切，只要读者进入到本书，自然可以感受得到。

　　其实，要我现在来写译后记，还真不是时候。翻译中历经的艰辛，此时此刻，却似乎都离我远去，脑袋里似乎也一片空白。我只是对自己说："我尽力了。"至于如何尽力，只有我自己知道，别人是无法体会的。即便如此，其中的谬误在所难免，敬请读者不吝指正，共促翻译事业的发展。

　　与本书作者一样，我能够完成本书的翻译需要感谢的人很多。首先，我要感谢上海文艺出版社的林雅琳编辑对我的信任和鼓励。在翻译过程中，有很多次自己感觉力不从心，萌生打退堂鼓的心思，但她总是对我予以鼓励，相信我能顺利完成。其次我要感谢上海大学外国语学院的两位 MTI 研究生，石新志同学和张云平同学。本书的翻译初稿由他们两人共同完成。石新志同学翻译了序幕以及前十章，张云平同学完成了后十二章以及后记等。尽管作为学生，真正意义上的翻译实践，这可能是他们的初试啼声，但我相信，他们为此付出的努力会让他们终生难忘。同时，尽管他们的初稿不尽如人意，但他们的翻译为我的定稿奠定了基础，为我省却了不少查找资料的时间和精力。同时我还要感谢《上海翻译》编辑部的同仁。在将近半年来，由于我的精力基本上用在本书的翻译上，因此编辑工作大部分都由我的同仁们承担了。他们的无私且坚定的支持，是我得以完成本书翻译的有力保证。

　　最后，我要感谢我的家人、我的朋友，感谢所有能与我分享快乐和苦难的人，感谢他们一直以来对我的宽容和支持。

傅敬民
2016 年于上海锦秋花园

索引[1]

A

Aachen 亚琛港口, 209

Aalto, Alvar 阿尔瓦·阿尔托, 322

Academy of Arts 艺术学院, 58, 107, 111, 166–167, 243

Adenauer, Konrad 康拉德·阿登纳, 321, 323–325

AEG 通用公司, 96, 145, 158, 231, 283
 foundation 地基, 88–90
 designs for new headquarters 全新设计总部, 243
 and Soviet occupation 苏联侵占, 279
 air raid shelters 防空洞, 246
 air raids 空袭, 167–168, 233, 269, 272, 277, 280

Albany, Colin 柯林·奥尔巴尼, 27–37, 156, 360

Albert Einstein Science Park 艾伯特·爱因斯坦科学公园, 393

Albert the Bear "熊"艾伯特, 19

Alexanderplatz 亚历山大广场, 3–6, 49, 60, 135, 154, 270, 278, 358

Algarotti, Francesco 弗朗西斯科·阿尔加罗提, 46

All Quiet on the Western Front《西线无战事》, 207, 222

Allien, Ellen 艾伦·阿利安, 366, 369–370

Alomar, Carlos 卡洛斯·阿洛玛, 340–342

AlsaceLorraine 阿尔萨斯-洛林, 93, 146–147

Altes Museum（Königliches Museum）柏林旧博物馆, 62–64, 89, 137, 287, 345
 frescoes 壁画, 78–79

Amerika Haus 美国领事馆, 337

Angriff, Der《攻击日报》, 227, 260

Anhalter Bahnhof 安哈尔特火车站, 158, 256, 371

Anna Karolina, Countess 安娜·凯若琳娜女伯爵, 45

antifascist resistance, myth of 反法西斯战争……的传奇, 287

Arkonaplatz 阿尔克纳广场, 282

Artaud, Antonin 安托南·阿尔托, 334

Ashinger's 阿辛格尔, 154, 156

atomic weapons 核武器, 298, 300–301, 307, 315

Auden, W. H. 威斯坦·休·奥登, 173,

---

[1] 本索引条目后数字为原书页码，即本书边码。——译者注

175–176, 181

Aufricht, Ernst Josef 恩斯特·约瑟夫·奥弗里希特, 191–192, 194

Augsburg 奥格斯堡, 192

Augustus the Strong, Elector of Saxony 奥古斯都大帝, 45

Auschwitz 奥斯维辛集中营, 5, 96, 168, 233, 271, 337

Austria 奥地利, 48–49, 87, 110

B

BaaderMeinhof 迈因霍夫帮, 337

Baarová, Lída 丽达·巴洛娃, 231, 265, 272

Babelsberg 巴贝斯堡, 200, 203, 205–206, 213, 225

Bach 巴赫, 47

Bacharach, Burt 伯特·巴卡拉克, 210

Bacon, Francis 弗朗西斯·培根, 173

Baedeker, Karl 旅行指南出版家卡尔·贝德克尔, 161

Bahn, Roma 罗姆·巴恩, 192

Bahnhof Zoo 柏林火车站, 278, 391

Balázs, Béla 贝拉·巴拉兹, 224

Balzac, Honoré de 奥诺雷·德·巴尔扎克, 172

Bargeld, Blixa 毕丽霞, 367

Barnes, Djuna 朱娜·巴恩斯, 173

BASF 巴斯夫公司, 144

Bauakademie (School of Architecture) 柏林建筑学院, 64–65, 110

Bauhaus 包豪斯学校, 64, 202

Bayer 拜耳公司, 87

Beatles, the 甲壳虫乐队, 210, 344

Beethoven, Ludwig van 路德维希·凡·贝多芬, 62, 345

Behrens, Peter 彼得·贝伦斯, 243

Belew, Adrian 阿德里安·贝鲁, 341

Belgium 比利时, 91–92, 142, 147, 154–155, 268

BenAri, Jitzhak 吉扎克·本-阿瑞, 336

Berber, Anita 安妮塔·波波, 4, 221

Berchtesgaden 贝希特斯加登, 206, 209, 266

Berghain 波海恩, 368–370

Bergstraße 贝格施特拉瑟大道, 290

Berlin

  medieval town 柏林中世纪城镇, 16, 19

  immigrants 移民, 86

  industrialisation 工业化, 87

  seventeenthcentury city 十七世纪城市, 30

  and Thirty Years War 三十年战争, 31–33, 42, 51

  under Hohenzollerns 霍亨索伦家族, 42–43, 46–51

  Napoleon's entry 拿破仑入侵, 50–51

  French occupation 法国占领期间, 59–61

  remodelling by Schinkel 申克尔改造, 62–64, 66–67

  postcodes 邮编, 135–136

  population growth 人口增加, 158

  and outbreak of First World War 一战爆发, 141–142

  Soviet occupation 苏联占领, 278–279

索 引

tunnelling operation 管道行动, 302, 304, 306

Kennedy's visit 肯尼迪来访, 312–313, 319–327

Berlin, Battle of 柏林……战役, 277–278

Berlin Airlift 柏林空运, 281, 312–313, 320–321, 325

Berlin Alexanderplatz《柏林亚历山大广场》, 176, 192, 370

Berlin–Baghdad railway 柏林-巴格达铁路, 139

Berlin:Die Sinfonie der Großstadt《柏林——城市交响曲》, 203, 227

Berlin Olympics 奥林匹克, 230–231

Berlin Philharmonic Orchestra 柏林交响乐团, 190, 229, 231

Berlin Secession 柏林的分离派, 161–162

Berlin Wall 柏林墙, 2–3, 5, 313, 315, 336, 342–343, 371–372, 383

    erection of ……的构建, 289–290, 311–312, 325

    fall of ……的倒塌, 6, 293, 356, 365

    and Kennedy's visit 肯尼迪来访, 323–326

    and Reagan's visit 里根来访, 367, 376

    graffiti 涂鸦, 377

Berliner Morgenpost《柏林晨报》, 224

Berliner Schloss

    building of 柏林城堡建造, 12

    flooding of 冲毁, 12, 20, 23

    and Albany's revenge 奥尔巴尼复仇, 35–36

    extended under Frederick the Great 在腓特烈大帝的统治下扩建, 47

    Mozart's visit 莫扎特来访, 61

    Kaiser Wilhelm II and 恺撒·威廉二世, 90, 139, 141

    White Saal 白色大厅, 105, 111

    destroyed by Soviets 被苏联摧毁, 55, 286, 372

    rebuilding of 重建……, 370, 372, 392

Berliner Tageblatt《柏林日报》, 125, 195, 222, 224

Berliner Theater 柏林大剧院, 190

Berliner Unwille《不屈不挠的柏林人》, 23

Bernauerstraße 贝瑙尔大街, 281, 283, 289–290, 292

Bernays, Edward 爱德华·伯内斯, 261, 264

Bestelmeyer, German 贝思特尔米耶, 243

Bismarck, Otto von 奥托·冯·俾斯麦, 87, 91, 111, 255, 272, 288

Bitterfeld 比特费尔德, 89

Blake, George 乔治·布莱克, 303, 308–309, 314

Blaue Reiter, Der 德国的蓝骑士艺术团, 344

Blomshield, John 约翰·布龙菲尔德, 181

Blue Angel, The《蓝天使》, 176, 200, 204–206, 208–209, 212, 224, 370

Bogensee 博登湖, 265

Böhme, Margarete 玛格丽特·泊梅, 112–113, 117–129, 136, 177, 260, 282

Bois, Curt 科特·博伊斯, 371

Bonatz, Paul 保罗·波纳茨, 243

Bonello, Burckhardt 布尔克哈特·博内洛, 393
bookburning 焚书, 135, 184
Bordeaux 波尔多白葡萄, 142
Borsig, August 奥古斯特·博尔西希, 77, 393
Borsig works 博尔西希工厂, 65, 74, 76–77, 87–88, 158, 279
Borussia (locomotive) "普鲁士号" 火车头, 77
Bosch, Carl 卡尔·博施, 148
Boswell, James 詹姆斯·鲍斯威尔, 48
Bouman, Jan 简·保曼, 56
Bowie, Angie 鲍伊·安吉, 339
Bowie, David 大卫·鲍伊, 5, 222, 331–336, 338–347, 367, 374, 391, 395
    Berlin albums 柏林唱片, 340–343
    and *Just a Gigolo*《小白脸》, 212–214, 344
Bowles, Paul 保罗·鲍尔斯, 173, 178
Brandenburg 勃兰登堡, 19, 28–29, 30–31, 41–42, 86
Brandenburg Gate 勃兰登堡大门, 3, 135, 393
    celebrations and parades 庆祝与队列, 56, 93, 137, 226, 244, 262
    Napoleon's entry 拿破仑入侵, 50
    Quadriga 四马二轮战车, 61, 244
    and Kennedy's visit 肯尼迪来访, 323, 356
    Bowie concert 鲍伊的演唱会, 346
    and Reagan's visit 里根来访, 367
Brandt, Willy 维利·勃兰特, 210, 291, 312, 321, 323–324

Braun, Wernher von 沃纳·冯·布劳恩, 143
Braunschweig 布伦瑞克, 259
Brecht, Bertolt 贝尔托·布莱希特, 129, 173, 191–195, 207, 331, 333, 335
    The Threepenny Opera《三便士歌剧》, 191–195
Breker, Arno 阿尔诺·布雷克, 241, 244
Breslau 布雷斯劳市, 137
British Museum 大英博物馆, 63–64
Brooke, Rupert 鲁佩特·布鲁克, 178
Brooks, Louise 路易斯·布鲁克斯, 176, 224
Brooks, Mel 梅尔·布鲁克斯, 392
Brücke, Die "桥社", 332, 344
Brücke Museum 布鲁克博物馆, 339, 346
Brüderstraße 布鲁德大街, 16
Brunel, Isambard Kingdom 布鲁内尔, 64
Buchenwald 布痕瓦尔德集中营, 168, 234, 281
Bulge, Battle of the 坦克大战, 209
Bülow, Prince von 普斯林·冯·比洛, 90
Bülowstraße 布劳大街, 263
Burgess, Guy 伯吉斯, 301
Burroughs, William S 威廉·S·巴勒斯, 333, 341

C

Cabaret 卡巴莱, 180–181, 335
Cabinet of Dr Caligari, The《卡里加里博士的小屋》, 204
Café des Westens 韦斯顿咖啡厅, 122, 178

索引

Café Dobrin 杜布林咖啡厅, 266
Café Josty 乔思提咖啡厅, 371
Café Kranzler 克兰茨勒咖啡厅, 322, 356
Café Schlichter 施里希特咖啡厅, 191
Café Wien 维也纳咖啡厅, 266
Calvinism 加尔文宗, 42
Cambridge spy ring 剑桥间谍组织, 301
Camus, Albert 加缪, 333
Capa, Robert 罗伯特·卡帕, 209
Carlyle, Thomas 托马斯·克莱尔, 273
Casals, Pablo 帕布罗·卡尔萨斯, 190
Catholic League 天主教联盟, 33-34
Cave, Nick 尼克·凯夫 4, 367
Centrum department store 中央商场, 4
Chagall, Marc 夏卡尔, 167
Chamberlain, Neville 张伯伦, 312
Chancellery, Hitler's 希特勒的总理府, 226, 241, 243, 245, 247, 272
Channon, Henry "Chips" "薯条香农", 230
Charité hospital 沙里特综合医院, 78, 366
Charlemagne 查尔曼大帝时期, 90-91
Chausseestraße 乔瑟街, 88
Chekhov, Anton 契诃夫, 4
Checkpoint Charlie 查理检查站, 3, 6, 323-324, 372
Children's Crusade 十字军, 281-282, 332
Chipperfield, David 奇普菲尔德, 372
chlorine gas 氯气, 144
Church of Reconciliation 复圣教堂, 291
Churchill, Winston 温斯顿·丘吉尔, 95, 268
CIA 中央情报局, 301-302, 305, 313-315, 337

cinemas 电影院, 189-190
Clay, General Lucius D 卢修斯·克莱, 312, 319-320, 325
clubs 俱乐部, 367-370
Cocteau, Jean 让·谷克多, 210
Cölln, Gottfried von 哥特菲尔德·冯·科林, 12-14, 16, 20-21, 23, 42
Cölln, Konrad von 康拉德·冯·科林, 11-23, 92, 177
    birth and childhood 出生和童年时期, 12-13
    and Lola 劳拉, 15, 17-19, 21, 23
    his death 死亡, 23
Cölln 柯林城, 11, 16, 19
Cologne 科隆市, 257
ColumbiaHaus prison 哥伦比亚豪斯监狱, 262-263
Comintern 共产国际组织, 178
Communist Party 共产党, 284-286, 354
Compiègne 贡比涅, 268
Copland, Aaron 亚伦·科普兰, 173
Cosy Corner 贱人的天堂, 181
Coward, Noël 诺埃尔·科沃德, 210
Crown Prince Cadets 太子兵, 44
Czechoslovakia 捷克斯洛伐克, 301, 320
    Nazi invasion 纳粹侵占, 231
    Soviet invasion 苏联侵占, 337

D

Dachau 达豪集中营, 168, 267, 336
Dahlem 达勒姆, 136, 140, 146, 205
Danzig 但泽, 28

Davis, Dennis 丹尼斯·戴维斯, 342
Degas, Edgar 德加舞者, 85
Degenerate Art Exhibition 颓废艺术展览会, 167
Deutsche Bank 德意志银行, 393
Deutsche Zeitung《新闻周报》, 267
Deutsches Theater 德国帝国剧院, 175, 203
Diary of a Lost Girl《迷失少女日记》117–129, 135, 207, 221
Dickens, Guy 盖伊·狄更斯, 46
Dietrich, Marlene 玛琳·黛德丽, 5, 175, 189–191, 195, 199–215, 224, 256
　　childhood 童年, 201–202
　　stage debut 舞台首秀, 202–203
　　and *The Blue Angel*《蓝天使》, 176, 200, 204–206, 208–209, 212
　　film debut 电影首映, 203
　　androgyny 双性人, 204
　　and prostitution 卖淫, 129
　　Hollywood debut 好莱坞首秀, 207
　　Vegas, appears in 拉斯维加斯, 210
　　USO work USO 工作, 208–209
　　"'Ich hab' noch einen Koffer in Berlin"《我还有一个行李在柏林》, 211, 311, 375–376
　　return to Germany 返回德国, 211
　　and *Judgement at Nuremberg* 纽伦堡审判, 211
　　and *Just a Gigolo*《小白脸》212–214
　　Bowie and 鲍伊, 212–214, 335, 339
　　burial in Schöneberg cemetery 在舍嫩贝格公墓埋葬 120
Diksmuide "Massacre of the Innocents" 迪克斯梅得战役对无辜者的屠杀, 155
diphtheria 白喉病, 162
Dix, Otto, 奥托·迪克斯, 4, 167, 221
Döblin, Alfred 阿尔弗雷德·德布林, 3–4, 206
　Berlin Alexanderplatz 柏林亚历山大广场, 176, 192
Dom 多明我会, 16, 62, 90
Dorotheenstadt cemetery 多罗西区公墓, 66
Drake, Friedrich 弗里德里希公爵, 107–111, 243, 370
Drake, Margarethe 玛格丽特, 111
Dresden 德累斯顿, 45, 58, 126, 157, 222, 288
Dresdner Bank 德雷斯德纳银行, 283
Duisburg 杜伊斯堡, 189, 191
Dulles, Allen 艾伦·杜勒斯, 305
Duncan, Isadora 伊莎朵拉·邓肯, 161
Dunkirk evacuation 敦刻尔克大撤退, 268
Durieux, Tilla 提拉·迪里厄, 141
Düsseldorf 杜塞尔多夫, 191, 211
　East Germany propaganda 东德宣传, 283–284
　imprisonment and forced labour 监禁和奴役, 281, 285
　refugees and escapees 难民和逃亡者, 282, 288–290, 311, 315
　guest workers 客籍工人, 353, 357
　illicit trade 非法贸易, 354–359
　collapse of …的坍塌, 357–358, 367

E

East Prussia 东普鲁士, 49, 142, 233, 273

索引

Ebert, Friedrich 弗里德里希·艾伯特, 93
Eden Hotel 伊甸园酒店 1, 212
Einstein, Albert 爱因斯坦, 140–141, 148, 180, 301, 382
Eisenstein, Sergei 谢尔盖·爱森斯坦, 204
Elbe, river 易北河, 278
Eldorado Lounge 理想国, 181
electricity, AEG and 爱迪生应用电力公司, 88
ElisabethChristine of Brunswick Bevern 布伦瑞克-贝沃恩的伊丽莎白·克里斯丁娜 46
Englische Comödianten 英国戏剧团, 29
Enlightenment 启蒙运动, 51, 58
Eno, Brian 布莱恩·伊诺, 340–342, 344
Epp, Franz 弗朗茨·埃普, 265
Erfurt 爱尔福特, 353
Erzgebirge mountains 艾尔格博格山, 285
Essen 埃森市, 211
European Union 欧盟, 92
executions, public 死刑, 17, 62
Expressionism 表现主义, 156, 159, 204, 339

F

Falkenhayn, Erich von 埃里希·冯·法金汉, 143
Fanck, Arnold 阿诺德·弗兰克, 222–225
Fassbinder, Rainer Werner 法斯宾德, 370
FDGB trade union 德国工会联盟, 353
Fechter, Peter 皮特·费克特, 290
Feuchtwanger, Lion 孚希特万格, 191–192
Fichte, Johann Gottlieb 约翰·戈特利布·费希特, 58–59, 226
film industry, German 德国电影公司, 203–204
    Jews in 犹太人, 224–225
    Nazis and 纳粹, 206–208, 225
    see also Riefenstahl, Leni films, antiSemitic 莱尼·里芬斯塔尔的反犹太主义电影, 266–267
"final solution" 终极决议, 136
Fischer, Hermann 赫尔曼·菲舍尔, 95–96
Flossenbürg quarrycamp 浮生堡采石场, 246
Folkwangschule 弗克望艺术学院, 190
Fontane, Theodor 台奥多尔·冯塔纳, 172
fornication, punishments for 通奸惩罚, 17
Fosse, Bob 鲍伯·弗西, 180
Foucault, Michel 福柯, 337
Fountain of Friendship among People 人民友谊喷泉, 4
France 法国, 48–49, 87, 110
    and First World War 第一次世界大战, 91–93
    fall of 倒塌, 232, 268
Franck, James 詹姆斯·弗朗克, 140, 144, 149
FrancoPrussian War 普法战争, 91, 137
Frankfurt 法兰克福, 222, 297
Frankfurtander Oder 奥得河畔法兰克福 19
Frederick 'Irontooth', Kurfürst "铁牙" 弗里德里克, 选帝侯, 12–14, 17, 19–20, 22–23, 55, 161, 257
Frederick the Great, King of Prussia 腓特烈大帝, 普鲁士国王, 43–51, 288, 365
    childhood 童年, 43–44

love of arts and music 对艺术和音乐的喜爱, 44–47, 51
Art de la Guerre《战争的艺术》, 47, 50
and Berliner Schloss 柏林城堡, 47, 370, 372
homosexuality 同性恋, 45–46, 182
imprisonment 监禁, 45–46
Frederick the Great—*contd* marriage 腓特烈大帝, 婚姻, 46
and Sanssouci 无忧宫, 47, 265
and war 战争, 48–50, 55
his tomb 他的坟墓, 50–51, 256
Schinkel and 申克尔, 57–58
his portrait 他的画像, 182, 273
Frederick William（the Great Elector）腓特烈·威廉 42, 57, 86, 241
Frederick William I, King of Prussia（the Soldier King）腓特烈·威廉一世（"军曹国王"）42–46
Frederick William III, King of Prussia 腓特烈威廉三世, 普鲁士国王, 61
Fredersdorf（soldier servant）随从侍卫弗雷德斯多夫, 46
Freedom Bell 自由之钟, 327
Freie Universität 柏林大学, 282
Freikorps 右翼组织, 165–166
French Revolution 法国大革命, 47, 51
Freud, Sigmund 弗洛伊德, 264
Friedenau 弗里德瑙 120, 127, 136
Friedrich, Caspar David 卡斯帕·大卫·弗里德里希, 60, 222
Friedrichshain 弗里德里希, 368
Friedrichstadt 腓特烈城, 42, 49, 135, 241

Friedrichstraße 弗里德里希大街, 3, 173, 203, 262, 392
Fripp, Robert 罗伯特·弗里普, 342
Furtwängler, Wilhelm 威廉·福特万格勒, 190
futurist art 未来艺术, 189

G

gang warfare 帮派交战, 359
Ganz, Bruno 布鲁诺·甘茨, 371
Garbo, Greta 葛丽泰·嘉宝, 173, 224
Garrison Church 加里森教堂, 50
gas lighting, introduction of 引进煤气灯, 63
Gatow airport 加图, 304
Gay, John 约翰·盖伊, 191
Gay, Peter 皮特·盖伊, 166
Gendarmenmarkt 御林广场, 47, 67
Geneva 日内瓦, 172
German Democratic Republic, see East Germany 德国民主党, 东德
German Romanticism 德国浪漫主义, 58, 61, 226
Germani tribes 日耳曼民族, 19
Germania 日耳曼帝国, 241–248, 282, 332
Germany division into states 德国分裂, 44, 48
unification 统一, 87, 91
First World War aims 一战目的, 91–92
population growth 人口增长, 91
British blockade 英国封锁, 142
《War Guilt》挑起战争罪, 93

索 引

Soviet alliance 苏维埃联盟，94–95

reunification 统一，168, 367

Gerron, Kurt 库尔特·盖瑞，191, 207

GertrudKolmarStraße 格特鲁德·科尔马大街，392

Gestapo 盖世太保，167, 341

Gesundbrunnen station 格森布鲁能火车站，305

Gleisdreieck 三角铁路站，370

Goebbels, Joseph 约瑟夫·戈培尔，222, 240, 245, 248, 256–274, 279, 282, 309

    childhood 童年，257

    hatred of Jews 对犹太人的仇视，135, 257–258, 266, 269, 271–272

    and bookburning 焚书，184

    and cinema 电影院，225–229, 266–268

    and Third Reich idea 第三帝国的理想，260–261

    his marriage 他的婚姻，265

    suicide 自杀，274

    Dietrich and 黛德丽，207–209

    Riefenstahl and 里芬斯塔尔，225–229, 231, 233

    Bowie and 鲍伊，332, 341, 343

Goebbels, Magda 玛格达·戈培尔，225, 265–266, 274

Goethe, Johann Wolfgang von 约翰·沃夫冈·冯·歌德，4, 58–59, 66, 85, 222, 384

Gorbachev, Mikhail 戈尔巴乔夫，367

Göring, Hermann 赫尔曼·戈林，135, 226

Grass, Günter 君特·格拉斯，4

Great Berlin Exhibition 柏林艺术展览会，159

Great Comet 大彗星，27, 31

Great Depression and 1929 Crash 大萧条和1929崩溃，96, 166

Grenzpolizei 贝瑙尔大街，292, 341

Grimm Brothers 格林兄弟，4, 175

Gropius, Walter 沃尔特·格罗皮乌斯，322

Große Halle（Great Hall）哈雷（大会堂），242, 244, 247–248

Großes Schauspielhaus 电影院，203

Grosz, George 乔治·格罗兹，129, 167, 182, 204, 264, 331, 335, 339

GRU 国家安全委员会，314–315

Grunewald 格鲁内瓦尔德，87, 95, 156, 261, 344, 352, 392

Grunewald station 格鲁内瓦尔德车站，136, 271

Guernica, bombing of 隔格尔尼卡，轰炸，135

Guttenberg, Karl-Theodor zu 古藤贝格，卡尔-西奥多，楚．393

H

Haacke, Hans 汉斯·哈克，371

Haber, Clara 克莱拉·哈伯，144–145

Haber, Fritz 弗里茨·哈伯，92, 136–149, 205, 279, 301

Childhood 童年，137–138

    Jewishness 犹太人的特性，138, 148

    ammonia synthesis 合成氨，139, 142, 147

and chemical warfare 毒气战, 142–146, 174

awarded Nobel Prize 获得诺贝尔奖, 147–148

Haber, Hermann 哈伯、赫尔曼, 145

Hagens, Gunther von 冈瑟·冯·海根斯, 375

Hague Convention 海牙公约, 143

Hahn, Otto 奥托·哈恩, 144

Hamburger Bahnhof 汉堡火车站, 78

Hamilton, Gerald 杰拉尔德·汉密尔顿, 178–179

Handke, Peter 彼得·汉德克, 370

Hanke, Karl 卡尔·汉克, 265

Hansa Sound Studio 汉萨录音棚, 332, 339, 341, 344, 345, 346

Harvey, "Big Bill" "大个子比尔" 哈维 297–298, 301–307, 309–311, 313–315, 367

Harvey, Clara Grace 哈维、克拉拉·格蕾斯, 305–306

Harvey, Lilian 莉莲·哈维, 173, 224

Hauptmann, Elisabeth 伊丽莎白·豪普特曼, 191–192

Hauptmann, Gerhart 格哈特·霍普特曼, 159

Hauptstraße 豪普特街, 331, 342, 344, 346

Havel, river 哈弗尔河, 308

Havel bridges 哈弗尔桥, 278

Havel Film Studio 电影棚, 370

Hawtin, Richie 瑞奇·哈汀, 369

Heckel, Erich 埃里希·黑克尔, 339

Heidelberg 海德尔堡, 247

Heine, Heinrich 亨利希·海涅, 255

Heller, Hugo 雨果·赫勒, 163

Helm, Brigitte 赫尔姆·布里吉特, 129

Hemingway, Ernest 欧内斯特·海明威, 209, 214

Hemmings, David 大卫·海明斯, 213, 344

Hermannplatz 赫尔曼广场, 278

Hertz, Gustav 古斯塔夫·赫兹, 144

Hess, Rudolf 鲁道夫·赫斯, 208, 228–229

Hesse, Hermann 赫尔曼·黑塞, 345

Heydrich, Reinhard 莱茵哈德·海德里希, 231

Himmelfahrtskommandos 元首地堡, 273

Himmler, Heinrich 海因里希·希姆莱, 267

Hindenburg, Field Marshal Paul von 冯·兴登堡, 92–93, 228

Hindenburgstraße 兴堡街, 225

Hinterm Horizont 地平线后方, 392

Hirsch, Else 埃尔西·赫希, 101–113, 173, 243, 260

and Bernbaum 伯恩鲍姆, 105–106

and Friedrich Drake 弗雷德里克·德雷克, 107–111

and Diary of a Lost Girl and《迷失少女日记》, 117–129

Hirschfeld, Magnus 马格努斯·赫希菲尔德, 182

Hitler, Adolf and First World War 阿道夫·希特勒 第一次世界大战, 146, 148, 259

rise to power 掌握政权, 95–96, 184, 262

beer hall putsch 酒馆政变, 221, 259

Mein Kampf《我的奋斗》, 220, 225, 243, 258, 261

and Dietrich 黛德丽, 206, 208–209

索 引

and Goebbels 戈培尔, 256, 258–261–262, 266
Hitler, Adolf—contd and Haber 阿道夫·希特勒和哈伯, 148–149
 proclaims thousandyear Reich 许诺给德国一个千年不倒的帝国, 55
 and Riefenstahl 里芬斯塔尔, 220–221, 225–229, 232
 and art 艺术 166–167
 and architecture 建筑, 241–244, 248
 meeting with Chamberlain 会见张伯伦, 312
 fiftieth birthday 50 岁生日, 244–246
 and Second World War 第二次世界大战, 267–270, 272–274
 his wouldbe assassins 意欲刺杀希特勒的刺客, 332
 suicide 自杀, 233, 274
Dieter Werner and 迪特尔·沃纳, 287
Hitler Youth 希特勒的少年时期, 228, 286
Hitler's bunker 希特勒火药库, 1, 246, 273, 305
Hohenschönhausen prison 霍恩施豪森监狱, 383
Hohler, Dandy 丹迪·赫勒尔, 27–28, 30–31, 34–36
Hollandais Club 荷兰俱乐部, 181
Holocaust Memorial 大屠杀纪念碑, 1, 383, 392
Holy Roman Empire 神圣罗马帝国, 19, 261
Honecker, Erich 埃里希·昂纳克, 55, 354
Hood, Thomas 托马斯·伍德, 157–158

Horst Wessel song《旗帜高举》(纳粹党党歌), 228, 230
Hotel Adlon 阿德隆饭店, 190
Hotel Bristol 布里斯托酒店 192
Hotel Gehrus 葛如思酒店, 338
Hotel Kaiserhof 凯撒霍夫酒店, 225
Hotel National 民族大饭店, 112
Howley, Colonel Frank 上校弗兰克·豪利, 320–321
Hugenberg, Alfred 阿尔弗雷德·胡根贝格, 205–207
Huguenots 胡格诺派人, 86
Hungary 匈牙利, 301, 367

I

IG Farben 法本公司, 279
Industrial Revolution 工业革命, 64
inflation and devaluation 通货膨胀、纸币贬值, 95–96, 147, 166, 203, 257
Institut für Sexualwissenschaft 性科学研究所, 182, 184
Invalidenstraße 英沃林登大道, 290
Iron Cross 铁十字勋章, 61, 63, 110
Isherwood, Christopher 克里斯托弗·伊舍伍德, 160, 171–185, 222, 279, 347
 Mortmere 死亡之湖, 174–175, 183
 and rise of Nazis 纳粹党兴起, 261, 263
 Mr Norris Changes Trains《诺里斯先生转乘记》, 178
 Goodbye to Berlin《告别柏林》, 178, 180, 184, 382

Christopher and his Kind《克里斯托弗和他的同伴》, 183
Bowie and 鲍伊, 331, 335–336
Israel, Wilfrid B. 威尔弗雷德·伊斯雷尔, 180, 382

J

Jacobs, Jane 简·雅各布斯, 372
Jagger, Mick 米克·贾格尔, 234, 333
James VI and I, King James VI and I, King, 詹姆斯六世和一世 28–29
Jannings, Emil 埃米尔·强宁斯, 206
Jena 耶拿, 50, 138
Jewish cemetery 犹太人公墓, 254–255
Jewish Museum 犹太博物馆, 372, 383
Jews and Thirty Years War 犹太人和三十年战争, 33
 discrimination against 犹太人歧视, 90–91, 93–94, 148
 conversion to Christianity 改信基督教, 138
 and Kindertransport 难民儿童运动, 180–181, 382
 Goebbels and 戈培尔, 135, 257–258, 266, 269, 271–272
 Nazi extermination of 纳粹集中营 of, 136, 149
 Nazi persecution of 纳粹迫害, 224–226, 266–267, 271–272
 executions of 执行…, 232
 memorials to 对…的纪念, 382
Joe's Beer House 乔的酒馆, 338

Johann Sigismund, Prince 西格斯蒙德, 29–31, 36
Johnson, Lyndon B. 约翰逊, 312
Jüdenstraße 犹太人大街, 32
Jugendweihe ceremony 成人礼, 284
Junge Pionier, Der《先锋丛报》, 284
Junkers 德国人, 94
Just a Gigolo《小白脸》214, 344, 399

K

KaDeWe department store 卡迪威百货大楼, 173, 210, 260, 282, 356
Kafka, Franz 弗朗茨·卡夫卡, 4, 334
Kaiser Wilhelm Institute 撒威廉研究所, 140, 143–144, 147, 149, 301
Kaiser Wilhelm Memorial Church 恺撒威廉大帝纪念教堂, 210, 322, 337, 383
Kammerspiele Theater 慕尼黑市立剧院, 190
Kandinsky, Wassily 瓦西里·康定斯基, 167, 344
Kant, Immanuel 康德, 85
KarlMarxAllee 马克思大道, 358
KarlMarxUniversity 马克思大学, 355
Karlshorst barracks 卡尔斯霍斯特军营, 357
Karlsruhe 卡尔斯鲁厄, 138, 140
Karlsruhe 卡尔施泰特百货商店, 189
Kastanienallee 栗树大道, 262
Kästner, Erich 艾利克·卡斯特纳, 173
Katte, Hans Hermann von 汉斯·赫尔曼·冯·卡特, 45–46
Kaufman, Joe 乔·考夫曼, 225

索 引

Keaton, Buster 巴斯特·基顿, 204
Keitel, General Wilhelm 凯特尔元帅, 231
Keller, Ferdinand Keller, 费迪南德, 137
Kemp, Lindsay 林赛·肯普, 334
Kempf, Annemarie 安玛丽·肯道夫, 241
Kennedy, John F. 约翰·肯尼迪, 5, 208, 311–312, 361
 Berlin visit 访问柏林, 312–313, 319–327, 367
 Assassination 暗杀, 313
Kern, Erwin 尔文·科恩, 95–96
Kerr, Alfred 阿尔弗雷德·科尔, 195
Kessler, Harry 哈里·凯斯勒, 89, 94
Keun, Irmgard 伊姆加德·库能, 129
KGB 苏联国家安全委员会, 281, 292, 301, 303, 308–309, 313–315, 358
Khrushchev, Nikita 赫鲁晓夫, 307, 311, 325
Kirchner, Ernst Ludwig 恩斯特·路德维希·基希纳, 129, 167, 332, 339
Kirdorf, Emil 基尔多夫, 92
Klee, Paul 保罗·克莱, 264
Klein, Robert 罗伯特·克莱恩, 206
Kleiststraße 克莱斯特路, 184
Klemperer, Otto 奥托·克伦佩勒, 190
Klimt, Gustav 古斯塔夫·克林姆, 87
Klinger, Max 马克斯·克林格尔, 159
Knef, Hildegard 希尔德加德·内夫, 375
Knut the bear 克努特北极熊, 374–375, 392–393
Koenigsallee 国王大道, 95
Kollwitz, Benjamin 珂勒惠支, 本杰明, 157
Kollwitz, Hans 珂勒惠支, 汉斯, 162
Kollwitz, Karl 卡尔·珂勒惠支, 159–164, 167
Kollwitz, Käthe 珂勒惠支·凯绥, 153–168, 182, 253, 264, 339, 345, 347
 Death and Woman《死神与女子》, 163–164
 challenges Kaiser 挑战皇帝, 164
 memorial to Liebknecht 纪念李卜克内西, 166, 287
 Weaver's Rebellion cycle《织工的反抗》, 159
 persecuted by Nazis 被纳粹处决, 166–167
 Neue Wache sculpture 新岗哨雕像, 168
Kollwitz, Peter (Käthe's grandson) 皮特·珂勒惠支 (凯绥的孙子), 167
Kollwitz, Peter (Käthe's son) 皮特·珂勒惠支 (凯绥的儿子), 153–156, 162–165
Kollwitz Platz 珂勒惠支广场, 160, 165, 365
Komödie Theater 喜剧剧院, 191, 195
Kongresshalle (Congress Hall) 国会大厅, 211, 322–323
Königlisches Museum, see Altes Museum
Königsberg 国家纪念馆 (也见新岗哨), 科尼斯堡, 156–158
Königsgratz, Battle of, 87 Konskie 哥尼斯堡战役, 232
Köpenicker woods 克佩尼克森林, 32, 156
Körnerstraße 科纳街, 332
Köthenerstraße 科腾内街, 332, 342
Kraft durch Freude programme "力量来自快乐"的项目, 263
Kraftwerk 发电站乐队, 335
Krakow 克拉科夫, 268

Kraus, Karl 卡尔·克劳斯，192
Kreuzberg 克罗伊茨贝格，63, 357, 367
Kreuzzeitung《十字架报》，195
Kristallnacht 碎玻璃之夜，231, 266
Kronprinzenufer 王子河岸，108, 111
Krupp 克虏伯，87, 94
Kummersdorf 库默斯多夫，143
Kurfürstendamm 选帝侯大街，122, 174, 206, 219, 322, 337
    Else Hirsch and 埃尔西·赫希，118, 121, 129
    and sexual liberation 性解放，173–174
    premiere of *The Blue Angel*《蓝天使》首映 206
    Jewish shops attacked 犹太人的商店遭袭 261
    Kennedy's visit 肯尼迪来访，322
    protests on 抵抗，366–367
Kurfürstenstraße 选帝侯大道，124, 256, 282

L

Lady Windermere's 温德米尔夫人，172, 182
Landwehr canal 兰德维西运河，166
Lang, Fritz 弗里茨·朗，176, 190, 204, 207, 214, 344
    Metropolis《大都会》，204, 334, 370
Langebrücke 兰格石桥，17, 23, 32, 43
Lansdale, General Edward 爱德华·兰斯代尔，313–314
Le Bon, Gustave 古斯塔夫·勒庞，261
le Carré, John 约翰·勒卡雷，5, 308, 315
Le Corbusier 柯布西埃，322

League of German Girls 德国少女联盟，245
Leber, Georg 乔治·莱伯，322
Lehnin 列宁修道院，15
Lehrmann, Naphtali 拿弗他利·莱曼，192
Leibniz, Gottfried 莱布尼茨，48
Leipzig 莱比锡，49, 157
Leipzig, Battle of 莱比锡战役，61
Lenin, Vladimir Ilyich 列宁，1, 86, 165, 283–284, 367
Leninallee 列宁大道，286
Leningrad 列宁格勒，210, 270
Lennon, John 约翰·列侬，341, 344–345
Lenya, Lotte 洛特·伦亚，194
Lessing, Gotthold Ephraim 戈特霍尔德·埃夫莱姆·莱辛，157, 191
Libeskind, Danie 丹尼尔·里伯斯金，372
Lichtenberg 利希滕贝格，292, 354, 360
Liebermann, Max 马克思·利伯曼，90, 161, 255
Liebknecht, Karl 卡尔·李卜克内西，55, 165–166
Lieu Van Ha 刘疯哈，351–361
Lindenallee 林登大道，241, 243, 246, 248, 308
Lindenberg, Udo 林登堡，375–376
Lindenstraße 林登大街，324
Lion, Margo 马格·丽欧，190
Lloyd George, David 大卫·劳德·乔治，92
Loos 鲁斯市，145
Lorre, Peter 彼得·洛，207
Louis XVI, King of France 法国国王路易

索 引

十六, 51
Louise, Queen Consort 女王路易斯, 59
Lucas, George 乔治·卢卡斯, 234
Lumière brothers 华纳兄弟, 203
Lustgarten 鲁斯特花园, 62, 67, 262
Lustspielhaus《虚无缥缈》, 190
Lützowstraße 鹿州大街, 260
Luxemburg, Rosa 罗莎·卢森堡, 166, 172

M

Maaß, Antonia 安东尼娅·马斯, 342
McCartney, Paul 保罗·麦卡特尼, 333
Maclean, Donald 麦克林, 301
Magdeburg 马格德堡, 19, 353
Magdeburgisieren 马格德堡大屠杀, 33
Maginot Line 马其诺防线, 268
Manchester 曼彻斯特, 64, 76
Manet, Edouard 马奈, 161
Mann, Heinrich 亨利希·曼, 205
Mann, Thomas 托马斯·曼, 173, 211, 264
Mansfield, Katherine 凯瑟琳·曼斯菲尔德, 175
Marienburg 马尔堡, 268
Mariendorf cemetery 玛琳道夫公墓, 338
Marienfelde refugee centre 马林菲尔德难民营, 288
Marienkirche 圣玛丽亚教堂, 4–5, 11, 14, 21, 36,
  Totentanz《死亡之舞》, 4–5, 11, 20, 23
Marne, Battle of the 马恩河会战, 142
Marschall, Samuel von 塞缪尔·冯·马歇尔, 42
Marschall Palace 马歇尔宫, 241
Marshall, George 乔治·马歇尔, 301
Marshall Plan 马歇尔计划, 283
Martin, George 乔治·马丁, 334
Marx, Karl 卡尔·马克思, 156, 283–284
MarxEngelsPlatz 马恩广场, 286
Marzahn 马尔占, 357
mass production, introduction of 推行规模化生产, 88
Mastersingers' Guild 歌唱家协会, 20–22
Maupertuis, Pierre Louis 莫佩尔蒂, 47
Mauthausen 毛特豪森集中营, 168, 246
Maxglan "collection camp" 麦斯格兰"集中营", 233
May Day Parades "五一" 劳动节游行, 288
Mehringdamm 轻轨, 271
Meinhof, Ulrike 迈因霍夫, 337–338
Menzel, Adolph 阿道夫·门采尔, 159
Metz 梅茨, 268
Metz Cathedral 梅斯大教堂, 147
Minnesänger 爱情歌手, 12, 16
Minsk 明斯克, 269, 358
"Miracle of the House of Brandenburg" 勃兰登堡王室的奇迹, 49, 273
Mishima, Yukio 三岛由纪夫, 339
Moabit 莫阿比特, 75–76, 80, 87, 92, 158, 337, 365
Mönchengladbach 门兴格拉德巴赫, 258
Mondrian, Piet 蒙德里安, 167
Monet, Claude 莫奈, 161
Moreck, Curt, 科特·墨瑞克, 173, 184
Morungen, Heinrich von 海涅里奇·冯·摩

根，22

Moscow 莫斯科，94, 165, 244, 247, 254, 256, 270, 300–301, 354, 359

Moscow time, introduction of 莫斯科时间，……的介绍 278

Mozart, Wolfgang Amadeus, *The Magic Flute* 莫扎特,《魔笛》61, 90

Mueller, Otto 奥托·穆勒，339

Mühlendamm 磨坊街，14, 16

Munch, Edvard 爱德华·蒙克，90, 161

Munich 慕尼黑，95, 158, 211, 221, 312

Murnau, Friedrich Wilhelm F.W 穆瑙，204, 223

Murray, George 乔治·默里，342

Muslims 穆斯林人，86

mustard gas 芥末毒气，146

N

Nabokov, Vladimir 弗拉基米尔·纳博科夫，4, 173

Napoleon Bonaparte 波拿巴·拿破仑，5, 57–59, 87, 240

 entry into Berlin 入侵柏林，50–51

 invasion of Russia 入侵俄国，60–61, 270

 his tomb 他的坟墓，268

Nathan, Piotr 彼得·内森，368

National Assembly 国民议会，86

National Theatre 国家剧院，62

NATO 北大西洋公约组织，289, 291

Natzweiler 维勒集中营，168

 Weimar ban on 魏玛政府禁止……, 256

rise of ……的崛起，95–96, 166, 182, 262–264

and fight for Berlin 为柏林而战，260

and elections 选举，260, 262

and film industry 电影业，206–208, 225

persecution of Jews 迫害犹太人，224–226, 266–267, 271–272

and surrender of Berlin 柏林投降，273

Neher, Carola 卡劳拉·内赫，192

Neide, Emile 艾米丽·奈台，158

Neubrandenburg 新勃兰登堡，353

Neue Wache 新岗哨，62, 89, 168, 367

Neuer Markt 新兴市场，15

Neues Deutschland《新德意志报》, 289

Neues Museum 柏林新博物馆，67, 372

Neues Schauspielhaus 新剧院，222–223

Neukölln 纽科林，221

Neuruppin 诺伊鲁平，57

Neuss, Lill 莉莉·诺伊斯，71–81, 88, 135, 158

New National Gallery 新国立美术馆，332

Nietzsche, Friedrich 尼采，4, 339

nitric acid 硝酸，142

Nollendorfplatz 诺伦多夫广场，261

Nollendorfplatz station 诺伦多夫广场车站，184, 222

Nollendorfstraße 诺伦多夫大街，175–176, 182, 256

Nordbahnhof 北火车站，289

Nosferatu《诺斯费拉图》, 204

Nuremberg 纽伦堡，42, 58, 226–228, 240–241

Nuremberg Trials 纽伦堡审判，247

索 引

O

Oderberg Gate 奥登贝格门, 17, 20
Odessa 奥德萨, 270
Onkel Toms Hütte 汤姆叔叔, 306
Opera House 歌剧院, 47, 49
Opernplatz 奥普广场, 135
Oranienburg 奥兰宁堡, 267
Oranienburg Gate 奥兰宁堡门, 66
Oranienstraße 奥兰大街, 367
Ossis 东德人, 6, 371
Ostbahnhof 柏林东站, 370
Ostkreuz 奥斯克罗茨, 368
Oswald, Lee Harvey 李·哈维·奥斯沃德, 313

P

Palais Borsig 伯西格宫殿, 241
Panoramabar (*see also* Berghain) 夜总会 (see also Berghain), 370
Panzerfaust grenade launchers 反坦克的火箭筒, 277
Paris 巴黎, 12, 163, 203, 376
    the Louvre 卢浮宫, 63
    siege of 包围, 87
    Moulin Rouge 红磨坊夜总会, 126
    International Electrical Exhibition 第一届国际电器展览会, 88
    and First World War 第一次世界大战, 142, 154
    Arc de Triomphe 巴黎凯旋门, 244
    Eiffel Tower 埃菲尔铁塔, 268
    Dietrich and 黛德丽, 209–210, 212
    Napoleon's tomb 拿破仑之墓, 268
    liberation of ……的解放, 272
    student protests 学生抗议, 337
Pariserplatz 巴黎广场, 166, 243
Patton, George 乔治·巴顿, 209
Paulsen, Harald 哈罗德·保尔森, 192–194
Paustovsky, Konstantin 康斯坦丁·帕乌斯托夫斯基, 210
Pergamon Altar 帕加马祭坛, 279
Pesticides 农药, 148–149
Peter III, Tsar 沙皇彼得三世, 49
petrol, synthetic 合成汽油, 149
Pfaueninsel 孔雀岛, 308
Philby, Kim 费尔比, 301, 303
Philips, Hugo and Flora 雨果·菲利普斯和弗洛拉·菲利普斯, 382–383
Philips, Ilse 伊尔丝·菲利普斯, 382–383, 387
phosphorus matches, as abortifacient 促成流产, 含有磷的火柴头, 79–80
Picasso, Pablo 毕加索, 165
Pickelhaube 尖顶头盔, 63
Pitovranov, Yevgeny 叶维基尼·皮托拉诺夫, 309, 314
Plague 瘟疫, 86
Platz der Republik 共和广场, 346
poison gas attacks 有毒气体袭击, 144–146, 174
Poland 波兰, 50, 93, 210, 301, 340, 358
    Nazi invasion 纳粹进攻, 208, 232, 267–268, 322

Polio 小儿麻痹症, 289
Polk, James 詹姆斯·波尔克, 324
Pomerania 波拉美尼亚区, 63
Ponto, Erich 艾丽希·彭拓, 192
Pop, Iggy 伊基·波普, 222, 338–339, 341, 367
Pope, William 威廉·波普, 146
Porten, Henny 亨利·坡腾, 202
Potsdam 波茨坦, 47, 256
Potsdam Gate 波茨坦大门, 49, 58
Potsdam Grenadiers 投弹兵, 43–44
Potsdam Institute for Climate Impact Research 波茨坦气候研究所, 393
Potsdamer Platz 波茨坦广场, 2, 49, 59, 63, 241, 282, 290, 367
Potsdamerstraße 波茨坦大道, 332
Prague 布拉格, 12, 31, 48, 222, 337
Prenzlauer Berg 普伦茨劳贝格, 135, 156, 159–160, 253, 281–282
press censorship 出版审查制度, 62
prostitution, and sexual liberation 妓女和性解放, 129–130, 181
Prussia union with Brandenburg 勃兰登堡与普鲁士 30–31, 42
　under Hohenzollerns 霍亨索伦家族, 42–43, 47–51
　Schinkel and 申克尔和, 57–58, 61–64
　antiliberalism 反自由主义, 86–87
　defeat of the Danes 战败丹麦, 110
　war flag 战旗, 137, 141
　Goebbels and 戈培尔 257, 259, 273
Prussian State Mint 政府造币厂, 271

Q

Quantz, Johann Joachim 昆兹, 46

R

Radios 无线广播电台, 264
Rangsdorf 朗斯多夫, 242
Rathenau, Emil 埃米尔·拉特瑙, 88–89
Rathenau, Walther 瓦尔特·拉特瑙, 85–97, 393, 161, 180, 382, 393
　Jewishness 犹太人, 90–91, 93, 96
　and AEG 德国爱迪生应用电力公司, 88–90, 145, 231, 279
　and money 钱, 89
　and First World War 第一次世界大战, 92–93, 142–143, 246
　and Soviet Alliance 和苏维埃联盟, 94–95
　assassination 刺杀, 95–96, 147
Reagan, Ronald 里根, 366–367, 376
Red Army Faction, 337–338
Red Front Combatants League 赤军帮, 337–338
Red Front Combatants League 苏联红军, 260
Reed, Lou 卢·里德, 366–367
Reich Chamber of Culture 德国文化部, 264
Reich, Das《每周日报》, 270
Reich Dramaturgy Office 帝国戏剧管理办公室, 225
Railway Office 德国铁路局, 136

Reichsbank gold 德国国家银行的黄金, 279
Reichstag 国会大厦, 166, 278, 346
Reinhardt, Max 马克斯·莱因哈特, 175, 189, 202–204
Remarque, Erich Maria 埃里希·玛利亚·雷马克, 207, 398
revolution of 1848 1848 年革命, 86, 156
Rheims 兰斯市, 142
Rheydt 莱特教区, 257
Rhineland 莱茵兰地区, 49, 63
Ribbentrop, Joachim von, 阿希姆·冯·里宾特洛普, 208
Riefenstahl, Heinz 海因茨·里芬斯塔尔, 231
Riefenstahl, Leni 莱尼·里芬斯塔尔 200, 204, 206, 219–235, 241, 268
　　dancing career 舞蹈生涯, 221–222
　　alpine films 阿尔卑斯山电影, 222–224, 226
　　Victory of Faith《信仰的胜利》, 226–227, 233
　　Triumph of the Will《意志的胜利》227–231, 233, 235, 338
　　Olympia《奥林匹亚》, 230–231, 233, 235–238
　　Lowlands《低地》, 232–233
　　witness to atrocities 目睹暴行, 232
　　Bowie and 鲍伊 331, 338, 343
Ritter, Karl 卡尔·李特尔, 207
RobsonScott, William 威廉·罗布森·司各特, 176
Roland, statue of 罗兰塑像, 12
Roman de Horn《荷恩的浪漫》, 13

Romanisches Café 罗曼斯特咖啡厅, 190, 331
Rome 罗马, 47, 58, 67, 174, 239, 376, 401, 376
　　Pantheon 万神殿, 63, 244, 246
Roosevelt, Franklin D 富兰克林·罗斯福, 273
Rosenberg, Alfred 阿尔弗雷德·罗森伯格, 257
Ross, Jean 吉英·萝丝, 171–172, 176–178, 180–182
Rossbach, Battle of 罗斯巴赫战役, 49
RostovonDon 罗斯托夫, 94
Rostropovich, Mstislav 罗斯特罗波维奇, 6
Roth, Joseph 约瑟夫·罗斯, 95
Roxy Music 洛克西音乐团, 344
Royal Navy 英国皇家海军, 139, 142
Rudow 卢多, 302, 309
Russia 俄国, 44, 48, 50
　　Napoleon's invasion 拿破仑入侵 60–61
　　Soviet–German alliance 苏德结盟, 94–95
　　Nazi invasion 纳粹侵略, 269–270
Ruttman, Walter 华特·鲁特曼, 203, 227

S

S+M clubs S+M 俱乐部, 178
Saarland 萨尔河, 93
Sachsenhausen 萨克森豪森集中营, 1, 246, 267, 281
Sanssouci 无忧宫, 47, 77, 256, 265
Sarajevo 萨拉热窝, 154

Sarin gas 毒气沙林, 279
Sartre, JeanPaul, 让·保罗·萨特, 4, 337
Savignyplatz 萨维尼广场, 214, 391
Saxony 萨克森, 45, 48, 284
SBahn 列车, 4, 136, 176, 277, 289, 356
Scharnweberstraße 沙恩韦勃街, 321
Scheffler, Karl 卡尔·舍夫勒, 394
Schellnhuber, John 约翰·舍恩胡贝尔, 393
Schiele, Egon 埃贡·席勒, 339
Schiffer, Marcellus 马塞勒斯·谢弗, 190
Schikowski, John 约翰·申科瓦斯基, 222
Schiller, Friedrich 弗里德里希·席勒, 85, 191
Schinkel, Karl Friedrich 卡尔·弗里德里希·申克尔, 56–67, 107, 135, 222, 345, 347, 370
 Italian journey 意大利之旅, 58–59
 Panoramas 全景画, 60–61
 and Prussia 普鲁士, 57–58, 61–64
 and Neue Wache 新岗哨, 62, 168, 367
 British visit 访问英国, 64, 76
 his statue 他的塑像, 110
 last years 去年, 65–66
 Speer and 施佩尔和, 240, 244
Schinkel, Susanne 苏珊·申克尔, 61–62
Schlafmädchen 合租人, 76
Schloss Orianda 奥瑞安达城堡 65–66
Schlossplatz 王宫广场, 43, 51, 55–56, 62, 89
 Citizens in Motion monument "运动中的市民"纪念碑, 366, 370, 374
Schmeling, Max 马克斯·施梅林, 190
Schneeberger, Hans 汉斯·施内贝格尔, 224
Schöneberg 勋伯格, 221, 271, 312, 339, 367
Schöneberg cemetery 舍嫩贝格公墓, 120, 126
Schönecker, Stefan 斯特凡·斯科内克, 239–248
Schönefeld (later BER) airport 费尔德机场, 302, 356
Schönefeld (later BER) airport 舍内菲尔德乡间公路, 299, 303–304, 306, 309–310
Schönhauser Allee 丽宫大街, 254, 285
Schreibtischtäter 职员, 136
Schulenburg, General 舒伦堡将军, 93
Schwab, Coco 科克·施瓦布, 335, 339, 345
Schwanenwerder 施瓦能岛, 265
Schwarzenburg, Graf zu 格拉夫·祖·施瓦森伯格, 34
Schweitzer, Hans 汉斯·施维茨, 260
Scottish mercenaries 苏格兰雇佣兵, 28
Sedan, Battle of 色当战役, 87
Sennett, Mack 马克·塞内特, 213
sexual liberation 性解放, 129–130, 172–174, 181–182
Shah of Iran's visit 伊朗国王访问, 337
Shakespeare, William 威廉·莎士比亚, 29, 47
Siegesallee 胜利大街, 161
Siegessäule (Victory Column) 胜利纪念柱, 110–112, 129, 242, 244–246, 322, 370–371, 394
Siekmann, Ida 艾达·施科曼, 290
Siemens Werner von, 88 维尔纳·冯·西门子, 88

索 引　453

Siemens 西门子，87–88, 158, 279, 283
Silesia 西里西亚，48–50, 73
Smirke, Robert 罗伯特·斯米克，64
Socialist Party 社会主义党，156
Soldatenhalle（Soldiers' Hall）士兵大厅，242, 246
Soleweitschick, Gisa 吉萨·索威特斯克，179
Sorensen, Ted 特德·索伦勒，325, 327
sosies de vedette 名媛，59
Soviet Embassy 苏联大使馆，367
Soviet War Memorial 苏维埃战争纪念碑，247
Spandau 施潘道，11, 92, 247
Spanish Civil War 西班牙内战，178
Spartacist Uprising 斯巴达克同盟起义，165–166
Speer, Albert 阿尔贝特·施佩尔，3, 226–228, 231, 239–248, 268, 282, 308
　　his lamp posts 灯柱，247
　　and Schinkel 申克尔，240, 244
　　Bowie and 鲍伊，332, 341, 343
Spencer, John 约翰·斯宾塞，27, 29–31
Spender, Stephen 史蒂芬·斯彭德，172–174, 176, 178–179, 181
Spengler, Oswald 奥斯瓦尔德·斯宾格勒，257
Spichernstraße 斯皮希尔街，331
Spoliansky, Mischa 米莎·斯伯里安斯基，190
Sportpalast 体育馆，220, 261, 270, 332
Spree, river 施普雷河，12–13, 16, 31, 74, 86, 190, 290, 368, 293

Stalin, Josef 约瑟夫·斯大林，232, 283, 285, 300, 311
　　and Battle of Berlin 柏林战役，279
　　and Berlin Airlift 柏林空运，320–321
　　Khrushchev's denunciation 赫鲁晓夫发言，307
Stalingrad 斯大林格勒，233, 270, 280, 283, 287
Stasi 东德秘密警察，289, 292–293, 309, 356, 384
Steglitz 施特格利茨，260
Sternberg, Josef von 约瑟夫·冯·斯登堡，200, 204, 206–207, 212, 223
Stinnes, Hugo 史蒂勒斯，雨果，92
Stirling 斯特林市，28–29
Stolpersteine 绊脚石纪念碑，382–384, 387
Stralower Gate 斯特拉洛城门，32
Strasbourg 斯特拉斯堡，268
Strauss, Richard 理查德·施特劳斯，190
street signs, introduction of 引进街道标志，63
student protests 学生抗议，337–338
Stüler, Friedrich August 弗里德里希·奥古斯特·施蒂勒，67
Süddeutsche Monatshefte《南德意志月刊》，92
Swastikas 万字符（卐），166, 227, 229, 240, 248, 264, 286
Syphilis 梅毒，180

T

T4 euthanasia programme T4 安乐死项目，135–136
Tacheles artists' coop 塔赫勒斯艺术中心，372
Tappen, Hans 汉斯·塔盆，143
Tauentzienstraße 商业大街，210
Technische Universität, 科技大学，240
Tegel airport 泰格尔机场，319–320
Teltow Canal 泰尔托运河，277
Tempelhof airport 滕珀尔霍夫机场，189, 242, 263, 277, 301, 332
    Airlift Memorial 空运纪念柱，324
    Berlin birthday party 柏林生日派对，366
    Messerschmitt factory 米特式战斗机工厂，305
    Nazi rally 纳粹集会，240
Tenements 房屋，159–160
Teutonic Order 条顿骑士团 28
Theater am Schiffbauerdamm 司琪福保尔达姆剧院，190–191, 207, 398
Theater des Westens 西区剧院，162, 202
Thielscher, Guido 吉多·蒂尔歇，202
Thomas, Danny 丹尼·托马斯，208
Thorak, Josef 索拉克，244
Thurau, Meta 梅塔·苏鲁，175–176
Thyssen, Fritz 弗里茨·蒂森克房伯，92
Tiergarten 蒂尔加藤，1, 166, 182, 241, 245, 278, 322, 392
    Kaiser's Victory Boulevard 恺撒修建的胜利大街，161
    redesign of 重新设计，47, 67
    women of 妇女，103–104, 111
Tiergartenstraße 蒂尔加藤大街，135
Titania Palast 泰坦尼亚宫，211
Toller, Ernst 托勒尔，恩斯特，191
Trabant cars 特拉贝特汽车，6, 353
Tracy, Spencer 斯宾塞·曲塞，211
Transvestites 变装者，181
Treptow 特雷普托，11
Tresor club 特莱索俱乐部，367–368
Tribüne Theater 露天剧院，190
Trophy Brigades 战利品收刮队，279
Trümmerfrauen 砖瓦女工，280
Tuberculosis 结核病，160, 257, 285
Tucholsky barracks 图霍尔斯基营房，289
Tynan, Kenneth 肯尼思·泰南，211
Typhoid 伤寒病，42

U

U2 spy planes U2 侦察机，315
UBahn 地铁站，189, 278, 288
"ghost stations" "幽灵车站"，6, 290
UFA UFA, 171, 202, 205–206, 225
UFA Palast UFA 帕拉斯特电影院，219–220, 223–224, 228, 231
Ulbricht, Walter 瓦尔特·乌布利希，287
Ullstein brothers 乌尔施泰因兄弟，224, 255
Unemployment 失业，166, 220
University of Leipzig 莱比锡大学 289
Unter den Linden 菩提树大街，57, 62, 67, 90, 214, 323

索引

bookburning 焚书, 135, 184
Upper Silesia 西里西亚北部, 93
uprising, East Berlin 东柏林崛起（1953）, 325
Upward, Edward 爱德华・奥普瓦德, 174, 398
USO 劳军联合组织, 208–209

V

V1 rockets V1 火箭, 135
van der Rohe, Mies 密斯・凡・德・罗, 332
van Eyck, Peter, 182, 彼得・冯・艾克, 182
Verdun 凡尔登, 55, 268
Versailles 凡尔赛宫, 87, 241
Versailles Versailles Treaty《凡尔赛条约》, 93–94, 183, 219
Victoria, Queen 维多利亚女皇, 139
Vienna 维也纳, 58, 163, 211, 302, 311
Vietnam War 越南战争, 337, 356
Vietnamese refugees 越南难民, 356–357
Visconti, Tony 托尼・维斯孔蒂, 334, 340–343
Vladslo War Cemetery 弗拉兹洛战争公墓, 164
Völkische Beobachter,《民族社会主义简介》259
Volksarmee 人民军, 285, 288–289
Volkspark 人民广场, 74–75, 122
Volkspolizei 人民武装警察, 281–282, 290, 302–304, 346
Voltaire 伏尔泰, 4, 47, 49, 51
Vossstraße 沃斯大街, 241, 273, 305

W

Wagner, Richard 理查德・瓦格纳, 229
Waldoff, Claire, 克莱尔・沃尔多夫, 204
Wall Street Crash 华尔街大崩溃, 260
Waltz, Sasha 萨沙・瓦尔茨, 374
Wandervögel 学生运动, 156
Wannsee 万湖, 136, 176, 225, 265
Warhol, Andy 安迪・沃霍尔, 234
Warner Bros 华纳兄弟, 225
Warsaw 华沙, 87, 232, 268, 340
Warsaw Pact 华沙条约, 288, 337
Warsaw Uprising 华沙起义, 210
Waterloo, Battle of 滑铁卢战役, 61
Wedding 婚礼, 260
Weidendammer Brücke 司琪福保尔达姆剧院, 72, 78, 190
Weigel, Helene 海伦・威格尔, 192
Weill, Kurt 库尔特・魏尔, 192–194, 207
Weimar 魏玛, 202
Weimar Republic, origins of 魏玛共和国, 起源, 166
　collapse of …的倒塌, 257
Welles, Orson 奥森・威尔斯, 208
Wende, die 命运的转折点, 367, 371, 393
Wenders, Wim 维姆・文德斯, 5, 345, 370
Werner, Dieter 迪特尔・沃纳, 280–293, 311, 332, 360, 393
Wertheim's 威尔森, 266
Werwölfe 恶狼纠察队, 273
West German Wirtschaftswunder, 西德经济奇迹, 336

Westend 柏林西区，240
Westfälische Volkszeitung《大众评论》，224
Wiesbaden 威斯巴登，211
Wilder, Billy 比利·怀尔德，207
Wilhelm I, Kaiser 恺撒·威廉二世，87, 137, 139, 147
Wilhelm II, Kaiser 恺撒威廉大帝二世，55, 90, 93, 139, 141, 145, 164, 203
    and art 艺术，159, 161–162, 166
Wilhelmplatz 威廉广场，241
Wilhelmshaven 威廉港，220
Wilhelmstraße 威廉大街，42, 272, 278
Wings of Desire《欲望之翼》，365, 370
Winterfeldtplatz 温特菲尔德广场，176, 256
Wintergarten 冬日花园，203
Wismut mines 维斯玛特矿山，285, 292
Wittenbergplatz 威腾伯格广场，260, 282
Wochenschauen《新闻周报》，268
Wolff, Walter, 沃尔特·沃尔夫，179
Women's School, 慕尼黑女子学院，158–159
Wörther Eck bar, 沃尔瑟艾克酒吧，253–254
Wörther Platz（see Kollwitz Platz）沃尔特广场（也称珂勒惠支广场），160, 165

Wunderkammer（Room of Wonders）藏宝室，11, 13, 18, 23, 31
Wünsdorf 温斯多夫，300, 309
Wyke, John 约翰·威克，300, 304, 307

Y

Yad Vashem 犹太人大屠杀纪念馆，387
Young, George 青年乔治，303
Young Pioneers 少年队员，284–285
Ypres 伊普尔，55, 144–145, 174

Z

Zehlendorf 策伦多夫 351, 360
Zeiss 蔡司，353
Zeughaus armoury 军械库，49, 62
Zoologischer Garten, 柏林动物园，165, 372
Zossener Straße 左森娜大街，181
Zschopau motorbike factory 茨肖保工厂，357
Zweig, Stefan 斯蒂芬·茨威格，173, 182, 385
Zwickau 茨维考，353
Zyklon B 氰化物杀虫剂，149

图书在版编目（CIP）数据

柏林：一座城市的肖像/(英)罗里·麦克林著；傅敬民译.
-上海：上海文艺出版社.2017.4（2019.7重印）
（读城系列）
ISBN 978-7-5321-6236-9

Ⅰ.①柏… Ⅱ.①罗… ②傅… Ⅲ.①城市史—柏林
Ⅳ.①K516.9

中国版本图书馆CIP数据核字(2017)第052525号

BERLIN:IMAGINE A CITY
by RORY MACLEAN
Copyright:©
This edition arranged with THE ORION PUBLISHING GROUP
through Big Apple Agency, Inc., Labuan, Malaysia.
Simplified Chinese edition copyright:
2017 SHANGHAI LITERATURE AND ART PUBLISHING HOUSE
All rights reserved.
著作权合同登记图字：09-2015-481号
本书获得2015年上海文化发展基金图书出版专项基金

发 行 人：陈 征
责任编辑：林雅琳
美术编辑：周伟伟
插 画 师：张佳琪

书　　名：	柏林：一座城市的肖像
作　　者：	(英)罗里·麦克林
译　　者：	傅敬民
出　　版：	上海世纪出版集团　上海文艺出版社
地　　址：	上海绍兴路7号　200020
发　　行：	上海世纪出版股份有限公司发行中心发行 上海福建中路193号　200001　www.ewen.co
印　　刷：	苏州市越洋印刷有限公司印刷
开　　本：	890×1240　1/32
印　　张：	14.75
插　　页：	5
字　　数：	396,000
印　　次：	2017年4月第1版　2019年7月第4次印刷
Ｉ Ｓ Ｂ Ｎ：	978-7-5321-6236-9/G·166
定　　价：	78.00元

告 读 者：如发现本书有质量问题请与印刷厂质量科联系 T:0512-68180628